28

新知
文库

XINZHI

**Watching the English
The Hidden Rules of English
Behaviour**

WATCHING THE ENGLISH: THE HIDDEN RULES OF
ENGLISH BEHAVIOUR by KATE FOX
Copyright: ©2004 BY KATE FOX
This edition arranged with LUCAS ALEXANDER WHITLEY (LAW)
through BIG APPLE TUTTLE-MORI AGENCY, LABUAN, MALAYSIA.
Simplified Chinese edition copyright:
200X SDX JOINT PUBLISHING COMPANY
All rights reserved.

英国人的
言行潜规则

［英］凯特·福克斯 著 姚芸竹 译

生活·讀書·新知 三联书店

Simplified Chinese Copyright © 2015 by SDX Joint Publishing Company.
All Rights Reserved.

本作品简体中文版权由生活・读书・新知三联书店所有。
未经许可，不得翻印。

图书在版编目（CIP）数据

英国人的言行潜规则／（英）福克斯著；姚芸竹译．—2版．—北京：
生活・读书・新知三联书店，2015.10（2018.9重印）
（新知文库）
ISBN 978－7－108－05549－1

Ⅰ．①英…　Ⅱ．①福…②姚…　Ⅲ．①民族心理－研究－英国
Ⅳ．①C955.561.1

中国版本图书馆CIP数据核字（2015）第239421号

责任编辑	徐国强
装帧设计	康　健
责任印制	徐　方
出版发行	生活・讀書・新知 三联书店
	（北京市东城区美术馆东街22号 100010）
网　　址	www.sdxjpc.com
图　　字	01－2018－5876
经　　销	新华书店
印　　刷	北京市松源印刷有限公司
版　　次	2010年10月北京第1版
	2015年10月北京第2版
	2018年9月北京第7次印刷
开　　本	635毫米×965毫米　1/16　印张26
字　　数	375千字
印　　数	45,001-55,000册
定　　价	42.00元

（印装查询：01064002715；邮购查询：01084010542）

新知文库

出版说明

在今天三联书店的前身——生活书店、读书出版社和新知书店的出版史上，介绍新知识和新观念的图书曾占有很大比重。熟悉三联的读者也都会记得，20世纪80年代后期，我们曾以"新知文库"的名义，出版过一批译介西方现代人文社会科学知识的图书。今年是生活·读书·新知三联书店恢复独立建制20周年，我们再次推出"新知文库"，正是为了接续这一传统。

近半个世纪以来，无论在自然科学方面，还是在人文社会科学方面，知识都在以前所未有的速度更新。涉及自然环境、社会文化等领域的新发现、新探索和新成果层出不穷，并以同样前所未有的深度和广度影响人类的社会和生活。了解这种知识成果的内容，思考其与我们生活的关系，固然是明了社会变迁趋势的必需，但更为重要的，乃是通过知识演进的背景和过程，领悟和体会隐藏其中的理性精神和科学规律。

"新知文库"拟选编一些介绍人文社会科学和自然科学新知识及其如何被发现和传播的图

书,陆续出版。希望读者能在愉悦的阅读中获取新知,开阔视野,启迪思维,激发好奇心和想象力。

生活·读书·新知三联书店

2006 年 3 月

献给亨利、威廉、莎拉和凯瑟琳

目录

1　前言：本土人类学

上部：聊天规则

25　第一章　天气
38　第二章　攀谈
62　第三章　幽默规则
75　第四章　语言的阶级密码
87　第五章　新兴的谈话规则：手机聊天
91　第六章　酒吧聊天

下部：行为规则

113　第七章　住宅规则
139　第八章　道路规则
176　第九章　工作规则
207　第十章　玩乐规则
261　第十一章　衣着规则
287　第十二章　饮食规则
315　第十三章　性规则
343　第十四章　人生仪式
386　结论：定义英国性格
401　后记
403　致谢
405　参考书目

前言：本土人类学

早上 11 点钟，我坐在帕丁顿火车站旁的一家小酒吧里，呷着一小杯白兰地——您未免疑惑，上午饮酒，早了点吧？不过，请听我说说我的特殊理由。今天，整整一个上午，我都在车站里面，亲身测试英国人的接受程度，我不停地假装无意撞上他人，然后悄悄记下对我说"对不起"的人数，这活儿真是太累了，喝点小酒犒赏一下，总不为过吧！再者，一会儿，我还得回到车站，用接下来的几个钟头，假装插队来试探人们的态度，天啊，这真是一项十恶不赦的罪过，还是允许我用这一小杯酒给自己壮壮胆吧。

说真的，我的本意可一点儿不想这样做。通常，我都会找个忠诚可靠的研究助理，让他去破坏神圣的社会准则，而我则躲在安全地带悄悄观察结果。但是这一次，我却做了个勇敢的决定，我自己必须做一回实验品，尝尝小白鼠送上实验台的感觉。可是，此时此刻，尽管我的决定如此英勇，我却一点儿勇敢不起来，我内心害怕极了。一上午的碰撞，让我的手臂多出许多淤肿，觉得自己很蠢，我真想放弃整个英国人性格计划，回家去享受一杯清茶，过上正常人的生活。总之，此时此刻，我真不想下午再跑去插队。

啊哈，我知道，您一定会问，为什么我要这样做呢？究竟所有这些可笑的碰撞与插队（更别提我打算明天继续实施的其他一些愚蠢计划）有什么意义呢？问得好，也许该是我解释一下的时候了。

英国性格"要点"

我们时常听人说，英国人已经丢失了他们的民族共性——早已没有一种可称为"英国性"的东西了。许多书都在哀悼这种身份危机，书的题目不一而足，有哀婉动人的《谁代表英国？》(Anyone for England?)，有极富批判性的《英国：一首挽歌》(England: an Elegy)。但是，在过去的十二年里，在我花了大量时间，在英国的小酒馆、赛马场、商店、夜总会以及车厢和街角，研究英国文化和社会行为的方方面面之后，我认为，我可以确定地宣称，"英国性"这种东西，确实存在，那些对于"英国性"消亡的报道过于夸张。在为撰写本书而进行的研究中，我逐渐发现，英国行为中潜藏着难以言说的规则，我还将研究这些规则如何塑造着我们的民族性格。

我的目标就是确认主宰英国人的行为规则中的共性——破译跨越阶级、年龄、性别、区域、亚文化和其他社会界限的非官方行为密码。比如，表面上看，妇女组织成员和穿着皮衣裤的摩托车手，真是一点儿共同点也没有，但透过表层浅显的"人种学迷阵"①，我发现，妇女组织成员和摩托车手，以及其他种群或类别，全都在根据同样的未成文法则行事——这就是定义我们民族身份与性格的法则。在这里，我很愿意引用乔治·奥威尔（George Orwell）的话来说明我的观点，这种身份"是持久的，它延伸到过去和未来，有种像生命一般经久不息的东西蕴含其中"。

我的目标说白了就是提供英国行为的"要点"。说母语的人很少能够解释他们自己语言中的语法规则，同样，一种特定文化中最为人们熟知

---

① "人种学迷阵"（ethnographic dazzle）是我父亲罗宾·福克斯（Robin Fox）创造的一个人种学名词，指的是研究人类族群和文化时会注意不到潜在的相似性，因为研究者会被更显而易见的表面差异所迷惑。

的仪式、习俗和传统，大多缺乏用理性语言解释自身行为"规则"的必要的距离感。这就是为什么我们需要人类学的原因。

大多数人遵守着他们各自社会中的不成文规则，自己却从未意识到这一点。比如，一大早，你自觉地穿戴整齐去上班，却无须提醒自己，一条众所周知的礼节规定你不能穿睡衣上班。但如果你身边有位人类学家，与你同吃同住研究你，她一定会问："哦，为什么你换衣服了？""如果你穿着睡衣上班，会有什么后果？""还有其他什么你不能穿着上班的禁忌吗？""为什么星期五又有所不同？""你们公司的每个人都这样做吗？""为什么高级经理不遵守星期五穿便服的习惯？"这样反复追问，无穷无尽，直到你从心底里开始厌恶她。然后，她还会跑去观察并拷问其他人——在社会中进行分组研究——在拷问过一大堆刺探性问题之后，她会最终解读出你的文化中的衣着规则"要点"。

参与式观察及其弊端

人类学家训练有素，他们会使用一种被称为"参与式观察"的研究方法，这种方法的核心，就是进入到研究对象的生活和文化之中，一方面要得到一个所要观察的习俗和行为的内部视角，另一方面又要以一个外部的客观的科学家身份观察它。这听上去有点矛盾，没办法，理论上就是这样。在实践中，这种方法经常让人想起一个儿童游戏，让你同时拍头和揉肚子，你能做到吗？不过，这也似乎没什么大惊小怪的，人类学家早就臭名昭著，可能就是因为他们通常都陷在"当局者迷"(field-blindness)的困境之中——他们如此沉迷于当地的文化，以至于无法保持必要的旁观者的科学视角。人类学中最著名的"当局者迷"的例子，当然就是玛格丽特·米德(Margaret Mead, 1901—1978，美国女人类学家，文化心理学派代表人物之一，她在萨摩亚的研究曾引发争议)，其他的例子也不少，比如伊丽莎白·马歇尔·托马斯(Elizabeth Marshall Thomas)写了一本书叫《无害的人群》(Harmless People)，书中将一个凶杀率高过芝加哥的部落称为无害人群。

对参与式观察的研究方式以及参与式观察者的角色定位的争论，一直甚嚣尘上，深深地折磨着人类学家。在我的上一本书《赛马部落》(*The Racing Tribe*)中，我也开过这种方式的玩笑，我借用自创的心理学呓语，将这种研究方式的内在矛盾诠释为：一个"参与本体"与一个"旁观本体"的持久搏斗。每次当我的部落荣誉成员的角色与我清醒的旁观科学家的角色出现激烈斗争时，我都会咬牙切齿狠狠嘟囔几句上述"呓语"。这个话题通常都是以极其严肃的口吻来写的，我的这种不敬"呓语"不啻异端邪说。所以，当一位大学讲师给我写信说，他正使用《赛马部落》一书，向学生传授参与式观察研究方法的真谛时，我真是莫名悲哀，甚至怒火升腾。我一个劲儿地离经叛道，到头来却被当成正统教材！

更加普遍的实践，或者至少是当前更加流行的实践，是在书中至少辟出一章，痛苦地、自虐般地专门阐释参与式观察方法在伦理学和方法学上的困境。尽管参与式观察的全部意义，在于从"当地"角度理解文化要素，但你必须先花上整整三页纸，解释你潜意识中与之对立并且可能使之夭折的各种种族偏见和其他文化障碍。然后又必须中规中矩地质疑整个观察过程的道德基础，最理想的，还要表达对西方现代"科学"的保留态度，对"科学是人类正确理解世间万物的工具"这一命题，表示一番严正质疑。

写到这儿，那些未谙人类学的读者必会振振有词地发问，为什么我们还要继续使用这样一种在道德上可疑——或者说不可信，或者说既可疑又不可信——的方式来做研究呢？我本人也想这样问，直到有一天，我才意识到，这些讲述参与式观察的危险性和邪恶性的单调语句，其实不过是人们念念有词的符咒，是用来保护自己的一种古老的咏叹习俗，颇像印第安部落的哼唱仪式，他们在出发打猎或是砍下一棵树之前，都会哼唱一些道歉性的伤感语句，用来安抚他们即将杀死的动物之魂，或是即将砍倒的树木之灵。另一种更加尖锐一点的解释则认为，人类学家进行仪式性的自我贬低，其实是其狡猾本质的一种表现，他们想用预防性的自我忏悔来化解批评——就像自私而又粗心的爱人常说的那样，"哦，我如此自私粗心，我真不知道你怎么能够容忍我？"这里包含着一种潜意识，自以为清醒而坦率地承认错误，其高尚程度就好像从来不曾犯错一般。

但无论其动机如何，是有意识还是无意识，反正这种对参与性观察方法的解释性章节已经变成老生常谈，不忍卒读。所以我就决定不在本书中采取任何预防性措施，当然，我也不会回避可能引发的批评，我只想在此简单地提一句，尽管参与性观察有其局限性，但这种将参与和旁观艰难地结合在一起的方式，仍然是我们探索人类文化复合体的最佳方式，所以，我必须使用它。

好的、坏的和不舒服的

就本书的研究而言，参与的困难度多多少少有所缓解，因为我选择研究的是我自己的文化。我选这个课题，并不是因为我本能地认为英国文化胜人一筹，只不过，我自忖在英勇程度上绝对比不过我的同行，他们不仅热衷于研究泥屋"部落"社会，还能对研究环境中的灰尘、痢疾、杀虫剂、恶心的食物以及低劣的卫生条件熟视无睹，相比之下，我对此又怯懦又憎恶，这种研究是我的弱项。

人类学领域充满着英勇无畏的大男子气概，而我，一个具有逃避艰苦、喜好室内文化倾向的小女子，自然被视为极度软弱而不可理喻。所以，直到不久以前，我还痛苦地想要调整自己，试着去研究一下英国人生活中不那么健康的一面以接近主流：于是，我在充满暴力的酒吧、下流的夜总会、破旧的彩票销售点以及类似的地方到处搜索。但是，在对进攻性、无序性、暴力性、犯罪性和其他形式的社会偏离性与扭曲性进行了几年的研究之后，我终于发现，尽管我的研究对象也同样位于讨厌的地点和麻烦的时间，但是，那些惯于在更艰苦环境中生存的泥屋人类学家们，仍然把我看得一无是处。

所以，在我理性地分析上述实践失败的原因之后，我想，没准我该转移一下注意力，集中研究真正让我感兴趣的事物，也就是说：去了解和分析好的行为举止产生的原因。这个领域其实妙趣横生，十分值得研究，但长期以来几乎完全被社会科学家们所忽略。除了几个著名的案例[①]

[①] 比如社会心理学家迈克尔·阿盖尔（Michael Argyle）研究快乐；还有人类学家莱昂内尔·泰格（Lionel Tiger）研究乐观情绪和享乐，还教授一门课程叫做"快乐和游戏的人类学"。

之外，社会科学家们全都专注于功能失常，忽视功能正常和超常；他们的学术精力全都花在研究社会极力避免的行径上，而忽视了社会极力鼓励的行为。

与我共同主持社会问题研究中心（Social Issues Research Centre, SIRC）的彼得·马什（Peter Marsh）也深有同感。我们都对社会科学一面倒地盯住负面问题感到无奈和厌烦，所以我们决定，尽可能集中精力去研究人类互动的积极因素。定下了这一新的关注点之后，我们一下子解脱了许多，可以花上大量时间待在舒适快乐的酒馆（这样的酒馆更多更好找），再不必强迫自己搜索酒吧暴力；我们得以自如地观察普通守法的逛街人群，而不是整日无聊地缠着保安和店内侦探，打听小偷小摸和破坏行径；我们前往夜总会，可以去研究人们调情示爱的规律，而不必去追踪打架斗殴。有一次，我在一处赛马场上，注意到人群中一些不同寻常的友善而礼貌的互动时，我立即展开一场耗时三年的关于影响赛马爱好者优良行为的潜在因素研究。我们还开展过关于庆祝典礼、网上约会、暑假、尴尬、公司善意、货车司机、冒险性、伦敦马拉松赛、性、手机流言、喝茶与动手能力之关系（旨在探讨流行的社会问题，比如"英国人平均要喝多少杯茶才能造出一只书架"）等各种主题研究。

过去十二年中，我的时间大致分为两部分，一部分研究英国社会的负面问题，另一部分研究英国社会中更富魅力的正面因素（并在其他国家做一些跨文化比较研究），因此我想，我可以大言不惭地在此声明，本书的研究方式，基本可以称得上平衡全面。

我的家庭和其他研究对象

我的英国人身份赋予我一点儿本土优越感。在本书的参与式观察中，我便拥有了天然的"参与"要素，但是，如何实现"观察"要素呢？难道我必须退出社会，用所谓客观科学的方式远距离观察我自己的文化吗？事实上我将要花大量时间研究的，是我相对而言并不熟悉的"亚文化"，但这些文化仍然属于我们英国人。尤其是，我的人类学家分裂人格（拍着头的观察者的那一半，对抗揉肚子的参与者那一半）尚未发展到极致，那么，当我看待这些文化对象时，能否真的像科学家看待实验对象小白鼠一样客观公正呢？这个问题确实值得怀疑。

不过，上述担心只是过眼烟云。我的朋友、家庭、同事、出版商、代理人还有其他许多人都不断地提醒我，毕竟我已经花了十年时间细微地分解我的同胞们的行为——他们说，我过去的研究态度完全可与那些用镊子从培养皿中夹取细胞的白大褂科学家们媲美，即使其中还残留着一些感情用事的成分，但也决不会比那些科学家更多。我家里人还特别指出，我父亲——罗宾·福克斯，一位更有名气的人类学家——早在我一出生起，就已经开始把我往人类学家的方向培养。当其他的小孩子横躺在舒服的婴儿车或是摇篮里，眼睛看着天花板和荡来荡去的毛绒动物时，我却被竖直地绑在一块科奇蒂族（Cochiti）印第安人摇篮板上，放在房子周边的不同位置，可以这样说，我的战略观测点不断转移，正是为了让我在一出生就能够全面观测一个英国学术家庭的典型行为模式。

我父亲则是我培养科学观测距离感的最佳榜样。我是家里的第一个孩子，当他得知我母亲怀孕的时候，其瞬间反应，竟是企图说服她，带一只刚出生的猩猩到家里，让我和猩猩两个同时长大——多好的灵长类与人类成长的实验对比啊！我的母亲断然否决了这一提议，好多年以后，她又把这个故事告诉我，说这是我父亲诸多古怪而无济于事的持家想法之一。当时，我没能抓住这个故事的道义核心，却反问道："哦，好主意啊！——肯定很有意思！"我的母亲告诉我，而且不止一次地告诉我，我与我那"臭老爸"一模一样。然而，我依然误解了她的意思，把这话当做对我的表扬。

相信我，我是个人类学家

早在我离开英国前往美国、爱尔兰和法国接受一些杂七杂八的古怪教育之前，我父亲就已经很大度地打消了猩猩实验的想法，转而开始努力将我培养成为人类学家。我五岁的时候，他认为年龄不成问题：尽管我在身材上比他的其他学生矮不少，但在智力上决不应妨碍我理解人类学研究方法的基本原则。我确实学到了这些原则，其中最重要的是对规则的探索。一旦进入一个不熟悉的文化环境，我就想去解码人类行为方式的潜在规则——习俗或是集体意识。

最终,这种探索规则的癖好成为一种下意识的行为——一种条件反射,或者说,据几位长期受此行为折磨的同伴们的说法,是一种病态强迫症。举个例子,两年前,我的未婚夫亨利(Henry)带我去拜访波兰的一些朋友。我们驾着一辆英国车,所以他得依赖我这位乘客来告诉他,什么时候可以超车。我们在波兰境内行驶了20分钟之后,我就开始指点他"好,现在超吧,很安全",然而,正当其时,一辆车正从对面驶来,而这条路只有两个车道。

连续两次,他都慌不迭地踩刹车,在最后关头赶紧退回来,他对我的判断明显产生了怀疑。"你在做什么呀?这一点儿都不安全!你难道没看见那辆大卡车吗?""哦,我看见了,"我回答说,"但波兰的行车规则不一样啊。这里明显有种心照不宣,这样宽阔的两车道,实际上就是三车道,所以如果你超车,你前面的车和对面来的车都会向旁边稍微靠一点,为你让路。"

亨利仍然礼貌地问我,我从未来过波兰,而这次入境尚未足一小时,如何就得出这种定论?我立刻表示,我一直在观察波兰的司机们,他们全都遵循这一规则。亨利未置可否,想必是满腹不屑。我又加上一句"相信我,我是个人类学家",这句话恐怕作用也不大。但是,后来,他开始按照我说的去做,测试我的判断的准确性了。果然,前面的车和对面的车全都尽职尽责地让开一点空间,就像红海为摩西让路一样,为我们让开一条"第三车道",我们的波兰朋友后来也承认说,这里的人超车时确实有这种不成文的默契。

但我的胜利感后来却被冲淡了,我们的朋友的姐姐指出,波兰人以他们莽撞而危险的驾驶而闻名。如果我观察得更细致一点儿,也许我还能发现沿路都有竖起的十字架,四周怒放着鲜花——这是悲痛的人们为纪念他们在车祸中丧生的亲友而竖立的。亨利十分宽宏大量,他没有进一步评论人类学家的可信度,但他却问了我一句,为什么我作为人类学家,不满足于仅仅观察和分析波兰习俗,却偏要亲身验证一把,而且必须得拿自己的生命——甚至无意中再搭上他的性命——去验证呢?

我解释说,这种强迫症部分归因于我"参与本能"的怂恿,但我坚持说，在我这种貌似疯狂的表象之下，仍然有着方法学的理性。在当地行为中观察到一些规律或者模式并试探性地归纳一些心照不宣的规则之后，一位人类学家就应采取不同的"测试方式"来验证这种规则的存在。你可以选择一组当地人，把你的观察结果告诉他们，然后询问他们你是否正确地归纳了人类行为模式背后的规律、方式或是原则；你也可以破坏这一（臆想中的）规则，寻找抗议破坏行为的证据或是明显的"报复"破坏行为的表现。在某些案例中，就像波兰第三车道规则一样，你能通过遵守这一规则来"测试"它，然后观测这样做你是否能够如愿以偿地得到意料中的结论。

无聊，却很重要

这本书不是为我的同行而写，它的读者对象是所谓"聪明的外行"——出版商往往有捏造怪词的癖好，这个词便出自他们之口。尽管我所针对的是非学术读者群，但不表示我就可以思路不清楚，语言不严谨，术语不界定。这本书讲的是主宰"英国性格"的规则，但我并不能简单地宣称我们真的理解什么是规则，我必须解释一下在何种意义上我会使用"规则"这个词。

我所用的是一个宽泛的规则定义，它基于《牛津英语词典》中的四条定义：

- 控制个人行为的一项原则，规定或是格言；
- 区别或判断标准；一个标准，一项测试，一种尺度；
- 榜样人物或事物；具有指导意义的例子；
- 一项事实，或是对事实的陈述，所表达的通常是好的、正常的或是普遍的事物状态。

这样，我开始了探索英国人性格规则的过程，这种探索将不仅仅局限于特定行为规则，而且还会包括更广泛意义上的标准、规范、理念、指导原则以及关于"正常或普遍"的英国行为的事实。

最后一条是一种对"规则"的感觉。我们提及这种规则时，意思是说："作为一种规则，英国人倾向于做 X（或者偏爱 Y，或者讨厌 Z）。"

当我们在这个意义上使用规则这一概念时，并不意味着我们认为，所有的英国都一成不变无一例外地展示着同一性格，这一点很重要。我们只是要表明，这是一种特质，或是一种行为方式，极为普遍，极为显著，以至于惹人注目不可或缺。事实上，作为一项社会规则，无论其如何定义，都有被打破的可能性，这正是规则一词的基本要素。这类行为规则（或者是标准，或者是原则）不像科学规律或是数学定律一样，不是对事物的某种必然状态的描述；它们在定义上就允许破坏行为的发生。举个例子说，如果任何人的插队都是不可理喻和不可能的行为，那么也就根本不需要一项禁止插队的规则存在。①

显而易见，我在此处提及英国性格中的潜在规则，并非告诉大家这些规则在英国社会中被一丝不苟地执行着，也并不是说，任何这些规则的例外或偏离都不允许存在。那将是非常荒谬可笑的。我只是想说，这些规则"普遍和常见"到一定程度，因而能够帮助人们理解和定义所谓的英国性格。

在很多情况下，例外和偏离都能够帮助"证明"一项规则，因为偏离行为所激起的惊讶与恼怒程度恰能为规则自身的重要性以及目标行为的"正当性"提供强有力的证明。许多学者在研究英国性格时，犯了一个低级错误。他们使用违背英国传统行为规则的例子（比如说，一位足球或是板球队员的没有职业道德的行为）来证明英国性格的消亡，然而，他们忽视了公众对此类违背行为的态度。其实，正是公众的态度证明，这种违背行为被视为非正常、不可接受，而且是非英国性的。

文化的本质

我分析英国性格，重点关注规则，因为我相信，这是建立英国性

---

① 事实上，我们确实有一些行为的禁止规则，这些行为是不可能的或者说是非自然的，但并非不可思议的。举个例子，如罗宾·福克斯所讨论的乱伦禁忌。原先"它不被做"的事实性陈述逐渐演变成极为正式的禁止性的"你不应当做它"（尽管哲学家们声称，从判断演化出命令在逻辑上根本行不通）。但这些都是全球普适规则，而不是本书所关心的特定文化中的规则。

格"要点"的最直接的方法。但是，鉴于我所使用的规则概念十分宽泛，我的对英国性格规则的研究就必然涉及对英国文化的界定与理解。这儿出现了另一个需要解释的词"文化"，我指的是一个社会团体的行为、习俗、生活方式、观念、信仰和价值观的总和。

我并不是说我将英国文化视为单一实体——并不是说我不接受任何在行为方式、习俗、信仰以及其他方面的多元化——正如我不认为，"英国性格规则"必须绝对执行一样。至于规则，我只想在英国文化之中找到更多的多元化和多样化，但是也希望发现某种共同核心，也就是说，找到可能帮助我们定义英国性的潜在的基本方式。

同时，我很清楚跨文化"人种学迷阵"的危险，以及对英国文化与其他文化的共同点的盲目所造成的危险。在定义一项"国民性格"的过程中，很容易沉迷其中，难以自拔，以至于只见某个特定文化的突出特征，而忽视了我们都属同一族类的事实前提。[①]

所幸，几位人类学泰斗早已为我们提供了"跨文化共性"，这是所有人类社会共有的惯例、习俗和信仰，足以帮我躲避上述危险。对于具体是哪种惯例、习俗或信仰应当被列入这一类中，学术界目前还缺少共识（但是再想想，学术界似乎在任何事情上都不统一）。[②] 比如说，罗宾·福克斯把以下几种归了进来：

> 地产法、乱伦和婚姻的法律，禁忌的习俗及其避免，以最少流血的方式平息争吵的方法，对超自然力的信仰以及相关实践，一套社会身份系统以及证明这套系统的方式，青年男子的成年仪式，因爱慕女性而表现出的礼节，身体装饰的象征语言体系，专为男人设

[①] 尽管我最近手头有一本相当有趣的书，是1931年出版的《英国人算是人类吗?》(*The English: Are They Human?*)。大家也许能看得出，这个标题带点夸张。作者雷纳尔（G. J. Renier）得出结论："世界上其实只有两种人：人类和英国人。"

[②] 关于这种"跨文化共性"是否应被视为人类先天本性中固定特性，还有很大的争议，但我比较胆小怕事，于是从这些争论中跳出来，因为我认为，这对我的英国性的主题关系不大。我自己的观点是，整个先天/后天之争是一种毫无益处的争论，就像列维·施特劳斯（Levi Strauss）指出的那样，人类思维喜欢二元对立（黑/白、左/右、他们/我们、先天/后天等等）。为什么我们这样做？理由还有待探讨，但这种二元对立的思维在所有人类机构和实践中都存在，包括学术层或是市井层常常有的餐桌辩论。

前言：本土人类学

立而排除女人的特定活动，某种赌博，一个工具制造或是武器制造工业，神话和传说，跳舞，私通，以及各种程度的凶杀、自杀、同性恋、精神分裂症、精神病、神经官能症，各种利用上述症状（如果你愿意，当然也可以说是治愈上述症状）的巫师们。

乔治·彼得·默多克（George Peter Murdoch）提供了一个更长更详细的共性清单[1]，用的是字母顺序，但看上去似乎更严肃：

> 衰老、运动体育、身体装饰、日历、保洁训练、社区组织、烹饪、合作劳工、宇宙学、求爱、跳舞、装饰艺术、预言、劳动分工、释梦、教育、末世论、伦理学、人种生物学、礼节、信仰疗法、家庭、节日庆祝、焰火、民歌、食品禁忌、葬礼仪式、游戏、手势、送礼、政府、问好、发型、待客、房屋卫生、乱伦禁忌、继承规则、开玩笑、血缘团体、血亲命名体系、语言、法律、运气占卜、魔力、婚姻、午餐时间、药物、数字、产科、刑罚、个人姓名、人口政策、产生休养、怀孕习俗、产权、告慰超自然生灵、青春期风俗、宗教仪式、居住规则、性限制、灵魂概念、地位差距、手术、制造工具、贸易、拜访、断奶、天气控制。

我个人并不熟悉每一种现存的人类文化，上述以及类似的清单将十分有助于我集中精力关注那些专属于英国的独特现象，比如，我会去写英国阶级体系的特殊性，而不会徒费笔墨去写英国人拥有一个阶级体系，正如所有文化都有"一个社会地位体系以及暗示体系存在的方式"一样。这一点看上去平常无奇，但这正是其他作者没能意识到的问题[2]，许多我也经常犯下的类似的错误，比如自以为英国文化中的某种特性（比如将酒精与暴力相联系）只是所有人类社会的共有特性。

---

[1] 公平起见，福克斯提供了人类共性的例子，而默多克则试图给出包容一切的清单。
[2] 不包括黑格尔（Hegel），他抓住了这个问题的核心，他曾说："一个民族的精神是……一种特定形式的全球精神。"（黑格尔的表达往往并不是很清晰，不过我想我应当是正确理解了这句话的意思。）

规则制定

在上述清单中，似乎有一项非常重要的事物被忽略了①，尽管这一项其中隐含在两份清单的字里行间，那就是"规则制定"。人类醉心于制定规则。每一项人类活动（毫无例外地，甚至包括自然生理功能，比如说吃和性）都用一系列复杂的规则和规定，来明确指定该项活动发生或进行的具体时间、地点、对象以及发生方式。动物只是本能地去做这些事；人类则会为之唱歌或是跳舞。这种现象便被称为"文明"。

各个文化都有自己的规则，各不相同，但规则总是存在。不同的社会可能对禁吃的食物不一样，但每个社会都有自己的食物禁忌，这一点是一样的。每一件事情上，人类都有规则。在上述清单中，每一项内容的前面其实都可以加上"规则"的后缀（比如送礼的规则、发型的规则、跳舞的规则、问好的规则、待客的规则、开玩笑的规则、断奶的规则等等）。因此，我把我的研究重点放在规则上，可不是一时兴起，而是真正认识到规则的重要性和制定规则在人类思维中的重要性之后刻意为之。

静下心来想一想，其实我们一直都将规则中的差异作为区别此文化与彼文化的主要手段。我们到国外度假或出差时所关注的头一件事，就是其他文化竟有"不同的行事方式"，我们之所以这样判断，正是因为我们觉得，他们在诸如食物、午餐、衣着、问好、卫生、贸易、待客、开玩笑、地位差距等各个方面的规则，都与我们自己在上述方面的规则迥然不同。

全球化与部族化

一谈到规则，就不可避免地要谈到全球化给我们带来的问题。在为

---

① 事实上有两项：第二项是"情绪使用或者意识的变化"，一种在所有已知的人类文化中都被发现的实践，它在英国文化中的特殊表现形式将在本书其他地方展开论述。

撰写本书而做的研究之中，我经常被一帮爱闲聊的朋友们问及，我写英国性格的目的何在，甚至他们也怀疑去总结任何一种民族性格的意义何在，美国文化帝国主义的无情传播，很快就会把这些民族性格之类的问题全扫到历史的垃圾堆里去了。我总是被告知，我们生活在一个简化的西方世界中，大家都是同类，彼此彼此，那种丰富的多元的独特的文化正在被所有人都在消费的商品，诸如耐克、可口可乐、麦当劳、迪斯尼和其他跨国资本主义巨头们的产品所淹没。

真的如此吗？我可不那么轻信。我是相当典型的《卫报》读者，是反撒切尔主义中产生的左翼一代，我对公司资本主义天生毫无同情，但作为社会文化潮流的职业观察家，我不得不指出，资本主义的影响力实际上被夸大了，或者可以说是被误判了。全球化的主要影响，就我的能力范围内来讲，就是民族主义和部族主义的不断增长，独立斗争的不断扩大，以及对本民族及其文化的意识觉醒、热爱以及自我主张。这一点，全世界都感同身受，英国自然也不例外。

好吧，也许这并非全球化的效应，每一位科学家都知道，两者相关未必能证明两者互为因果，但至少，人们必须承认部族化与全球化的兴起，其实只是一项惊人的巧合。世界各地的人们都想穿耐克想喝可乐，但并不必然意味着他们对自然的文化身份的漠不关心，事实上，许多人随时准备为了他们的民族、宗教、领土、文化或是其所属"部族"的任何目标而战斗，甚至为之牺牲亦在所不惜。

美国大公司的经济影响力确实十分巨大，甚至可以说巨大而负面，但它们的文化影响力实质上并没有其自身及其敌人所想象的那么强大。由于我们每个人的灵魂中早已镌刻着部族烙印，由于民族单元细化成更小的文化单元的证据越来越多，所以，要是有人说全球60亿人都在融合成一个巨大的单一文化体，我会立刻反驳，那完全是无稽之谈。全球化的传播无疑触及各种文化并带来变化，但这些文化本身亦并非静止，变化也不意味着传统价值观的取消。事实上，像互联网这种新的全球媒介成为传播传统文化——以及反全球化活动家倡导的全球亚文化——的一种有效方式。

在英国，尽管美国文化的影响十分明显，部族化的证据仍然远远多于文化多样性消亡的证据。苏格兰和威尔士民族主义的狂热力量似乎并没有因为他们对美国饮料、垃圾食品或是美国电影的喜好而有所减弱。英国的少数民族，无论从哪个角度来看，都在日益积极地捍卫他们独特的文化特征，对于自身文化身份的"危机感"，英国人比以前更加焦虑。在英格兰，地方主义正在泛滥，并受到鼓励（康沃尔郡的"民族主义者"叫得很响，还有半开玩笑的流言，说约克郡将是下一个要求权力下放的地区），大量的声音反对融入欧洲，更别说融入任何一种全球单一文化体了。

阶级和种族

当这本书还处于策划阶段时，几乎每个人都曾问我，会专辟一章写阶级吗？可是，我一向的感觉都是，阶级渗透在英国生活和文化的方方面面，必然贯穿在这种书所覆盖的所有领域。因此，专写阶级似乎并不合适：

尽管英国文化拥有较为清醒的阶级意识，但在现实生活中，英国人对社会阶层的看法以及在阶级结构中决定某人地位的因素，却与简单的三级模式（上层、中层、下层）或是相对抽象的基于职业划定而受到市场研究者青睐的字母模式（A、B、C1、C2、D、E）都全然无关。一位学校教师和一位地产经纪人技术上都可以被称为"中产阶级"，他们甚至可能同样生活在带阳台的房子里，同样开着一辆沃尔沃，品尝着同一家酒吧里的酒，年收入也几乎相等。但我们判断社会阶层的方式要更加微妙而复杂：精确地说，取决于你如何排列、装饰你的带阳台的房子以及添置家具的方式；取决于星期天到了，你是自己洗车，开到洗车铺里，还是靠天洗车，而不取决于你驾驶什么样的车。类似的细微差别还体现在你吃喝的内容、地点、时间、方式以及与谁一起吃喝；你使用的词汇及如何发音；你逛什么商店，如何逛；你穿的衣服；你养的宠物；你如何打发空余时间；你打招呼的方式等等。

每一个英国人，无论我们承认与否，都能够很清晰地感知到涉及阶级判断的细微差别和品质，并且对此高度敏感。因此，我不会尝试提供一份英国阶级"用语"及其特征表，但取而代之，我会努力通过探讨上面提及的不同主题的方方面面，达到传达微妙的英式阶级思维的目的。要是不谈及家庭、花园、汽车、服饰、宠物、食品、饮料、性、聊天或习惯等实际内容，空谈阶级是根本不可能的；反之，要想勾画探索英国生活的任何一个方面，就必须屡屡触碰大的阶级分界点，时时探寻小的不为人知的阶层分界线。因此，我决定，一旦我的话题与阶级问题狭路相逢或是不期而遇的话，我一定会不吝笔墨探讨阶级，但我不会为此单辟一章。

与此同时，我会试着避免被阶级差异所"迷惑"，我会记住奥威尔的经典名句，"两个英国人，无论其阶级差异多么大，一旦面对一个欧洲大陆人，他俩的差异会顷刻消失"，而且"一旦由外而内审视本民族时，连贫富差距都会相对缩小"。所以如果您不反对的话，不妨允许我自诩为"外来者"，一位具有职业修养的外国人，我的任务就是定义英国性格，寻找潜在的共同性，放心吧，我不会仅仅满足于表面差异的。

种族是一个相当困难的话题，而且，同样地，当我们谈论这本书时，我所有的朋友和同事们都会提起种族。他们注意到，我故意选用"Englishness"（专指英格兰性格，但本书其他处泛译为英国性格）一词，而非"Britishness"（不列颠性格）或是"UKness"（联合王国性格），似乎就轻而易举轻描淡写地回避了苏格兰性格、威尔士性格和爱尔兰性格等多种民族身份之纠纷，他们无一例外对此抓住不放，他们问我，那么，英国国内那些亚裔族群、非洲—加勒比裔族群和其他少数种族群体，是否能被我所谓的"英国性格"的定义所包含呢？

对于这个问题，我有好几个答案。第一，少数种族在定义上是被包括进"英国性格"之中的。移民，特别是经历了好几代繁衍的移民后代，在多大程度上适应、接受以及反过来影响东道国的文化和习俗，是一个特别复杂的问题。当前的研究大多侧重于适应和接受等方面（通常还简单地称之为"同化"），对于同样有趣而且重要的影响力问题则着墨不多。这个现象是很奇怪的：我们承认短期游客能够对其旅游目的国的文化产生巨大的影响——事实上，对相关社会变化与互动的研究，已然成为一门独立时尚学科——但出于某种原因，我们的学术界对于少数种族定居移民文化如何塑造其居住国的行为方式、习俗、观念、信仰和价值观的过程,却不甚了了,兴味索然。尽管少数种族仅占英国人口6%,他们在许多方面对英国文化的影响力却已经是十分可观的。任何人只要愿意"一瞥"英国行为方式,就像我现在正在做的这样,就必定能够被这种影响力所触及。尽管居住在英格兰的亚裔、非裔和加勒比裔很少将自己定义为英格兰人(大多数自称为英国人,这个词被认为涵盖面更宽一些),但很明显,在对英国性格"要点"的研究中,这些少数族裔也必然占有一席之地。

我对种族问题的第二个答案,与人们经常提及的"同化"一词有关。在使用"同化"一词时,我们指的是种族中的团体或个人,而不是将少数族群作为一个整体来看。简单地说——也许过于简单——少数种族中的某些团体或个人会比其他人更加"英国化"一些。我这样说的意思是,不管通过主观选择,还是受环境影响,或者是两者皆有,有些人就是比其他人更能接受东道国的习俗、价值观和行为方式。(这个课题在二代、三代甚至几代移民中变得更加复杂,因为东道国的文化,至少在一定程度上,又曾受到他们自己的前辈们的影响。)

一旦你开始用这种方式表达问题,问题就真的不再有关种族。当我说一些少数种族团体和个人更"英国化"时,我当然不是说他们的皮肤的颜色或是他们祖先的国籍;我说的是他们在行为、举止和习俗中所展示的"英国性格"的程度。我还能够,而且也确实做到了,将同样的理论用于白种"盎格鲁—撒克逊"团体和个人。

事实上,我们全都是这样的。我们描绘一个社会团体或者一个人,甚至只是那个人的反应或特征性举止,都可以称之为"非常英国化"或者"典型的英国式"。当人们说"在某些方面,我非常英国化,但在其他方面,我则不像",或者"你对待这件事的态度比我更英国化",我们很能够理解他们话中的含义。我们都有一种英国性格的"程度"概念。在此,我不准备引入什么绝对崭新或是闪亮登场的新名词:我们每天都在使用类似"部分英国化",或者甚至"零敲碎打的英国人",或是"有选择的英国人"这样的语句,这说明我已然清楚掌握这些语句含义的微妙差别。我们都意识到,至少在一定程度上,我们可以"选择"自身英国性格的多少。所以，我想说的就是，这些概念完全可以同等地应用于少数种族身上。

我还想扯远一点，事实上，相对于我们而言，"英国性"对于英国的少数族裔更多的是一种选择。我们许多人并没有早期的第一手的他国文化影响，英国性的某些方面会在我们身上根深蒂固，难以抛弃，即使在我们发现有时抛弃它会使我们获利时，似乎也绝不愿这样做（比如，举个我自己的例子，当我试着进行关于插队的实地考察之时，我就极不情愿）。移民们有更多选择的自由，他们通常会接受那些更受人喜欢的俏皮话和习惯，而对另一些荒唐可笑的习俗则保持警惕。

我有一些此类文化选择的个人经验。我的家庭在我5岁时移民美国，我们在那儿住了六年，整整六年间，我坚定地拒绝接受任何美国口音，我的理由是这种口音在美学上十分不雅（当时我可没这么文绉绉，我那时说的是"听上去真可怕"——我那时真是自负得令人讨厌），不过我却很快乐地接受了美国文化中的大部分其他方面。步入青春期，我在法国乡间生活了四年。我参加了当地的国立学校，此后我的演讲、行为、举止与法国布里杨松的同龄人完全一模一样。但是，我在心底里知道，这是主观选择的结果。晚上放学回家，因为我妈妈不喜欢这些法国腔，我能够极端乖巧地祛除语言中的一切法国因素来讨好她——或者也有时故意夸张地说些法国腔来激怒她（十几岁少年的一些行为全都差不多）。在我们返回英国后，在我意识到这些法国腔在社交中不受欢迎时，还能立刻隐藏起来，换回原先的腔调。

当然，移民能够选择"成为当地人"，有些居住在英国的移民确实做到"比英国人更像英国人"。在我的朋友中间，有一位第一代印度移民和一位第一代波兰难民，我可以用"非常英国化"来形容他们。他们对于英国性的把握，起初是出于一种清醒的选择，但渐渐地，就成为一种天性中的东西。但是，他们仍然能够清晰地分析他们所学习遵守的规则，而这对于大多数对此习以为常的英国人来说，已经非常困难了。

自从八年前，我姐姐嫁了个黎巴嫩人之后，她就从美国移民到黎巴嫩了，她有着类似的经历。她很快就适应了位于贝卡谷地的大家庭和她的邻居们，成为一位完全"同化"的黎巴嫩乡间主妇，但她一旦转换语言,便能很容易地找回"英国性"(或是"美国性",或是她的法国少女本质)——在句子中间经常做两种语言的转换。她的孩子们都是美裔阿拉伯人,身上有一些英国性的东西,也与她一样能够灵巧地在各种语言、举止和规则中寻找此时此地最适合的一种。

许多主张"同化"的人都容易低估选择的力量。这类同化过程大多被描述成一种简单强加的过程,仿佛是"主导"文化作用于被动的无知的少数受体,却不关心个体在多大程度上能够清醒地、有意识地、明智地甚至带点嘲讽性质地在东道主文化的行为和习俗选项中挑剔并做出选择。我承认,某种程度的同化或是相似性通常是通过"请求"或有效地"强制执行"来完成的(这必然是任何东道文化的特征,除非进入该文化的是征服者、侵略者或是一掠而过的游人),而具体请求的对与错应当予以讨论。但我的观点是,对此类请求的妥协仍然是一个清醒的过程,而不是像某些同化论的鼓吹者所说的那样,是某种形式的洗脑。

我理解这一过程的唯一方式,是假设每一位来到英国的移民都至少与我当年移居法国时一样聪明伶俐,恰好能够自由主张和保持自身文化特性,又能顺从当地文化需要,尽管这种需要有可能是不公平的或是令人恼怒的。我能随时随地夸大或减弱我的法国特性,这中间有许多微妙之处,我甚至能够将夸大或减弱的程度用数学般的精确来划分。我的姐姐能够选择她需要接受的阿拉伯特性,我的移民朋友们也必然能够做同样的事情来有弹性地接受和展示他们身上的英国性,有时是为了防止排外等实用的社会目的,但也有的时候纯粹是为了消遣。也许最热情的鼓吹同化的研究者们只是不想看见他们的研究对象一切尽在掌握的样子,更不想承认这些人甚至可以比我们对本民族文化理解得更好,并依据其理解力而私下嘲笑我们。

从上述所有方面来看,当我提及英国性的时候,我并没有在这上面强加一个价值观念,也没有把这种英国性凌驾于其他民族或团体的特性之上,这一点尽管显而易见,我还是要在此强调一下。当我说有些移民比其他人更英国化的时候,我可不像诺曼·泰比特(Norman Tebbit)的"板球测试"那样(1990年4月,英国保守党议员诺曼·泰比特爵士称,许多移民并不忠于英国,看一个移民对英国是否忠诚,首先要看他在板球比赛中是否支持英格兰队。这一论调当时曾在英国引起广泛讨论)。我并不是暗示这些人就在某些方面优于其他人,或者他们的公民权利或地位就必须与那些在英国化方面做得差一些的人有所区别。而当我说,只要假以时间和努力,任何人都能"学习"或"接受"英国性的时候,我也不是建议他们全都应当这样做。

移民和少数种族在多大程度上应当适应并融入英国文化,这始终是一个争论的话题。提到那些来自英国前殖民地的移民,也许我们要求他们同化到英国方式中的程度应当与我们曾经作为不速之客在他们的文化中所受到同化的程度相等。对于地球上的各种族而言,要是按照是否适应东道主文化方式和道德准则的程度来评判,英国人显然是历史上最没有资格夸耀的。我们自己在这方面的记录十分糟糕。不管在什么地方,只要有一小撮英国人,都会不仅创造一小块狭小的全英国化的地盘,而且经常试图将我们的文化准则和习惯强加于当地人。

但这本书只是描述现象,而不准备给出处方。我对理解并描绘英国性格的内涵,还有其中所有的缺陷,都十分感兴趣。人类学家的任务不是去训斥或数落他所研究的部落,要求他们必须如何对待自己的邻居或是部族成员。我可能拥有我自己的观点,但这些观点与我试图发现英国性格"要点"的努力无关。我可能有时会多多少少带出点自己的观点(既然是我的书,便允许我自由发挥一些),但我会尽量将观点与观察严格区分。

不列颠性格与英格兰性格

写到这儿,该是我向苏格兰人或是威尔士人道个歉的时候了,他们一向自视为不列颠人,而非英格兰人,恐怕会对本书只写英格兰而不写不列颠表示疑惑。(我指的是真正的生于苏格兰和威尔士并且血统纯正的人,而不是像我这样,偶尔在合适的场合下吹嘘自己体内流淌着一两滴威尔士或苏格兰血的英格兰人。)

答案在于,我研究和撰写的正是英格兰性格,而不是不列颠性格:

- 部分出于懒惰;

- 部分因为英格兰是一个民族概念,很可能就更有理由认为它会有某种连贯而独特的民族文化或性格,而不列颠只是纯粹的政治组合概念,是由几种拥有各自独特文化的各个民族杂和而成;
- 部分因为,尽管有大量的文化间的相似之处存在,但各个文化显然不是雷同的,所以不应将本书内容认作整体的"不列颠性格";
- 最后是因为,我认为,"不列颠性格"一词似乎是个毫无意义的捏合词:当人们使用这个词时,几乎总是在想着"英格兰性格"——而不是在勇敢地标榜自己就该是完完全全的威尔士人或苏格兰人吧!

我的时间只够我研究上述文化中的一种,所以,我便选择我自己所在的英格兰文化。

我知道,如果遇上个特别挑剔的人,绝对能够在我上述观点及论证中找到无数漏洞——不仅仅在于"民族"本身就是一个相当人为的概念——康沃尔郡的"民族主义者"以及甚至更激进的像约克郡或是诺福克郡的地区主义者们,无疑都会坚持他们也有自己的独特身份,而且不应与其他的英国人捆绑在一起。

问题是,几乎所有的民族都有一大堆地区,每个地区几乎都会自视为独一无二,甚至比其他地区优越。在法国、意大利、美国、俄罗斯、墨西哥、西班牙、苏格兰、澳大利亚,当然还有其他地方,莫不如此。圣彼得堡的人谈论莫斯科人的时候,好像是在说另外一个人种;东海岸和中西部美国人也好像来自不同的星球一般;同上,托斯卡纳人和巴黎人,北部和南部墨西哥人等等;甚至像墨尔本和悉尼这样的城市都会自视拥有极端不同的城市个性——爱丁堡和格拉斯哥自然也不会例外。地区主义很难说是一种独特的英国现象。但是,在所有上述例子中,所有这些高度个性化的地区和城镇中,又总有一些共性,使之各自又成为意大利人、美国人、俄罗斯人、苏格兰人等等。我感兴趣的正是这些共性。

老生常谈和文化基因

"好吧,我希望你别去重复老一套的废话。"这是另一种对我写书计划的常规反应。这种评论似乎基于一种认识，认为老生常谈总是"不正确的"，认为真理存在于其他地方——必须打破老生常谈的地方。我发现这种观念十分奇怪，而我通常认为，老生常谈的东西，尽管未必是"真理，全部的真理或唯一的真理"，但往往具有一点儿合理性。毕竟，口口相传那么久，它有合理的生存土壤，但是必须找个合适的机会使之播种、发芽、结果。

所以，我对此类评论的标准回答就是，不，我不会超越老一套的，我只是努力钻进老一套中，挖得更深。我不会故意把老一套的东西排除在外，但我会保持清晰而开放的思维；如果我的研究显示，某些英格兰行为方式与某种老一套的想法不谋而合，我当然会把这种老传统收纳进来，放在我的显微镜下，解剖它，逗弄它，用各种可能的测试手段分析它的所有组成部分，解密它的基因密码，呵呵，然后，大概还会刺穿它，观测它，直到在它的深处发现一串真理的基因。

啊哈，读者们，别被迷惑，我在这里用实验室做比喻所指代的，当然绝不是那些高尚科学家们真正在实验室里做的那一套。我的意思是，如果放在显微镜下，绝大部分事物都会看上去很不一样。所以，当我这样做时，我发现，不少老一套的英式词汇，如"缄默"、"礼貌"、"谈论天气"、"足球流氓"、"伪善"、"隐私"、"反理性主义"、"排队"、"妥协"、"公平竞赛"、"幽默"、"阶级意识"、"古怪"以及诸如此类的词，其传达的信息往往与人们的第一印象并不一致。这些词汇的背后，全都隐藏着一层又一层的潜规则，包含着各式各样的密码，人们的肉眼无法看见，需要有人去破解。其实，我也不必完全用实验室里的一切打比方，不如换一种方式，形容我的"英国性格"计划，这个计划是排列或标注英国文化基因的一次尝试，是破解使我们异于他人的文化"密码"的一项努力。

嗯，对啊，排列出英国文化基因的序列——听起来很像一个既宏伟又严肃，既雄心勃勃又极具科学意义的计划嘛！不过，要完成这样一本巨著，得给我三倍多的时间才行，要是算上英国人必不可少的下午茶歇，啊哈……不过，转念一想，我这个如意算盘，显然不会被出版商笑纳的。

上部：聊天规则

第一章
天　气

任何英式聊天，都必定从谈论天气开始，所以，本书关于英式聊天的探讨，也就顺理成章地从天气谈起。按照传统英式礼仪套路，我得与其他研究英国性格的作家们一样，先引用约翰逊博士的经典论断："当两个英国人相遇，他们的开篇话题必定是天气"，然后再加一句评论，说两百多年来这个论断都很正确。

但实际上，我认为，这个论断误导了许多人。英国人为什么对天气津津乐道，大多数探讨这一问题的评论家们，要么中途退却，要么冥思不解，要么无功而返，但却始终找不到一个很有说服力的理由，就是因为他们的大前提搞错了：他们认定天气谈话必定是一种天气谈话。换句话说，他们认为，我们谈论天气，纯粹是因为我们有着对天气话题的无与伦比的，甚至有点儿病态的兴趣。他们中的大多数人，就根据这一出发点，转而寻找英国天气确实引人入胜值得谈论的理由。

比如，比尔·布赖森（Bill Bryson）曾感叹，英国天气其实一点儿也不有趣，他认为我们老是谈论天气真是不可理喻："对于一个外国人而言，英国天气给人最深刻的印象，就是它一点儿也不古怪。在其他地区赋予人们无穷想象与激情的天气现象——比如龙卷风、季风、狂风暴雪、一天到晚的冰雹雨——在英伦三岛全都不存在。"

杰里米·帕克斯曼（Jeremy Paxman）则怀着一股天然的爱国激情，对布赖森的负面评论予以反击，他辩称，英国天气有其内在的趣味："布赖森错了。英国人对天气的执著一点儿不含戏剧因素，就像英国的乡村一样，在大多数情况下，总是那一种平静淡泊的美丽。人们感兴趣的不是天气现象本身,而是一种不确定性……在英格兰,只有一件事你提及的时候是完全有把握的,那就是天气的多变性。英国的天气可能没有暴风,但是,由于其大洋边缘与大陆边缘的双重地理位置,英国的天气绝对不是你能预测的。"

而我的研究则发现,布赖森和帕克斯曼其实都错了,我们谈论天气,其实未必真的是关于天气本身:英国式的聊"天"其实只是一种潜规则的表象,用来帮助我们克服天生的保守与羞怯,能够逐渐谈到一块。比如说,每个人都知道,"天气不错,不是吗?""哦,天冷了!""还下雨呢,是吧?"以及其他的天气话题的形式,并非在向对方征求气象数据:这些话语只是一种攀谈交流的仪式式语言,或者说是打破尴尬沉默的"填充物"。换句话说,英式聊"天"只是一种"载体",就像灵长类动物能够互相梳理毛发一样,我们人类也需要此类亲昵载体。当然,不是梳理毛发,而是相互建立起某种联系,减少心理距离。

英式天气谈话的规则

互惠规则

杰里米·帕克斯曼很不理解,为什么他在布拉克内尔气象局(Met Office in Bracknell)门口碰到的那位"中年金发女性",忽然对他来了一句"哦,有点冷吧?"这一莫名其妙的言行,被他看做一种典型的英式"无休止天气惊诧综合征"。其实,"哦,有点冷吗?"这句问话,就像"天气不错,不是吗?"之类的话一样,只是一种英国式攀谈方式,意思是说,"我想跟你聊天,你想聊吗?"或者说,只是另一种打招呼说"你好"的方式而已。那位没被帕克斯曼正眼相看的女性,充其量也就是想与他结识聊天,而且未必想深聊长聊,只是一种相互结识、相互招呼的好意。根据英式聊"天"潜规则,帕克斯曼只需要给予"嗯,是的,确实挺冷。"或者其他类似的毫无意义的仪式性反馈,回应一点儿"是的,我愿意与你聊天或打招呼"的善意,也就足够了。而帕克斯曼当时却什么也没做,这时的他便小小地违背了一次英式礼仪,他传递的是相反的相当粗鲁的意思:"不,我不想与你打招呼。"(不过,这也不算是什么大的过失,隐私规则和沉默规则都高于这一条天气互惠规则:从来不曾有任何规则强制人们与陌生人说话。)

我们曾经在社交中拥有比天气更多的问候选项。过去,有一句话叫"How do you do?"(你好吗?)你必须很滑稽地以一句同样的"How do you do?"作为回答。现在这个问候已被认为十分古老,不再是所有人都适用的标准问好方式了。所以,如今人们口中的"天气不错,不是吗?"之类的话,其实也应当以同样的角度来理解,它的意思无非是说:"你好吗?"不是一个真正的关于健康或心智的问题,而"天气不错,不是吗?"也同样不是一个纯粹关于天气的问题。

对天气的评论用问题的形式表达出来(或者说,用的是一种逼问式的语调),其奥秘就在于,它确实需要一种回应——但关键在于善意的回馈与互惠,而不是回应的内容。任何对天气的逼问式探询均意在挑起一个谈话,任何嘟囔不清的回答(甚至是完全的重复,比如"是啊,不是吗?"之类)都属于完全合格的回答。英式谈天仪式往往听起来很像问答授课法,又像教堂里牧师和信众的祈祷:"主啊,怜悯我们吧。""主啊,怜悯我们吧。""冷吧,不是吗?""是的,不是吗?"呵呵,是不是很像?

所有的关于天气的英式谈话都有自己独特的结构,特定的韵律模式,尽管有时也会不太明显,但作为人类学家,我必能在第一时间找出其中"仪式性"的成分。还有一个明显的感觉就是,天气谈话仿佛精心设计的舞蹈动作一般,根据不成文的但是普遍接受的规则行事。

语境规则

这是一项涉及何时何地使用天气谈话的重要规则。曾有作者声称,英国人整天谈论天气,称这是一种国家感情和民族爱好,这一论断未免过于武断:事实上,谈论天气须在三种特定语境下进行。可以用于:

- 简单招呼;
- 挑起话头,打破沉默,引出其他话题;
- 一旦出现尴尬局面,或者其他话题难以为继时,用来"打发时间"、"填补尴尬"或是"转移焦点"。

我承认，这一规则允许大量的天气谈话，所以看起来我们谈论的其他话题相对较少。典型的英语对话大多会谈谈天气打个招呼，然后推进到以天气为主题的破冰谈话，算是挑起话头，然后再在每次遇到习惯性的冷场时，又会以天气为托词，神侃一番。所以许多外国人，甚至许多英国评论家，都认为我们沉醉在天气话题中，就显得一点儿也不奇怪了。

我不认为我们对天气本身的兴趣有多足。选择天气担当重任，成为重要的社会交流功能代码，这绝不是某个人独裁命令就能做到的，从这个意义上讲，杰里米·帕克斯曼也是对的：英国天气变化多端，难以预测的性质确实就为社会交往提供了最好的催化剂。如果天气不是如此多变，我们可能就会选择其他介质去传播社会信息了。

但是，帕克斯曼和其他人认为天气谈话证明了英国人对天气有巨大的热情时，他们犯了与早期人类学家同样的错误，当时的人类学家认为某种动物或植物被选为"图腾"，是因为该部落的人对于这只特定的动物或植物十分崇拜和敬仰。事实上，正如列维—斯特劳斯 (Lévi-Strauss) 最终评论的那样，图腾只是规范社会架构和关系的某种符号。一个部族拥有黑鹦鹉作图腾，并非黑鹦鹉本身有什么神奇魅力，只不过是因为另一个部族用了白鹦鹉，他们必须与之区别开来同时又保持联系。现在，选择鹦鹉一点儿都不是随意的：图腾一般来讲用的是人们熟悉的当地动物或植物，而不是抽象符号。所以，选择图腾就不是一种武断的决定，可不像分配"你在红队，我们就在蓝队"那样随心所欲；图腾总是取材于人们熟悉的自然界，将实物当做表达或界定社会生活的符号。

同意规则

天气，在所有英国的自然事件中，显然非常适合作为聊天催化剂，所以英国人毫不犹豫地选择了这个话题：多变而诡异的天气使我们总有新鲜东西可聊，可奇，可猜，可怨，或者，更重要的是，我们在天气问题上找到了一致性。天气谈话带出另一项英式谈话中的重要准则：总是同意。匈牙利喜剧家乔治·米凯什 (George Mikes) 就注意到这一准则，他写道，在英国"你永远不能在对讨论天气的时候提出异议"。我们已经建立起以天气作为招呼或是挑起话头的方式，比如"很冷，不是吗?"之类的，必须予以反馈，但与此同时，反馈还必须是表达相同意见的，比如"是啊，很冷，不是吗?"或是"嗯，太冷了。"

如果不能认识到这一点，是对礼节的重大违背。当你的牧师说："主啊，怜悯我们吧!"你不会张口而出"可是，为什么他要怜悯我们?"你只会认真地跟着说："主啊，怜悯我们吧。"同样，对于"哦，很冷，不是吗?"之类的问句，不能用"不冷啊，其实，挺暖和的呀"来回答。如果你像我一样仔细聆听各种英国人的天气谈话，你会发现后一种反应十分罕见，甚至闻所未闻。没人会告诉你其实有一项潜规则；因为他们连自己都不甚了了：很自然也很本能地就这样反应了!

如果你像我一样，在某些场合中，以科学研究的目的，去存心破坏规则，你会发现气氛会变得相当尴尬紧张，很可能惹恼他人。没有人会真的抱怨或是大发雷霆（英国人的抱怨也有其特定的潜规则），但是人们确实被冒犯了，这种被冒犯的感觉会以种种微妙的方式表达出来。可能会出现一阵子令人很不舒服的冷场，然后有人会用一种被惹怒的调子说"哦，好吧，对我而言，很冷。"或者来一句"是吗? 你真这么想吗?"——或者，更有可能的，他们会转换话题，或者自顾自地继续在他们的圈子里谈论天气，很礼貌然而冷若冰霜地无视你的失言。如果在一个非常有礼貌的圈子里，人们会试图"遮掩"你的错误，还会试图帮助你重新认识到这个话题，实际上关乎口味与个人心理特点，而非天气事实。在那些极端礼让的圈子里，对于你的"不冷啊，其实，挺暖和的呀"之类的话，会有一阵略显令人尴尬的停顿，然后，人们做出反应，"哦，也许你没感觉到冷——你知道，我丈夫就像你一样：我冻得发抖直抱怨，他却总是认为天气暖和。也许女人对寒冷比男人更敏感吧，你说呢?"

同意原则的例外

这种优雅的废话不断地上演，就是因为英式天气话题的规则十分复杂，通常都有例外和微妙的区别。在同意规则中，主要在于个人品位的不同以及对于天气敏感度的差别。你必须永远同意关于天气的"事实性"陈述，即使它们错得离谱（这些陈述无一例外用疑问句的方式表达，但这绝不意味着真正的发问，也并非要求一项理性回答，这只不过是要求他人作出反应的一种方式而已）。不过，你可以表达不同于其他人的好恶观点，或者用一种俏皮或是机敏的个人风格表达你的异议。

怎样用合适的方式回应"哦，很冷啊？"之类的问题呢？如果你发现真的不能苟同，可以说"是啊，不过，我还挺喜欢这种天气呢，让人精神为之一振，你觉得呢？"或者"是啊，不过你知道，我对冷的敏感程度并不怎么高，对我来说，还挺暖和的。"请注意，这两种回应方式都用一种赞同式的表达开始，尽管第二种回应存在明显的自我矛盾，前面用"是的"表示很冷，后面却用"还挺暖和"予以否定。在这种情况下，自我否定是完全可以接受的，礼节比逻辑更重要，但如果你真的很难忍受用一个礼节性的"是"来开头，你不妨用一个听起来表示赞同的"嗯"来代替，并且别忘了再点点头——这也是一种表达同意的方式，可能赞同程度略低一些。

也许更好的方式是传统的"永不抱怨"模式，这种回应一般是："是的（或是点头嗯），但至少还没下雨。"如果你恰巧喜欢冷空气，或者觉得一点儿也不冷，这样的回应能够让你自己和你那冷得发抖的谈话对象同时感到满意，并达成共识。每个人总是同意，寒冷的晴天要比雨天要好——或者，至少，人们习惯于这种表达方式。

个人品位或敏感度带来的天气谈话模式的变化，其实更多的是对同意规则的修正，而不是一种例外：用"事实性陈述"直接反驳仍然是一种禁忌，基本的同意规则仍然适用；只不过由于允许品位或敏感度差异的存在，或者说在某种程度上将"事实性反驳"婉转定性为品位或敏感度差异，从而弱化了这一规则本身。

但是，在某一项英式天气谈话场合中，同意规则却完全被打破，一点儿也得不到遵守，这就是男性争论，特别是酒吧争论场合。这一因素会在本书中反复出现，尤其会在酒吧聊天一章中专门详谈，但在这一节里面，只需要记住一点，在英国男性争论，尤其发生在酒吧等特殊环境中的争论中，公开而经常的分歧——不仅仅关于天气，而且关乎所有事物的分歧——是表达友谊和建立亲密关系的有效途径。

天气等级规则

前文提到,有些特定的回应,比如"至少没有下雨",可以达到事实上的共识。这是因为存在着一种英式天气等级顺序,几乎人人都在下意识地遵守。按由好到次的顺序,我将其排列如下:

- 晴朗温暖/温和
- 晴朗凉爽/寒冷
- 多云温暖/温和
- 多云凉爽/寒冷
- 下雨温暖/温和
- 下雨凉爽/寒冷

我并不是说每个英国人都偏爱晴天,不喜雨天,偏爱温暖,不喜寒冷,我只是认为,其他的偏好都是这一原则的变异。[1]甚至我们的电视天气预报也明显偏好此类天气等级:他们在播报雨天的时候总是用一种悲哀的歉意的调子,但同时又不忘加点愉快的调子播报,虽然有雨,气温却会略有回升。因为他们知道,暖雨总比寒雨要更受人欢迎一些。同样的忧郁调子也用来预测寒流到来,当然如果会是晴天,则会加点儿亮色,因为我们也全都知道晴冷总比阴冷要好很多。除非这天气真是又阴冷又下雨到不可救药的地步,你总有余地来作出"但是,至少它不会……"之类的乐观回应。

杰里米·帕克斯曼认为,如果真的天气又冷又湿,或者你恰好感觉非常阴郁烦躁,不妨沉醉于"冷静的抱怨"之中,而英国人"冷静抱怨的能量"似乎十分强大。这是一个绝妙评论,我只想加上一句,这类英式天气"抱怨程序"有一种强烈而重要的社会目的,他们提供了友好地添加认同的机会,提供了一个便捷而适当的"他们/我们"情景——"他们"指的是天气本身或是预报者。抱怨程序允许相似观点的展示,允许智慧和幽默感的发挥,而且会令谈话人产生相互的好感,好似正共同应

---

[1] 为了证明这一点和证明天气谈话的重要性,我也想引用同义词典中的"nice"一词的七个同义词,其中至少有五个可以形容天气,它们是:fine(好)、clear(晴朗)、mild(暖和)、fair(晴朗)和 sunny(暖和)。

付一个敌人一般，这种共同感十分有益于社会交往。

在恶劣天气的时候，另一个可以被接受但更加积极的天气回应，是预测即将到来的好天气。在回答"天气糟透了，不是吗？"时，你可以说"是啊，不过他们说下午就会转晴的。"如果你的谈话对象杞人忧天般地消沉①，那么，你还可以用这样的话来继续回应，"是啊，不过，他们说昨天可是下了一整天了啊！不是吗？"当你有此回应之时，你其实也就摆脱了盲目乐观的指责，并且偷空享受一下这种冷静的抱怨。这并不相关：目的在于沟通、赞同，用共同的乐观精神、共同的推测和共同的坚忍增加彼此间的社会交往和联系。

对于那些个人品位实在有别于大众天气等级的人而言，你所钟爱的天气等级排得越后，你就越需要冠以个人品位或敏感度的理由。比如说，喜欢冷天而不喜温暖，至少要比厌恶阳光更令人接受一些，而厌恶阳光则又比疯狂地钟爱雨天更让人舒服点。不过，只要谈话人尊重天气谈话潜规则，即使是最古怪的品位，都能够被人接受。

下雪和适度规则

上述天气等级中没有提到雪，部分是因为下雪的情况相对较少，其他气候现象则是随时发生的，甚至会在一天之中全部发生的。从社会意义及谈话功能来讲，雪也是一种特殊和令人不自在的现象。它总是既令人兴奋，又令人担忧。雪毫无疑问是极好的谈资，但也仅仅是在圣诞节的时候，下雪才会受到普遍的欢迎，然而，似乎每年的圣诞节都不曾下过雪。但我们继续盼望着圣诞雪景，每年大街上的那些书贩们都会贩卖成千上万吨的"白色圣诞"预测。

唯一适合用于雪的谈话规则，是一项绝对英国式的一般性原则——"适度规则"：太多的雪令人悲叹，因为所有事物都是过犹不及。甚至温暖与阳光也只是适度的时候才能使人接受：太多的持续的温暖，就是过热，太多的持续的阳光，很容易使人抱怨天气干燥，使人想到限制用水的不

---

① 就像《小熊维尼》(Winnie the Pooh) 中的那头驴子 Eeyore 一样，觉得整个世界都处于宿命论之中，阴沉，悲观，像个忧郁的哲学家。

妙前景，还会用末日来临的调子互相提醒1976年的那个炎夏。

　　正如帕克斯曼所说，英国人可能拥有"对天气无限惊讶的能力"，他还指出，我们也很容易被天气搞得莫名惊诧，这一点也说得很对。但其实，我们还在时时期待着为天气而惊讶一把：我们习惯了天气的反复无常，我们期待着天气经常变幻。如果天气好多天不变，我们甚至会感到不太舒服：连续三天下雨，我们就开始担心洪水；下雪超过一两天，电台就会有雪灾预报，整个国家都弄得停顿下来。

"天气如家人"规则

　　当我们花去大量时间抱怨英国天气时，却不允许外国人批评它。从这个意义上来讲，我们对待天气实在犹如对待我们自己的家庭成员：我们可以抱怨自己的孩子或父母的言行，但任何外人的批评甚至暗示都令人难以接受，被视为无礼行为。

　　尽管我们很清楚，英国天气其实相对温和——既不会有极高极低的温度，也不会有季风、暴雨、龙卷风和暴风雪——然而，我们却对于任何暗示英国天气相对来讲不够趣味的说法高度敏感。最糟糕的天气冒犯，大多是由外国人犯下的，特别是美国人，因为他们常喜欢小瞧英国的天气。当夏天气温升到二十八九度时，我们就抱怨："真热，不是吗？"美国人或澳大利亚人会大笑着，或是嘲笑着来一句"这叫热？根本不算。要感受真正的热，你该去趟得克萨斯（或布里斯班）。"这类回应，常令英国人升起无明之火。

　　不仅因为这类评论冒犯了天气谈话中的同意规则和天气如家人规则，而且，这类评论居然提出了一种量化的天气谈话标准，这对于英国人而言，完全是失礼的，莽撞的，令人厌恶的。我们常常不屑地指出，数量并非一切，英国天气，需要一副欣赏微妙变化的口吻，一份体验细微差异的心情，而不是粗暴地用纯刻度和容量来对待它的细致。

　　确实，天气可能是我们仅存的少数几个体现英式爱国情绪的话题之一，在这个话题中，英国人可以落落大方，同时也是下意识地表达自己的爱国情绪。在我的参与式观察过程中，自然要涉及许多天气谈话，在各个阶层和社会背景的人群中，我都一而再再而三地碰上这种愤怒地捍卫英国天气的情形。对美式量化天气方式的轻蔑十分普遍，有一位直言不讳的受访者（一位酒吧老板）说出了许多人的感受，他对我说："哦，美国人的逻辑总是'我的比你大'，不管话题是天气还是其他什么。他们真是粗鲁。大牛排，大楼房，大雪崩，更热，更多的飓风，诸如此类。完全不懂什么是细腻微妙，他们真是有问题。"杰里米·帕克斯曼的表达，相对而言要优雅很多，不过意思也差不多，也是同样地捍卫天气，怀着同样的英式爱国情绪，他把比尔·布赖森所说的季风、暴风雪、龙卷风和冰雹，全都贬为"戏剧性效果"。哈，真是一个典型的英式愚弄。

航运天气预报模式

我们对天气的特殊喜好，可以在一个典型的英国全国性节目"航运天气预报"中找到其雄辩的例证。最近，我恰好逛了一家海边的书店，找到一本很有意思的图画书，封面是一幅海景，标题是《稍后有雨，好》(Rain Later, Good)。这本书在第一时间吸引了我的眼球，因为所有的英国人都会立即辨认出曾在"航运天气预报"节目中听惯了的熟悉的怪里怪气的句子，每次BBC广播四台的新闻一过，就会来这么几句神秘兮兮毫无意义的天气预报，听起来有点像念经，具有强烈的催眠效果，以至于令所有的英国人都对它产生了某种思乡般的感情。

这种航运天气预报，其实是为英伦三岛周围的渔船、游艇和货轮服务的一种近海天气预报，它还播报风力和能见度信息。对于成百万的收听这个节目的非航海听众①而言，这些内容犹如胡言乱语，毫无意义，但我们却仍然聆听，甚至带着宗教般的热情去聆听，自愿被节目中那种冷静的抑扬顿挫的对海边地区地名、风力、天气和能见度的一遍又一遍的播报所催眠——但那些最关键的信息常常被人忽视（比如几级风，天气如何或者能见度的数字），最后，在成百万的听众耳中，句子就成了这

---

① 不仅是那些有着思乡情绪的年老听众：航运天气预报有许多年轻的粉丝，最近流行歌曲中都不时出现对航运天气预报的引用。我遇到一位19岁的酒吧侍者，最近还把他的狗命名为克罗马蒂。

样:"维尔京。北于特西拉（North Utsira）。南于特西拉（South Utsira）。菲希尔（Fisher）。多格（Dogger）。杰曼码头（German Bight）。西或西南部3到4级，稍后增至5级。稍后有雨。（能见度）高，逐渐降低，有时很低。法罗群岛（Faroes）。费尔岛（Fair Isle）。克罗马蒂（Cromarty）。福蒂斯（Forties）。福斯（Forth）。北部偏西3到4级，稍后增至6级。阵雨。好。"就像这样反复循环，用一种量身定做的毫无感情的声音朗读，直到所有31个地区全都被提了一遍——成百万的英国听众们，绝大部分一辈子都不会知道其中提及的一些地名，也未必明白其中夹杂的文字和数字的奥秘，他们只是习惯性地打开收音机，得到一些奇妙的舒适感，甚至还对其中冷静的韵律诗般的声调着迷，诗人肖恩·斯特里特（Sean Street）就将航运天气预报称为"信息组成的冷诗句"。

我的一些外国受访者——大多是移民和旅游者，来到英国已经有一段时间——都遇到过古怪的英式航运天气预报模式，很多人认为这个节目很令人困惑。首先，为什么我们想要去收听这些由古怪的名字和毫不相关的天气信息组成的清单？其次，为什么我们听了之后，还觉得必须坚持听完整个节目，犹如要听一场长篇祷告一般？再次，为什么我们对待那些想要换个台的人态度十分恶劣，好像他们犯了什么亵渎罪一般？特别是，我们的国家电视台、电台和媒体标题，以及标题下的激烈争论，都会时常把外国人逗乐，他们说，你们干吗整天为个沿海地区的地名变更喋喋不休，比如说，从菲尼斯特里（Finisterre）改为菲茨罗伊（FitzRoy）？而当全国人民都在痛斥BBC，称其改变航运天气预报的午夜播出时间的决定如何鲁莽之时，外国人也不免迷惑不解，其实，不就是把时间推后15分钟而已吗？用得着像气象局的发言人所说的那样——"人民怒不可遏"吗？

"任何经历这种愤怒的人可能都会以为，BBC改变的可能是神谕，而不是天气预报！"我的一位美国受访者表示，他对菲茨罗伊之类的小题大做实在无法理解。我试着向他解释，我说信息本身的无用性或有用性在这里都无足轻重，其实，英国人收听航运天气预报，就像收听熟悉的祈祷词一般，信徒固然能从其中得到极大的灵魂安慰，即使那些非信徒，也能够得到一些满足，所以从这个意义上讲，任何对这一节目的更改对于我们的精神都是创伤性的。我们可能不知道这些海边地名的确切方位，但这些名字却早已深深地嵌进我们的灵魂深处：人们甚至用这些地名来命名自己的宠物。我们可能会不禁拿航运天气预报开玩笑，比如《稍后有雨，好》①这本书的作者观察到的那样，有些人"谈到它，会说'雷暴雨，好？我不这么认为'"，之后，他们就可以肆无忌惮地调侃世上任何事情，甚至我们灵魂中最神圣的事情都可以拿出来晒一晒，笑一笑——就像我们的天气，就像我们的航运天气预报。

天气谈话规则和英国性格

英式天气谈话的规则告诉我们许多关于英国性格的有用信息。在我们还没开始探讨其他英国谈话细微规则以及其他英式行为方式规则之前，这些天气谈话规则已经向我们暗示了许多英国性格的要点。

在互惠规则和语境规则中，我们发现存在明显的拘谨和社会压抑的痕迹，同时也存在大量自发使用的克服上述障碍的"人际关系催化剂"。同意规则及其例外告诉我们，在英国性格中，礼节以及避免冲突（以及特定社会环境中对于冲突的认同）是何其重要，以及礼节超越逻辑的特点。在同意规则的各种例外，以及天气等级规则的下属条款中，我们找到了对怪异现象的容忍度，以及某种迹象的斯多葛式坚忍行为，不过，后者的悲壮并不过分，因为英国人坚忍之余同时也很偏好杞人忧天式的抱怨，两者恰相辅相成，有所平衡。适度规则表明，英国人不喜欢也不赞成走极端，天气如家人规则则展示了一种可能令人吃惊的爱国情绪，以及一种古怪的对细微魅力的渴求情绪。航运天气预报模式则表明，英国人的血液中有一种深刻的对安全感、稳定感以及持续性的需求，一旦这种感觉被打乱了，英国人就会变得非常不安；同时，这一模式揭示出英国人对文字游戏的喜爱，以及某种对神秘的和明显非理性的休闲方式和行为惯例的怪癖。在所有这些规则背后，似乎也都有蛛丝马迹的幽

---

① 也许另一点值得注意的是，《稍后有雨，好》最初出版于1998年，此后分别在1999年、2000年和2002年重印三次，由于那次有争议的菲尼斯特里名称改变，还专门修订了一次。

默，表明了一种不愿过分严肃地看待一切的轻松态度。

当然，要想决定上述特性是否属于我们想要定义的"英国性格中的本质特征"，还需要进一步的证据，但至少我们开始发现，并将逐步确信，通过对潜规则的细微的观察与研究，有一种英国性格终究会浮出水面。

第二章
攀　谈

在上一章中，我将天气谈话描绘成一种"攀谈"（grooming talk）方式。人类大多数自吹自擂的语言能力其实不过是此类言谈，是用口头方式表达的亲昵方式，与黑猩猩互相捉跳蚤或是互相挠背异曲同工。

问候规则

相互问候是攀谈的开始。在这种语境中，天气谈话十分必要，因为问候和自我介绍对于英国人而言都是比较令人尴尬的事情。"How do you do?"（你好吗？）这句问候语，本来是纯粹为了招呼而设置，现在却逐渐没落而失去主流地位，于是尴尬情景就更加明显。"How do you do?"并非真正的问句，你只需回应同样一声"How do you do?"就如同回声或是训练良好的鹦鹉[①]一般，才是最正确的回应，目前在上层或中上层的圈子里，人们仍然这样问候，但其他人现在却很迷茫，不知打招呼时究竟应该怎样说。其实，与其嘲笑这句话很过时，不如重新复兴"你好吗？"的使用，我想，如果真能发起复兴此句问候语的运动，真的能够解决许多问题。

[①] 公平地说，我应当指出，尽管"你好吗？"一语在语法上讲是一个问句，写下来也是个问句，但它在说的时候却是以陈述的语气说出来的，没有升调，结尾也完全没有询问式语调，所以，重复此句的回应方式应当并不算太荒唐可笑，当然，只是不"太"荒唐而已。

笨拙规则

确实，我们的自我介绍和打招呼都比较不那么舒服，不那么优雅，比较笨拙。在固定的朋友圈子中，虽然我们也仍然会局促得不知把手放在何处，不知应该吻一下还是抱一下，但尴尬会少一点。在两颊上各吻一下的法国方式在爱闲聊的人群以及其他一些中层或中上层圈子里流行起来，但仍然被社会上其他人视作愚蠢虚伪的象征。特别是当人们相互之间并不真正吻颊，而是发出吻声，作出"空吻"姿态时，更给他人以愚蠢虚伪之感。有一个词叫"嗯哪—嗯哪"（Mwah-Mwahs）就专门用来形容"空吻"的女性，含有强烈的贬义。"空吻"一般都指女性；男人们一般不空吻，除非真的是非常亲密的同性恋伴侣之间时有"空吻"，但那也只是做一做样子而已。甚至在能够接受亲吻面颊的社会圈子中，人们仍然不能确定，究竟该吻一下还是两下，拥吻双方因此而互相猜测对方的意图，从而导致不少傻乎乎的犹疑。

握手现在已经是商业交往的准则。或者不如这样说，当人们在商业场合第一次互相介绍时，握手已经成为准则。有意思的是，尽管初次见面往往最为正式，但初次介绍却往往最简单。不过请注意，英式握手总是有些笨拙的，握手时间很短，握手时两人相隔在一臂之上，另一只不握的手绝不允许有任何动作，在有些限制性不那么强的文化中所出现的握手同时另一手紧抱或拍拍上臂的举动，英国人都不会去做。

在初次介绍之后的其他会见中，尤其是当商业交往的双方更多地了解彼此时，要是再以握手作为开始，就显得过分正式，而亲吻面颊却又显得太不正式，或者在某些圈子里被认为太虚伪。两者都不被男性所接受，所以我们通常就会陷入不知何从的困惑与尴尬，没有人确定应该怎样做。有时，手伸出去一半又缩回来，有时，手刚想伸出去，却猛地换成一个不明显的招手动作；也许还有十分笨拙的犹犹豫豫的动作，好像要去亲吻面颊或是抱抱上臂，因为如果什么动作都没有的话，似乎不免有些失礼，但是这些动作大多半途而废。这绝对是独一无二的英国性格：太正式未免尴尬，但是过度随意未免同样令人难堪。

匿名规则

在非商业性的社会交往中，笨拙程度就更高了。并没有统一规定，要求人们第一次见面就得握手。事实上，握手总被认为"太商业化"，通常商业交往中初次见面就报出姓名的做法，在其他场合也被认为不妥。你不会在聚会、吧台或是其他能够与陌生人攀谈的场合中，跑到一个人面前，说"你好，我是约翰·史密斯"，或是直接说"你好，我是约翰"。事实上，唯一正确的自我介绍的方式，就是千万别自我介绍，而是找些其他的话题来开始一项谈话，比如谈谈天气。

看看"粗鲁的美国人"的方式，"嗨，我是比尔，从爱荷华过来"，伴着这话，还有一只热情伸出的手和一份灿烂的微笑，遇到这种方式，英国人只会向后退缩，逃避接触。我在研究期间访谈的美国游客们都说曾经被这种反应困惑过或是伤害过。"我只是无法理解，"一位女游客说，"你报了自己的名字，他们只是鼻子一歪，好像你说了什么过于私人的十分尴尬的事情一样。""就是，"她丈夫一旁插话说，"然后过一会儿，他们会挤出一丝不易察觉的微笑，说声'你好'——故意不报出他们自己的名字，明摆着就是暗示你，你触犯了多么大的社会禁忌。扪心自问，一个人的名字究竟有什么可保密的？"

我于是又把访谈变成了一场解惑。我尽量十分温和地解释说，除非你与一个英国人建立了亲密的关系，比如你娶了他的女儿，在此之前，英国人不会想知道你的名字，也不想告诉你他们的名字。我还建议说，与其报出自己的名字，不如试着用一种略带探询的口气与他们谈谈天气、聚会、酒吧或是任何你曾经去过的地方，这样开始一场谈话也许更好。千万别大声喊叫，语调要轻柔随意，别太热情，也别太紧张。这样做的目的，是为了偶然"飘"入一场谈话，就像彼此不经意之间认识一般。即使对方看上去很乐意与你交谈，你仍然要遵守惯例，尽量克制住自报家门的冲动。

最后，也许大家有机会互换姓名，这时也必须用一种轻松的、毫无强迫的试着进行，当然最好是等待对方首先主动提出互换姓名的要求。难道你愿意在一次尽兴的友好的聚会结束后，双方却互不相知吗？你也许会在告别时说一句"再见，很高兴见到你。哦，……我还不知道你的名字?"这样说时，仿佛你刚刚注意到自己的这个疏忽。你的新朋友当然也会告知他（她）的名字，然后，你终于可以来介绍自己，"顺便说一句，我是比尔。"当然，用的仍是一种不经意的调子，仿佛这是世界上最不重要的事情一般。

有一位特别善于观察的荷兰旅游者，在非常认真地听完我的解释后，评论说："哦，我明白了，有点像《艾丽丝镜中奇缘》(*Alice through the Looking Glass*)，每件事你都得反着做。"我从没想过《艾丽丝镜中奇缘》可以作为英式礼节指南书，但仔细一想，这不失为一个好主意。

"很高兴见到你"问题

在小型的社交场合，比如说晚宴，主人可能会通过逐一点名介绍来宾来消除彼此的尴尬，但这类场合仍然看上去很笨拙，当人们不再说"你好吗？"的时候，每一个人在被点到名的时候都有点手足无措，不知该说点儿什么。"过得怎么样？"（How are you?）其实与"你好吗？"异曲同工，也不是一个标准的问题，无论何时你都必须回应说"非常好，谢谢"（Very well, thank you）或是"很好，谢了"（Fine, thanks）。即使你生理上略感不适或是心理上疑虑重重，你也必须这样回答。但"过得怎么样？"一般不用于初次介绍的场合，因为我们的惯例是把这句话用在彼此已经十分熟识的人群之中。即使它对回答内容的要求很低，甚至都不需要内容诚实，但是，"过得怎么样？"仍然被视为过于私人和亲密，因而不能用于初次见面。

今天，解决上述问题的常用方式，是"很高兴见到你"或者"见到你真好"或者其他类似的内容。但在某些社交圈中，尤其是中上层阶级和少数收入偏高的中产阶级圈子中，这句话被认为是太"普通"，以至于会使他们与下层阶级混为一谈。当然，有这种观点的人恐怕不会说出来，他们只是强调"很高兴见到你"是"不正确"的，因为有些礼节指南上白纸黑字阐明这一点。书中还给出解释，说"很高兴见到你"是一个明显的谎言：一个人不可能在第一时间就判断出他是否很高兴见到对方。其实，英国式的礼节大多都是非理性、不诚实和伪善的，所以没必要专门指出这句话的缺陷,这种经过挑选的细致显得别有用心,完全没有必要。

不论其起源如何,也不论其逻辑上如何可笑,对于"很高兴见到你"这句话的偏见却十分严重,人们经常不明就里地感觉到说这句话时觉得不爽。他们似乎都有一种模糊的感觉,好像这话本身含有错误的成分一般。然而,即使是那些最没有阶级偏见,也最相信这句话没什么不妥之处的人,竟然在用这句话互致问候时,也会显得缺乏自信:通常都是用很笨拙的方式含混地说出,而且尽可能快地一带而过,听起来好像在咕哝"很高兴见到你"这种笨拙的情形,也许恰恰是因为说话的人十分坚信他们说的是一句"正确"的话。对于英国人而言,正式的方式令人尴尬,但是,随意的方式也令人尴尬。英国人的尴尬真是无处不在。

尴尬规则

读者也许会对英国人的自我介绍和问候之中的种种尴尬表示困惑,事实上,唯一确定无疑的规则就是:要想做一个完完全全无可挑剔的英国人,你就必须在上述场合中表现得笨拙而尴尬。一个人必须下意识地这样做,要浑身不自在,要硬邦邦,要笨拙,而且最重要的是,要令人尴尬。那些伶牙俐齿、能言善道、信心十足的行为,都属于不当行为,完全非英国式的行为。猜疑不决,微微发抖,不合时宜,虽然表面上看起来让人惊讶不已,但却是实实在在的正确行为。初次介绍应当越慌张越好,还得用上最拖沓的废话。如果最终需要交换姓名,那么也只能小声咕哝;手要试探性地半伸半缩,然后笨拙地收回;大众能够接受的问候语包括"呃,怎么?""嗯,很高兴见到你。""哦,好?"

如果你十分擅长社交,或者来自于这个地球上另外一个能够自如而直接地处理问候语的国度,你可能需要多加练习,才能真正达到这种尴尬生硬的英式笨拙程度。

英式闲聊规则

在讨论过笨拙的介绍和尴尬的问候,以及破冰式的天气谈话之后,我们现在可以再来谈谈其他的攀谈类型。"一个人总得说点什么，你知道。"在《傲慢与偏见》中，伊丽莎白这样对达西说，"如果总是沉默，看上去多么古怪。"

陌生人之间会继续谈论天气，而其他人则会选择相对中性的话题来谈论，事实上，天气是唯一一项绝对安全的谈资，所有其他的话题都带有潜在的"危险性"。至少，在某些场合下，所有人都会或多或少对天气以外的某个话题带点儿保留，保留的程度取决于他们与谁在什么场合什么时间谈论。但在英国，与在其他地方一样，朋友间最普通的攀谈形式，就是闲聊。英国人绝对可称得上一个闲聊民族。最近的一项研究表明，我们大约三分之二的谈话时间完全用于讨论各类社会问题：谁和谁在做什么；谁"当红"，谁"失势"，以及为什么会这样；社交难题怎么办；朋友、家庭和名人的行为和关系；我们自己与家庭、朋友、爱人、同事和邻居间发生的问题，以及每日社会生活中的琐屑小事，一句话，全都是在闲聊。①

如果你想要一个更加正式的闲聊定义，我可以推荐1993年努恩和德尔布里奇（Noon & Delbridge）所给出的定义："对具有共同社会背景的成员的含有价值判断的非正式信息交换过程。"这个定义并没有覆盖所有的闲聊，比如说，它不包括名人。"具有共同社会背景的成员"这个概念，没法将电影明星、流行歌手、皇室成员和政治家等人物包括进去。但是公正地说，直觉告诉我们，其实我们谈论明星的时候，或多或少都有一种拉近感，仿佛他或她就是我们所在的社团成员。我们谈论肥皂剧的角色冲突，超级名模与男友的感情危机以及电影明星的婚姻、事业和孩子时的谈话方式，往往与我们对家庭、朋友和邻居的谈话方式不谋而合，很难区分。所以，我既推荐努恩的定义，也要指出我的疑惑。

事实上，我喜欢这个定义的原因之一，是因为它暗示了闲聊信息可以传播的人群范围，当然，也包括闲聊者自己。研究者们发现大约半数的"闲聊时间"用于讨论闲聊者本人或是近在眼前的观众，而不是其他

---

① 这项研究使用的是我所赞同的方式，不是用问题列表或实验室试验，而是通过在自然环境中对真实对话的偷听完成的，所以我们相信此项研究的数据。

第二章 攀 谈　　　　　　　　　　　　　　　　　　43

人的行为举止。这个定义也有助于表达闲聊的进化含义。尽管有证据显示批评和负面评价仅占闲聊时间的5%，但闲聊确实大多用来表达观点或感受。在英国人中间，你会发现这些观点或感受经常被暗示出来，而不是直接表达出来，或者说，用的是一种更加柔和委婉的语调来表达，在与人分享"谁与谁正在做什么"的故事细节时，我们大多会插入我们自己的观点。

隐私规则

我引用自己的研究发现，认为关于英式闲聊十分普遍，但这并不是说，英国人的闲聊比其他民族要多。我相信其他地区的研究也一样会发现三分之二的谈话时间用于类似的社会话题。一位专攻英国人发现的心理学家罗宾·邓巴（Robin Dunbar）坚信闲聊是一种全人类的普遍特征，事实上，他还认为语言的发展为人类的闲聊提供了便利[①]，成为一种"梳毛"行为的替代物，因为我们不能在更广的社会交际网络中象我们的动物远祖们那样相互梳理毛发以示友爱，但我们的聊天行为与此类似，一样体现了梳毛行为社交功能。

我想说的是，闲聊可能对英国人特别重要，因为我们特别注重隐私。当我在不同年龄段和不同社会背景的人群中进行访谈和群体讨论时，我发现，他们对于闲聊的喜爱，很明显与这个过程中"冒险"因素的介入有关。尽管大多数的闲聊都无伤大雅，要知道，真正的批评和负面评价只占5%，但闲聊毕竟谈的还是人们的私生活，听起来就好像干了什么调皮的事，或是偷吃禁果一般。

那些特别保守和羞怯的英国人会对闲聊"对隐私的侵犯"特别敏感，对于他们而言，隐私是一项特别严肃的事情。我不可能在此夸大隐私在英国文化中的重要性。杰里米·帕克斯曼指出："隐私的重要性充斥着整个英国，从法律的基本原则，到普通人居住的房子。"乔治·奥威尔

[①] 当然，还有其他的语言进化理论版本，最有意思的要算是杰弗里·米勒（Geoffrey Miller）的观点，他认为语言是一种求爱工具，能够帮助我们调情。好在人们大多能够接受闲聊有多种功能，其中之一就是为求爱目的而进行的角色演示，因此关于语言进化的"求爱"理论就与我的"闲聊"理论并不绝对排斥。

则说:"最令英国人憎恶的名字,就是诺西·帕克(Nosy Parker,意思是爱打听闲事的人)。"

我还会加一句,英国社会中大量的最有影响力的交往原则与箴言都与维护隐私有关,这类原则多如牛毛:我们受到教育,要关注自己的事,别去探听隐私,要自爱自律,别去过分渲染自我,别去出风头,甚至最好别让他人注意到自己,永远别在公众场合暴露出自己的缺点。值得注意的是,"你好吗?"的问话只有在极其亲密的私人朋友或家庭中间才算是个"真实"的问题;在其他场合,无论你的身体或精神状况如何,对这一问候的自动的仪式般的反应必须是"很好,谢谢。""不错,多谢。""哦,一般般。""还行,谢谢。"或者类似的短句。如果你确实病得很重,你也最多只能说一句,"还行,凑合吧。"

结果,由于不可避免的禁区诱惑力,我们这个民族变成一个窥探民族,所有人都有偷吃禁果的欲望,所有人都无休止地迷恋着"具有共同社会背景的成员"的私生活。英国人的闲聊时间可能并不比其他文化的人更多,但我们的隐私规则却极大地拓展了闲聊的价值。供需原理决定了闲聊成为英国人追求的一项贵重社会资源。私人的信息可不能轻易地抛给公众或是混于其他杂务,它只能在我们熟知并信任的人中间传播。

为什么外国人经常抱怨英国人冷漠、保守、不太友好、袖手旁观。在其他文化中,报出基本的个人信息——你的名字,你赖以谋生的职业,婚否以及是否有孩子,住在哪里——并不算什么大事;而在英国,榨出此类信息的过程好比拔牙,每一个小问题都会遭遇到我们本能的防御和反击。

猜猜看规则

举个例子来说,直接问某人"你是做什么的?"其实并不应算作失礼,因为你想想,这个问题是初次见面时脱口而出而且最容易打开话题的问题。但是,由于我们英国人对隐私的顾虑之外,还有一种加大自身社交生活的难度的十分偏执的需求,所以,礼节就对此有所要求,必须找到一种更迂回更间接的方式来刺探职业,而不是直接问出。你去听听英国人如何迂回周折千方百计地想去了解对方职业,但却始终不问出那个禁忌的直接问题，这样的对话颇让人忍俊不禁。猜猜看游戏，在每一场中产社交聚会中都在上演，人们初次见面，互相结识，试着从其他话题的蛛丝马迹中猜出对方的职业。

一个对当地交通问题的评论，可能引发一些评论，比如"哦，是的，那真是场噩梦，上下班高峰更糟，你开车上班吗？"另一个人心知肚明，这个问题其实问的是职业，所以，他在回答的时候就会产生一种责任，他既要回答表面上的问题，又必须回答潜藏着的问题，所以他通常会说："我开车。但我在医院工作，所以，至少我不必一路开到市中心。"提问者的脑海中于是立即产生一项猜测，"哦，医院，那么，你是医生？"当两到三个可能的职业供提问者发问时，最好从最高等的职业开始猜，比如先猜医生，然后再猜护士、勤杂或是实习学生；比如先猜律师，然后再猜秘书。同样，尽管猜测是合乎礼节的，但最好不要一股脑儿报出所有的猜测，而是仍然使用带询问性质的陈述句，显得比较礼貌。

每个人都知道这场游戏的规则，大多数人倾向于在谈话开始阶段提供有用"线索"来加快猜测过程。即使你很害羞，不愿谈论自己的职业，或者你努力想保持点神秘，你也不应故意不提供线索，从而使猜测游戏拖得过长，那样被认为非常无礼。一旦有人做出了公开的猜测，你必须揭示你的职业。而如果对方忽视了你的谈话的明显的"线索提供"，无疑与不提供线索同样无礼。如果在谈话中，他或她提到"我的诊室就在街角"，那么，你就有义务立即做出一个大胆的猜测，"哦，那么——你是一名执业医生？"

当对方的职业最终确定时，一般而言，你都得表现出一定程度的惊叹，虽然有时是在意料之中，有时你其实很烦这个职业，但没办法，这就是礼节。如果对方说"是的，我是一名医生（或者教师、会计、电脑公司经理、秘书等等），标准的回应方式是"哦，是吗？！"好像这个职业非常有趣，而且非常出人意料。这之后，总是有一段令人尴尬的停顿，因为你正在绞尽脑汁地想要凑一句对这个职业的合乎情理的评价或是恰如其分的问题，而他或她则会试着弄点儿既谦虚又有趣，同样又很不同寻常的东西来回应你。

同样的猜职业技巧通常被用于找出对方居住的地点,是否已婚,他们曾经上过的学校,以及诸如此类的信息。有些直接的问题要比其他直接的问题更没礼貌。比如说,"你做什么工作?"要比"你住哪儿呢?"更没礼貌。但甚至连"你做什么工作?"这类攻击性较小的问题也最好别直接问,如果用迂回委婉的方式问"你是不是住在附近?"或者更模糊地问一句"你大老远赶来吗?"要显得更好。问对方有孩子没有,要比直接问他结婚没有更能让人容易接受一点。所以,前一个问题其实大多用于引发对后一个问题的答案。许多已婚英国男性不愿意戴结婚戒指,所以,有没有孩子的问题通常由单身女性提出,以刺探他们的婚姻状况。但是,这也只能在适当的谈话场合中问出,因为突然问人有没有孩子,相当于问这男的对自己有没有意思,意图太明显了。

猜职业的模式最终使我们获得了谈话对象的一些基本信息,但英国人的隐私规则规范着我们,使我们只愿意把生活中有趣的细节留给亲密的朋友和家庭来分享。这些细节属于"特权"信息,没法不加选择地与大众分享。英国人自己对这一点十分骄傲,对那些千篇一律的美国人嗤之以鼻,认为美国人"把他们的离婚、他们的子宫切除术,他们的医生五分钟就能赶到之类的话全都告诉你"。尽管这些描述美国人的话可能含有一点儿事实,但它更多地揭示出英国人的心态以及英式隐私规则的运用。

巧合的是,英式隐私规则,特别是对于"窥探"的禁忌,却使得那些不幸的社会工作者们处境维艰。为什么?因为他们最需要的就是通过不断地探听了解人们的生活状况。所以,本书中的许多研究都是通过拔牙一般的复杂痛苦方式完成,我经常需要不顾一切努力寻找能够帮我绕过隐私规则探听人们潜意识中伎俩和诡计的方式。不过,设计并试验此类方式的过程,曾使我偶尔收获一些不曾想到过的有趣规则,下面提及的距离规则就是其中之一。

距离规则

对英国人而言,自己的私事只供亲朋好友们闲聊;朋友和家庭成员的私事只能在一个稍大一点的社交圈子里闲聊;一般朋友、同事和邻居的私事则能够在略微再大的一个社交圈子中闲聊，而公众人物或是明星们生活的细枝末节，则能与任何人分享。这就是距离规则。你聊天的对象离你越远，那么你可以与人谈论的圈子就越大。

距离规则使得闲聊能够担负起一项重要的社会联络功能，能够厘清社会地位和等级；能够评价和把握社会声誉；能够传播社交技巧、原则和价值——但丝毫不会侵犯隐私。更重要的是，它使得我们这类爱管闲事的人类学家逾越隐私规则成为可能，至少我们能够利用迂回的方式设计出大量窥探性的问题，从而进入人们的私人生活。

举个例子说，如果你想在一个感性的事物中找到英国人的态度和感觉，比如说婚姻，你不必问他或她的婚姻状况，你只需谈论其他人的婚姻，最好是某个公众人物的婚姻，这个人你和他都不认识，但却又都耳熟能详。当你与人进一步交往的时候，你们可能会讨论某位同事、某位邻居的家务困难，或者甚至是一位朋友或一位亲戚的家务事。即使你手头恰好没有婚姻不幸的例子，没关系，此时此地，编一个人出来亦无伤大雅。

互惠规则

如果你决定找出你最近结交的英国朋友的婚姻状况，或者他的其他"私"事，你恐怕需要采取互惠透露战略。这个战略多多少少有点普适性，人们几乎总是无意识地努力在谈话中达到某种程度的平衡或是对称，比如说，要是你告诉他们你自己私生活中的某些事情，对方会感到有义务泄露一些相对来说较为私人的信息来作为回馈，当然有些回馈完全是出于纯粹的礼节。据此类推，你便可以通过不断升级你的信息私密程度，来诱导出对方的相似反应，从而刷新你俩的亲密程度。

但是，与英国人聊天，你最好从一项很细微很琐屑的小事情说起，从某种与私事擦边，甚至不能被称作"私事"而且能够自然轻松地插入谈话的小事情说起。然后逐步加码，逐步升级，从这个不起眼的起点，一步步扩展开来。互惠透露战略费时费力，需要经历漫长而痛苦的过程，但通常这就是引逗英国人破除隐私禁忌打开心扉的唯一方式。

你尽可以去挑选你能找到的最保守最守口如瓶的英国人，用上述方式去与他攀谈，测测他能在多大范围内向你倾诉。这个实验的过程和结果都可能会让你忍俊不禁。作为英国人，我自己经常发现，编一些可用于"自我揭示"的小谎言，要比真的去透露我的私人生活更容易一些。我承认这些谎言的存在尽管会给我所在的人类学界带来非议，这一点我非常抱歉，但是，我必须对自己真实，对读者真实，因此必须在此提及我曾经说过谎言。

隐私规则的例外

隐私规则有一项例外，但这项例外只适用于英国社会中的一些特权部门。我必须提及这项例外，因为它提示出英国性格中的一些东西。我称之为"书面例外"：我们可能在报纸、杂志、书籍等等平面媒介中谈论我们原本在闲聊中不愿或羞于提及的私事，比如写我们在聚会中新认识的一个人。这看上去很奇怪，甚至有点荒谬，但事实确实如此，人们宁愿在书籍、报纸专栏或杂志文章中分离一个人生活的细节，而不愿意在一个更小的社交聚会更私密的场合与人口头分享。

这正是隐私规则的一种例外，它真实地告诉我们，对于忏悔般的纪实和其他真诚坦率的文字的热衷，并没有深刻影响英国社会日常生活中的行为规则。一位报纸或杂志的专栏作家可以把她那场糟糕的婚姻、她的乳腺癌、她的饮食紊乱症、她对过度脂肪的担忧或者其他什么杂事，都一股脑儿告诉成百上千万的读者，但她处在一个私人的社交场合，绝对不会乐于被一位陌生人问及此类事情。她打破禁忌的行为完全出于职业需要；在真实生活中，她与其他人一样，遵守着英式隐私规则和距离规则，只与几个知心朋友们讨论着自己的私事，她会把任何来自圈外的对私事的询问看做粗暴无礼的侵犯行为。正如你不会让一位曾经裸露上身走台的职业模特在一场星期天家庭聚会中脱下上衣一样，同样地，你也不会让一位职业隐私捍卫者在私人的聚会中脱下他们的外衣。

"书面例外"有时还会延伸到其他媒体中去，比如电视和收音机中的纪录片或脱口秀节目。但是，在这类媒体中，英国的职业隐私捍卫者们透露的隐私总是比书面媒体要少得多。比如说，关于约翰·戴蒙德（John Diamond）与喉癌作斗争的电视纪录片总是要比同一题材的书面新闻、专栏和书籍来得更加中规中矩，而更少"私人化"。人们有时也能看到一种奇怪的现象，某个人写了一本高度展示私人生活的书或是一份此类的专栏，把生活中所有的丑事、尴尬事都写了出来，可是，同一个人上了电视的脱口秀，却只是遮遮掩掩地用些模糊的笑话或委婉的托词把这些事带过去。这并不是说所有的隐私捍卫者都在此类媒体中更加保守，但是，在书面与口头这两种媒体之间必定在隐私的障碍性上存在着微妙的区别。甚至那些故意违抗此类区别，并能在电视纪录片或脱口秀中大谈其私生活的人，在那些媒体以外的场合，也有意无意地受到隐私规则的约束。

当然，英国与世界上其他地方一样，有些人为了快速扬名，为了毁灭对手，为了财源滚滚，什么事都能做，什么事都能说，而且不分场合和时间。但那些粗暴践踏隐私规则的人，毕竟只是极少数，而他们的小丑行为通常都被社会中的其他人所嘲笑和诟病。注意，我这里说的是明显的践踏与违背，而不是例外。所有这些，都恰恰说明，对于隐私规则的遵守才是社会普遍接受的原则。

英式闲聊规则中的性别差异

与大众的想法正相反，学者通过研究①发现男人的闲聊与女人一样多。一项英国研究表明，男人和女人花在个人关系等社会话题上的闲聊时间相同，均为65%；另一项研究表明，两性的闲聊区别非常之小，男人的谈话平均有55%是闲聊；女人的谈话平均67%是闲聊。运动和休闲话题大约都占据了10%的谈话时间，也许谈论足球是两性唯一的差别。

男人闲聊时并不比女性更热衷于"重要的"或是"高端的"政治、工作、艺术和文化事务，但女人在场时，男人们则倾向谈论上述事务，这确实是两性的重要区别。在男人的圈子里闲聊时，谈论工作或政治等非社会事务的时间不超过5%。只有在两性混合的场合下，当男人需要给女人留下深刻印象时，男人谈话时间的分配比例才会大量地转向"高

---

① 包括罗宾·邓巴领头的研究小组和我领头的社会事务研究中心的手机闲聊项目研究小组。

端"事务,升至15%—20%之间。

事实上,最近的研究表明,两性闲聊只有一项最重要的区别,那就是内容上的区别。男人花更多时间讨论他们自己。在所有的男人闲聊的社会话题中,三分之二都是谈论他们自己的交往,而女人只有三分之一。

尽管上述研究结果十分有说服力,但人们仍然普遍相信另一种说法,认为男人们的谈话会讨论"拯救世界",而女人们的闲聊则会围绕厨房。在我的核心小组和访谈中,大多数英国男性开始都声称他们没有闲聊,而大多数的女性则很容易就承认她们确实闲聊。但是,如果进一步询问,你就会发现,两性间的差别其实是语义上的区别,而不是实质的不同。女人们对"闲聊"一词并不反感,并乐意称之为"闲聊",而男人们则将该种活动方式定义为"信息交换"。

很明显,英国男性普遍认为闲聊一词有瑕疵,有一种潜在的规则在主导着他们的思绪,使得他们即使已经开始闲聊,却一定要冠之以其他冠冕堂皇的名字。也许甚至更重要的是,它必须听起来好像其他事物,反正就是不应该像闲聊。在我关于闲聊的调查之中,我发现男性和女性主要的区别在于,女性闲聊真的听起来就像闲聊。这中间涉及三项主要因素:声调因素、细节因素和反馈因素。

声调因素

我访谈的英国女人全都同意有一种特殊的声调特别适合闲聊。这种闲聊声调应当又高又快,或者有时像舞台上的耳语,但总是要非常生动才行。有一种接受访谈的妇女解释说:"闲聊必须以某种很快、很高音的、激动人心的调才能进行。比如:'哇噻……猜猜怎么样?猜猜!猜猜!'"另一位则告诉我:"你必须用一种使人听起来震惊或者是仿佛揭露丑闻一般的调子来进行,即使你说的并非丑闻,但这种调子不能变。你得说:'哦,这样吧,千万别告诉任何人啊,不过……'即使你下面所说的也不是什么天大的秘密。"

许多女人抱怨说男人没法接受正确的闲聊声调,他们只是用毫无感情的方式平铺直叙地表达,好像这些信息完全与其他信息一样,比如,有一种接受访谈的妇女不屑地说："你甚至不能把男人们的闲聊称作闲聊。"当然，可能这正中男人们的下怀，他们恰恰希望给女人留下不爱闲聊的印象。

细节因素

女性十分强调闲聊细节的重要性，而且也同样会抱怨男人们在细节方面的缺陷，她们说男人"从来不懂细节"。有一位受访者说："男人们不会引用谁谁谁说之类的话，除非他确实知道那人说了这话，否则传来传去没有好处。"另一位则说："女人们会猜得更多……他们会谈论为什么某人做某事，会举出与某种情形相似的各种历史场景。"对于女人而言，这种对于可能的动机和原因的细节上的揣测，需要搬出此类情形的相关"历史"，并且是了解得越全面越详细越好，这才是构成闲聊的主要成分，而且还要加上对于可能的结果的尽量详细的揣测。英国男人却认为，这种刨根究底的方式令人厌烦，毫无意义，而且最主要的是显得毫无男子汉气概。

反馈因素

英国女人都很理解，"好的闲聊"不仅要求有鲜活的语调和对细节的注重，你还必须有一批好的听众，这里指的是能够以赞赏的态度来对待闲聊，能够给出大量合适评论的听众。女性闲聊中的反馈规则要求听者至少要与说者同样鲜活而且饱含热情。为什么会有这一规则呢？合乎常规的解释可能就是，只有这样才是礼貌的。说者已经费了好大的劲使得说话内容听起来就像耸人听闻的丑闻，那么至少听者需要表现得确实受到相当大的震惊，以此来达到某种程度的礼尚往来。但是，根据我所访谈的女性调查者的观点，英国男人却从来都不理解这一规则的重要性。他们不理解"你应当回应'噢，不！真的是这样吗？'或者'噢，我的天啊！'之类的话"。

但是，我的女性受访者也同意，如果一个男人确实用这种典型的女性方式来回应，他会被人认为有点娘娘腔和女人气，确实不太合适，有时令人讨厌。即使受访的男同性恋，也认为"噢，不！真的是这样吗？"

这类回答会被认为是露骨的"同性恋腔调"。英式闲聊礼节的潜规则确实允许男人在听到某种聊天内容时表达他们的震惊,但是,此种情形下,必须用其他更为人所接受的男性化的合适的感叹词。这一点,已经为社会大众所接受。

英国男人:生动与三种感情规则

闲聊中的性别差异可以解释为什么人们过去总是顽固地认为"只有女人会闲聊"的原因。如果大众将快速、高音和生动的话语,以及"猜猜,出什么事?猜猜!"和"噢,不!真的是这样吗?"之类的表达,等同于闲聊的话,那么男性谈话,至少是英国男人的谈话,就很不像闲聊,尽管他们的谈话内容确实与闲聊内容完全等同。闲聊中的英国男人听起来好像他们谈论着某种"重要的"事务,比如汽车、足球。显得重要,这正是他们的目标。

有些规则和性别差异也不完全是英国式的。比如说,细节规则,其实就是一种全球普适的女性规则,女性在语言上一般要比男性更富技巧,这一向为人们所认同。我也希望今后能在美国和澳大利亚展开类似的调查,从而定义相似的女性闲聊中讲述与回应的生动程度。但这些都是多少曾经受到过英国文化影响的国家,我在其他欧洲文化中所做的有限研究表明,这些国家的男性受到的限制更少,而且明显在谈论社会话题时更加生动一些。比如说,在法国,"噢,不!真的是这样吗?""啊,我的天啊!"就被认为是一种理所当然的正常而且可以接受的男性表达,男人们完全可以这样说,来表达对听到的某件丑闻的反应。而我在意大利、西班牙、比利时、波兰、黎巴嫩和俄罗斯,都听到过类似的生动表达。

并不是说,这些国家的男人们就不像英国男人那样担心被人视为娘娘腔。此类担心其实是一种跨文化的男性通病。但似乎只有英国人以及我们的殖民地后裔们好像执意要将生动的语调与一些抒发性的回应与女人气挂钩罢了。

我也不是说英国人的谈话准则不允许英国男人表达感情。英国男人当然可以表达感情,确切地说,是表达三种感情:惊讶,要用特定的感叹词来表达；愤怒，大体上也要用特定的感叹词来表达；得意/胜利，通常需要大喊大叫或是大声发誓来表达。确实有的时候，很难准确地定义，英国男人企图表达的究竟是上述三种感情中的哪一种。

叙　　谈

　　叙谈（bonding-talk）是一种增进情谊的交谈，英国式的叙谈也大多存在性别差异：男性叙谈看上去、听上去都与女性的大有不同，不过，两性的叙谈背后的一些潜规则其实折射出相同的基本价值观，也同样能够作为英国性格的决定因素。

女性叙谈：反向恭维规则

　　英国女性叙谈通常开始于一种模式化的互相赞美。事实上，在两到三个女性朋友间的社交聚会中，这种模式是屡见不鲜的。我曾经在酒吧、餐馆、咖啡店和夜总会，在跑马场和其他运动场合，在戏院和音乐厅，在女性机构中，在自行车手聚会中，在百货商店和街角，在公共汽车和火车上，在学校操场上，在大学咖啡馆和公司餐厅里，都有意无意地听到过此类女性恭维之词。我发现当女性受到男性称赞的时候，她们倾向于相对缩短恭维模式的长度，但她们相互之间却经常躲到洗手间里和女友们一起再把这个模式延长拉伸。哦，你猜对了，我确实跟着她们走进洗手间。在所有的女性团体中，恭维模式必须被完整地执行。

　　我观察到了这一模式的多种表现形式，有时还加入其中，我注意到，这些恭维并非随意给出的，而是用一种特定的方式，按照我下面将要谈到的"反向恭维规则"给出的。这种方式大致如下。开头必须说一句直接的恭维，比如说："哦，我喜欢你这次剪的发型。"或者用一句恭维加一句自嘲捆绑着抛出，比如"你的头发真是棒极了，我真希望能有你那样的头发——瞧我的头发，又灰又暗。"反向恭维规则要求人们对上述任何一种版本的恭维采取自我否定与贬低的回应，也就是来一次"反向恭维"。比如，你可以说："哦，不！我的头发其实很糟糕，它卷得太厉害了。我多希望能弄得像你那么短，但我的脸不像你那么有骨感；你的颧骨生得真是太好了。"然后，这句话也必须用另一句否定外加一句新的恭维来抵消，然后又会引发新一轮的恭维与反向恭维，这个仪式就这样持续下去。如果你能在这个过程中弄出点有趣的机智的自我批评之语，那么你在这个过程中可算是"得分"了。有些英国女人甚至将这种幽默的自嘲过程弄成一种艺术形式，在自嘲的程度上，甚至双方有一种暗自的比拼。

谈话可能从头发跳到鞋子、大腿，再到职业成就、身材、社交技巧，约会成功率、孩子、才艺和成就感等等，但其中的规则仍是一样的。没有任何一个恭维得以被完整接受，它们总是大卸八块，没有任何一项自嘲被对方赞同，它们总是支离破碎。当某一项恭维确实非常接近事实，以至于对方无法用惯常的平铺直叙或是幽默的调子予以否认时，你通常都会听到一句匆忙的非常尴尬的"哦，谢谢，不过……"后面跟着一句自谦之辞，用来肯定这项赞美但尽量减少其"美"的程度，最后当然还不忘加一句"反向恭维"，或者至少会试图换一个话题。

当我问及英国女性，为什么她们不能简单地接受一项恭维时，她们通常都会重复她们对此项恭维的否定，通常还会试图向我抛出另一项反向恭维，仿佛我的问题只不过是另一场恭维模式的开始一般。这种回答除了深刻证明规则的存在之外，真是于事无补，所以我试着用更通俗的语言来提出同一个问题，我先讲解我观察到的这种模式，然后问她们，如果有个人毫无保留地直接接受了赞美，而且没有回应对方一个赞美，她们会对此人产生何种印象？人们对这个问题的典型答案就是，不礼貌，不友好，甚至是傲慢——"这与自吹自擂一样坏。"有位女士说，这样一种人也"太以为自己是个人物了"。我发誓，我一字不差地照搬了她的下述回答，而且她的反应是即时的，不带任何动机，甚至想都没有想过的。——她说的是："哦？她可能不是英国人吧？"

男性叙谈："我的比你的好"规则

反向恭维规则非常富有英国特色，同时也非常富有女性特色。人们无法想象男人采用这样的恭维交换模式。想一想，"我希望我能打桌球打得像你那样好，我打得真是太糟糕了。""哦，不！我打得可臭了！真的，那一杆只是运气，而且，你扔飞镖扔得多好啊！"这样的对话你能接受吗？或者再看看下面这段话："你真是个好司机——老实说，我总是熄火。啊，你的车也比我的车好得多，开得飞快，马力又足。"要是男人说出这样的话，你是不是会笑掉大牙？

英国男人有不同的社交技巧，你刚接触这类技巧时，你会觉得它与反向恭维模式恰恰相反。当英国女人忙着恭维对方时，英国男人则会不断地贬低对方，这一竞争性贬低的方式，我姑且称之为"我的比你的好"规则。

"我的"，在这一语境中，可以指代任何东西，汽车、足球队、政党、旅游目的地、啤酒、哲学理论等等，话题本身并不重要。英国男人能够把任何谈话、任何话题都融入"我的比你的好"的游戏之中。我曾经听到过一场足有48分钟之长的"我的比你的好"的对话。啊哈，你又猜对了，我确实为它计了时。这场谈话的内容是争论湿法剃须与电动剃须刀的优劣。即使更加"高端"的话题与此也没什么两样：最近一次泰晤士报文学副刊读者来信栏出现的关于福柯（Foucault）的争论，遵循的就是同一种模式，使用的是与剃须争论同样的方法。

这场游戏的大致程序如下：你先开始赞美你自己的一样东西（电动剃须刀、曼彻斯特联队、福柯、德国车或是其他任何事物），或者你可以先质疑一下其他人的认为"他的最好"的言论或是暗示。即使其他男性私下里同意你的这段开场白，或者他们无法在道理上反驳你，但他们也一样会对你的言论提出挑战或是反击。如果少了这种仪式，男人们的谈话是不可想象的。比如说，你能想象下面这段话会在男人之间发生吗？"不知道为什么每个人都要买日本垃圾，其实他们本可以买奔驰。""是的，我觉得你是对的。"男性叙谈恐怕永远不会这样进行，这种方式极大地违背了男性礼节。

尽管交换这些话语时，人们可能提高嗓门，还会夹杂着许多赌咒发誓与指名道姓，但是，你放心，"我的比你的好"的游戏总会平稳友好地进行下去，总是有一种潜在的幽默因素蕴含其中，这是一种相互默契与理解，不应当过分严肃地看待观点的不同。发誓、嘲笑和污辱都是允许的，甚至能够得到尊敬的，但大声恫吓或是其他形式的禁止真实感情流露的行为,则是不允许的。这场游戏只是一种虚拟愤怒,假装生气,开玩笑地自我抬高。但是,如果你想要动真格的,真的有种捍卫你所使用的产品,你所钟爱的球队,你所坚信的理论或者你所使用的剃须方式的冲动,你都绝对不应允许这种情绪流露出来。过分激动是不允许的;激动显得既不像男人,也不像英国人,而且会招致挖苦与嘲笑。尽管我命名这一规则的方式可能显得有点儿自吹自擂,但实际上吹嘘也是不允许的。你的车、剃须刀,你的政治或文学理论流派可以由你自己来极力赞扬,或是认真地加以解释,但是,你自认为的那种优良品位、良好判断力以及高超的智慧,必须通过十分微妙的方式暗示出来,而绝不允许能直接吹嘘。任何自吹自擂的迹象都会被人嗤之以鼻。只有一种吹嘘的方式,还勉强被允许,那就是用讽刺或是夸张的方式,调侃般地表达自己的品格,意在给听者以调侃搞笑的印象,从而避开吹嘘的雷区。

在这场游戏,不可能永远保持胜利。没有人愿意向对方的观点投降或者干脆承认对方的观点。游戏的参与者最终会感到厌烦、疲累,于是转换话题,也可能带着一种怜悯对方或宽恕对方愚蠢行为的心情相互握手。

"我的比你的好"的游戏完全是男性专用。随行的女性可能会因为误解了游戏规则或者插入一些不合适的理性因素,从而在不经意间破坏了这种游戏的乐趣。她们还有可能对这种模式的可预测结局表示厌烦,还可能做些难以想象的事情,比如许多问题闲聊的双方,难道他们不能简单直接地回答表示赞同或不赞同吗?对于这些女性插曲,男性往往会故意无视。一些女性会被激怒,因为她没能理解,其实这种争论根本不能以理性解之,男人们根本无意着手解决他们争论中的这些问题。与其说这是辩论,不如说这犹如两支不同的足球队球迷的欢呼,足球迷们才不会梦想要去说服他们的对手来转而支持本队,他们只是尽忠职守地大声叫喊欢呼。这并不是说,英国女人的叙谈就更加"甜蜜和轻柔"。只是相比之于男性叙谈的这种表达形式,女性可能更少一点竞争激烈度。不过,我也记录过一些较为激烈的女性叙谈,主要是各个阶层的年青女性间的叙谈,这些女性所用的语言,几乎全是极具讽刺性的嘲笑与羞辱,谈话双方还会用带着明显而强烈的亲昵语调，大呼对方"小母狗"或是"懒妇"。

"反向恭维"和"我的比你的好"这两种叙谈方式，给人的第一印象截然不同，可能还折射出某种深刻的两性普适差别。最近的社会语言学研究专注于研究合作型与竞争型之间的界限。我在这里并不需要引用更加极端的"性别语言"理论，但我的研究有一项明显的结论，男性叙谈通常倾向于更具竞争性，而女性叙谈更具合作性。

但这些叙谈仪式也有某些重要的共同之处。叙谈背后的规则与理念，都能够向我们揭示更多的英国人的性格。比如说，两者都排斥自吹自擂，都偏爱幽默的表达。两者都要求某种程度上的有礼有节的虚伪，或者至少需要不时隐瞒自己的真实观点或感受。比如"反向恭维"规则中的假装羡慕，比如"我的比你的好"规则中的假装漠不关心。而且，两者都将礼节置于比真理和理性更高的位置加以推崇。

最后……漫长的道别仪式

在攀谈这一章中，我们以讨论问候方式开始，那么，现在，我就需要以讨论告别方式来结束。我希望我能够用一种积极的调子结束本章，能够声称英国人在告别的时候至少要比问候的时候更加自如，可是，真相却恰恰相反，我们的道别方式在笨拙程度、尴尬程度以及弱智程度上丝毫不亚于我们的问候方式。再一次，我们发现，没有人真正明白再见时该说些什么做些什么，这就导致了种种半途而废的握手，笨拙的碰颊以及半吞半吐的句子，真是与我们的问候方式如出一辙。唯一的区别就在于，我们的问候与自我介绍往往匆忙短促，人们旨在尽快将见面的尴尬掩盖住，而我们的道别，似乎为了弥补问候的短促，通常显得拖沓而冗长。

道别过程的第一步，通常是令人难以想象地匆忙，似乎没有人愿意再多待一分钟，唯恐耽误了主人的好意，惹主人厌烦或是侵犯主人的隐私时间。然而，这一点极具欺骗性。当一个人、一对夫妇或是一个家庭站起来准备就交通、保姆或其他之类很晚的理由表示道歉的时候，其他人会立即看看自己的表,然后惊讶地大呼小叫跳起来,都一律做出取大衣和拿包的动作,纷纷开始准备向主人道出第一声再见。在问候的时候,"很高兴见到你"这句话可能不好出口,但在离别的时候,说这句话就很平常,特别是你在与你刚刚结识的朋友们道别的时候,"今天真是很高兴见到你啊!"就非常合适。如果你拜访一个英国家庭,记住,你一定要为自己的道别留出至少十分钟的余地,当然最好是十五分钟,不过,二十分钟可能更保险。从你说第一声再见到最终离开,确实需要这么多时间。

喜剧演员达德利·摩尔(Dadley Moore)曾弹奏过一支钢琴小品,他的本意是要讽刺那些夸张、啰唆、自我沉醉的钢琴作曲家。他弹奏了一组音节,听起来好像快要结束一样(哒、哒、咚),但随后又发出一串颤音,紧接着又发出一组夸张的结束之音(嘀的唰,嘀胡唰,咚、咚、哒、咚),然后还有另一组结束和弦(哒、哒、咚),然后是更多的回旋,如此类推。这支小曲总是让我想起典型的英国人互相道别的方式。当你认为最后的道别已经完成之时,有人总会用一句"好啊,希望快点见到你啊,那时我们将……"来重新唤醒整个程序,于是又引发了新的一轮的"噢,是啊,我们一定,好,再见……""再见。""再次感谢你们。""多美好的相聚啊。""噢,没什么,谢谢你们。""好吧,再见,那么……""是的,真的必须走了,公车快没了,哦……""别站在那儿了,快回去,会着凉的。快!""不,没关系,真的……""好吧,再见了……"然后,有个人会说,"下次你一定来看我们呀……"或者"这样吧,我明天给你发邮件,然后……"于是,整个道别咏叹重复开始。

那些急于离开的人,那些站在门边急着想关门回屋的人,却不敢给任何急迫的暗示,因为这会被人认为不礼貌,所以,每个人都必须极大地表演一番,显得多么依依不舍。甚至当最后最后的那声再见已经说出口,甚至当客人已经钻进车厢,却仍然要把车窗摇下来,再多说几句告别的话。当客人开车离开了,却还要手放在耳边,用大拇指和小手指做成一个电话的形式,意思是一定要再联络呀。这时,通常出于礼节,双方都要长时间地挥手,无声地说着再见,直到汽车从视野里消失。当这一场漫长的道别仪式结束时,我们仿佛经受了一场漫长的考验,全都会如释重负一般地歇一口气。

我们然后会立即抱怨起那帮一秒前我们还依依惜别的客人,"天哪,我以为他们永远都走不了呢!""琼斯一家真是好人,就是有点……"甚至在我们确实十分享受相互的欢聚的情况下,我们在一场漫长的道别仪式之后,仍然会将抱怨之辞混在赞美之辞中间说出来,比如"真是太迟了!""我们真累啊!"或者,我多想歇下来喝杯茶或咖啡,或者,又只剩我们自己了,多好啊! 或者,终于可以回到我们自己的家了! 诸如此类的话。

但是,如果出于任何理由,这场漫长的道别仪式被缩短了,我们便会感觉不爽、不满或者会有罪恶感,好似我们触犯了某项天条,有时还有憎恶感,好像在怪罪对方道别的时候太匆忙。我们可能不会公开地表达这种潜意识里的情绪,也未必清楚地认识到这中间存在一种规则,但我们确实感到不完美;我们确实认为,这声再见没有以合适的方式说出来。为了避免这种情况发生,英国孩子总是在很小的年纪就被灌输长道别理念:"对奶奶说再见,快!""我们应该说什么? 我们要说,谢谢你,奶奶。""对简阿姨说再见吧。""不,要好好地说再见!""对皮克尔斯说拜拜吧。""我们要走了,所以,现在,再说一遍再见。""过来,快,挥手,向他们告别。"

英国人通常不把这种道别仪式称为"saying goodbye"(说再见),而是称之为"saying our goodbyes"(把我们的再见说出来),比如说,"我没法去车站送你了,所以我们只能在这儿把我们的再见说出来。"我与一位美国旅游者探讨这个细节时,他说,"你知道,我第一次听到这种表达,我没法理解其复数形式,或者,我猜想,两个人每个人说一声再见,所以就成了复数? 不过,现在,我可明白,原来它的意思是一场漫长的道别仪式,你们要说好多好多再见。"[1]

---

[1] 有些孩子对此有所反抗,可能也在意料之中。尤其是十多岁的孩子,进入了一个逆反期,拒绝参与到这种仪式中来,常常通过走入极端来表达对大人们的叛逆,他们可能会大喊一声"再见",然后砰地关上门,就算仪式完成。好像还没什么好的方法制止这种行为。

攀谈规则和英国性格

天气谈话规则已经向我揭示出一些英国性格的要点，而攀谈规则能够帮助我们找到更多的英国性格。

问候规则再次证明了天气谈话中关于保守与社会限制的发现，它表明，如果没有"助推因素"，我们很难克服这些限制。某种笨拙尴尬的倾向以及普遍的不灵活的社交方式必须纳入我们的性格要点来看。这是一种很重要的因素，这种倾向与方式对于英国式社会关系的形成有着重大的影响。

匿名规则重点强调了英国人对于隐私的重视，以及英国人中间普遍存在的疑心重重、不善社交的某种冷漠表象。这一规则第一次展现了英式礼仪复杂、非理性、反其道而行之的真实本质。"很高兴见到你"这一问候语所遭遇的问题，则第一次向我们揭示出，阶级意识贯穿英国生活和文化的方方面面，同时也暴露出我们不愿承认这一事实的心态。

闲聊规则令一系列重要的英国性格浮出水面，最令人震惊的，莫过于英国人对于隐私的捍卫，这一点通过猜猜看规则、距离规则得到证明，通过书面规则的"否定式证明"得到强化。闲聊中的性别差异规则提醒我们，在任何文化中，雌雄总难调和。这一点看似简单易得，但却经常被早期人类学家所忽视，有时还会被那些评论英国性格的人故意掩盖。无论是忽视还是掩盖，都倾向于将"男性"规则简单等同于规则本身。比如，任何相信英国人在日常生活中不易激动的人，很明显从未听过两名英国女性的闲聊。通常规则的克制与保留，在这种情况下，只适用于英国男性。

男性与女性叙谈的规则强调了男女区别的观点，但在表面的极大差异之下，其实两者有着重要的相似点，包括避免吹嘘、推崇幽默以及讨厌热情过度，还有礼貌的虚伪和礼节优于理性等等。

最后，漫长的再见规则再一次见证了英国人社会互动中的笨拙与尴尬。我们很明显都很难把握好像问候和告别这样的小事情，我们很难做到流畅和优雅并举。但同时，这一规则也为英国人特性中那种非理性的过度礼貌举出了一个非常突出而典型的例子。

第三章

幽默规则

　　这个标题既可以从字面上解读为"关于幽默的规则",也可以望文生义地解读为"幽默才是一切的规则,好吗?"事实上,也许后者更合适一些,因为最值得注意,也是最重要的关于英式谈话幽默的规则,恰恰是幽默在谈话中无处不在的主导地位。幽默才是一切的规则。幽默才是统治谈话的灵魂。幽默无所不在,幽默无所不能。我并不准备专门辟出一章谈幽默。我知道,就像阶级一样,幽默贯穿于英国生活和文化的方方面面,因此最好是放在本书的不同章节中来谈比较自然。但是,谈论英式幽默的问题在于,它如此广泛,我真得每隔一段就谈一次幽默,那反而会费时费力不讨好。所以,便终于还是有了这关于幽默的单独一章。

　　我知道,关于英国人的幽默感,早有一大堆的文字。不少人出于爱国主义情怀,想证明我们的幽默感如何别具一格并且优于其他人。好像许多英国人都相信,我们已经拥有某种全球幽默专利,即使不能包揽所有的幽默品种,至少可以打响某一种"幽默品牌",比如像机智,特别是讥讽之类的"高端"幽默产品。而我的发现则证明,也许英式幽默确实独树一帜,但最终"决定英国人性格的因素"是我们融在幽默中的价值观,反之,幽默最重要的一面,也正是在于其体现了英国文化和社会互动。

　　在其他文化中,幽默需要有特定的时机和场合,幽默被视为一种特殊的与众不同的谈吐。在英式对话中,幽默的潜流却无处不在。我们无法只说"你好"或是只是单纯评论天气,而不去努力弄一两个笑话出来。大多数英式对话都会至少带点儿调侃、嘲弄、讥讽或是故作轻描淡写,还有幽默的自贬、讥笑或是干脆来点儿装疯卖傻。只要你喜欢,幽默便可以成为我们的"缺席方式":我们不必刻意弄出幽默,我们也不必刻意避免幽默。对于英国人而言,幽默规则正是文化上的自然法则,我们自动地遵守幽默规则,正像我们被迫遵守地心引力定律一样。

别太认真规则的重要性

在最基本的层面上,一项所有英式谈话的潜在规则,就是避免"过分认真"。尽管我们不一定最幽默、最会讽刺,但是英国人确实要比其他民族更在意"严肃"与"肃穆"、"真诚"与"过分认真"的区别。

要想理解英国人的性格,这种区别就相当重要,我觉得再怎么强调也不过分。如果你不能抓住这些微妙而重要的区别,你就永远没法理解英国人。即使你能说流利的英语,你在与英国人的谈话中也永远不会有宾至如归的感觉。你的英语也许毫无瑕疵,但你的行为的"要点"明显存在重大缺陷。

一旦你对这类区别足够敏感,那么,别太认真规则就真的变得非常简单。严肃是可以被接受的,而肃穆是被禁止的;真诚是被允许的,而过分认真是被禁止的。自负和自我抬高都在社交规则范围之外。严肃的事情可以被认真地讨论,但一个人不能太严肃地看待自己。自嘲尽管其骨子里是某种形式的高傲,却是英国人的一项讨人喜欢的特性。我希望我至少在这一点上是正确的。如果我高估了我们自嘲的能力,这本书就一定不会畅销。

举一个较为极端的例子,那种将手放在心上,激情四溢,炫耀性地敲击着《圣经》庄严发誓的场面,会被大多数美国政客所青睐并且使用,但在英国,这一招恐怕连一张选票都拉不来。我们在新闻栏目中看到此类演讲时,都会不由地抿嘴偷笑,带着一种隔岸观火的感觉,心里想着,那些受众多么容易轻信啊,怎么能被这种虚伪的胡言乱语所左右呢!我们若对此不是一笑了之的话,恐怕就会退而产生一种不堪忍受的痛苦情绪,这些政客怎么能够用这样一种荒唐可笑的肃穆语气,说出这样一种令人羞愧的急不可待的陈腔滥调呢?我们当然知道,政客们大部分时间都在讲着陈词滥调，我们的政治家也毫不例外，只不过，正是这种急切之意使得我们心生反感。同样的反感也会在观看奥斯卡颁奖典礼和其他的颁奖晚会时出现，那些个美国演员怎么能够在接受奖项时激情喷涌、泪流满面呢？全英国的电视观众全都会用一种手势，拇指向下，意思是"恶心死了！我都快吐了"。你很少看到英国的奥斯卡大奖得主做这种把心掏出来的激情表演，他们的演说大多比较短，比较庄重，或者带点儿自嘲式的幽默，即便如此，他们也总要表现得非常不自在或是非常尴尬的样子。任何英国演员，若敢于打破这些不成文的规则，那他一定会被讥笑，并被斥为"装腔作势"。

而美国人尽管最容易遭到我们的嘲笑，却绝对不是我们讽刺的唯一靶心。英国人能够在二十步之外一眼看出任何自我吹嘘的迹象，即使只是电视中一闪而过的细小画面，即使是用一种我们无法理解的语言，也丝毫不能阻碍这种才能的发挥。所以，何止美国人，世界各国领袖们的爱国主义激情，世界各地的作家、画家、演员、音乐家、学者和任何其他公众人物的自高自大的急切态度，都同样要被英国人拿来诋毁、耻笑一番。

"得了，别胡扯了！"规则

英国人限制过分认真，特别不喜欢高估自己的人，这就是说，我们自己的政治家和其他公众人物，他们的日子可不怎么好过。英国公众眼尖，国内政治家们若是对这些规则有丝毫违背，他们可不干。哪怕只有一丝迹象，表明某位演讲者可能夸大了力度，并且逾越了真诚这道坎，弄得过分认真了，英国公众一定在第一时间发现它并以"得了，别胡扯了！"(Oh, come off it!) 的嘲弄方式立即指出来。

我们在每天的日常对话中，对其他人也同样苛刻，就像我们对待公众人物一样。事实上，如果一个国家或文化可以用一句短语来评价的话，我一定会推荐"得了，别胡扯了！"这句，它真是英国国家短语的强有力的代表。杰里米·帕克斯曼则认为"我知道我的权利"是最好的代表。不过，他并不真正使用这句短语，但他经常引证这句话，而且在他自己列出的英国性格列表上，这是唯一的一句短语。我理解他的观点，而且"我知道我的权利"这句话确实很好很优美地抓住了一种特别英国化的顽固个人主义和强烈正义感。但我仍然坚持我的那句"得了，别胡扯了！"要比挑衅性的积极调门喊出的"我知道我的权利"更贴切，更能代表英国人的精神逻辑。正如有些人所说，这就是为什么英国人拥有讽刺文学，却没有革命的原因。

当然，英国历史上有过许多为权利和自由而战斗的勇敢个人，他们使我们今天得以享受权利和自由。但大多数普通的英国人如今宁愿把权利和自由看做与生俱来的东西，而更喜欢在此基础上隔岸观火，挖苦、责骂、抱怨各种积极地参与或维护它们的行为。许多人甚至都不耐烦在全国大选中投票，尽管我们的选举专家们和学者们都似乎不愿意承认，我们令人可耻的低投票率是出于英国人的愤世嫉俗或是漠不关心。或者，最有可能的答案，是两者的混合体。那些去投票的人，其实也是本着一种高度怀疑的态度，"矮子里挑将军"或是"两害相权取其轻"，而不是忽闪着大眼睛，本着热切的信念，想着这个党或那个党真的能够让世界变得更好。如果是后者，则又会被人嗤之以鼻，"得了，别胡扯了！"

年轻人和其他易于受潮流影响的人，可能不会用"得了，别胡扯了！"这样的表述，而是用他们特定的"嘿，又来啰！"但其中包含的规则并无二致。同样，传统的说法，会形容那些违背了"别太认真"规则的人"自以为是"(full of themselves)，而最新潮的人则讥之为"大吹"(up themselves)，意思也都一样。也许你读到这段文字的时候，新潮的表达可能又在更新换代了，但其中包含的规则和价值观念是深深植根于英国人灵魂之中，永远不会改变的。

讽刺规则

英国人通常并不喜欢爱国式的吹嘘，事实上，爱国主义与自我吹嘘都被认为是不当的，所以两者的结合犹如双重罪恶般令人鄙弃。但这项规则有一项例外，那就是存在于我们幽默感，特别是我们极为擅长的讽刺文学之中的爱国骄傲。我们普遍认为，相比其他民族，我们的幽默感更好、更微妙、更发达，而且其他民族大多不擅长夸张的思维方式，难以理解或赞赏讽刺文学，而这两方面都是我们的长处。几乎所有我采访的英国人都钟情于这一观念，而且令人惊讶的是，很多外国人居然也谦虚地表示赞同。

尽管我们好像已经说服我们自己和许多其他的人，我们的幽默感超越他人。我本人却仍然存着一丝疑虑。幽默是普适的，讽刺也是普适的，并且是幽默中的一种重要成分。没有任何一种文化个体能够宣称自己拥有对幽默的专利。我的研究也再一次证明，讽刺不分优劣，它只是一种程度，是个数量问题，而不是质量问题。英式幽默的特别之处在于它对讽刺的大量使用以及对讽刺作用的高度重视。讽刺是英式幽默的主导性因素，而不仅仅是香辣调料。讽刺就是规则。有一位观察家曾尖锐地评论英国细节①，他说这些细节是在"讽刺中诞生的，我们还未出生，就早已浮在讽刺的羊水中。……玩笑不完全是玩笑；关心不完全是关心；严肃不完全是严肃"。

我还必须说，我的许多外国受访者认为英国人的这一特性与其说是幽默，不如说让人灰心丧气。有一位美国游客抱怨说："英国人的问题，在于你永远不知道他们其实正在开玩笑，你永远不知道他们此时是严肃的还是开玩笑的。"这位游客是一位商人，正与一位来自于荷兰的女同事在一起。她对这个问题皱了皱眉，想了一会儿，然后有点不是很确定地总结说："我想，他们大多数时候还是想开玩笑，对吧？"

她说的有道理。我觉得面对他们，自己很有种为英国人而愧疚的心情。在对外国人的访谈中，我发现，英国人偏爱讽刺的特性更多地给商务旅行者带来困惑，而给一般旅游者以及其他来英国找乐子的人带来的困惑要少一点。普里斯特利（J. B. Priestley）认为："我们英国人所赖以生存的氛围十分有利于制造幽默。常常大雾袭来，四周模糊不清，很少有那种晴空万里、轮廓清晰的天气。"他还将"对讽刺的敏感"放在他的英式幽默构成要素的头条。我们的适于制造幽默的氛围，对于那些偶尔

---

① 剧作家艾伦·贝内特（Alan Bennett），准确地说，是他的剧作《古老的国家》（*The Old Country*）中的一个角色的话。

来此度假的人当然没有什么,但是,对于那些前来商谈上百万美元生意的人,比如说前面两位不那么乐观的受访者而言,这种模糊的到处都是讽刺的文化气候确实是一个障碍①。

对于那些试图适应这种文化气候的人而言,最重要的"规则",是要记住,讽刺是无处不在的。就像幽默一样,讽刺也是如影随形,是一种日常生活中的固定常态。英国人可能并不总是在开玩笑,但他们却总是处在一种随时可领会幽默的准备状态中。我们并不总是在说反话,但我们总是对于潜在的讽刺可能性保持高度敏感。当我们询问某个直接的问题,比如"你的孩子怎么样?"的时候,我们可以用两种方式来回答,一种是同样直接的方式,比如"很好,谢谢你。"另一种则是讽刺的方式,"哦,他们真是让人高兴啊——又迷人,又懂事,又干净,又勤奋……"对于后一种回答的反馈方式,一定是"哦,亲爱的。最近有一天是这样的,对不?"

轻描淡写规则

我将这一规则作为讽刺原则下面的一项小标题,因为轻描淡写规则其实是讽刺的一种形式,而不是一种特殊而独立存在的幽默形式。同时,这也是一种非常英国化的讽刺。轻描淡写规则与别太认真规则,"得了,别胡扯了!"规则和其他各种各样的保守和谦虚规则如出一辙,主宰着我们的日常社会互动。当然,轻描淡写规则绝不是英式幽默的专利。我们在这里谈的只是数量问题,而不是质量问题。乔治·米凯什说,轻描淡写"并不只是一种英式幽默特性;它是英国人的一种生活方式"。英国人以其轻描淡写的态度而著称,我认为这一说法名至实归。我们并没有创造了这样一种方式,也并不是做得比其他人更好,但是,我们经常这样做。不过,其实我也可以说,由于我们在这方面做得多,可能我们也就做得略微好一点点。

大量轻描淡写的存在理由并不难发现。我们对于过分热情、激情迸发、感情流露和自吹自擂等种种情绪的严格限制,其直接的结果就导致

---

① 我将在"工作规则"一章中进一步详细阐述讽刺在商业文化碰撞中的角色。

了轻描淡写的日常态度。与其冒险去展示任何被限制的肃穆、不可能的感情或是过度的热情，我们还不如走向另一个极端，干脆假装单调、漠然、面无表情、不动声色。轻描淡写规则意味着什么？意味着，一种长期折磨人的痛苦的慢性疾病，应被形容为"小恙而已"；一种确实非常恐怖的经历，应被诠释为"哦，不完全如我所愿"；看见一种令人震撼的美，就是"挺漂亮"而已；一项杰出的成就或是表现，不过是"不坏"；一种令人发指的残酷，只是"不那么友好"；还有，一桩因错判而造成的不可原谅的蠢行，被称为"不太聪明"；北冰洋是"挺冷的"，撒哈拉是"对我个人而言有点热"；任何非常令人愉快的人、事件或物品，在其他文化中一定会给予大量的赞誉，在英国文化中，只是被冠以一个"好"字了之，或者，如果我们真想表达出更加热情的赞誉，我们会用"很好"一语概之。

不用说，英式轻描淡写只是众多外国游客眼中莫名其妙令人生气的英国性格之一，或者，用我们英国人的方式来说，叫做"犯点小糊涂"。有一位大惑不解的受访者就说："我真的不懂，他们是想开玩笑吗？如果真是这样，他们干吗不笑，或至少挤出点儿微笑，或者嘴角翘一翘？说到底，我怎么知道，他们讲的'不坏'就是'绝对棒极了'？如果真是这样，那用什么词来表达'一般'呢？他们有没有使用什么秘密手势或者其他什么东西？为什么他们就不能老实说出来呢？"

这确实是英式幽默的问题。大多数英式幽默，这也包括也许特别是轻描淡写的幽默，实质上并不非常好笑，或者至少不是那种明显好笑、令人捧腹的段子，也绝对不是那种能够跨越文化差异的搞笑段子。即使能够理解这种幽默的英国人，也未必每次都会被这类轻描淡写之举所逗笑。最多是用一个恰到好处的轻描淡写之词换来一些唇角边的微笑。但是，这也正是该规则的核心意义所在。它确实逗笑，但它的逗笑方式是轻描淡写的；它确实是一种幽默，但它是一种有限的、经过提炼加工的、微妙的程度上非常轻描淡写的幽默。

即使这些外国人能够欣赏英式轻描淡写的幽默，能够被其打动并微笑，他们却仍然无法自如地使用这种幽默。我父亲告诉我，他有几位非常渴望英国化的意大利朋友，他们下决心变成彻头彻尾的英国人。他们说着纯正的英语，穿着英国的衣服，甚至换上了英国的口味。但是，他们抱怨说，他们不能完全做到英国式的轻描淡写，所以，他们就来找我父亲求教。有一次，他们其中一位正在热烈地描述他在当地餐馆吃的一顿巨难吃的午餐，那食物真是难以下咽，那地方真是肮脏不堪，那服务真是难以置信的粗鲁等等。等他那一长篇说辞结束后，我父亲说，"哦！所以，你不会推荐这家餐馆，对不？""你瞧你！"他的意大利朋友立刻嚷起来。"就是你这种英国方式啊！你怎么想到的？你怎么知道就得用那种说法呢？你怎么知道什么时候用那种说法呢？"我父亲非常抱歉地表示，"我并不知道。我也无法解释。我们只是这样做了。很自然地就这样做了。"

这是英式轻描淡写的另一个问题所在。这是一项规则，但其"规则"的含义却是《牛津英语词典》的第四条，"事务的正常或通常状态"。我们并没有清醒地意识到，我们在遵守它；它在某种程度上嵌进了我们的脑神经。我们也没有被教导，要用轻描淡写的方式来表达，我们好像耳濡目染就学会了。轻描淡写"很自然地就是这样"，因为它深深植根于我们的文化，是英式思维的一部分。

轻描淡写的状态对于外国人非常难以达到，因为它实质上是一场对我们自己的幽默潜规则的玩笑。比如说，当我们描述一场可怕的、非常痛苦的经历时，我们只说"不是非常愉快"。我们承认对于过分认真的禁忌和讽刺的原则，但与此同时，我们又对我们执行此类禁忌原则的荒唐可笑的僵硬态度予以调侃。我们一方面认真实施自我克制，另一方面又用一种夸张的方式冷静地嘲笑我们严厉的自我克制。我们拿自己当讽刺剧的主角。每一次轻描淡写，都是我们对于自身英国性格的一次小小的私人玩笑。

自贬规则

就像英国式的轻描淡写一样，英国式的自我贬低也可以被看做一种讽刺形式。它通常并不以纯粹的谦虚开始，而是要从我们本意的反面着手，或者至少是我们希望人们理解的观点的反面着手。

英国式谦虚在这本书中一再出现，所以我应当现在就先澄清一些误解。英国人多少要比其他国家的人更加谦虚一点，也更加偏爱自我抹杀，不过，我们对于谦虚的表现形式却有着自己严格的标准。这包括一些"否定性"规则，比如禁止吹嘘和任何形式的自高自大，一些"肯定性"规则，比如积极地赞同自贬和自嘲。大量此类潜规则的存在表明，英国人其实骨子里并非天生谦虚，最多只能说，英国人对谦虚的品质给予高度的评价，我们渴望谦虚。我们日常展示的那种谦虚大多只是一种假象，或者，宽容点儿说，大多只是一种讽刺。

瞧，这里又有幽默了。我们再一次谈论明显的令人拍案叫绝的幽默。那种英国式的自我贬低的幽默，就像英国式的轻描淡写一样，也是被往小里说的，通常到达一种几乎不为人知的地步。对于那些不了解英式谦虚规则的人而言，真可以说是"丈二和尚摸不着头脑"了。

但是，为了展示这项规则，我会采取相对温和的例子。我的男朋友是一位脑科医生。当我们第一次见面时，我问他为什么选择这个职业，他回答说："哦，好吧，我在牛津读过哲学、政治学和经济学，但我觉得这些都太高深，所以，嗯，我想我最好做点儿不那么难的事。"我大笑不止，但正如他所预料到的，我随之就抗议说，脑科医学绝对要比他描述的前三项更加复杂困难。这就给了他一个更好的自我贬低的机会。"哦，不，脑袋里头的东西才不像脑袋爆出来的那些点子那么聪明呢！老实说，它只是个精确度的问题。就像水管工一样，真的，我是个拿着显微镜的水管工。不过，水管工可能要比我精确得多。"后来，我又发现，当然也是他早就了然的，牛津的学业根本不是"太高深"，实质上，他拿了奖学金进去，以优等生身份毕业。而他却这样解释，"苦了我啊！临阵磨了好几天枪。"

那么，他真的很谦虚吗？不是的，但他那种幽默的自我贬低式的回应亦绝不能被归入精心设置、苦心经营的伪谦虚一类。他只是根据规则行事而已，他通过一个自我否定和贬低的笑话，来化解成功和地位带来的尴尬，这正是我们的传统。这也是问题的核心，他的谦恭的自嘲并没有什么特别之处，他只是在做一回英国人。我们全都这样做，自动自觉地这样做，每时每刻地这样做。甚至那些没有什么傲人业绩或学历要去遮掩的人，也会这样做。我很幸运，许多人并不知道什么是人类学家，而且人们大多认为这是科学家中间最末等的一行,所以,我自报职业的时候,没有什么被视为自吹自擂的危险。但是,在某些情况下,如果我发现可能被模糊地疑为智力高人一筹的话,我总是会立即加以解释,告诉那些尚不了解人类学家含义的人说,其实,人类学家就是"爱管闲事的人,不过是用个好听的名",对于学术界的同仁,则解释说,我所做的一切"充其量算个通俗人类学",不是那种勇敢无畏的泥屋人类学。

在英国人当中,这套做法运转得很好。每个人都理解这种传统的自我贬低很可能正蕴含着与表面意义相反的意思,而且会对谈话人留下双重好印象,因为他既有傲人的成就,又不愿意去吹嘘。甚至在我自己的那个例子中,尽管我的解释很难说得上是自我贬低,但人们常常会错误地认为,我所做的一切并不像我所说的那么愚蠢。但是,当我们英国人试图与英国文化之外的人玩这个游戏时,问题就产生了。他们不理解这一规则,没法去欣赏讽刺,所以也就很可能按照自我贬低之辞的表面意思去理解。我们将自谦之辞当做一种传统,而那些未曾浸染过此类文化的外国人则显然无法入戏,他们会接受这种经过贬低后的表达,认为你确实没什么大不了,对你也就不会留下印象。这时,我们当然不能跳起来大呼:"不对,嗨!等一等,你该按照惯例给我回报以一丝怀疑的微笑,表明你意识到我正在幽默地自我贬低,你不相信这些贬低之辞,并将对我的能力以及我的谦虚产生更好的印象。"然而,他们并不知道,原来对于英国式的自我贬低定式,也有一套英国式的反应定式。他们并不知道,我们正在玩着一个错综复杂虚张声势的游戏。他们无意中点中了我们的命穴,令我们哑然失笑。坦白地说,他们一点没错,原因只在于,我们实在太傻,我们自作自受。

幽默和喜剧

由于幽默和喜剧常常发生冲突,所以值得指出,我在此谈论的,只是英式幽默的规则,而不是英式喜剧的规则。也就是说,我关注日常生活和对话中人们对幽默的运用,而不是喜剧小说、电视剧、电影、诗歌、素描、动画或是单口喜剧之类的形式。后者需要另一本书来专门研究,而且需要一位比我更具资历的作者。

同时，我也并不假装自己在这方面有任何的专家资历。但对我而言，英国喜剧明显受到日常英式幽默本质的影响和启发。包括我在此描述的幽默，以及其他章节中提及的"英式规则"中的幽默。尴尬规则就是其中之一，大多数的英国喜剧都喜欢围绕尴尬来展开。人们说得没错，英国喜剧遵循着英式幽默的规则，同时也为幽默的传播与强化做出很重要的贡献。几乎所有英国最好的喜剧，都在嘲笑我们自己。

我并不愿意声称英国喜剧就比其他国家的喜剧要好。事实上，我们并没有特定的幽默时间或幽默地点的概念，我们的幽默充斥着英国人的意识。这就意味着，英国喜剧作家、画家和演员们必须非常努力，才能让大家笑得出来。他们必须弄出点多于并且超越日常生活幽默的名堂来。英国人有"良好的幽默感"，并不意味着英国人就非常容易被逗乐。恰恰相反，我们发达而精致的幽默细胞，以及我们渗透着讽刺气息的文化都很可能使我们比其他国家的人更难被取悦。这种状况是否会制造更好的喜剧，姑且见仁见智，但我的印象是，这种状况似乎导致了大量喜剧的诞生，不管是好的、坏的还是无动于衷的。如果英国人没有被逗乐，显然不能责怪我们多如牛毛的喜剧演员们不够努力。

我是带着一种真诚的同情心说出上述这番话的，老实说，我的人类学思维从来不曾被那些单口喜剧逗乐过，至少，从没被那种一上来就讲"你曾经注意过人们总是……"然后接着一连串笑话的单口喜剧逗乐过。最好的单口喜剧无疑就是遵循着这种模式，夹着对于人类行为和社会关系简单、尖锐而又聪明的观察。像我这样的社会科学家努力做着同样的事，但两者仍有区别，单口喜剧必须把一切搞对。如果他们的观察"听起来不对"或者没有"打动人们的心弦"，他们就不会得到全场的笑声；如果他们经常得不到笑声，那他们就会失业。社会科学家则可以年复一年地倾吐垃圾，仍然悠闲地拿着他那份薪水。所以，我说，社会科学家努力做到的最好状态，就是偶尔能够像单口喜剧表演家一样富有洞察力。

幽默和阶级

尽管我在本书的其他地方详细提到了某些规则在应用与遵守中的阶

级差异，你可能也仍然会注意到，本章尚未提及阶级。这是因为英式幽默的"主导原则"是不分阶级的。别太认真的禁忌、讽刺的规则、轻描淡写和自我贬低的规则，全都能够跨越阶级藩篱。没有一项社会规则是普遍遵守的，但在英国社会，这些幽默规则却确实得到了普遍的理解和认同。无论你来自哪一阶级，触犯幽默规则的行为会被发现，会被人皱眉头，还会被人嘲笑。

英式幽默规则可以无阶级，但是，我不得不说，英式日常幽默的内容却大量涉及阶级。这并不令人惊讶，我们这个社会对阶级话题颇有偏好，我们也倾向于把一切事务拿来调侃。我们总是笑话那些与阶级有关的行为习惯和小缺点，嘲笑那些向上攀爬的跨阶级的欲望和令人尴尬的过失，还会和整个阶级体系开点温和的玩笑。

幽默规则和英国性格

这些幽默规则揭示了哪些英国性格呢？我认为，我们融入幽默的价值观、幽默在英国文化和谈话中的核心地位，都是定义英国性格的最佳材料，比那些幽默本身的细微特征更值得我们关注。但我们也需要发问，除了它的主导性和普遍性，是否存在其他的幽默特质呢？我们是否在探讨一个质量兼数量的问题呢？我想，答案应当是肯定的。

别太认真规则的重要性，不仅仅在于它是幽默规则之一，它是在严肃与肃穆之间的一条微妙的界线，我们对于这条界线的敏锐直觉，以及我们对于过分认真的不耐烦，都是英国人典型的特征。

在对过分认真举止的反应中，我们也能发现纯粹英国式的特性。"得了，别胡扯了！"规则抓住了英国人的特性。它将纸面上的玩世不恭、讽刺性的漠不关心、对感情流露的尖刻反感、对沉浸于修辞的固执拒绝，以及刺破吹嘘与夸耀之后顽童般的快乐全都混杂在一起。

我们还考察了讽刺规则及其子规则轻描淡写规则和幽默的自贬规则。我认为我们能够总结道，这些幽默的具体形式本身其实没有一样是完全属于英国专利的，但它们在英国对话中的频繁应用使人们得以对英式幽默有一种直觉印象。俗话说，熟能生巧，英国人应当能够通过反复练习，从而达到比其他较少迸发出此类幽默的民族更高的境界，达到对讽刺及其他喜剧形式更高明的把握程度。所以，我想，既不是自吹自擂，也不是刻意爱国，我们能够稳妥地说，我们在讽刺、轻描淡写和自我贬低等领域的技巧，总体来讲确实不坏。

第四章
语言的阶级密码

如果不讨论阶级，人们就无法探讨英式谈话密码；而一个人一旦说话，他必定会在第一时间内暴露出他的社会阶层地位。这一点在某种程度上算是普世真理，但在这个问题上被引用最多的评论，是英国人发出的评论。包括本·约翰逊（Ben Johnson）的"语言最能展示一个人。他一开口，我就能看透他"。还有萧伯纳（George Bernard Shaw）的更加明显具有阶级色彩的"一个英国人，只要开了口，要想不招致其他英国人的仇恨或鄙夷，绝对是不可能的事。"我们可以认为现代社会的阶级色彩已经不那么分明了，但萧伯纳的论断却是一点儿也没褪色，放在今天与放在当时同样深刻。所有的英国人，不管他们承认还是不承认，都会落入某种社会全球阶级卫星定位系统之中，一旦他或她开口说话，这个系统便能立即告诉我们该人在阶级地图中所处的位置。

此类阶级位置的判断主要涉及两个因素：用语和发音，也就是你使用什么样的词以及你如何使用它们。发音是更加可靠的一个因素，因为另一个阶级的发音较之于用语更难模仿。所以，我就从发音开始解码。

元音对辅音规则

第一项阶级标志，是关于在你发音中较为偏爱的字母类型。或者说，是关于你很难发出的字母类型。那些处在社会顶层的人士会乐于认为，他们的发音方式是最正确的，因为他们的发音方式清晰易懂而且准确，而下层阶级的发音则是"不正确"的，是一种"懒惰"的说话方式，一种不清晰、不可理解、完全错误的说话方式。这一论断的第一个例子，就是下层阶级没法发出元音，特别是喉塞音。他们常常省略、吞音或故意丢弃字母"t"和字母"h"。不过，这正是五十步笑百步。下层阶级可能确实吞掉了他们的元音，但上层阶级也同样吞掉了他们的辅音，两者罪过相当。比如说，如果你要询问时间，下层阶级会说"alf past ten"，而上层阶级的人则会说"hpstn"。下层阶级将"handkerchief"读成"ankerchief"，而上层阶级则读成"hnkrchf"。

上层阶级丢弃元音之举也许非常明智，但听起来真的就像手机短信。除非你觉得这种剪短了的谈话让你习惯而且舒适，它听起来其实并不比下层阶级的吞元音更好理解。此类短信对话的唯一好处，就在于说话的时候嘴巴不必张得太大，可以让讲话人保持一种漠然的不动声色的表情和一片留在原地不动的僵硬的上唇。

上层阶级人士，与中产阶级中的中上层人士，至少能够把元音发清晰。如果你想省掉一半的元音的话，当然最好把另一半全部发清晰。而下层阶级经常将"th"发成"f"，在他们口中，"teeth"就变成了"teef"，而"thing"就变成了"fing"，或有时将其念成"v"，于是"that"变成"vat"，"worthing"变成"worving"。单词中最后一个"g"可能变成了"k"，于是就出现了像"somefink"或"nofink"之类的词。元音的发音确实是一个很有效的阶级标志。下层阶级的"a"，总是发成长音"i"，他们说"Dave"变成了"Dive"，说"Tracey"变成了"Tricey"。北部的下层阶级还习惯于加长"a"的发音，如果你听到"我们的 Daaaave"或者"我们的 Traaacey"这样的称呼，可能就来自于北部的下层阶级。至于"i"，下层阶级则相应变成了"oi"，一些上层社会的高等人士则会将"o"发成"or"，比如说"naff off"变成了"naff orf"。但上层阶级尽量不说"我（I）"这个字，他们更喜欢用"一个人（one）"来代替。事实上，他们对代词都不那么感兴趣，尽量省略代词，还会在可能的情况下尽量省略冠词和连词，就好像他们在发一份价格不菲的电报，非得多删一点才能省钱一般。尽管有这么许多的古怪，上层阶级仍然坚信他们说话的方式是唯一正确的方式，他们的演讲就是标杆，而他们之外的所有人则都被称为"带有口音"。当上层阶级说某人带有口音时，他的真实含义是指，该人来自于下层阶级。

尽管总体而言，上层阶级的演说并不必然比下层阶级更易懂，但是不得不说，发错某几个具体的音，通常会揭示出演讲者的低下的教育水平和下层阶级的身份。比如说，将"nuclear"发成"nucular"，将"prostate gland"发成"prostrate gland"，都是最常犯的错误，也是最俗的错误。但是，在上层阶级演说与"有教养"的演说之间仍然有一条分水岭，两者未必指代同一件事物。你常听人们提到的"BBC 英语"或是"牛津英语"就是一种"有教养"的英语，属于中产阶级的上层，而不是上层。它缺少上层阶级演讲中常见的嗯啊之声、吞元音以及发音畏缩等现象，而且可理解性也强很多。

发错音一般被看做下层阶级的标志，这包括错读外国单词和姓名，但偏要用明显的外国发音方式来读那些在英语中经常使用的外国表达和外国地名，则是另一种与此性质不同的现象。比如说，如果你总想在"en route"一词中加上一个法国式的喉音，或者在"Barthelona"一词中加上一个西班牙式含混不清的"c"音，或者你告诉每一个人你要去"Firenze"而不是"Florance"，即使你的发音按照该词来源国的标准非常地道，但你会被人认为是矫情和虚伪，会无一例外地立刻被视为中产阶级的中下层。而中产阶级的上层、上层阶级和下层阶级则通常都不认为有任何炫耀的必要。如果你确实熟悉那一种外国语言，那么你这一项发出标准外国音的过错，可能会被勉强宽恕，但是，无论何种情况，避免展示你的外国语言技巧，终会使你显得更英国化、更谦虚。

我们经常听说，地方口音现在已经越来越被接受了。如果你想在广播电台工作，可能还需要去模仿各种口音。约克郡、利物浦、纽卡斯尔或西部地区的方言不再受人歧视，也不再会被自动视为下层阶级。我想，也许吧。我可没有被说服。许多大众电视和广播节目的播音员现在使用方言，很可能只是表明，人们认为这种方言很有意思，但它并不证明地方口音与阶级的联系已经自行消失。我们可能喜欢某种地方口音，甚至觉得它很让人愉快，很富有乐感，很有魅力，但与此同时，我们可能仍然认为它属于明显的下层阶级语言。如果它的真实含义是指，下层阶级的语言在许多过去受到歧视的职业中更容易被接受了。那么，就应当这样去说，而不是故意油嘴滑舌地去赞美地方口音。

用语规则：再谈 U 和非 U

在 1955 年发表在《遭遇》（*Encounter*）杂志上的一篇文章中，南希·米特福德（Nancy Mitford）创造了一个词"U 和非 U"，分别指代上层阶级和非上层阶级的词汇。尽管她使用的一些阶级词汇已经过时，但其中包含的原则却留了下来。有些禁忌可能已经改变，但仍然有大量的特定禁忌存在，我们依然会根据你把正午的那顿饭称作"lunch"还是"dinner"来判断你的阶级。

但是，米特福德那简单的二分法模型对我的研究而言过于粗糙了。有些禁忌可能使上层阶级区别于其他阶级，但还有其他的特定习惯用法将下层阶级和中产阶级中的下层区别开来，或者将中产阶级中的下层与中层区别开来。在几个案例中，下层阶级和上层阶级的用法惊人的一致，但却区别于中产阶级。

七宗罪

但是，下面七个词却绝对是被英国上层阶级和中产阶级上层视作绝对禁忌的词。一旦有人胆敢在上流社会人士面前说出这"七宗罪"之任何一项，那么听者的即时阶级雷达装置会立刻启动，并且开始亮起红灯，发出鸣叫，你会立即被他们"放逐"到中产阶级中层，这还算好的，可能还会更低，有时，你就会被自动列为下层阶级了。

请原谅（pardon）

这个词臭名昭著，受到上层阶级和中产阶级上层的深恶痛绝。吉利·库珀（Jilly Cooper）回忆说，她无意中听见她儿子对一位朋友说："妈妈说了，'pardon'这个词比'fuck'还要坏得多。"她儿子说得很对。对于上层阶级和中产阶级上层而言，使用这样一个明显属于下层阶级的术语真是比诅咒骂娘还糟糕。有些人甚至称中下层聚集的郊区为"帕多尼亚"（Pardonia）。我这里有个很好的阶级测试，你不妨试一下。当你对一位英国人说话时，有意地放低声音说点儿使之无法听清的话。一位中产阶级的中下层人士会问你"Pardon?"而中产阶级上层则会说"Sorry?"或者也可能是"Sorry-what?"或者"What-sorry?"但上层阶级和下层阶级说的却一样，都是"What?"下层阶级可能会吞掉"t"音，发音为"Wha?"这就是两者的唯一区别。有些下层阶级上层，正跃跃欲试想要跻身中产阶级，他们也可能会说"Pardon?"这只不过是他们故作优雅的一种错误尝试而已。

厕所（toilet）

　　这是另一个令上流阶级避犹不及的词，或者，如果是一位想往上流社会钻的人说出这个词，他的听众们一定会互相交换意味深长的眼神。正确的上层阶级和中产阶级上层的词汇是"loo"或是"lavatory"，后一词的发音是"lavuhtry"，重音在第一个音节上。"bog"有时也被接受，但只用于明显的讽刺诙谐的场合中，犹如引用一个特别好笑的词。下层阶级全都说"toilet"，中产阶级的中下层也大多这么说，两者的唯一区别在于，下层阶级省略了最后一个"t"音。下层阶级有时也会说"bog"，但其中不含讽刺意味。那些中产阶级的中下层，如果他们想附庸风雅往上爬，或者伪装成上层，可能会避开"toilet"而更喜欢乡村绅士们常用的隐语"gents"、"ladies"、"bathroom"、"powder room"、"facilities"、"convenience"；或者有时马术骑手们常用的隐语，比如"latrines"、"heads"和"privy"等等。前者多为女性所用，后者多为男性所用。

餐巾（serviette）

　　"serviette"是帕多尼亚人对餐巾的称呼，这是另一个伪上流社会的例子。有些人以为，使用这样一个奇特的法语词汇，而不是普通的英语词汇，一定将增强本人的社会地位，恰恰相反，这种企图却南辕北辙。"serviette"据说是由装腔作势的中产阶级下层引进的，他们觉得"napkin"（餐巾）一词与"nappy"（尿布）一词太相似，所以想要找个更优雅一点儿的。不管其起源如何，"serviette"一词至今仍然被视为绝对下层。如果上层阶级和中产阶级上层的孩子从他们那慈祥的下层阶级保姆口中学会了这个词，他们的母亲一定会非常忧虑，而且一定会费尽心机将孩子扳回来。

晚餐（dinner）

"dinner"这个词本身毫无过错，但如果你用这个词指代正午的那顿饭，那么，它便摇身一变成为下层阶级的标志，因为我们一般认为这顿饭本该叫做"lunch"（午餐）。把自己的晚上那顿饭称作"tea"（茶）也是一种下层阶级语言，上流社会将晚上那顿饭称作"dinner"（正餐）或是"supper"。技术上讲，"dinner"的规模要比"supper"稍大一点。如果你被邀请吃"supper"，那么很可能只是一顿就在厨房将就的非正式家庭便餐，有时还用更直接的"家庭晚餐"（family supper）或是"厨房晚餐"（kitchen supper）来表达。上层阶级和中产阶级上层比中产阶级的中下层更多地使用"supper"一词。"茶"这个词，被上流社会使用时，应当是在下午4点钟左右享用的，包括茶、点心和小饼（scones，这个词也被他们下意识地将"o"音一带而过，十分短促），有时还有迷你三明治（sandwiches，这个词也被他们读成"sanwidges"而不是"sand-witches"）。下层阶级则称之为"下午茶"。所有这些都让外国游客迷惑不解。如果你被邀请参加"dinner"，你应该晚上去还是正午去呢？那句"来喝茶吧"究竟指的是4点钟的茶，还是7点钟的茶？稳妥地说，你必问清楚你将出席的时间。对你的问题的回答也十分有助于你辨别你的主人所在的阶级。

长靠椅（settee）

也许你能问一下你的主人，他们怎么称呼他们的家具。如果一张软面的座椅被称作"settee"（长靠椅）或是"couch"（长沙发椅），那么，他们肯定不会高于中产阶级的中层。如果它被称作"sofa"（沙发），那么，他们属于中产阶级上层以上。有时，这一规则也有例外，它不像"pardon"规则那么绝对。有些年轻的中产阶级上层，受到美国电影和电视节目的影响，可能会说"couch"，不过他们不太可能说"settee"，除非是出于搞笑或激怒其父母的阶级意识的目的。如果你喜欢，不妨自我娱乐一下，试试将此规则与后面将要提到的家庭原则等阶级标志结合起来做一些预测。再比如说，如果你眼前的这件家具，是整个三室套房全套整体家具的一部分，而且与窗帘也很搭配，它的主人也很可能将其称之为"长靠椅"。

休息室（lounge）

你怎样称呼你的长靠椅或沙发所在的那间屋子呢？长靠椅总是放置在"lounges"或是"living rooms"（客厅），而沙发总是放置在"sitting room"（起居室）或"drawing room"（内室）。"drawing room"是"withdrawing room"的简称，但这个简称现在却成为唯一"正确"的用法，但许多中产阶级的上层和上层阶级感到，这个词有点傻、有点虚伪，尤其当你把一座普通房子里的一间带阳台的小房间称作"drawing room"，确实有点不伦不类。所以，起居室这个词更加广为接受。你可能有时听见一位中产阶级上层人士说"living room"，尽管这也会被人挤眉弄眼，但不是不可以。不过，"lounge"这个词却是的的确确只有中产阶级的中层以下人士才会去说的。要想认出那些努力往上流社会钻的中产阶级中层以及一心想被认作中产阶级上层的人，这个词是个非常有用的测试，一试就灵：他们可能已经学会了别去碰"pardon"和"toilet"，但是，却往往还不知道，"lounge"也是个"致命陷阱"。

糖果（sweet）

就像"dinner"一样，"sweet"这个词本身也没什么问题，但它如果用在不合适的地方，问题就出现了。上层阶级和中产阶级的上层都坚持认为，一顿饭的最后一道甜甜的糕点应当称为"pudding"（布丁），而决不是什么"sweet"（甜食）、"afters"（餐后点心）或是"dessert"（甜品）。"sweet"一词作为名词在美国英语中就是"candy"（糖果），只是指的一片甜品而已；它又可以作为形容词，指"甜的"，可以随意搭配。除此之外，就不应被乱用。一顿饭最后的那些糕点，就是"pudding"，不管它是什么形式。一片蛋糕称作"pudding"，柠檬冰糕也是"pudding"。如果你在饭后问一句"有人想要sweet吗？"你会立即被人认作中产阶级或以下。"餐后点心"也会启动众人的阶级雷达，使你被疏远。有些受到美国影响的中产阶级上层年轻人，也开始说"dessert"。所以"dessert"一词是三个词中最具冒犯性的一个，而且也是阶级指标中最不可靠的一个。它还会给上层阶级带来困惑，"dessert"传统意义上是指由新鲜水果混合成，在餐末上完"pudding"之后才端上桌，用刀和叉进食的一道菜品。

"高雅"与"普通"规则

"七宗罪"是最明显，也最可靠的阶级标志，但仍然有大量其他的用语，其实也都出现在我们高度敏感的阶级雷达扫描仪上。如果你想"to talk posh"（说得漂亮），你就得停止用"posh"一词，这才是好的开端。上层阶级的正确说法是用"smart"一词。在中产阶级的上层和上层阶级圈子里，"posh"一词只能用于讽刺意义和略带调侃的语调中，以表明你知道它是一个下层阶级的词汇。

与"聪明"相反的一个词，就是每一位中产阶级的中层以上的人士都常用的一个词"common"（普通）。他们用这个词来指代"下层阶级"。但要小心，如果过于频繁地使用这个词，则会显出一种中产阶级的中层特有的阶级焦虑感。如果总是把某些事物或某些人形容为"common"，则会显得太过激愤，仿佛刻意要将你自己与下层阶级划清楚河汉界。只有那些对自己的地位感到岌岌可危的人，才会动辄把这词挂在嘴边。"naff"是一个稍好的选择，因为它比较模糊，既可以指"common"，又可以指"tacky"（寒酸）或是"in bad taste"（味道不好）。这词已经成为一切不好或反感的代名词，十多岁的青少年经常用这个词表达"uncool"（一点儿也不酷）和"mainstream"（主流派）的意思，这个词是他们最爱用的骂人话。

如果他们很"common"，那么这些年轻人会喊他们的父母叫"Mum"和"Dad"；"smart"的孩子则会叫"Mummy"和"Daddy"，有些则习惯于叫"妈"（Ma）、"爸"（Pa），但已经显得很过时了。"common"的孩子谈及他们的父母，会说"My Mum""My Dad"，或者"me Mum""me Dad"；而"smart"的孩子会说"My Mother"和"My father"。这些倒也不是绝对的阶级标志，因为有些上流社会的孩子现在也说"Mum""Dad"，有些非常小的一律都说"Mummy""Daddy"；但一旦到了10岁，或者稳妥地说是12岁，如果这孩子仍然继续这样说，那么他基本应属于上层阶级；成年后仍然这样说，则百分百属于中产阶级的上层以上。

被称作"Mun"的母亲们拎着"handbag"出门；而被称作"Mummy"的母亲们则称之为"bag"。"Mum"洒"香水"，"Mummy"则称之为"香味"。被称作"Mum""Dad"的父母们去看"horseracing"；而"smart"的"Mummy""Daddy"则直接说"racing"。普通人只是称之为"party"，而中产阶级以上的人则认为"refreshment"便合他们的口味；最上流的聚会只提供食品和饮料。中产阶级中下层的聚会则会"portions"（按份）提供食物；中产阶级的上层以及上层阶级则称之为"helpings"（自助）。普通人说"starter"（开胃小菜）；聪明人则说"first course"（第一道菜），不过这一区别并不特别明显。

中产阶级的中下层谈论他们的"home"（家）或"property"（财产）；中产阶级的上层以及上层阶级则说"house"（房子）。普通人的家有"patios"（天井），聪明人的家则有"terraces"（阳台）。下层阶级的人说"indoors"（室内），其实际含义是"at home"（在家），比如，"我把它丢在家里了。"而"'er indoors"则专指"我的妻子"。上述叙述并非穷尽，阶级贯穿英国生活的方方面面，你会在本书其他章节发现更多的口头阶级语言暗示，以及为数不少的非语言阶级讯号。

否定阶级的规则

很明显，我们一向对阶级性十分敏感，但当前这个讲求"政治正确"的年代里，我们许多人越来越为自己的过度敏感的阶级性而羞耻，所以要尽力否定或掩盖它。中产阶级特别对此感到不安，而生活优裕的中产阶级上层则是对此最为愤懑的一群人。他们会做一切事情以避免把任何人或任何事称作"下层阶级"。他们用的是如下比较礼貌的隐语，比如"低收入群体"、"特权较少者"、"普通人"、"接受教育不多"、"马路上的那个人"、"小报读者"、"蓝领"、"公立学校"、"国有房产"、"大众的"，或者有时，他们自己人之间，则会用一些不那么礼貌的掩饰词，比如"沙龙和翠西"（Sharon and Tracey）、"凯文斯"（Kevins）、"艾塞克斯人"（Essex Man）、"蒙迪欧男人"（Mondeo Man）。

这些过分小心的中上层隐语可能本意就是想完全避开"阶级"这个词，代之以各种"背景"用语，这些用语总使我想起一幅幅肖像，肖像的来源，要么来自于劳里街（Lowry street），要么来自于盖恩斯伯勒（Gainsborough）或是雷诺兹（Reynolds）乡村庄园。至于最终是哪种，取决于"背景"用语真正指代的阶级。从上下文总是能够很清晰地判断"哦，有那种背景，你得弄点儿补贴……"说这话的是劳里街；"我更喜欢 Saskia 和 Fiona 与那些与她们相同背景的人在一起。"说这种话的人则来自于盖恩斯伯勒或雷诺兹。

所有这些精心炮制的外交辞令其实都很没必要，英国的下层阶级反倒坦荡荡，在阶级一词上并没有什么难言之隐，而且很高兴称自己为"下层阶级"。英国上层有时也会与下层阶级一样，对阶级概念相当迟钝，毫无反应。并非因为这些最上层和最下层的阶级就对阶级概念不敏感，他们的阶级意识仍在，只是不像中产阶级那么发达罢了。他们倾向于模糊一点的阶级分层。他们的阶级雷达识别出三个主要阶级：下层阶级，中产阶级和上层阶级。有时甚至只有两个阶级，在下层阶级眼中就是"我们和那些头等人"(us and the posh)，而上层阶级眼中则是"我们和那些贫民"。

南希·米特福德就是一个很好的例子，她将阶级简单地划分为"U 与非 U"，根本不考虑那些分得更细微的中产阶级的上中下层等等，她更不会拿出显微镜下的那股子劲头来把"稳定的中坚的中产阶级上层"与"焦虑的边缘化的中产阶级上层"相区分了，这种见微知著的功能都是那些自作多情的中产阶级的创造。当然，社会人类学家对此也功不可没。

语言的阶级密码和英国性格

那么，所有这些语言的阶级密码向我们揭示了哪些英国性格呢？所有的文化中都存在社会分层，都有各自界定社会地位的方式；除了我们那异常强烈的阶级敏感之外，还有什么是英国阶级体系及其界定方式的独特之处吗？

让我们从头说起，我们已经解密的语言密码表明，英国的阶级划分与钱无关，与职业的关系也不大。语言是最重要的。一位操上层口音、用上层用语的人，会被人认作上层阶级，即使他挣的工资仅够维持生计，即使他做着卑贱的工作，住着破旧的公寓。甚至即使他失业了，贫困潦倒了，无家可归了，他还是上层阶级。同样地，一个操着下层阶级口音，把他家的沙发称作 settee，他的午餐叫做 dinner 的人，即使他数百万身价，住在高大的乡村别墅中，他也是个下层阶级。还有其他阶级标志：比如说一个人对服装、家具、装饰、汽车、宠物、书籍、爱好、食物和饮料的品味。但是，无论如何，语言是最直接也最明显的标志。

本书中语言的重要性可能还带出另一项英国性格，也就是我们对文字的爱好。经常听人说英国社会非常文字化，而不是视觉化，我们文学惹人注目的东西多过我们的绘画和音乐。我们的触觉较为钝化，或者说不太擅长表达触感，也不太做手势，更多的时候我们依赖语言甚于非语言交流。语言是我们钟情的媒介，所以，很可能正因为语言之重要，所以被首选为我们划分并界定社会地位的标志。

正由于我们的阶级划分更多地依赖于语言标志，而不是财富和职业，这一点揭示出我们的文化并非论功行赏的。你的口音和术语反映出你所出生和成长的那个阶级环境，却无法反映你通过才能和自身努力所获得的成就。无论你达到什么样的成就高度，除非你费尽心机要去掌握另外一个不同阶级的发音和词汇，否则你在阶级体系中的地位就早已被你的语言所掌握。

语言规则本身的复杂性表明，英国阶级体系中有一种错综复杂的交织缠绕的天性。所有的那些微观阶层，所有的那些精细划分，就像小孩子玩的蛇梯棋一样，人们在社会阶层中攀爬。而否定阶级的规则告诉我们，英国人有一种特殊的阶级敏感性，尽量不提这个字眼。这种对阶级的反感在中产阶级中更强大一些，但我们大多数人或多或少都有，我们宁愿假装阶级差异不存在，或者不再重要，或者至少我们个人从来不曾有过任何阶级偏见。

于是我们又可以看到另一项英国性格，这就是可笑的自欺欺人。我们一而再再而三地否认我们无处不在的阶级性，这完全是一种误导性掩盖。我们的本意并不是想有意地欺骗别人，我们只是喜欢掩耳盗铃般地欺骗自己。我猜，这也许就是所谓的集体自我欺骗意识。我有一种预感，这种极富英国特色的可笑行为还会在本书后面的章节中出现，可能将会成为我们正在寻找的最主要的"英国性格"之一。

第五章
新兴的谈话规则：手机聊天

突然之间，几乎每个英国人都有了一部手机，但是，由于这是一种新科技，我们并不熟悉，所以尚且没有一种礼仪来规范这种交流方式。我们必须"跟进"，迅速找出这些规则。对于一位社会科学家而言，这将是一个非常有趣的观察和发现过程，非常令人激动，一个人一辈子也很少遇到这种新的潜规则形成过程。

比如说：我发现大多数英国人，一旦被问及，都会认为，在火车上用手机大声谈论家长里短或庸人琐事，对他人是不礼貌不尊重的。但是，一小部分人仍然这样做，他们的同车乘客可能会叹息抱怨，或者不停地转动眼珠，然而很少有人去当面向这位不礼貌的人指出来，因为直接指出的话，则又违反了其他英国社会约定俗成的限制性规则，就是不与陌生人谈话，不要将注意力引到自己身上。于是，尽管社会上对此类行为的讨论很多，那位不礼貌的人似乎毫无顾忌地继续其言行。就像有些人在汽车里擤鼻涕或挠痒痒一样，好像根本没有意识到，自己的行为全都落在旁人眼中。

这一种明显的礼节上的矛盾之处，如何解决呢？有一些公众场合如何使用手机的规则雏形已经显现出来，看上去，好像那种"火车上大声聊天"或者电影院或戏院里手机铃响之类，最终将被与插队等行为一样确定为不为人们接受，但是，由于英国社会有着不挑衅陌生人的潜规则，所以，我们尚不能完全确定这一点。在火车和其他公众场合用不合适的方式打手机，至少已经成为一个公众关心的话题。但还有其他"正在浮现的"手机礼节，可能现在还处于争议或是模糊的状态。

比如说，现在似乎还没有一项关于商业会议中使用手机的礼仪成规。你会在步入会议室之前将手机关机吗？或者你会在开会中间把手机掏出来，带点儿卖弄地将它关掉，以向众人传达一种信息："瞧，我多么尊重你们；我为你们把手机关掉了。"还有，你会将你已经关掉的手机放在桌上作为一种向你的客户或同事提示你对他们尊重的一种方式吗？如果你让手机开机，你会明目张胆地放在外面，还是把开着的手机藏在手提包中？你会在会议中间接听手机吗？我的初步观察显示，低层次的英国经理人会议不太讲究礼节，大家各自强调自身的重要性，把手机开着，在会议时也接听电话，而那些不需要手机来证明身份地位的高层人士则倾向于更尊重对方。

那么，午餐时会怎么样呢？如果在商业午宴中你重新将手机开机，能被大家接受吗？你需要找一个理由开机吗？需要道歉吗？我的初步观察和访谈再一次说明了一种类似的模式。地位较低的充满不安全感的人往往会在商业午宴中接听甚至直接打电话，通常会表示道歉并给出理由，但这种"我很忙而且不可或缺"的姿态，却使得他们的道歉听起来，就像一场伪装的吹嘘。而他们那些高层更有安全感的同事们则或者将手机关机，或者，如果他们出于某种理由，绝对必须保持开机，会用一种真诚的，通常是十分尴尬的自我贬低的语言来表示道歉。

还有许多其他微妙的关于手机使用方面的规则，有些甚至一点儿不涉及用手机通话。比如说，将手机作为一种社会地位的象征来使用，拥有它仅仅是为了攀比，特别是在十几岁的年轻人中间。而在年纪较大一些的男性手中，手机某种程度上则代替了汽车成为一种男性"我的比你的好"心态的展示媒介，他们谈论着不同品牌、不同电信网，以及功能的优缺点，这样的对话代替了更传统的合金钢圈、零到一百公里的加速时间、刹车马力等话题。

我也注意到很多女人现在也将手机作为她们的"止步标志"，当她们独自在咖啡店和其他公共场合，手机代替传统的报纸或杂志来暗示她们没空，界定个人"领地"。甚至不用手机的时候，只要把手机放在桌上，仍然是一种有效的自我空间防卫，可以保护女性不受令她讨厌的外来社会接触的干扰。如果一位陌生人前来打扰，女性会触摸手机，或者把手机拿起来。有位女性解释说:"手机放在这儿,让你觉得安全点儿——就放在桌上,放在你的手旁边……事实上,它比报纸要好,因为它代表的是活生生的人——我的意思是,你可以随时打电话或发短信给你想要联系的活生生的人,对不?这让人放心。"那种认为由一个人的朋友与家庭组成的社会支撑网多多少少会藏匿于手机之中的观点表明,即使只是触摸或抓住手机,也给人一种被保护的感觉,并且向其他人发出"我并不孤单,不易受到攻击"的信息。

这个例子还指出手机更重要的社会功能。我曾就此话题写过不少东西①,但仍然需要在此简短说明一下。我相信,手机是现代意义上的花园篱笆或是绿色小村。手机科技使我们能够转回更自然、更人性的前工业化时代交流方式,那时,我们住在小小的稳定的社区里,在小圈子的家庭和朋友之间享受着"攀谈"的乐趣。在快节奏的现代社会,我们越来越严格地用质量和数量来编织和考验我们自己的社交圈。我们大多数人不再享受隔着花园篱笆随性闲聊的亲密感觉。我们可能甚至不知道自己邻居的名字,相互的交流也通常只局限于互相之间那短暂的令人尴尬的点头,甚至有时连点头之交都算不上。家庭和朋友分散居住,即使我们的亲友们住在附近,我们通常也会太忙或者太累,以至于没法去拜访。我们经常处在流动中,在上下班的交通中花去太多时间,要么处在火车和汽车上的一大堆陌生人之中,要么在我们自己汽车里一个人自我封闭。这些因素对英国人而言特别成问题,因为我们更加保守,比其他文化受到更多的限制;我们不去与陌生人说话,也不会简单快捷地交朋友。

座机允许我们来交流,但不是那种经常性的简便自发随意地交谈,不是那种我们习惯于攀谈时所使用的那种小型交谈,我们大多数人其实都生活在前工业化时代。手机,特别是手机那种发出简短频繁而廉价的短信的能力,重建起我们对社区与亲友们的依赖感,为我们在现代都市生活中的异化与压力提供了一种解药。手机,在一个支离破碎和自我孤

---

① 参见凯特·福克斯(2001)《演变、异化和闲聊:21世纪手机移动通讯工具的作用》一文,这是一份由英国电话公司赞助的研究报告,发表于社会问题研究中心的网页(www.sirc.org)上,虽然标题取得挺轰动,但内容其实挺实在。

立的世界中，确实可称得上是一种"社会生命线"。

想一想典型的"绿色小村"交流方式："嗨，你在做什么？""你好啊，我正去商店呢——哦，你妈妈好吗？""好多了，谢谢。""哦，太好了。向她问好。——再见。"如果你把对话中所有的元音都去掉，然后把剩下的字母拼成一条"短信方言"（HOW R U? C U L8ER.），我觉得听起来真是不可思议，这就是典型的短信服务或是短信交换。说得不多，一声友好的问候，或者是一小条新闻，但私人的联系就建立起来了，人们立即感觉到，啊，我并不是孤单一人。直到手机短信服务的前临，我们许多人才开始真正在精神上和社会上都依赖起这种重要的交流方式的。

但这种新的交流方式要求一套新的潜规则，而定义此类潜规则的过程将会引发一定的紧张与冲突，尤其是像手机短信是否是某种谈话的合适载体之类的话题。与某人聊天，通过短信调情都是可以被接受的，甚至还被鼓励的，但有些女人抱怨说，男人将短信作为一种避免谈话的方式。借助短信打发掉别人被普遍认为是胆小怯懦而绝对不可接受的行为，但这一规则并没有达成共识，因而仍然会有借助短信与人断交的行为。

我希望得到一些资助来做一项关于手机礼仪的专项研究，跟踪所有这些正在浮现的规则，看着它们的成熟，再到成为约定俗成的规定，也许我能够为本书的再版积累下这个规则形成过程中的即时信息。现在，我希望确认出更广泛、更稳定的"英国性格"或者"主导特性"，这有助于我们预测，至少在一定程度上预测，这个过程的未来发展趋势。

要讨论这些主导特性，我们首先需要研究英国交流中更加稳定也更成熟的既定方式：酒吧聊天。

第六章
酒吧聊天

　　酒吧是英国人生活和文化的中心。啊哈，这句话听起来好像要写一本专业导游手册，但我的本意是指，酒吧在英国文化中的重要性，再怎样强调都不过分。超过四分之三的英国成年人去过酒吧，其中三分之一是常客，至少每周光顾一次。对于许多人而言，酒吧是他们的另一个家。酒吧还为社会科学家们提供了绝佳的英国人口的"代表性案例"，因为酒吧的光顾者们来自于不同年龄、不同社会阶层、不同教育背景，而且涵盖几乎所有的职业。如果不在英国酒吧里待上大量时间，你就不可能了解英国人，只有在酒吧里，你才能够对英国性格产生出几乎可以说是专业精准的理解力。

　　我说的是"几乎"，这是因为酒吧就像其他所有文化中的酒精场合一样，是一种特殊环境，有其自身的规则和社会活力。我与社会问题研究中心的同事们一起，展开了一项广泛的关于饮酒场所的跨文化调查①。这项调查显示，在所有社会中，饮酒都主要是一项社会活动，大多数文化都有其特定的集体饮酒的环境。我们的研究还显示，此类饮酒场合存在三种重要的跨文化共性或"对比性"。

　　第一，在所有文化中，饮酒场合是一个特殊的环境，一个独立的社会世界，有其自身的习俗和价值观。

　　第二，饮酒场合大多有社会整合功能，有种人人平等的氛围，或者

---

① 参见凯特·福克斯《饮酒的社会和文化方面》(*Social and Cultural Aspects of Drinking*, 2000), The Amsterdam Group, London。

至少有一种与外面的世界运行的规则不一样的地位等级规则。

第三，饮酒场合的主要功能是促进社会交往。

所以，尽管酒吧是英国文化不可或缺的一部分，但它也同时有它自己的"社会小气候"①。就像所有的饮酒场合那样，酒吧在某些方面是"限制"区域，是一种模糊的、边缘的、含混不清的状态，人们可以在其中感受到一丝"文化赦免"，这是一种结构性的暂时的放松，一种对社会正常状态的搁置，又被人们形容为"合法游离"或者叫"定时行为"。部分由于这一特性，我们对英国酒吧聊天规则的研究将给我们带来大量的英国信息。

英式酒吧聊天规则

友善规则

开宗明义，英式酒吧聊天第一项规则告诉我们，为什么酒吧是我们的文化中如此重要的一个地方。这就是友善规则。酒吧吧台是英国为数极少的几个你可以与陌生人攀谈的场所。在吧台旁，正常的隐私和保留都被暂时抛在一边，我们被暂时地从日常生活中的社会限制中"赦免"了。能够友好地与陌生人谈话，还被视为完全正确和普通的举动。

英国的酒吧里没有侍者穿梭服务，外国旅游者经常发现很难理解这一现象。事实上，英伦夏日最糟糕的景象，莫过于一大帮干渴的外国游客围坐在酒吧桌边，等着有人过来招呼他们点饮料。当然，如果你很有幽默感的话，也会觉得这幅景象很好笑。

我对此情此景的第一反应，当然也是富有勇气的科学反应，就是拿出我的秒表，开始计算这帮不同国籍的游客们要花多长时间才能意识到，其实这里并没有跑堂的侍应生。我的记录中，最快的时间是 2 分 24

---

① 这种"社会小气候"是我在《赛马部落》一书中引进的观念，我认为，正如某些地理位置（如岛屿、山谷、绿洲等等）能够"创造出它们自己的气候"一样，有些社会环境（比如赛马场、酒吧、大学等等）也有一套与众不同的"小气候"，包括自身的行为方式、准则和价值观，可能与社会的文化主流相异相悖。

秒。是由一对精明的美国夫妇创下的；而最慢的记录是45分钟13秒，是一群意大利年轻人创下的。不过，公正地说，这帮意大利人当时正热切地讨论着足球，似乎并不在意有没有服务。一对法国夫妇等了24分钟之后走出了酒吧，尖酸地抱怨着这种低劣的服务和大大咧咧的英国性格。但是，我一旦获得了足够的数据，我就会变得越来越同情他们，最后，我开始为游客们写一本关于酒吧礼仪的小册子。在为本书而作的实地研究中，我花了九个月跑遍了全国酒吧，为英国性格提供了非常有用的素材。

在酒吧礼仪这本小册子中，我解释道，友善规则只适用于吧台，所以你必须自个儿走到吧台前买饮料，这一举动给予英国人十分宝贵的社会交往的机会。我指出，侍应生服务则会将人们隔离在一张张桌子前。这可能在天生更加外向和善于交流的文化中不成问题，人们并不需要任何帮助，就能够轻而易举地与邻座的人攀谈，但是，我则认为，英国人相对保守，限制较多，我们需要一切能够帮助我们摆脱禁忌的事物和场合。在吧台前等待的时候，我们很容易"偶然"地溜进一场谈话之中，而不需要故意打断邻桌的谈话。没有侍应生的酒吧，恰恰有助于提高友善氛围。

但绝不是毫无约束毫无控制的友善。"文化赦免"是一种学术方式，它的意思不仅仅是说"放松点"。它也不是说要放弃所有的限制，完全随心所欲。它的意思是指相对于通常的社会传统的特定的结构性的模式化的放松。在英国酒吧，通常的隐私规则可以被抛在一边，但只是在吧台旁边，那些离吧台最远的地方被普遍认为是最"隐私"的角落。我发现也有几个例外：比如掷飞镖的地方或是台球桌旁，也都适用友善规则。但相对于吧台则在程度上更多限制，从属于更加严格的问候规则，但只适用于那些站在掷飞镖的人或打台球的选手旁边的人。邻近这些项目的桌子则仍然是"隐私"的角落。

英国人需要这些社会辅助措施，来合法地转移常规，比如说在吧台。但我们也仍然珍视隐私。将酒吧区分为"公众地区"和"私人地区"是一种完美的非常英国化的妥协方式。它使人们既能打破规则，又保证我们用一种有其自身规则的令人舒服的有条不紊的方式来进行。

第六章 酒吧聊天

隐形队列规则

我们开始探索酒吧复杂的礼仪之前,我们先从我们的谈话规则主题中偏离一小会儿,来谈谈另一项酒吧行为规则。这项规则将帮助我们证明,或者正确地说,是帮助我们检测"一项英国性格的规则"。这个话题就是排队。吧台是英国唯一一个你不需正式排队就可以买东西的地方。许多评论者都发现,排队几乎是一种英国人的休闲方式,他们自动地在公共汽车站、商店柜台、冰淇淋流动小亭、入口处、出口处、电梯前排成整齐有序的队列,而且,据一些我采访的困惑不解的游客们说,有时好像没有任何理由就排起队来。

乔治·米凯什说:"一个英国人,即使他只一个人,也会乖乖地排成一个人的队伍。"当我第一次读到这句评论时,我想这不过是个可笑的夸张罢了,但是后来,我开始近距离观察人群,我发现这句话不仅很精到,而且我自己也会这样做。当我在汽车站或出租车上下车点等候时,我不会像其他国家的人那样,在站台上随便找个地方休息,我会直接站在标志牌下面朝着正确的方向,好像我是整个队伍中排在第一个的人。我确实组成了一个人的队列。如果你是个英国人,可能你也会这样做。

但是,在我们饮酒的场所,我们却从来没有正式地排过队:我们只是沿着吧台随意松散地聚集着。我一开始就想,啊哈,这与所有的英国习惯、习俗,还有英国人的本能都恰恰相反啊!但后来我发现,这中间其实还是有一个队列,一个隐形队列,吧台服务员和顾客自己都清楚地知道这个队列中谁排在谁的前面。每个人都知道下一个是谁:那个在你之前抵达吧台的人肯定会在你之前得到服务,任何明显的打乱此顺序的举动都会被吧台服务员故意忽略,还会被其他顾客皱眉抗议。换句话说,你将被视同插队。这个结论并非百发百中,但英国的酒吧侍者确实非常有经验,他们能够辨认出隐形队列中谁先谁后。如果说"因为有例外,反倒证明规则的存在",那么吧台就是这样一个例外,这只是一个看似存在的例外,它是说明英国人乱中有序特点的一个例外。

哑剧规则

英国酒吧聊天的规则主导的范围,不仅有语言上的,也有非语言上的交流。事实上，有些规则强烈禁止使用语言中介，比如哑剧规则。酒吧侍者们会尽一切努力来保证每个人按顺序得到服务，但顾客仍然有必要花点力气，去吸引他们的注意力，好叫他们知道自己正是等待服务的下一个。但是，在吸引注意力中间，却有一项严格的礼仪：不得说话，不得弄出声响，不得诉诸任何粗鲁的手势。是的，我们确实好像回到了《艾丽丝奇遇记》(Alice's Adventures in Wonderland) 中，英式礼仪的真相，确实要比故事中最奇怪的部分还要奇怪。

固定的方式最好被形容为一种微妙的哑剧，不是我们在圣诞节舞台上看到的那种哑剧，而更像是英格玛·伯格曼 (Ingmar Bergman) 的影片，那种眉梢一挑含着千种风流的片子。目的只是一个，就是与酒吧侍者做着眼神交流。叫出声来是不允许的，几乎所有其他的吸引注意力的明显方式，像在吧台上敲击硬币、敲手指或是挥手，也都是不允许的，这样的动作只会让人皱眉头。

如果手里攥着钱或是一只手拿着一只空杯子，那么这就算一种让侍者了解你意图的合适方式。哑剧规则允许我们倾斜空杯，或者让杯子在手中旋转，有些光顾酒吧的人具有高度理性，他们告诉我，这种旋转意味着时光的流逝。这里的礼节非常精确，比如说，你可以将手肘靠在吧台上，那只抬高的手上攥着钱或空杯子，但你不能将整个手臂全都放在吧台上，也不能挥舞纸币或是晃动空杯。

哑剧规则要求人们接受一种期待进行中的、满怀希望的甚至稍微有点儿不耐烦的表情。如果一位顾客看上去过于满意，那么侍者可能会错以为他或她已经得到了服务。那些等着得到服务的人必须随时保持警惕，睁大眼睛盯着侍者的一举一动。一旦有了眼神交流，你就可以动一动眉梢，有时再轻微地抬一抬面颊，或者还可以加上一个满怀希望的微笑，这些都可以让侍者知道你在等待。他们会用同样的哑剧语言来回应，比如一个微笑、一次点头，抬起手指或手掌，也可能还会与你一样挑起眉梢。这就是"我看见你，并且会尽快为你服务"的表情密码。

英国人表演这种哑剧的顺序完全是自发的，他们自己从来没有意识到正在遵循一种严格的礼仪规定，也永远不会质询为什么这个规则设定了这么多障碍，既不能有语言，也不能有动作，连声音都不能有，还得对微妙的非语言讯号随时保持警惕和关注。外国人就觉得这种耸眉毛的哑剧十分令人困惑,大量的游客经常告诉我,他们无法理解英国人怎样才能给自己买一杯饮料,但确实他们也买到了,而且总能买到。每个人都得到了服务,通常顺序也很正确,而且没有过多的忙乱、噪音和争论。

研究哑剧规则和其他酒吧行为的潜规则,是对我自身能力的一种考验。我必须从我自己的文化中退后,用一种旁观的科学家态度来观察各种行为。作为一名英国人,也是一名光顾酒吧的人,我总是不自觉地参与到哑剧中来,就像其他英国人一样,却从没质询或甚至从未注意过这个规则有多么古怪而复杂。但是,为了写这本酒吧礼仪的书,我必须强迫自己成为一名"职业外国人",甚至在我自己国家的酒吧里做一名外国人。这其实是一项很有趣的精神测试。为了认真审视、解剖并质询每一个就像刷牙一样看上去非常熟悉和机械的常规细节,我需要把脑子里原先一成不变的东西清空。不过,心底里多少有点儿惶惶不安。当这本小小的酒吧礼仪的册子出版后,有些英国读者告诉我,读这些东西的时候,他们也同样有种惶惶不安的感觉。

哑剧规则的例外

哑剧规则有一项重大的例外,不过,与往常一样,这恰恰是一种能够进一步证明规则存在的例外。当你在酒吧吧台旁等待时,你可能听见人们冲着侍者喊"哎,还有机会喝他妈的酒吗?"或者"快点儿吧,我上星期二就站在这儿了!"或者发出其他言论,破坏哑剧规则。建议你别去学他们的榜样。被允许用这种态度说话的人,是那些彼此熟识的酒吧常客,他们经常来此地,所以,他们这些粗鲁的言辞通常要被纳入侍者与常客之间关系的特殊礼仪之中。

"请"和"谢谢"的规则

不过,点酒的规则却适用于任何人,不论你是否是常客。首先,在英国,人们习惯于只派一个或者最多是两个人代表一群人去吧台点酒,而其中只有一个人付账。这项规则不仅是为了方便侍者,也不仅仅是为了防止英国人不喜欢的那种喧闹。它与后面将要提及的轮流买的一整套复杂规则有关。其次，点啤酒的正确方式是"一品脱苦啤酒，请。"或是"一品脱淡啤酒，请。"要是你只想要半品脱，一般你总是要用简缩语"半杯苦的，请。"或是"半杯淡的，请。"

"请"字非常重要。外国人或初入酒吧的人如果用其他方式点酒，是可以被原谅的，但如果他们忽略了"请"字，却被看成大逆不道。在你拿到酒的时候，以及拿到找回的零钱的时候，说一句"谢谢你"（或是"谢谢"或"干杯"）也非常重要，或者至少要用一种非语言的方式把上述句子表达出来，比如眼神交流、点头或微笑。

这一规则不仅用于酒吧，而且，当你在英国的任何地方点菜或是购买任何东西的时候，这一规则都适用。商店里、餐馆里、火车上、汽车上、旅馆里，那些为你服务的人都期待得到你礼貌的回应，也就是说，你得说声请或是谢谢。这种礼貌是双向的，一位酒吧侍者或一位商店售货员会说"哦，那件是 4 镑 50 便士，请"，而且通常会在你给钱的时候说"谢谢你"或是其他类似的词。一般规则认为，每一项请求，无论是服务员发出的，还是顾客发出的，都必须以请字结尾，而每一项对于上述请求的满足，则必须加上一个"谢谢"。

在我对英国性格的研究中，我曾不厌其烦地数出了每一次我购买商品的过程中所有的"请"和"谢谢"的数量，我发现，在我通常会买一块巧克力、一份报纸或是一盒烟的小报亭或者街角小店，一次典型交易通常需要两次"请"和三次"谢谢"。不过，这并不是"谢谢"数量的上限，我还经常遇到说五次"谢谢"的。在酒吧里买一杯酒或是一份小吃通常需要两次"请"与三次"谢谢"。

英国可能是一个对阶级高度敏感的社会，但这些礼貌规则说明，英国文化也在很多方面非常平等，或者至少说，这些礼貌用语的使用并非为了引发人们对阶级差异的注意。服务行业大多属于下层阶级，而他们的顾客往往阶级地位高一点，而语言上的阶级标志在适当的地位会让大家各自展示阶级。但在这些服务的态度中，有一种明显的绝不卑躬屈膝的成分，潜规则要求人们用礼貌和尊敬来对待他们。就像所有规则一样，这项规则有时也会被违反，但一旦被违反，周围的人便会注意到，并且会对此皱眉头。

"你也来一杯吗?"规则——礼貌上的平等主义原则

在酒吧这样的特定社会小环境中,我发现平等主义的礼貌规则变得更加复杂,也被更加严格地遵守着。比如,英国酒吧的习俗,一般不会给为你服务的酒吧老板或侍者们小费。而代替给小费的普遍做法是,为他们买杯酒。给侍者小费,好像是在不礼貌地提醒他的"服务"地位,而请他喝一杯则表明你将他平等相待。请他喝这一杯酒的方式,则反映出礼貌的平等主义以及英国人耻于谈钱的古怪特征。标准的请一杯的方式,应该是在你点完酒后对酒吧老板或是侍者说"你也来一杯?"或者"你愿意来一杯吗?"这一动议必须以疑问句而不是祈使句的形式提出来,提出来的时候要考虑周到,不要大声吼叫,弄得好像故意在大庭广众之下炫耀自己的慷慨一般。

如果你没有点酒,也完全可以对侍者或老板说"你来一杯吗?"不过,人们更喜欢说"你也来一杯?"因为这话暗含着你与侍者一起饮酒的意思,仿佛将侍者纳入了你们这一桌。我观察到,英国还倾向于避免说出"买"这个字。理论上,如果你说一句"我能为你买一杯酒吗?"应是可接受的,但在实际生活中,几乎从未听到过,因为这句话中涉及金钱。英国人都十分清楚,你必须付钱,但他们更喜欢尽量忽略钱的存在这一事实。我们知道,酒吧老板和侍者都是在为钱而为我们提供服务,而"你也来一杯?"的问话,本质上不就是用一种复杂迂回的方式给小费吗?可是,要是强调这种关系中的金钱内容,却恰恰是不礼貌的。

侍者们则为这种古怪规则推波助澜。如果"你也来一杯"的邀请被接受了,那么侍者通常会说:"谢谢。我会来半品脱(或者其他数量)。"然后把他们的酒钱加在你的账单里。他们然后会重新报出新的价钱:"那是 5 英镑 20 便士,那么,请。"这样,无意之中让你知道了你为他们买酒的价格,同时又不刻意提及该份酒钱。这份酒钱数目肯定不大,因为按照潜规则,侍者得选择一种相对不那么贵的酒类。通过报两次价格,侍者们其实也在用一种微妙而模糊的方式告诉顾客,我领你的好意,并且不会滥用。

大家都理解，这不是一种小费，而是一种"加入"顾客一起饮酒的邀请，所以，理所当然，侍者本人也会偷空小酌一杯。他们总是会向顾客的方向举起酒杯，然后说"干杯"或是"谢谢"，这正是朋友们一桌饮酒时常用的方式。当酒吧特别忙时，侍者可能没有时间立即倒酒和享受一杯。在这种情况下，他们通常仍然会接受"你也来一杯"的邀请，在顾客的酒单中加上自己的那份，然后等不那么忙时再饮这杯酒。但是，等到他们倒这杯酒的时候，即使是在几个小时之后，侍者仍会特别努力地去寻找当时那位顾客，并用眼神向其示意，还举起杯子，外加点头微笑，以表示感谢。如果那位顾客坐得不算太远，他当然还会说声"干杯"。

有人认为，尽管酒吧方式比传统给小费的方式更加平等一点，但也属于"单方面的优惠"，也是只给不取的，一样有一种自上而下的感觉。这一看法似乎有一定道理，但是，实际上，在这一规则中，酒吧老板和侍者却经常做出互惠的举动，并且不允许一位顾客，尤其是不允许一位常客，在这种互惠姿态给出之前为老板或侍者再买一杯。当然，这种互惠的程度与比例可能仍然不对称，但此类不对称很少能够真正体现出来。因为酒吧老板或侍者那种仪态，总能给人一种朋友间平等交换的印象。

许多外国游客则认为，这种"你也来一杯"的方式显得太过迂回，没有必要，而且比较复杂，不像给小费那样简单直接。多给几块硬币，这在全世界其他地方都很容易被接受。我对一位美国人解释这项规则时，他笑了，称这真是难以置信，并评论说，这是"拜占庭式"的英国酒吧礼仪，一位法国游客则粗鲁地将整个程序看做"典型的英式伪善"。

其他外国人则告诉我，他们觉得我们这些迂回复杂的礼节确实有些古怪，但是非常有意思。但我也得承认，上述美国和法国游客的评论颇有其道理。英国人关于礼貌的规则真是相当复杂，而且，这种要去否定或是掩盖某种地位差别现实的艰苦努力，明显非常伪善。但是，当然你又可以说，其实所有的礼貌全都是一种伪善。究其本质，礼貌都需要有所伪装。社会语言学家布朗（Brown）和利文森（Levinson）认为，礼貌"通过试图卸去人的攻击性并试图在潜在的战斗双方之间建立起交流，从而先决性地认定人具有攻击潜能"。而杰里米·帕克斯曼在讨论人的进攻性时，则认为，我们严格的礼仪规则似乎"就是为了保护英国人自己不受其同胞的伤害"。

我们对阶级和地位差异的敏感性，也许比其他文化更加强烈。乔治·奥威尔正确地描述英国为"阳光下最有阶级性的国度"。我们迷宫一般的平等主义的礼貌规则和潜规则，都是一种伪装，一种精致的符号，一种被精神病学家严肃地称之为"精神病性否认"的集体病例。我们很有礼貌地表达出来的平等主义，并非真实社会关系的表述，就像礼貌的微笑一样，未必表达出内心的欢愉，礼貌地点头，也未必就是一种真实的赞同讯号。我们在表达购买和指令时，无休止地用"请"字；不断地说"谢谢"，这些都维持着一种友好平等的假象；而"你也来一杯"的仪式性善意，则要求一种相互默契的含有大量自贬内容的行为。这种行为中，我们全都同意伪装自己，以确保我们的行为与粗俗和低贱无关。这恰恰因为，我们认为，在酒吧买酒过程中，没什么比钱更粗俗，没什么比"服务"更低贱了。

伪善吗？某种程度上，当然，是的：我们的礼貌全都是虚假和掩饰，一种人为和谐，一种粉饰平等，一种社会关系的另类面具。与此同时，我总觉得，伪善一词还暗示着清醒的有意识的对他人的欺骗，而英国人的礼貌的平等主义背后，似乎就涉及一种集体的，甚至是串通好的自我欺骗。我们的礼貌明显不是真诚而出自内心的信仰，不过，它们并不是愤世嫉俗的那种，也不是那种精打细算的欺诈。也许，我们需要这种礼貌上的平等主义来保护自己不受其他人伤害，也防止我们内心那本已尖锐的阶级性不适当地表达出来刺伤他人。

常客说话规则

我在前面的哑剧规则中提到，有一整套特殊的主导酒吧常客们言行举止的"密码"，从而允许这些常客不按哑剧规则行事。但是，这套密码并不允许他们插队，因为不许插队是整个英国社会的大规则，不容违犯，而常客言行规则，则是某个小环境中的规则分支，似乎更可纳入英式"公正"大规则之中。常客规则非常值得详细讨论，因为它们代表了一种"模式化的规则违反"，这样，就可以为我们带出更多线索，有助于我们了解英国性格的要点。

打招呼规则

当一位常客走进酒吧，友好的问候之声便会如合唱般传来，那是酒吧里的其他常客、酒吧老板和侍者在与他打招呼。酒吧老板和侍者总是直呼其名，而常客当然也会直接称呼其他常客、老板和侍者的名字。事实上，我发现，在酒吧里，名字的使用比必须使用的场合要多，好像故意要强调这一"常客小部落"成员之间的熟悉程度与私人感情。这与"主流的"英式谈话规则形成明显对比，一般英国人的谈话，要比其他文化中的人更少提及名字，要是你过度使用名字，会被人嗤之以鼻，你会被认为是像美国人一样享乐主义。

酒吧常客互相使用绰号，这进一步增强他们彼此之间的感情。酒吧里到处都是被称为"矮子"、"乡下人"、"万事通"、"自大狂"的人。叫绰号在任何一种文化中都是高度亲密的表现。通常，只有家庭成员和亲密朋友才能使用绰号。常客、老板和侍者间经常使用绰号，给予相互间一种归属感，给予我们观察英国酒吧中的社会关系本质提供了很有用的注脚[1]。值得注意的是，有些酒吧常客有某种"酒吧绰号"，从来不在酒吧以外的朋友和家人间使用，甚至从来不为酒吧以外的人所知。酒吧绰号通常很滑稽，比如，一个非常矮的人可能被称作"高个子"。在我家附近的酒吧里，我通常被人称作"竹竿"，因为我骨瘦如柴，但我的房东则有段时间把我叫做"品食乐"（Pillsbury，美国食品制造商）。

打招呼规则要求老板、侍者和常客们都要用"Evening, Bill."（晚安，比尔。）"Alright, Bill?"（还好吧，比尔?）"Usual, is it, Bill?"（照旧吗，比尔?）之类的话来打招呼。常客必须对每一句问候作出反应，通常都得叫出问候者的名字。"晚安，博士。""喂，乔。""好吗，高个子?""照旧，谢谢，曼迪。"规则并没有规定这时需要用什么样的词来回应，人们经常听到的回应有创造性的、充满个性的、幽默的或者甚至是

---

[1] 绰号当然也能经常用于非亲密的用途，包括表达敌意、社会划分以及社会控制，但这些都不是酒吧绰号的功能。

带侮辱性的等等很多种。比如说，"啊，赶得上为你买杯酒，比尔！"或者"又来了？是不是无家可归了？"

酒吧谈话密码规则

如果你花了几百个小时坐在酒吧里偷听，你会注意到，许多酒吧谈话可以被看做"设计好的"，因为它们都遵循着固定的模式，而且执行着严格的规则，尽管参加者本人并未意识到这一点，而是本能地遵守着那些规则。当然，对于旁观者而言，这套设计好的酒吧谈话规则并不可能立即浮现，但你至少可以跟踪并理解谈话。但是，有一种常客间的谈话，对于外人而言，根本不可理解，它只能被某家特定酒吧的固定常客们所理解。这是因为这些常客们正在用密码进行有效交流，那是他们之间私密的语言。以下是我在礼仪研究中发现的我最喜欢的酒吧密码谈话的典型案例：

  时间，一个繁忙的星期天午餐时间；地点，当地一家酒吧。几位常客在吧台前站着，老板在为他们服务。一位男性常客进来了，他走向吧台之前，老板已经在为他倒酒。老板把他那一品脱直接放在他面前，而他则在口袋里找钱。

  常客甲：咦，一片肉两份菜哪去了？(Where is meat and two veg, then?)

  老板：不知道啊，老兄——这个时候，他该到了。(Dunno, mate—should be here by now.)

  常客乙：他一定扮哈利去了。(Must be doing a Harry!)

  （所有人都大笑。）

  常客甲：给他留一杯。哦，你也来？(Put one in the wood for him, then-and yourself?)

  老板：待会儿我会喝一杯，谢谢。(I'll have one for Ron, thanks.)

要对这段话解码，你得了解，最初的问话中那个"一片肉两份菜"

不是想吃饭,而是想了解另一位绰号叫"一片肉两份菜"的常客的行踪,可能因为这人相当保守迟钝,而英国餐中最传统最普通的就是一片肉、两份菜。这种机智的绰号非常普遍:在其他酒吧,还有常客被称为TLA,意思是"三个字缩写"(Three Letter Acronym),因为他特别喜欢引用企管学校那种用三个词的首字母组成的缩写术语(例如 MBA)。

你还必须了解"扮哈利"在这家酒吧里的意思是"迷路了"。哈利则是另外一位常客,经常心不在焉,三年前居然在他来酒吧的路上走丢了,这件事至今引为笑谈。接下来那句则在当地酒吧谈话中较为普遍,意思是"给他留一杯,我先付了,让他来了喝。"更常见的表达方式,还有"为某某放一杯在里面……"或者"为某某留一杯……"本处这句是一种地域性的表达,通常见于肯特郡的部分地区。后面那个短语"你也来?"则是"你也来一杯"的简化,也是约定俗成的请喝酒的意思。老板说的那个"Ron"听起来像个人名,这里的意思却是"迟一点儿"(Later on)的缩略语。

所以,常客甲现在正在付钱,他要为行为保守的"一片肉两份菜"买一杯,等他来了喝。噢,希望他不会"扮哈利",迷了路,否则便喝不到这酒了。同时,常客甲又请老板喝一杯,老板接受了,但得等会儿,等他不忙的时候才会喝。只要你恰好是这个特定酒吧部落的一员,熟悉它的传说、绰号、怪癖、密码、简称和所有的笑话,那么很简单,真的。

在我们覆盖全国的酒吧科学调查中,我们发现每一个酒吧都有它自己的一套笑话、绰号、短语和手势的密码。就像家庭、夫妻、校友和工友等其他社会架构关系一样,这种酒吧"私密语言"强调并且强化了酒吧常客间的社会纽带。它还强调和强化了他们之间的平等感。在酒吧中,你的地位与在主流社会架构中的位置毫不相干,在这个有限的空间里,你的接受度和受欢迎程度都取决于截然不同的标准,取决于你的个人素质、机智和行为习惯。"一片肉两份菜"可能是一位银行经理或是一位失业的泥瓦工。这个绰号亲密而又戏谑,反映出他的一般品位以及相当保守的生活态度。在酒吧里,他因为这些小缺点被人开涮,但也受人欢迎。他的社会阶级和职业地位并不重要。哈利则可能是一位心不在焉的教授,或者是一位心不在焉的水管工。如果他是一位教授,他也可能被人称作"万事通",而我曾经听到有位水管工被人称作"地漏"。但是,哈利的心不在焉,而不是他的职业地位,正是他被人熟知的品质被人在酒吧中高兴地拿来嘲笑。

所以,酒吧密码谈话促进了社会联系,加强了平等主义价值观。但是,我前面也提及,在所有文化中,各种饮酒场合的主要功能,都是促进社会交往,而所有的饮酒场合都倾向于具有社会整合性和平等性。那么,深嵌在英式酒吧谈话中的交往性和平等主义,又能向我们启发什么样的英国性格呢?

这种酒吧谈话的方方面面似乎都带有英国烙印,比如对古怪的追求,不断闪现的幽默点以及语言上的机智与创造力。但是,与其他文化中促进联络和平等主义的"普世"特征的相同点,有且仅有一点,就在于它们与主流文化的不同。英国的主流文化相对于其他社会,倾向于更加保守,为交流设置更多障碍,而且有着更加普遍而且敏感的阶级意识。平等与可交流性并非是英国酒吧的特色,但是,这种与主流传统文化形成巨大差别的平等与可交流性,却完全可以说是英国酒吧的特色。这也许正是我们更加需要酒吧作为社会平等交流的催化剂的原因吧。在这个狭小受限的空间里,我们可以将社会规则暂时搁置。

酒吧争论规则

我前面提到,酒吧常客不仅不必遵守哑剧规则,而且允许说些别人没法说出口的话,比如"哦,斯佩吉,扯完了吗?不介意的话,再给我来一杯!"在常客和酒吧侍者之间以及常客彼此之间,嘲弄、粗口和半侮辱的话,通常含有极大讽刺的对话,恰恰是他们的家常便饭。

酒吧争论,与"真实世界"中的"真实争论"不一样,它是一种戏谑的延展。争论可能是酒吧中最普遍的谈话方式,特别是在男性之间,而酒吧争论可能经常表现得非常热闹。但是,大部分都是根据严格的礼仪规则、基于"酒吧十诫"中的第一条"你们不得严肃对待万事"进行的。

酒吧争论规则也反映出主宰这个特殊小环境中社会互动的神圣的"未成文宪法"的种种原则。这个酒吧宪法要求平等、互惠,追求亲密和互不侵犯的默契。学习人际关系的学生应能认出，这些原则其实是所有社会交往的基础，而且似乎社会交往恰恰是酒吧争论的潜在目的。

众所周知，尽管从来没有说出，酒吧争论，就像"我的比你的好"规则所描述的那样，主要是一种令人身心愉快的游戏。一场酒吧常客之间的争论可以非常热闹，但却未必涉及强烈的观点或者固执的信仰。事实上，如果观点过于鲜明或是固执，反而是争论的障碍。任何事情都可以作为常客们的谈资，甚至什么事都没有，纯粹为了搞笑，也一样能引出大段争论。一个无聊的常客经常会有意放出几句极端的或是令人恼怒的评论，然后坐着不动，他知道必然会有各种"胡扯"之声抛回来。然后，这位挑起事端的人必须坚定地捍卫其立场，其实他私底下同其他人一样知道，这种立场根本站不住脚。他会用指责对手的愚蠢、无知或者用上其他污辱性的词汇的方式来反击。这种言辞上的交换经常以这种方式持续一段时间，其实无论是攻击还是反击，大家都一直在努力游离于这个话题本身，转向另一个更值得争论的话题。酒吧男性中的争论欲望[①]使得他们可以将任何毫不相干的话题转化成一场争论。

去酒吧的人都有一手绝活，能将任何看似毫无争议的事情上升为争论。就好像一位拍卖商绝望之中决定接受"隐身"买家的叫价。他们会为一个无中生有的论断激烈争吵，或者莫名其妙地训斥一位沉默的同伴"闭嘴"。他们全都这样，因为其他常客也一样会四处翻找争论的题材。下面这个在我家附近的酒吧记录下来的例子，就很典型：

常客甲：（带着指责口吻）"什么？"
常客乙：（不解地）"我什么也没说啊。"
常客甲："不，你说了！"
常客乙：（还是很困惑）"不，我真的没有说啊！"
常客甲：（生气地）"你说了！你说该我请了，但其实并不该我请！"

[①] 女性有时也会参加到这种酒吧争论之中，但是次数少得多，而且通常比男性的热情也少得多。一旦女人们争论起来，往往会演变成"真正的争论"。

第六章　酒吧聊天

常客乙：（逐渐进入争论的氛围）"我他妈的什么也没说，但你既然提到了，好吧，确实该你请了！"

常客甲：（假装非常生气）"胡扯！该乔伊（Joy）请！"

常客乙：（嘲笑地）"那你还在这里纠缠个什么，嗯？"

常客甲：（已经彻底沉浸在争论的氛围中并开始享受这一切）"我没有纠缠！都是你挑起的！"

常客乙：（一样开始享受这一切）"我没有！"

常客甲："你有！"

就这样往复不断。当我坐在那里喝着啤酒，偷眼观察这一切时，我忍不住微笑起来，就像其他女性在看到男人的酒吧争论之后，显露出来的那种宽容的耐心和略带女性优越感的微笑一样。他们的争论又滑向其他议题，反正争论双方仍然会互相请酒，最后，大家全都忘记了他们到底为了什么事在争论。规则规定，没有人能够赢得这场酒吧争论，也没有人会投降。酒吧争论中包含一种典型的英国绅士法令"重要的不是胜利，而是参与"，这一点很真实也很重要。争论中的对手仍然是最要好的朋友，大家都在争论中享受到了美好时光。

这种幼稚的无意义的斗嘴可能看上去与酒吧"宪法"相违背，酒吧中应该是一个培养亲密感情和互不侵犯的空间啊！然而，事实却是，争论对于英国男性而言，是"追求亲密"的一项重要元素。酒吧争论允许他们展示对争论对手的兴趣与好感，表达出他们内心的感情，揭示出他们个人的信仰、态度和欲望，从而也挖掘出朋友们的信仰、态度和欲望。它允许人们变得更加亲切、更加靠近，却一点儿也不需要承认这本来就是他们争论的目的。酒吧争论使他们在男性竞争的火药味掩盖下达到了亲密无间的目标。英国男性的好斗本质被顺利疏导成无害的语言殴斗，通过一轮轮地互相请酒，达到"象征性地握手"目标，从而防止任何可能的更严重的肢体斗殴。①

---

① 当然，有些酒吧争论确实会升级为肢体暴力，但我们在此记录的酒吧争论类型才是常态，而且我们的研究表明，肢体暴力是非常罕见的，只有在极少的场合下当上述规则失效时才会发生。进攻性和暴力及其与饮酒的关系，在后文将会述及。

此类用于男性交往目的的争论当然也会在酒吧之外发生。比如说，在男性工友、运动队或俱乐部成员或是朋友之间，都会发生，而且会遵循大致相似的规则。但酒吧争论是以交往为目的的英国男性争执中最具代表性的例子。以交往为目的的英国男性争论同样与其他文化中的此类争论拥有许多共同点：比如，所有此类"仪式性争论"都牵涉到一项默认的互不侵犯约定，事实上又可以说成是认定所有侮辱和攻击都不必认真对待的一种理解和默契。而英式争论中最为特别之处似乎在于，我们对于热情的天然反感以及我们对讽刺手法的特殊爱好，都让这种理解与默契更加容易实现和维持。

自由联想规则

在酒吧里，甚至在某个话题上拘泥太长时间也会被认作是过于严肃的标志。精神分析学家使用一种"自由联想"法，医师要求病人说出闯入其脑际的与某个特定的字或短语有关的任何想法。如果你花一些时间在酒吧旁听，你就会注意到英国酒吧谈话通常展示出与这种"自由联想"十分相似的特质，这一特质可以帮助解释为什么此类谈话确实有一定的社会诊疗作用。在酒吧里，通常保守而谨慎的英国人冲破了压在身上的一些限制，把闯入脑海的第一想法表达出来。

自由联想规则要求酒吧谈话不必用任何逻辑或是顺序的方式进行；也不必拘泥于某个点，更不必达成什么结论。当酒吧里的人们处于自由联想状态时，要想将他们的谈话持续几分钟固定在某个话题上，不仅会是徒劳，而且会使你非常不受欢迎。而人们大多数时间都处于这种状态之中。

自由联想规则允许酒吧谈话用一种神秘的方式，大多数在明显类似小路上随意跳跃的方式进行。一项对天气的评论不知什么原因会引发一场关于足球的争辩，而这场争辩则又不知为何导向对电视肥皂剧主角命运的预测，接下来，谈话却莫名其妙走向刚刚发生的政治丑闻，于是又引发关于酒吧侍者的性生活的几句调侃，这中间会被人打断，那人执著地要求在填字游戏中得到即时帮助，而谈话还在继续，却忽然转成了对最近的医疗政策的评论，然后又会演变成对另一项关于一位常客佩戴的坏表带的争论，最后则开始了一次无休止的关于谁来请酒的友好争论，就这样往复循环，生生不息。你有时能够找到其中蕴含的某种模糊的逻辑，但大多数的话题转换是随机的，被某位参与者的自由联想法所主宰的。

自由联想规则不仅是为了避免过于一本正经。它提供特许，使人们游离于日常社会准则之外，使人们的警惕性放松一小会儿。在英国社会中，此类轻松、无序、松散、偶然的谈话，令英国人舒服起来，松弛下来，从而能够想到哪儿说到哪儿的谈话，只有在亲密朋友或家庭之中才可能出现。但是，在酒吧里，我发现自由联想式谈话似乎很自然地发生于甚至互不相识的人群中。这类谈话虽然在常客中最普遍，但在酒吧吧台，陌生人能够很容易地加入一场拉拉杂杂的谈话。无论是哪种情况下，人们都须了解，这些经常光顾同一家酒吧的人，其实未必是，甚至正常情况下一定不是通常意义上的亲密朋友。比如，那些常客老友们，即使他们数年来每日都在酒吧碰面并分享他们灵光一现的思想，他们也极少互相串门。

所以，去酒吧的英国人，即使彼此相对陌生，都像处在一个大家庭氛围中一般，舒服而且关系亲密。自由联想法谈话模式与我们平常看见的保守、冷漠、拘束的英国人的概念截然相反。但当我再进一步观察，更加仔细地倾听时，我找到这种亲密度的边界与限制点。我发现，这其实是另一种有着严格规律和限制的"文化豁免"的例子。自由联想规则告诉我们，可以游离于公共谈话的正常规则之外，可以享受一些松弛或亲密的谈话，但是只能是在一定程度上。线索就在于"模式"二字。自由联想式的酒吧谈话结构，就像亲密朋友或是家庭成员之间的私密谈话，但其内容却受到更多的限制。甚至在自由联想模式中，去酒吧的人，除非恰好他们也是亲密朋友，除非是极其偶然的情况，他们一般不会向彼此交心，他们不会提及任何私底下的恐惧或是不为人知的心愿。

事实上，酒吧谈话根本就不是为聊"私人"事务而设计的，除非此类事务能够用第一戒律的轻松方式提出来。如果提到人家的离婚、忧郁、疾病、工作问题、问题儿童或者其他私人事务，只要是用笑话形式讲出来，就都可以，而且对生活悲剧保持古怪的幽默感恰恰是酒吧谈话的常态。但最热情的心与心的交流，在这里却是不恰当不为人接受的。当然，有些时候，酒吧里也会出现掉眼泪动感情的一幕，但那都是发生在真正朋友、夫妻或家人之间的私人谈话，而且人们一般认为，这样的一幕本来不该发生在酒吧，更重要的是，此类私人谈话发生的对象，本身并不适用于自由联想规则。

酒吧聊天规则和英国性格

好了。我们在这一章又学到了什么呢？我们的酒吧谈话告诉我们英国人有什么样的特性呢？

友善规则再次证明了天气谈话的背景与互惠规则中揭示的一些特性，也就是说，能够创造性地使用某些"催化剂"，来克服我们性格中天然的保守与拘束倾向。但这个规则为同样的主题添加了一些新的因素。首先，我们发现在推动社会友善方面，英国人非常仔细小心，避免涉及隐私。其次，对社交原则的严格界限和制约表明，即使当我们在传统外游离之时，我们仍然并非无拘无束，而是在按照严格的规则游离。

在隐形排队规则中，我们发现另一种"秩序性紊乱"的例子，找到了证据来证明排队的重要性，因为排队本身其实就是"公平性"的重要体现。这不禁让我联想，也许英国人传统上对"公平竞争"理念之尊崇并非弱化，而是在隐性地强化。在哑剧规则中，我们又一次看到礼节优先于逻辑，人们不喜欢大惊小怪，不喜欢大叫大嚷，也不喜欢把注意力吸引到自己身上，这与之前的证据正相吻合，表明社会限制可能正是英国性格的主要特征。

请与谢谢的规则再次说明礼节的极端重要性，也说明我们多么不愿意引起人们对于阶级和地位差别的注意。"你也来一杯？"规则既揭示出一种伪善，又表明了英式"礼貌上的平等主义"的特点。

在常客说话规则中出现的种种偏差恰恰提供了特别丰富的英国性格的基本素材。问候规则中大量使用人名和绰号，而主流英式谈话规则却对这类过于亲密的表示嗤之以鼻，两者完全相反。也许我们正统交往中的那种对于亲密感的嘲弄与轻蔑，恰恰正是一种骨子里渴求亲密感的征兆，而这种心底里的秘密追求却只能在一个有限的空间里表达出来。

而酒吧谈话的密码规则，除了促进社会交往这层目的之外，还有另一种突出"游离"的作用，能够使人们游离于主流的社会阶层之外。我们发现尽管友善与平等主义确实是饮酒场所的普遍性，而在英国酒吧的案例中，与传统原则的较大反差成为一项特别明显的特征，这一特征唯有日本可以比拟，日本社会同样以保守、正统和敏感的社会地位差异而著称，而且也同样是一个狭窄的过于拥挤的岛国。在酒吧谈话密码规则和酒吧争论规则中，我们还发现一些潜在的幽默，与贯穿在所有英式谈话中的幽默如出一辙，还夹杂着尖刻的智慧和创造性的语言。最后，自由联想规则告诉我们另一个有规则的解构规则的例子，另一个秩序性紊乱的例子，以及另一个明显的既疯狂又有理性的例子。

在本书的后文，在我们检查了足够的英国文化因素，能够建立起一份足具代表性的英国潜规则模型，并且能够从中精选出"英国性格的要点"之后，我们会把所有这些都熔为一炉，来个综合。在我们对谈话规则的探索中，我们已经开始看见一些重复出现的主题，但我们必须更加冷静地进一步分析，这些主题是否会在其他情景下出现，比如我们装饰房屋的方式，比如我们在火车和汽车上的言行，比如工作单位的惯例和仪式，比如吃喝中的规则，比如性的规则，比如购物规则，让我们拭目以待。

下部：行为规则

第七章
住宅规则

有些英国性格规则并不需要多年的参与式观察研究就能发现。比如说，隐私规则是如此明显，你甚至可以不需踏足英国，只需驾着直升机从英国上空掠过，便能发现这一特性。在英国城市上空盘旋几分钟，你会发现这里的居住区几乎全都是一排又一排的小盒子，每一盒又都带着自己的一小块绿地。在英国的某些地方，盒子会是灰色的，而在另一些地方，盒子会是某种红棕色。在更富裕的地区，盒子间的距离稍微远一点，各自的那一小块绿地大一点。但其中的原则非常清晰，英国人都想住在他们自己的带有一小块私人绿地的私人小盒子里。①

护城河与吊桥规则

你无法从直升机上看到的东西，只要你尝试去走入一个英国家庭，你将很快能够发现。你可能已经有地址和地图，但你还是很不容易找到这家人。匈牙利幽默作家乔治·米凯什说，"英国小镇是个不折不扣的阴谋，专门误导外国人"，他引用一项事实，我们的街道总是弯弯绕绕，每次一条街打弯，就会出现一个新的名字（当然弯度过大，真的成了两条街时这样做是应该的），我们至少有 60 种方式来代替"街"这个字眼（比如 place, mews, crescent, terrace, rise, lane, gate 等等）。街道名

---

① 这一项观察有最近的数据支持。在法国、意大利和德国，20 世纪 90 年代以后，半数以上的新房子都是公寓式住宅，而在英国只有 15% 是如此。将近 70% 的英国人拥有他们自己住的独立房屋，这个比例大大超出欧洲平均比例。

称似乎总是被小心翼翼地隐藏起来。即使你设法找到了正确的街名,仍然会遇上混乱矛盾毫无章法的门牌号。许多人喜欢给屋子取个名字挂在门口而不放门牌,这更加剧了门牌的混乱。

我还想补充一点,门牌号和房屋名称通常至少是与街道名称一样隐蔽。这其中的原因,更多是出于对隐私的重视,而不是为了故弄玄虚误导那位匈牙利人。即使我们想,我们也不可能摧毁一切再按美国式的方格形状重新设计街道,但如果我们想的话,至少能做些事情,使别人能够更容易地找到我们的房子,比如可以将房屋名称或门牌清晰地写在门口,放在大街上就能看得到的地方。

但我们没有这样做。我们最好的门牌号也都是高度隐蔽的,更别提那些更差的,它们被完全遮蔽在爬藤或廊柱之间,甚至完全脱落。我们总是自以为是地认为,人们或许还能通过邻居家的门牌号来推断自家门牌。在为写作本书而作的研究之中,我形成一个习惯,总是询问出租车司机对这事的看法。他们花去大量时间在房屋门口,从车窗里努力张望,想要想到那些隐藏得太好,或者根本就不存在的号码,所以我就想,他们必定会至少思考一下这个现象的原因,说不定还会琢磨出一些有趣的理论呢!

他们确实抱怨过!对于我的探询,他们第一反应几乎都是"好问题!"或者类似这样的话。可是,我的问题似乎只是一个促使他们发怒抱怨的线索,他们会大骂这些模糊的、褪色的、藏着掖着的,甚至完全消失的门牌号码,然而大多会来一句"谁都会觉得他们有意刁难!"然后结束陈词,似乎绕了个圈又回到了问题本身。这时,我就会迂回一点,策略性地继续询问,他们自己家的门牌是不是更加明显一些呢?听到这个问题,他们大多会收回脾气,温柔地承认,不是啊!然后,他们会思考一下,为什么他们自己家的门牌并不醒目呢?为什么会这样呢?为什么他们没有把大大的明亮的号码或名称刷在自家大门或是门柱上呢?好吧,这就有点儿奇怪了,有点儿耐人寻味了;门牌太突出了,会显得好像要吸引注意力;不管怎样,他们实际上从来不需要打车,他们的房子也不太难找到,他们所有的朋友和家人都知道房子的位置,哦,他们还会举出其他不怎么样的理由。事实上,在我听来都如出一辙,与那些不是出租车司机的业主们说得一样。

我对出租车司机们的探询似乎并没有什么结果，他们的回答只是一而再地提示我，不愿展示门牌号恰恰是一种英国性格，也是一种对隐私的钟爱。不过，有一位却给出一份非常简洁而深刻的回答。他说："英国人的家就是他的城堡，不是吗？他不可能有护城河和吊桥，但他仍然能够让人很难进入。"从那时起，我就将这一规则称为"护城河和吊桥规则"。

但一个英国人的家不仅仅是他的城堡和隐私权的体现，也是他身份、主要社会地位以及他最为关注的事物的象征。对于英国女人而言，这一原则一样适合。这就是为什么房屋不仅仅是你被动的"拥有"，而是某种你努力奋斗之后的"拥有"。

筑巢规则

这项规则带我们进入英国人的"家居改善"，或者说"自己动手做"的领域。普维斯纳（Pevsner）形容"英国人"说，他们"众所周知，待在屋里要与在花园和车库里一样忙碌，双手从不闲着"，这评论真是精妙绝伦。除了足球以外，这种"自己动手做"的风气真可算是最大的全民嗜好了。我们是一个喜爱筑巢的民族。几乎所有的人口都多少在一定程度上参与到"自己动手做"的浩大运动之中来。在一项由我的几位同事于 15 年前所做的调查表明，只有 2% 的英国男人和 12% 的英国女人自称他们从不自己动手做。

我们最近又更新了这一数据，一家茶叶公司委托我们做一项关于"自己动手"习惯的调查（听起来很愚蠢，是吗？其实不是。我们发现自己动手的过程中需要消耗大量的茶叶）。就数量而言，除了参与"自己动手"运动的女性更多一些以外，我们发现 15 年间没什么大的改变。如果说还有什么变化的话，那可能就是，英国人对于筑巢可谓日渐钟情。①

---

① 如果你想要进一步的数据，我可以提供如下：英国人平均每年花在"自己动手"上的费用为 85 亿英镑。

我本人并没有直接参与研究所关于"自己动手"项目的调查，但这项调查是用一种我非常赞同的方式进行的，不是通过电话问卷调查之后在方框内打勾的方式，而是走出去，花时间在信奉"自己动手"的人群与地点（比如 Homebase，DoItAll，B&Q 等等），大量寻找那些喜欢自己动手的人进行访谈，谈论他们的动机、恐惧、压力和欢乐。我的同事彼得·马什自己就是一个 DIY 爱好者。他说，需要一些特殊的技巧才能诱惑这些筑巢者匀出星期天上午的半天时间与我们聊天。他独创的方法是茶与炸面包圈，这是一种众所周知约定俗成的 DIY 礼仪。他会很技巧地把车停在 DIY 爱好者们的工房旁边，然后慷慨地从车的后备箱里拿出这些"礼仪"。

这一招很奏效。停下活来喝点茶几乎是所有 DIY 爱好者们雷打不动的仪式性项目，这正对他们的口味。那些原先绝不会停下手中的活来抬头看一眼我们这些手捧夹纸簿的调查者的 DIY 爱好者们，因了这些诱惑，简直可以说是非常快活地围拢到我们研究所的面包车旁，大口喝着茶，随意嚼着面包圈，向我们的研究人员吐露他们想要改造定居时经历的一切计划、期望、忧虑与失败。

我的地盘规则

在我们进行这项有趣而典型的 DIY 爱好者调查中，我们发现，他们最普遍的动机，就是"将住所改造得更有个性"。这完全可以理解成一项宣告私人地盘的不成文规则，一场乔迁仪式的核心元素，通常旨在毁灭前一任屋主在这一方领土内留下的任何证据。"你搬进来的时候，必须将某些东西驱逐出去。"一位年轻人这样解释，"这正是搬迁的全部含义的总和，不是吗？"

他是对的。看一看每一个时代几乎所有的英国居民区，你会注意到，通常只要在"出售"的标志刚刚摘掉不久，就会出现一个大的废料区，里面装满了完全没有破损的厨房或浴室用品，还有地毯、碗橱、壁炉架、书架、瓷砖、栏杆、门，甚至整面墙和天花板。

这确实是一种"规则"，一种比普通行为规则更强大的规则：对于大多数英国人而言，这种对于界定自己地盘的执著，恰恰表达了一种责任感,一种我们觉得不得不做而且应当为之的义务:"你得把一些东西清除出去……"

这对那些初次置业者或者其他搬进全新房子的人士,可能有个问题,要把最初的浴室和丝毫未用的厨房拆掉重新来过,显然是太奢侈了一点。但我们发现,DIY 的圣殿不乏信仰者,他们渴望在能够动手的地方添加哪怕是一点点"个人印迹"以标榜全新的领土主权。即使你不能把原有的物件扔掉剥除,你也可以做点事情:没有修补过的房子,当然不能算个家。

阶级规则

英国人对于改造家居的热情,当然不仅仅限于地盘宣示。这种热情还会在更宽广的意义上表达自我:你的家不仅仅是你的势力范围,而且是你的个人身份的主要表达方式。或者至少我们想到家时喜欢去联想家的主人。几乎所有的 DIY 受访者都认为他们自己正在实践自己的创造才能,在家具店、商场和家中对于 DIY 爱好者的其他访谈也都证明这一点,即使 DIY 对某些人而言只是一种经济上的不得已,但我们全都将我们家中的摆设、家具和装饰视为我们独特的个人作品和艺术眼光的外在表达形式。

确实如此,但是在某种程度上,我越是深入地探究这个问题,就越是清晰地发现,我们摆设、装饰、添置家具的方式大多取决于社会阶级。这与财富没有关系,或几乎只有极微小的关系。上层阶级和中上层阶级的家大多破旧、吵闹、脏乱,以至于任何中产阶级或中产阶级下层都无法容忍,而最富有的下层阶级新贵们的家则充斥了那些视之为粗俗之至的贵重家具。中产阶级中层钟爱的最新款皮革沙发和仿古餐椅,其花费可能要比中产阶级上层房屋中所用家具多出十倍,因为后者厌恶皮具和"仿古"复制品。

在中产阶级中层以及更低一等的阶级的"休息室"中,很可能配一块按照房间尺寸裁剪完全覆盖地面的地毯。上年纪的下层阶级家庭,可能用一块带花纹的地毯,而在工薪阶层新贵中,则可能是厚绒毯。越是上流阶层的人越喜欢简单素色的木地板，通常只在地板的一部分放上一块古老的波斯地毯或粗绒毯。中产阶级中层的"休息室"内可能放一只鸡尾酒柜，他们的餐室则放一只主妇用的餐车。中产阶级下层以及一些下层阶级上层的"门厅"则通常挂一幅网格窗帘，这种窗帘绝对是这一阶层的典型物件，但另一方面来看，对于我们这些爱窥探的研究人员，可不是什么好事。这幅窗帘使外人看不清屋里的摆设，不过，大致来讲，这一阶层的"休息室"内大多会放一台电视机，老辈人还会将绣品或蕾丝覆在椅子的扶手上以示夸耀，并且小心地陈列着小匙、玻璃小动物、西班牙玩偶和小肖像等等，无非是在团体旅游中捎回来的，或是从邮购目录中买回来的小玩意儿。

年轻一代的中产阶级下层以及下层阶级上层可能不会有太多的古怪爱好，他们的"客厅"通常简单到极致，有点像牙医的候诊室，也许还接近流行的简约主义风格，但仅仅是接近，却永远不是。这种缺乏视觉兴趣的房间，也有一些显眼之处，比如放一台极大的宽屏电视，他们称之为 TV 或 telly，这台电视总是房间的视觉中心。而且恰到好处的是，目前至少每周有六个节目是讲家居和家居改造的，这些节目播放时，便好像嵌入了整个房间。大功率的扬声器也会是房间里的一个高科技"音乐中心"。许多中产阶级上层的家也有大型电视和立体声，但他们通常隐藏在另一个起居室里，有时被称为"后室"（back room）或是"家人室"（family room）。需要注意的是，它不可以被称作"音乐室"（music room），当中产阶级上层谈论音乐房时，他们所指代的必定是一个有钢琴的房间，而不是有立体声。

铺在桌上防止热饮损坏桌面的小巧杯垫，也是一种很有用的阶级标签：你在中产阶级上层或上层阶级的房子里不会看到这类东西，你在下层阶级的家中也不会看到。杯垫是中产阶级中下层以及下层阶级上层的心爱之物，或者直截了当地说，是那些渴望跻身中产阶级的下层阶级上层的心爱之物。

搭配和全新规则

中产阶级下层和下层阶级称家中的厕所为"toilet"，里面可能会有颜色相配的马桶和浴盆，他们将之总称为"成套的卫浴设备"，往往还会配上相配的卫生纸。而那些中产阶级上层以上的人士则几乎无一例外都用纯白色，往往唯一的例外的颜色是一只木头做的马桶盖。

在阶级的两个极端，也就是中产阶级上层以上和下层阶级下层以下的人群的家中，你都会发现年代久远的、破旧而且不搭配的家具，而位于这两端中间的人群的家中，你却能发现极受钟爱的全新的"成套家具"，里面有完全配套的"长沙发椅"和扶手椅，整套的颜色搭配的餐桌和餐椅，甚至在卧室套间里，还有配套的床套、枕套和窗帘。这些精心挑选协调一体的家具可能有一些乡村气息的印花棉布式的碎花，或是有一种康兰—宜家式简约风格，或者用上前文所提的电视机视觉风格，其中的原理是相同的。而上流梯队的人，却很骄傲于他们兼收并蓄的古董风格，对于那些自以为搭配的"成套家具"嗤之以鼻。如果你觉得搭配很"时尚"，那么你绝对不会高于中产阶级中层；如果你认为那些配套之物"毫无意趣"，那你是个中产阶级上层或更高的阶层。一位身处上流社会的保守党议员曾经对另一位保守党议员麦克尔·赫塞尔廷（Michael Heseltine）不屑一顾，认为他"所有家具都是买来的"，其隐含之意就是说，只有暴发户才会买家具，真正的上层阶级的家具是继承而来的。

炫耀墙规则

另一个有用的阶级标志，就是美国人所称的"炫耀墙"。你会在你的房子里展示历来所得的各种奖励，或者是与名人握手合影的照片吗？如果你是中产阶级中层或以下，这些倾向就会表露无遗，奖励或照片会骄傲地陈列于你的起居室、走廊或是其他非常显眼的地方。而对于中产阶级上层以及上流阶级而言，唯一能够容忍摆放这些物品的地方应当是楼下的洗手间。

这种做法被认为既流行又聪明，简单非常"帅"：客人们难免会用一下楼下的洗手间，就必然会对你的成就印象深刻，但通过在洗手间里展示它们，表明你实际上拿它们不当回事，甚至这意思是说，尽可以流入下水道，这样就不会有被人认为吹嘘炫耀之嫌。

天线规则

即使你不熟悉花草植物的阶级含义，从屋子外面的天线接收器也足以让你快速粗略地分辨出该户人家的阶级指向。一般来讲，低一些的阶级会有外置天线，而高一些的阶级不会用。当然这一条也不是万灵的。尽管许多人能够通过数一数天线数量来判定整个社区的阶级属性，但是有些有天线的人家后来也被发现拥有其他的毫无疑问属于上流社会的物件特点。

但是，在一个上流社会居住区的一座古老的大宅上的外置天线，则可能是一位新搬来的暴发户的家。但要弄清楚这一点，你还得走到房子里面去寻找鸡尾酒柜、厚厚的满铺的地毯、全新的皮沙发、圆形的浴盆和镀金水龙头。如果恰恰相反，你只发现了一些褪色的家具，破旧但不可估价的东方地毯，陈旧的缎子沙发上面沾着狗毛以及快要裂开的木制马桶盖，你就得立刻修改屋主阶级属性，将他往上挪，并估测屋主观看卫星电视显然有其适当的理由，比如需要在家中广播或撰稿，没准你能在楼下的厕所里找到英国电影电视艺术学院奖的证书，也可能是出于对篮球、情境喜剧或是其他流行文化的特殊爱好。

古怪条款

下面我需要引入一个更为复杂的因素：从社会角度来看，品位往往先天决定，更多取决于行为者而不取决于行为本身。如果某人已经被人百分百认为属于某个特定阶级，那么他的房子即使出现许多例外，也并不会使屋主被本阶级驱逐。我曾经读到关于安妮公主位于盖特康比公园（Gatcombe Park）的家的故事，据说她的家中堆满了杂七杂八的礼物，包括俗不可耐的玩偶和一般摆在下层阶级家庭前厅的廉价非洲木雕。这种上流阶级甚至皇室的平民口味通常只被视为古怪而已。

这一条规则反过来也适用。我有一位真正的下层朋友，她是一位学校清洁工，住的是破旧的政府福利房，她对于上流社会的马术运动十分着迷，相关的比赛人们称之为 Horse Trials（恰好安妮公主也喜爱马术）。她有一匹马，因为她在附近一家马术学校负责清洁马粪，所以这马便供她免费寄养，她的厨房里挂满了她在当地马术比赛和表演项目中的玫瑰花形奖章和照片。她的下层朋友和邻居们都把她的这个很"时尚"的马术爱好看做无伤大雅的行为怪癖，一种无害的生活调味，这种古老的习惯丝毫不影响她与他们平等的社会地位。

这一"古怪条款"似乎在社会阶层的最顶端和最底端才最为可信和有效。而中产阶级中层、中产阶级下层、下层阶级上层，甚至中产阶级上层如果偏离了本阶级准则，就很有可能被逐出阶级，重新归类。家居装饰中一处小过失可能会被忽视或原谅，但如果是两处或是更多，那就铸下大错。即使在最容忍"古怪条款"的两端，最好也选择与你的阶级属性最远的那一类来模仿，而不是紧邻你的阶级属性的那一类，这样才最安全。如果一位中产阶级上层展露出中产阶级中层的品位，那么他被怀疑甚至被贬级的可能性，就远远大于另一位不可救药地迷恋上无产阶级家具或装饰式样的中产阶级上层。

好心好意送来的礼物则可能会给阶级意识分明的英国人带来麻烦。有一次，就有人送我一些特别精美的木制杯垫，但我却没有一张像样的需要杯垫保护不染茶渍的桌子。而且，我还得承认，我也不希望被怀疑为了小资情调而使用杯垫。我于是就用杯垫撑住窗框，使它开窗时不至于摇晃。当然，我完全可以找人来修一下坏了的窗框，可如果那样，我的杯垫又能派什么用场呢？当一个英国人，有时真是庸人自扰。

居家谈话规则

无论你身处哪一阶层，都有专门的规则，不仅约束你在进入房屋时必须如何做，也指导你应当如何谈论房屋，或者更精确地说，指导你如何抱怨这座屋子。

"梦魇"规则

谈论搬家时，你必须用一种极度悲伤的调子。即使事实上整个过程很容易完成，根本没什么需要操劳的，你也得显得充满艰难苦恨的样子。这条规则同样适用于找房、买房、搬家本身以及搬家过程中涉及的自己动手的事情以及"请人"的过程：毫无例外，大家都明白所有这些全是"梦魇"。反之，你要是用任何更正面，甚至即使只是中性的语调来描述这一过程，却会被人认做脾气古怪、很可能还被人当做傲慢炫耀，好像是在暗示你自己与众不同，其他买房者辛苦吃力，而你不劳而获。

这里面不涉及一项谦虚规则。你的新居越是宽敞豪华令人艳羡，你就越是必须强调苦衷、不便以及在找房、买房和装修中遇到的种种"梦魇"。你必定不能吹嘘你新买的风景如画的科茨沃德别墅，或是法国的古堡；相反，你必须抱怨糟糕的房屋中介、搬运工毛手毛脚、当地装修商的愚钝以及管道、房顶、地板或花园的破旧等等。

抱怨完这一切，才能为压制已久的幽默铺路，这才算是正确的气氛。这种英式抱怨可以说得活灵活现，真的十分有助于预防妒忌。我发现我自己就十分同情那些进退两难的别墅或古堡的新主人们，当然，仅仅是同情而已。即使你不相信这些抱怨，你也仍然必须表达同情："哦，真难啊！""你一定筋疲力尽！""啊呀，梦魇啊！"

在某种情况下，这种仪式性的抱怨其实可以看做是一种拐着弯的夸耀，一种谈论自家新房子的借口，是在用不明显的方式传达新屋魅力。但是，与此同时，它也被视为另一种英国式的"礼貌的平等主义"现象，一种善意的伪装。那位发出抱怨的人，通过强调一种共性的实际生活中人人会遇到的买房与搬迁的细节与困难，使得话题集中到他与听众们共有的处境与经历上来，并且能够引发大家的共鸣，这样就礼貌地避开了潜在的可能引发尴尬的财富差距与地位不平等的问题。我之所以能够同情我那些买了古堡的朋友们，则是因为他们的抱怨集中于他们强调的细节恰恰与我从一个廉价公寓搬到另一个廉价公寓所经历的细节相似。但这一规则被各个阶级的人所遵守，即使在谈话人之间的收入差距不那么明显时，大伙儿也都愿意遵守这一规则。只有那些最粗俗的暴发户才会破坏这一规则，大谈搬迁故事，露骨地宣传他们高人一等的财富。

谈钱规则

同样的谦虚规则也适用于房屋价格的讨论，这与英国人谈论金钱时固有的尖酸有关。尽管关于房屋价格的讨论已经成为中产阶级晚宴的主要内容，但这种讨论是在精致的礼仪主导下的讨论。绝对不允许直接询问你为房屋付了多少钱，也不允许直接询问房屋里的家具物品的价钱。这样的犯忌问题一旦问出，就与你问人家收入多少一样，会被视为粗鲁之至，不可原谅。

出于科学研究的目的，我有那么几次故意试过打破禁忌。不过，我承认，我这么做，只有两次而已。我的第一次尝试几乎都不能算很直接，因为我为了抵消这问话的唐突，使用了太多明显的借口、理由和道歉的话，比如说我假想出一位急于在这个地区买房子的朋友，这些技巧使问话本身显得尽可能不那么直接。即使这样，我认为这次尝试仍有助于得出结论，我谈话的对象的反应表明，他们一点儿都不认为这些道歉、借口和理由是多余而毫无必要的。

第二次尝试的时候，我则设法给自己鼓气，我做了一次深呼吸，然后用合适的方式问出了我的房屋总价的问题。我想，也许我认为合适的方式在对方眼中却是极不合适的。我的谈话对象像预料中的那样表现出尴尬。他们回答了我的问题，但非常不自然，非常不舒服。有一位强迫着自己嘟囔出一个模糊的答案，然后立即改变了话题；另一位，是位女性，则紧张地大笑起来，用手半掩住嘴回答了这个问题，而她的其他客人则斜睨着我，不自然地咳嗽着，隔桌交换着挤眉弄眼的神情。是的，没错：眉毛一挑，嗓子一清，这些表达尴尬的小动作，绝对是你在英式晚宴中所能遭遇的最糟境地，表明你严重违反了应有的礼节。所以说，我的经历需要胆量，但听起来也一点儿不英勇。也许你自己必须是一个英国人，才能真正体会到这些挤眉弄眼之神情对人的伤害有多么大。

家居谈话规则也表明，除非有极好的理由或者非常合适的铺垫，你绝不应当主动介绍你为房屋所付的价钱。你的房屋的价钱只能"在特殊情境下"被提及，即使是在"特殊情境下"，你也只能用一种自我诋毁自我嘲笑的方式说出来，或者至少用这种方式来排除你粗俗炫富的嫌疑。比如说，如果你许多年前买下的一栋房子，现在看起来是一笔极划算的买卖，价钱极低，那么你就可以提及房屋的总价。

出于某种不可理喻的原因，你的住宅的当前价值，是一个引发无尽的讨论和猜测的问题，不过，大家谈论当前的不动产价格，包括你自有住宅的估价，却必定总是牵扯到"愚蠢"、"疯狂"、"荒谬"或是"离谱"之类的词，这与前面所说的你购买的房屋总价的问题显然性质不同。这也许给我们提供一个线索，为什么价值就可以被讨论，而价格却不行？似乎房屋的当前价值与天气一样被视作一个完全超出我们控制的事务，而你实际上付的总价却是你个人财政状况的一个明确标志。

装修规则

无论你的阶级属性与财政状况如何，无论你将要搬入的房屋价格几何，通常按照礼节，你都必须贬损一下前任屋主的品位。如果你没有足够的时间、技能或资金去毁掉前任屋主的所有糟糕的品位，你也得在朋友们来访时，转转眼珠或者做个鬼脸，深叹一口气说："哎，这可不是我们选择的风格，不过没办法，目前只好凑合着过了。"或者更加简单直接一点儿，"我们还没装修。"这也可以让你的朋友们避免尴尬。否则，若是他们对你的房子大加赞赏之后才得知"还没装修"时，他们必会十分笨拙地想要收回刚才的话，"哦，那当然，我说'可爱'，我的意思是指比例还算合适，呃，视野，嗯，我的意思，潜在的意义上……"

当你向你的朋友们展示你自己动手的成果，或是在聚会或酒吧中谈论你的装修时，必须遵从严格的谦虚规则。即使你在装修方面非常拿手，你也必须少谈点成就，如果有可能，还需要大谈特谈装修中最令人尴尬的过失和错误。社会问题研究中心关于 DIY 课题的研究以及我自己在百货商店和酒吧中获得的样本显示，人们无一例外遵从这一规则。有时甚至要互相攀比着自我诋毁，都要把自己的无能弄出个最搞笑的故事来压倒对方。"在我的努力下，地毯下面的三个水管相继爆裂！""我们花大价钱买了张地毯，可我自己动手剪短了四英寸，结果把整张毯子都毁了，现在我不得不再动手打个书柜盖住毯子。""我想我把整个下水道的方向都弄反了，而且更糟的是，在发现这个重大问题之前，我已经把地面瓷砖全都铺好了。""你觉得那就很糟糕了，而我在花了整整一个小时喝了三杯茶之后竖起了一块挂衣服的板时，竟然发现，我把它完全挂反了！""所以我就把这个坏的地方漆上油漆想掩饰一下，弄得好像原来就这样，可我那女朋友跑来说，'你这个大笨蛋！'"

家居谈话中的阶级差异

家居谈话，就像英格兰的其他一切事物一样，总是受制于阶级规则。如果主动带客人们参观每一间房间，或者特意邀请朋友来参观你的新浴室、你的扩大后的厨房，你增高后或是重新装饰过的"前厅"，那么你必然属于低等阶级，除非你最近刚刚搬入，或者需要房子里"多点儿人气"，或者恰好住在一所特别古怪或特别不平凡的房子里（比如说由灯塔或教堂改建的房子）。中产阶级中层以下的阶层倾向于邀请朋友们参观，甚至还特意邀请朋友们四处逛逛以炫耀他们全新的储藏室或厨房，但在中产阶级上层以及更高的阶层中，人们会对这种行为皱眉头。在英国社会的高等阶层中，礼节通常要求客人们要与主人们一样，对新屋表现出一种了无兴趣的样子。到人家家里做客时，擅自评论身边摆设被认为是不正确的行为，若再添加溢美之词，则更加被人认为十分"差劲"，甚至是彻头彻尾的粗鲁。据说有一位公爵在他的新邻居来拜访之后，极为愤怒地骂道："居然称赞我的椅子，无耻之尤！"

这些上流阶级的尖酸习惯，点点滴滴渗入到中产阶级，至今可能影响到中产阶级以下。中产阶级会在谈话中有一些炫耀，但加入大量的糗事和尴尬事以冲淡炫耀成分。他们会带你参观他们引以为豪的厨房，但会努力显得对所有的装修漫不经心或是毫不满意，说出许多谦虚的甚至自我诋毁的话来，比如："哎，确实该动一下，厨房这样子太糟了。"然后又会加上一句潜在的自夸，"不过，至少它在白天的光线下显得稍亮一点儿。"或者大谈特谈装修过程中不可避免的"梦魇"："本来以为只要一个星期，谁知道我们就这样拖泥带水地过了一个月。"

但是，谦虚的中产阶级与更高一点的阶层不太一样，他们不会因为夸奖而感到受到侵犯，不过即使这样，你的夸奖也应当尽可能模糊，而不要太具体。英国人在房屋话题上特别容易过敏，如果你过于精确，就总会有夸错地方或者用错表达的时候，比如说，你说这房间"温暖舒适"、"欢快愉悦"，而屋主本意很可能是让它显得庄重高雅。所以，除非你确实了解屋主，足以坦率直言而不冒犯，否则最好遵循一般模糊表达,说些"可爱"、"非常好"之类的话就足够了。

坏中介规则

这种特别敏感于房屋话题的特质,恰恰是因为我们的身份很大程度上受制于我们所住的房子,理解这一点,就有助于解释英国人对于中介的一成不变而又永远不合理性的厌恶。在英国,你几乎不会听到一句称赞房产中介的话,即使那些从来没有与房产中介打过交道的人,也会毫无例外地以轻视的语言谈论这些人。这是一条不可言说的规则,房产中介必须经常被嘲笑、讥讽、批评和谩骂。在这方面,房产中介们就像停车管理员和双层玻璃推销员一样,但与他们又相同。停车管理员和双层玻璃推销员确实很令人厌烦,但我发现却没有人能够说清楚房产中介的可恶之处。

当我询问人们,如何解释这种对房产中介的反感时,回答很模糊,也不连贯,通常还自相矛盾。房产中介被骂作既愚蠢又不称职,但也有时被骂作狡猾贪婪、诡计多端、欺瞒哄骗。我发现,要找到房产中介如何既愚钝不智又能转弯抹角耍小聪明的证据,非常困难,最终我不再费力去为房产中介的不受欢迎寻找一个合理的理由,我转而在人们与房产中介打交道的机制与细节中寻找线索。房产中介究竟做什么?他们来检视你的房子,用客观的眼神四周打探,为房屋估值、做宣传,向其他人展示你的房子,然后卖出去。这个过程究竟有什么特别得罪人的地方吗?这样吧,你不妨将房产一词,与"身份"、"个性"、"社会地位"或是"口味"等词互相替换。房产中介所做的每一件事都牵扯到对于我们自身的评判,而不是对一所中性的不动产的评价。而且,他还在上面贴上标签!毫无疑问,我们无法忍受这些人。通过拿房产中介开玩笑或者予以嘲弄,我们就将其伤害我们感情的能量最小化。如果房产中介一律是愚蠢的、迟钝的、虚伪的,那么他们的观点与判断就无伤大雅,他们对我们私人空间的侵犯也就不那么让我们痛心了。

花园规则

在本章开头我说过,你可以驾着直升机掠过英国上空,发现英国人全都想住在他们自己私人的小盒子里，拥有一块私人的小小绿地。事实上，正是我们一味坚持自己的那一小块绿地，才会带来"无休无止的绿色郊区"建设以及接踵而至的环境破坏和污染，使得原本美丽的英国乡村面目全非。英国人就是不愿生活在公寓中，也不愿像其他国家的城市居民一样共享社区庭院。我们必得拥有自己的一只盒子和自己的一小块绿地不可。

尽管这块绿地很小，但它的重要性绝不亚于那只盒子。小小的一块土地，几乎在世界任何其他地方都会被认为太狭小做不了什么事情，但在英国，却被当做辽阔的乡村产业一般精心对待。我们的护城河和吊桥可能是想象出来的，但每一个英国人的城堡都至少会有巴掌大的一块"地"。找一处典型的任何地方都一样的英国郊区或是居民区，街道两边全是小小的毫无特征的半独立式房屋或者带阳台的房子，这正是大部分英国人所居住的街道。每一座房子前面通常都有一块小小的花园用地，还有一块大一点儿的绿地在房子的后面。在稍微富裕一点的社区，前面的那块小花园会略大一些，房子会与马路隔开几英尺。在不太富裕的社区，前面那块小花园就只有可怜的象征性的一小条，但主人仍然会安排一座前门、一条你只需一两步就能走完的通向屋门的"小径"。"小径"两边会各有一株植物或很少的一点儿绿色，这便号称"前花园"了。"前花园"与"小径"其实也可以被视作是象征意义上的护城河和吊桥。

"你自己的前花园，你不可以欣赏"

所有这类典型街道，所有这些小块前花园和后花园，都会有围墙或藩篱围住。前花园的围墙会比较低，这样每个人都能看到这个花园，而后花园的围墙会比较高，这样大家都看不到。前花园很有可能得到比后花园更精心的布置、设计与照料。这不是因为英国人喜欢花更多时间欣赏他们的前花园，而恰恰相反，除了必要的除草、浇水、照料和保养，使之看起来"靓丽"的时间，英国人根本不会花多余时间欣赏前花园。

这就是花园规则中的最重要规则：我们从不坐在我们的前花园里。即使前花园有足够的空间可以放得下一张花园椅，你也不会看到这样的椅子存在。不仅坐在前花园里是不可想象的，而且，如果你站在前花园里时间长了一点，却没有做出任何蹲下拔草或弯腰修剪的动作，你还会被认为古怪之至。如果你不蹲下、弯腰，不做出使自己看上去忙碌而勤劳的其他动作，你就会被人怀疑为正在以一种奇特而且犯忌的方式游手好闲。

无论前花园多么漂亮迷人，都不是用来休闲，而只是用来展示的；它们可供他人欣赏与羡慕，却不伺候主人。这条规则总是让我想起部落社会里复杂的礼物交换法则。在部落社会中，人们不允许享用自己劳动的成果，"你自己的猪，你不可以吃……"就是最著名也最经常使用的部落例证，英国人的怪癖也相似，"你自己的前花园，你不可以欣赏"。

前花园可攀谈规则和海绵法

如果你确实花时间在你的前花园蹲下、弯腰或做修剪，你会发现在这种场合下，你的邻居们会过来与你攀谈，这是极少的几种邻居主动攀谈场合之一。在自家前花园忙活的人被视为愿意交往之人，那些本不想敲门拜访的邻居们就会停下来聊一聊，这类谈话毫无例外地也会以一句对天气的评论或一句对于花园的礼貌评价开始。事实上，我知道许多条街的居民，在他们有重大事务想与邻居讨论或有口信想带给邻居，比如想探讨一下申请规则许可的事的时候，都会耐心等待，有时等上几天或几星期，直到他们看到他们想与之聊天的邻居正在前花园忙活时，才会上前攀谈。他们不会直接上门去按响门铃，"贸然闯入"。

前花园可攀谈规则对于我的研究非常有用，这样我就可以借机接近他们，从一些无害的问题着手，比如先问问路，然后再来一句打破坚冰的天气谈话或者对他们花园的评价，然后逐渐过渡到谈论他们的园艺习惯、他们的房屋装修、他们的孩子、他们的宠物等等。有时，我会假装说我，或是我的母亲、姐姐或侄子，正在考虑搬到这个地区，这就给我一个询问更多问题的理由，而不会显得像个多嘴多舌爱管闲事的人。我会问到邻居、当地的酒吧、学校、商店、俱乐部、社区和活动，从而找到大量潜在的社会规则。在这类前花园访谈中，尽管有时我会集中于一个特定话题，比如说，房产中介的话题，但我通常会吸收全部的琐碎信息，这些信息量非常大，话题千差万别，我希望在随后的分析中能够找出其中的含义。这种研究方法并不像它听起来那么愚蠢，事实上，我认为我甚至可以为这种方法取一个官方的学术名称，但因为我总是记不住正确的术语，所以我干脆谓之"海绵法"。

反文化的花园沙发例外

对于"你自己的前花园，你不可以欣赏"规则，只有一个小小的例外，而且，正像其他的例外一样，这个例外其实也恰恰反证了这一规则。那些嬉皮士、新新人类和各种其他"反文化"类型者的前花园，有时会大大咧咧地放一张又老又旧的沙发，主人为了否定传统，会故意很招摇地坐在上面，欣赏他们自己的前花园。而他们的前花园，同样出于反传统的目的，往往是不整洁、杂草丛生的。

这种对于不坐在前花园规则的"例外"，很明显是一种故意的违反行为，座位总是沙发，从来不会是木椅或塑料椅，也不是任何可能被视为适合户外使用的家具。这种沙发软软的，通常还发霉，最终还会自己烂掉，这本身就是一种声明，喝药茶、吃有机素食、吸毒、穿最时尚的环保斗士服装，窗户上贴着"对转基因生物说不"的标语……这些主题和时尚各有不同，但你明白我想说的是什么，它们都有共同的反文化特征。

花园沙发的使用者们可能会在保守的社区内招致许多的不满和不屑，但根据传统的英式抱怨规则，那些拉下窗帘眼不见为净的邻居们通常只会在相互之间宣泄抱怨，而不会真的去指责违规之人。事实上，只要花园沙发的使用者们遵守他们自己明确规定的一套反文化规则和习惯，而不弄出像加入当地妇女协会或跑去打高尔夫之类令人气愤的新创意，他们通常还能被容忍。不过，英国人特别擅长的那种隐忍不发却带点儿厌恶带点儿冷淡的表情，却是他们必须要面对的。

后花园法则

后花园则是允许我们欣赏的那个花园，通常相对杂乱，至少非常乏味，极少看见漂亮多彩的玫瑰、蜀葵、雏菊、葡萄架、迷你小门，也没

第七章 住宅规则　　　　　　　　　　　　　　　　　　　　　129

有其他人们本以为会在典型英式花园中见到的物品。这样说未免有些不敬，但我必须指出真正典型的英式后花园确实只有相当乏味的一块草坪，一头铺上连接小径的平台，另一头放上一个既无美学趣味亦无建筑价值的棚子。后花园的一边铺一条通道，也许在另一边种上一些摆放得很呆板的灌木和花。

当然，这一主题也会有变奏。通道有可能会沿着花圃而设，也有可能铺在长方形草坪的中心线上，这样通道两边往墙的空间里都种上花。还可能有一两棵树。或者有些灌木或罐子，或者在墙上会有一些爬墙植物。花圃的边缘可能是弯曲而不是直的。但传统英式花园的基本模式就是"高墙、小平台、小块草坪、通道、花圃、棚子"，这绝对是不会错的，你只要走入英国人的后花园，便会立即得到印证，而且这种熟悉的模式也令英国人安心。这种模式必定是已经印在英国人的灵魂之中，在这个国家的每一条街道的几乎每一座房子后面，这种模式被人们忠诚地信奉着复制着，只在极微小的地方有些改变或转化①。

游客们不太可能见到普通而典型的英式后花园。这是非常私密的所在，通常在房子后面，用高墙、藩篱或是栅栏藏起来，不仅从街上看不到，甚至从邻居家的房子里也完全看不到。那种出现在有关英国花园的精美图文书中的后花园永远不存在，旅游手册也决不会提及这样的后花园，事实上，任何关于英国的出版物都没有提过这种后花园。所有的书中都会千篇一律鹦鹉学舌一般大谈英国人是怎样一个爱好园艺富有创意的民族！这是因为这些书的作者并没有花时间去普通人家的住宅里调查，也没有爬上典型的郊区半独立住宅的屋顶或高墙用望远镜窥探一下那种普遍意义上的毫无特色可言的一排又一排英式后花园。哈，现在你明白了，你可能曾经误以为是个窃贼或窥视狂的人，便是在下。不过，我也不得不说一句，从美学角度来看，那些只读过导游手册的盲目旅游者、喜欢自吹自擂的英国人以及钟爱园艺的人们，也许其实根本没有损失什么。

---

① 如果你不相信我，不妨在下一次你在英国旅行的时候，从火车的车窗向外瞭望。我能保证几乎所有你所见到的后花园都只是这一"规则"的变奏。一位很热爱英国的美国朋友在这样尝试之后，终于很不情愿地皈依了我的理论。

但我确实是不算公道。平心而论，普通英国人的花园，尽管不太有创意，尽管单调一些，但在明媚的阳光下，其实不啻为一处相当舒适的闲坐饮茶之地，揉碎面包掷给雀鸟吃，细细地抱怨一回小虫、天气预报、政府或是邻居的猫。不过，根据花园谈话规则的要求，抱怨之后必须用更欢快的语调来赞美鸢尾花或耧斗草今年生得多么好，唯有如此，才能中和抱怨的气氛。

而且，必须说甚至普通的英式花园也表现出英国人愿意为其花园付出的努力超过其他国家。一般美国人甚至都不称之为"花园"，而只称之为"后院"，大部分普通欧洲人的花园也只是一小块草皮布局①。只有日本人，与我们一样属于狭隘胆小的岛国寡民，他们与我们可有一比，也许并非巧合，更加时尚更加注重设计的英国园丁们通常会受到日本风格的影响，不妨看一看当下对于木板、鹅卵石和水景的需求，就可以知道。但这些前卫的园丁们只是极小一部分，对我而言，我们作为"园艺民族"的头衔想必是来自于我们对于小块草皮的沉迷、对花园的热爱，而不是真的喜欢在花园里搞点儿与众不同的艺术设计。

"全国防止虐待花园协会"规则

我们普通人的后花园可能不会特别美丽，但几乎所有的一切都表现出兴趣、关注和勤奋。园艺很可能是英国最受欢迎的爱好了，最新的数据显示，超过三分之二的人口被描述为"积极的园丁"。读到这里，我不禁觉得可笑，那么"被动的园丁"又是些什么人呢？是不是就好像被动吸烟一样，指的是那些会因其他人锄草机的噪音而发怒的人？但这个数据所要表达的已经很明确。

几乎所有英国房子都有某种形式的花园，几乎所有花园都有人照料和呵护。有些打理得更精心更专业一点，但你几乎不会看到一个完全没有打理的后花园。如果你发现了，那也是有原因的。这房子很可能没人住，可能是一批学生住，因为学生们一般认为打理花园是房主的事；也

---

① 尽管英国人对于园艺的热情如今正被一些其他欧洲国家赶超。当前德国十分流行园艺，人们告诉我，从英语翻译过来的园艺书非常畅销。

可能是由那些不认为花园构成意识或生活的有效部分的人住的；或者是那些非常穷困、生活潦倒、身体残疾或精神受创的人住的，因为他们有更重要的事情需要操心。

有一点可以肯定，这些没有打理的后花园，虽然能够勉强被容忍，但却必然是人们抱怨和责难的对象。有一个非官方的全国防止虐待花园协会（National Society for the Prevention of Cruelty to Gardens），就把那些忽视花园的行为视作与虐待动物、虐待孩子同等的罪恶。

全国防止虐待花园协会的规则，也许正如我们对园艺的发自内心的爱好一样，可以解释我们为什么会觉得必须花些精力和时间来伺候我们的花园[①]。

阶级规则

研究花园的历史学者查尔斯·奎斯特—里特森（Charles Quest-Ritson）说大胆地摒弃将花园作为一种艺术形式的流行研究方式，也不愿将花园的历史仅仅作为艺术历史的一个分支。他说，园艺"其实与美学理论或是艺术的发展史关系不大……它充斥着社会取向、生活方式、金钱和阶级等内容"。我比较倾向于他的理解，而我对于英国人及其花园的研究也恰恰证明，英国人花园的设计与内涵在很大程度上都取决于屋主人所属或所向往的那个阶级的时尚，或者至少受到该阶级时尚的强烈影响。

奎斯特—里特森问道："为什么中产英国妇女会有一个白色的花园、一小块菜地以及许多老式玫瑰？因为这些东西都很高尚，或者十年前被认为很高尚，并不是屋主人认为它们真的很漂亮或很实用，而是因为这些能使她感觉更好，能够胜人一筹。花园是社会和经济地位的象征。"我觉得他的话太绝对了一点，不妨这样说，我们可能并不太清楚我们花园特点的社会经济上的决定力量。尽管我们真的受到阶级意识的局限，但也很有可能我们确实很喜欢自己挑选的花草与设计呀。

[①] 要找数据证明也不难：在最近的全国政府人口普查中，超过60%的人口都称自己在调查前四周内花时间做园艺。

阶级标志和古怪条款

我们的品位常常受到我们的亲朋好友家或是邻居家花园的影响。在英国，你在成长过程中就会逐渐认为某种花或者花的组合"很美"或"很有品位"，而另有一些花或组合"很丑"或"很粗俗"。直到你拥有自己的花园，如果你是来自于上层阶级，你会"本能地"对鱼尾菊、鼠尾草、金盏花、喇叭花之类的俗花艳草以及其他的装饰性假山、蒲苇、吊篮、凤仙花、雏菊、剑兰、小雕像和金鱼池嗤之以鼻。另一方面，你却很有可能觉得黄杨树篱、老式的灌木玫瑰、草本植物的边界，铁丝莲、金链花、仿都铎的工艺式样以及约克式石头小径，都富含美感，令人愉悦。

花园时尚不断改变，所以千万不要只根据一两种花草或园内装饰特点，就过于精确而武断地对花园主人的社会地位进行评价。"古怪条款"同样适用，正如奎斯特－里特森所说的那样："一旦一位花园主人被人视作摆弄花草的专家，那么即使他去种植那些极不时尚、极为平民化的无名小草，也不会被人耻笑。"我还想说，如果某人一向被视为上层阶级或是中产阶级上层的坚定的不可动摇的一员，却去种植非本阶级的花草，那么即使他不掌握任何园艺技巧，效果也是一样的，不会被人耻笑。在花园里放置小雕像或是百日菊之类，并不必然被人视为阶级降级的标志，原因就在于，人们将其视为个人的怪癖，宽容地一笑了之。

所以说，要想窥测花园主人的阶级属性，最好的办法是宏观地观察花园的整体风格，而不是过度拘泥于个别植物的阶级指向。特别是在你看不出老式玫瑰与杂交茶树的区别时，千万别贸然下结论。一般来讲，较低阶级人士的花园不仅更加艳丽，而且划分得横平竖直，更加井井有条。较低阶级的花园主人则会用"多彩的"、"快活的"或是"整洁的"、"干净的"等词来形容自己的花园。

较高阶级人士的花园则恰恰相反，一般更加随意、更加自然、更少一些人为的做作，色彩上更多一些暗淡和柔和的颜色。就像化妆中的"自然妆"一样，这是一种人为的努力形成的效果，比起低阶级花园中那些像切糕点一样切出来的方块花圃和一排排如卫兵般的花株，这样的花园其实需要消耗更多的精力与时间,只是在表面上,一切努力都看不出来,给人一种充满魅力与生机,似乎万物天成的假象,通常在植株之间是很少或完全不露出泥土的颜色的。对少数野草的过度铲除、对草坪的过度修剪,都被上层阶级和中产阶级上层视作相当低劣的作为。

当然,更富有的上层阶级,都有来自于较低阶级的园丁来帮他们去做除草和修剪的活,所以他们的花园可能有时显得非常整洁,但如果你与他们交谈,你会发现他们经常抱怨他们的园丁们过度完美的劳动。比如,"弗雷德真是糟糕,什么都剪,雏菊丑是丑点,可也不该刚一露头就全部剪掉啊!"这话完全是家长训孩子的调子,像极了一些商人或专业人士抱怨他们过于高效的秘书的话,"哦,我都没法靠近自己的文件柜了,我怕把她那套精确的彩色编码体系翻乱了!"

可笑的小雕像规则

如果除去园丁自作主张这个因素,而你又确实在一座上流花园中不期而遇某种绝对平民的特征,那你不妨询问一下主人。主人的回答显然会比特征本身更有价值,能告诉更多关于阶级属性的信息。我有一次就对一座中产阶级上层花园里的小雕像的存在表现出相当惊讶,我当时就相当明智地轻叫一声"哦,小雕像!"主人立刻解释说,这个小雕像"很可笑"。我一边为我的无知道歉,一边趁机问他,看上去这就是一个小雕像,为什么会认为它的存在很可笑。他带着十分轻蔑的语气说,只需看一看花园中的一切,就可知道,这当然是个玩笑之举。

但与此同时,有一点可以肯定,花园小雕像放在任何花园中,其实都是为了增加一点儿搞笑的情趣,我的意思是,没有人会真正视其为精美的工艺品。但前述花园主人的回答则相当无厘头且令人费解,更别提他那种不高兴的语气了。但其中自有含义,低阶级的人会认为小雕像本身就很有趣,他们的小雕像很好玩,只因为它们那种与"高尚的"花园并不协调的相貌。换句话说,住公屋的人放一座小雕像是为好玩,而前述花园主人放一座小雕像则是为了嘲笑低等阶级公屋住房的低等情趣,说白了,这纯粹是一个关于阶级的玩笑。所以,同是笑话,但其本质却天差地别。可想而知,由于我问这样的问题,后来,这位花园主人便再也没有邀请过我。

这位花园主人对我的问题的回答,很明显地将他自己界定在中产阶级上层,而不是上层阶级。事实上,他这种指出我关注的小雕像"可笑"的同时,就已经使他自己从我原先对他的阶级估计中降了半级。一位真正的上层阶级成员要么会直言不讳地承认对于花园小雕像的爱好,并且会热切地指出,在那看似漫不经心的优雅花园中还有其他点缀其间的小雕像,要么他会说一些"啊,是的,我的小雕像,我很喜欢我这个小雕像"之类的话,并且会让提问人自己得出结论。上层阶级不会在乎那些有窥探癖的人类学家或任何人的看法,在任何情况下,他们都不需要多余地设一个小雕像来强调他们的地位。

住宅规则和英国性格

英国人这种不成文的住宅规则与花园规则能够帮助解释、厘清或者扩展我们所说的"英国性格"要点吗?我们是否发现或者说印证了更多的英国性格的决定性因素呢?既然我们的住宅和花园是两处主要的栖居之所,所以,如果对这两处地方所做的规则分析,不能从中整理出一些对于国民性格有帮助的论点,恐怕说都说不过去。

所有人都有自己的领地意识,唯有英国人对此最为热衷。他们不仅迷恋家庭,而且更热切地追求自己的窝,程度几近疯狂。几乎所有的评论者都曾提到过英国人对家的高度迷恋,但还没有一个人能够为这一现象提供一个很好的令人满意的解释。杰里米·帕克斯曼曾说"家是一个英国人能够用来替代祖国的词"[1],他这话快要击中要害,但却仍然没有完整地解释出,为什么我们会如此神经质地依恋我们的家。有人曾试着将我们对家的依恋归因于英国气候,这一点是不可信的。其他国家的天气状况可能更会使人蜷缩于屋内,却并没有产生像我们这般狂热的恋家癖。

---

[1] 他这话与爱德华时代的诗句"德国人住在德国;罗马人住在罗马;土耳其人住在土耳其;而英国人住在自己的家里"颇为相似,不过杰里米没有提过这句诗。

我认为，有些关于恋家癖的解释可以在本章以及前面几章的关于"英国性格规则"中找到。护城河和吊桥规则表明，已经是我们第五次"目睹"英国人对于隐私的执著，而这种执著在坏中介规则、前花园规则和后花园法则中均占有十分明显而突出的地位，而且这类保守和社会限制主题至少还会第九或第十次出现。目前，我的直觉告诉我，这些都很可能成为"定义英国性格特点"的合格要件，而且它们相互关联。对我而言，似乎我们对家的迷恋与我们几乎病态的对隐私的捍卫直接有关，而对隐私的捍卫反过来又无可救药地与我们的社会限制，沉默、退缩和尴尬，我们在社会互动中不够放松没有足够的技巧等特性缠绕在一起。

英国人似乎有三大主要方式来处理这种"社交拘泥症"：一种是独创的对于克服诸多限制的支撑力和推动力的使用以及隐藏我们自身的无能；另一种是变得富有侵略性；第三种则与我们的主题有关，就是倾向于退入到隐私的城墙和家庭的堡垒之中，关上门，将想象中的吊桥拉起来，避开社会事务。家庭可能真的成为祖国的代名词，但在另一个层面上，我则认为家是英国用以代替社会交往的替代品。

阶级规则显示了我们尖锐的阶级意识的一个新的方面，我称之为"相邻阶级问题"。我们注意到，要找出某人与位于其自身社会序列的远端的阶级的区别，总是很容易，而要找出该人与位于其自身社会序列相邻的阶级的区别，则不那么容易。每一个英国阶级都最憎恨比本阶级低而又与本阶级相邻的那个阶级，而被人错认为是相邻而低的那个阶级的人，无疑是最令人愤怒的。

炫耀墙规则反映出典型英式伪善的另类特征，将我们带回到反复出现的幽默主题之中。在这种规则之下，我们看到，人们运用智慧与幽默，作为打破谦虚规则和反对过分热情规则的掩饰。居家谈话的"梦魇"规则又一次提醒我们，英国人多么易于抱怨，但这一规则同时又是谦虚规则的另类体现，所以绝对是"定义英国性格特点"的潜在决定因素。梦魇规则也是一种虚伪的掩饰，一种既要吹嘘又不要显得正在吹嘘的技巧。

装修谈话规则突出了一般意义上的谦虚规则中的一个极端的例子，

大家都在谦虚程度上互相攀比，形成一种只能被称为"每况愈下"的循环。其他国家也有礼貌的谦虚和自我贬低的类似规矩，比如日本人就是我能想到的一个例子，但英国人的必须低人一等的装修谈话却仍然是独一无二的，原因就在于其中大量的幽默成分。如果仅仅像日本人的礼节那样把自己送人的礼物说得一文不值那样，以自贬的方式述说自己在动手方面的无能，那还是远远不够的，英国人还必须用一种机智和逗乐的方式说出来。

"赞扬模糊化"的要求则提出一种关于英国人的"保守"和礼貌的误解，需要予以澄清。英国人有一种特殊的温润平和的礼貌方式，尤其是用在赞扬对方的时候，主要目的在于避免冒犯或带来尴尬，而不是真的表达自身愉悦或积极的感情。外国人常将这种保守的方式看做是冷淡或者是袖手旁观，但这一特性有其特定背景。英国人总是在朋友和熟人、朋友和密友之间做出明确而重要的区分。这并不是因为英国人很冷淡，或者无法坦率地表达自我感觉，只是因为在我们的文化中，要想与不熟识的人交往总是要比其他文化中的人困难得多。这种在不熟识人面前的沉默寡言，反过来则又使我们需要花更长的时间才能熟识他人，摆脱限制。一个怪圈因而形成，导致诸多问题，其中之一便是过度使用"好"这种平淡词语的长期惯性。

坏中介规则不仅形象地体现了我们的身份受制于我们的房子的程度，而且又一次展现出英国文化中幽默规则的重要性。房产中介是对我们身份感的一种侵犯和威胁，所以我们通过拿他们开玩笑来中和他们的"威胁性力量"。这在某种程度上是一种人类处理威胁的普遍机制，在所有文化中，那些被人认为具有威胁力的人总是成为此类防御性笑话的主角，但这种技巧的使用似乎在英国文化中要比其他文化中更明显更频繁。我们不仅用幽默来对付有威胁力的和不熟悉的事物，我们也用幽默来对付一切社会难题或是每一种实践中的困难，小到最细微最琐屑的事务，大到国家大事，莫不如此。

前花园和后花园规则都重申了英国人对于隐私的执著与捍卫。前花园规则也体现了社会限制和礼貌的相关主题，如果家庭等于自身，那么前花园就是我们的"门面"，它很正式，我们依照园艺的正式规则来小心翼翼地打理它，就像一个空洞的社交中的微笑。

反文化花园沙发例外则体现了如此人们所熟悉的"有序的无序性"（orderly disorder）主题以及徒劳的但具有社会疗效的抱怨方式，但它还体现一种更温和的特质，一种英国人的宽容能力。必须承认，我们对于反文化沙发和其他异样行为的容忍，往往是刻毒而虚伪的，而不是真诚而温暖人心的那种宽容。但即使这种被动的、充斥着抱怨的克制式容忍也很值得关注，也许还值得夸赞。很可能正是这种特质，使得英国国内的种族关系相对融洽。当然，也只能是"相对"而言，正如杰里米·帕克斯曼所言，英国人的种族关系，只有在与其他更加缺乏宽容的国家比较的时候，才能称得上"总体而言，不坏"。

后花园法则，除了祛除了一些关于英式花园的玫瑰色幻想之外，还体现一种英国性格中安静克制的一面，我们不喜欢四处招摇的绝对主义，我们更偏向于中庸，更钟爱家庭生活，觉得温顺和熟悉的东西最为安全。"全国防止虐待花园协会"规则也显示出一种强烈的按照潜在社会规则和期待行事的倾向，一种责任感和义务感。最后，阶级规则、古怪条款和可笑的小雕像规则提醒我们英国阶级划分中一些缠绕不清的方面。我们发现，有意为之的古怪，比如说可笑的小雕像，可能反而令花园主人自贬身份。个人怪癖和非传统品位则只在被人视为真诚不做作的情况下才会得到喝彩，也就是说，必须是真诚的怪异行为，而绝不是人造的哗众取宠的假象。

现在，我开始看出一些模式来，这些模式或许将能带领我们形成英国性格的完整图解，它将不仅能够定义英国性格，而且能够容纳所有这些核心性格特质之间的关系与互动。我本人并不太擅长制作图表，我曾经试着制作一种我所研究的特殊的社会关系网的图表，它看上去很像无数微型蜘蛛织出来的网。但如果下面几章能够帮助澄清英国性格规则之间的基本关系，那么我就有信心能够将所有的成果列于一张图表上。

第八章
道路规则

如果说，家是保守的英国岛民们用来规避社会交往的所在，那么一旦我们必须走出城堡探险的时候，我们又应付得如何呢？你可能立刻就能猜到答案，就是"不太好"。但经过十多年在火车站、公共汽车以及大街上的参与观察之后，我有了一些更具体的答案，并且还试着要去解读与之相关的潜在未成文的行为规则。我简短地称之为"道路规则"，但这个名称实际上指代所有的交通工具，包括汽车、火车、飞机、出租车、公共汽车、自行车、摩托车、双脚，等等，还包括所有你从甲地到乙地的过程中的方方面面。

谈到汽车，我必须说明，我本人并不会驾车。我其实学过，但只学了几堂课，我的教练和我都认为这不是一个好主意，如果我可以多乘坐公共交通工具，将可以使很多无辜生命免受横遭车祸之苦。从研究的角度来看，我的这项缺陷未必不是一种福音，因为我不开车，所以我就能够在火车和公共汽车上花大量时间来观察英国人的行为，并设计各种转弯抹角的小实验来一遍又一遍验证我的结论，还能够抓住恰好被我碰上的出租车司机，拿乘客的玩笑或习惯等话题来进行访谈。而每当我需要乘车出行时，必然需要一位老友或亲戚被我抓来开车，他们辛苦之时，我则乐得轻闲，得以仔细地观察他们的行为以及其他的道路使用者的行为。

公共交通规则

不过，我还是要从公共交通上的行为规则着手，因为这样才能够直观反映出英国人走出安全和私密的家庭堡垒之后所面临的各种问题。

无视规则

我们英国人在公共交通中解决问题的主要机制，是一种被精神分析学家们称为"否认"的疗法：我们总是努力避免承认，自己正处在令人恐惧的陌生人群之中，通过假装其他人根本不存在，来尽可能地保持私密性。而且，大多数时间，还要假装我们自己也不存在。无视规则要求我们避免与陌生人说话，甚至都不要与陌生人有任何眼神交流，除非在绝对必需的情况下，绝不要做出任何承认他们存在的举动。与此同时，这项规则要求人们必须避免将注意力吸引到自己身上，必须尽量少管闲事。

许多上下班的英国人，可能许多年来都会与同一批人乘坐同一辆火车早出晚归，但彼此却从未打过招呼，这在英国是十分普遍的事情，而且被认为完全正常。不过，你要是开始思考这一现象，你想得越多，就越会觉得它不可思议，但我访谈过的所有人却仍然重复着同样的故事。

有一位每天乘车上下班的人说："过一段，如果你每天都在车上看见同一个人，或者还经常看见他就坐在你的对面座位上，你们俩可能会在到站的时候彼此略微点点头，仅此而已。"我于是就问，"那么，'过一段'是过多久呢？""哦，可能一年左右吧。分各种情况，有些人比其他人更外向一些，对吧？"我回答说"是的"，但我不禁心中疑惑，她所指"外向"究竟是指哪一类人呢？"那么，一个天天早上见到你并且特别外向的人，会在几个月后向你点头招呼吗？""嗯，嗯，也许吧。"她的语调听起来不那么肯定，"但实际上，那会有一些，嗯，张扬，有一点儿强人所难，那会让我感到有点儿不舒服。"

我的这位受访者是一位在伦敦公共关系公司工作的秘书，她可不属于特别害羞或特别避世的那一类。事实上，我可以用相反的词语，比如友善、活泼和喜欢社交来形容她。这里我引用她的话是因为她的回答很典型。几乎所有我访谈过的每天上下班的英国人都说，哪怕是一个简单的点头动作都是一种相当夸张的提升亲密感的要求，大多数人在这个阶段会高度谨慎。正如一位上班族人士所说，"一旦你开始回应对方，我的意思是，你也向他点一下头，那么除非你接下去特别小心，否则你就会说出'早上好'或诸如此类的话，然后，你可能就不得不与他交谈。"其他受访的上班族则使用了"冰山一角"或是"一滑到底"之类的话，来解释他们努力避免这种未到火候的点头招呼，甚至不愿与其他上班族眼神接触的原因。在英国，公共场合的眼神接触从来不会超过一秒，如果你不小心直视了一位陌生人的眼睛，你则必须立刻移开，只要你故意让眼神接触超过一秒，你不是被人视作调情，就是被人视作侵犯。

于是我又继续追问我的每一位受访者，究竟与一位同行的上班族友好地交谈一小会儿，有什么可怕之处呢？很明显，我的这个问题被人视为一个特别愚蠢的问题。答案是明摆着的，若真的与一位同行的上班族交谈一次，那么你就得交谈第二次，然后再一次，又一次，你就得承认那个人的存在；你就没法再退回去，假装他们从未存在过，你就得每天与他们交换友好的言辞。你们当然没什么相同之处，所以这些谈话将会相当尴尬、相当笨拙。或者，你就得采取其他办法避开那个人，比如说故意站在站台的另一端，或者躲在咖啡亭的后面，或者有意选择另一节车厢。但这些办法就显得有些粗鲁，而且同样令人尴尬。整件事由此就会演变成一场梦魇，想都不敢想啊！

起初，我当然嘲笑这种想法，但在略微反思一下自我的行为之后，我意识到，自己其实经常干出同样的事，其实我自己甚至没什么理由地就会故意避开其他人。有时，我只是偶尔坐上车，但我却会想当然地使用同样的技巧，只是为了避开一场或许只有半个小时，我自以为会感到不适的交流。那么，我自问，我又怎么有资格去嘲笑这些上班族的恐惧，去嘲笑他们精心炮制的避人技巧呢？他们可能因此会成年累月地被某人"缠上"。他们是对的，连想都不敢想啊！最好至少在一年之内都不要点头。至少一年！

公共交通中典型英式行为的一个例外，是我在"实地调查模式"下观察到的。也就是说，当我撒出大把需要提问的问题或需要验证的推测时，我正在积极寻找访问"主体"或者是实验"主体"。其他形式的实地调查，比如简单的观测，都完全与尖刻的英式避免接触模式相吻合。事实上，研究者的笔记本产生有用的障碍信号功能。但在访谈或进行实地

第八章　道路规则　　141

调查时，我必须深吸一口气，试着克服我的恐惧和社会限制。当我在公共交通上访谈英国人时，我必须同时打破他们的社会限制。在这个意义上，我所有关于上班族人士以及其他公共汽车、火车和地铁乘客的实地调查，也都是打破规则的实验，通过与他们交谈，我实际上在不知不觉地打破无视规则。因此，一旦有可能，我都会充分利用这一条得天独厚的例外，来减轻我自己以及访谈对象的不快。

无视规则的例外

有三种打破无视规则的例外情况，不仅承认其他乘客的存在，而且实际上还会直接与其他乘客说话。

礼貌例外

第一种情况就是我所称的"礼貌例外"，如果不说话比起说话而造成的对隐私的侵犯，被视为更不礼貌的行为时，比如当一个人不小心碰到对方，必须道歉时，或者当一个人必须说"借光"以超过对方时，或者一个人要问一问对方旁边的座位是否有人时，或者需要询问对方是否介意开一会儿窗时，就应当主动说话。但是，有一点很重要，这类礼貌绝对不可视为破冰之举或是任何进一步交谈的合理前奏。你做出必要的道歉或请求后，必须立即退回到你原先的无视状态之中，双方都得佯装另一方不存在。因此，礼貌例外对于我的研究并没有太大用处，只有当我在测试各种进一步交谈的企图会惹出多大程度的愤怒或不快时，我会将之作为测试工具使用。如果对于我的礼貌的道歉或请求，对方只是很不情愿地挤出一个词作答，或者话都不说只是冷冰冰地点个头，那么一般而言，我就不太会将此人列为我的进一步访谈对象。

信息例外

对我而言，"信息例外"多少更有帮助一些。根据这一例外，人们可以打破无视规则，询问重要信息，比如"这是去帕丁顿的列车吗？"或者"这车会在瑞丁停吗？""请问，去克拉珀姆中转站的车，是这个站台吗？"这些问题的回答通常还带点儿幽默。我都不记得有多少次，我故意惊慌失措地询问"这是去帕丁顿的车吗?"可得到的答案却是不慌不忙的一句"哦,希望如此!"或者"嘿,不是就糟了!"而当我问"这是去伦敦的快车吗?"问句中的快车指的是直达车,与那些会停许多小站的慢车恰好相反。于是就会有许多充满哲学智慧的答案等着我,比如"啊哈,那可得看你所谓的'快'是什么意思了……"理论上讲,信息例外与礼貌例外应当是同等的,一旦必需的信息交换完毕,双方都应当立即回复到原先的否定状态中去,但是,幽默的回答有时暗示着对方愿意与你至少再多交谈几句,而如果提问人能够巧妙地将谈话转移到下面所谈及的诉苦例外的轨道上去,那么恐怕双方谈话就更投机了。

诉苦例外

无视规则的"诉苦例外",通常只发生在某个环节出错之后,比如广播喇叭突然公布,火车或飞机将被延迟或是取消,或者火车或地铁将无缘无故临时停车,或者由于司机换班,让乘客等得时间过长,或者其他不可预见的问题或干扰。

在这些场合中,英国乘客会突然之间对彼此的存在敏感起来。我们的反应总是相同的而且可预测的,每一个动作细节都一样,就好像事先排练过一样。一旦广播喇叭宣布火车晚点,或者忽然在野外临时停车,那么立刻会爆发出一片可供交流的身体语言。人们会进行眼神交流,会大声叹气,会互相交换无可奈何的微笑,会耸肩,会挤眉弄眼,会眼珠乱转,做鬼脸,经过这一阵子身体语言,大家便都无一例外地开始控诉铁路系统的落后,这类控诉大多矫揉造作、空洞单调。有的人总会说"哦,见惯了!"另一些人会说"哦,还能怎么办?"或者"上帝啊,这次又怎么了?"或者更直接地来一句"见鬼!"

如今,你也总会听到一些"叶子和叶子不一样"之类的评论,这是在讽刺铁路方面用一些不存在的借口,比如"铁轨上有树叶"来糊弄乘客。人们质问,每年秋天都会落叶,但怎么往年从来不会造成长时间的临时停车?铁路方面则很无辜地辩解说,"叶子和叶子不一样"。这种明显掩耳盗铃的愚蠢回答,立刻被所有报纸广播列为头条,后来一直被当做笑话流传。这种评论通常很适合在晚点或出现干扰的情况下。如果广播宣布积雪是晚点的原因，必然会有人评论："我想，这雪和那雪不一样吧！"有一次，我在牛津的站台上等车，广播宣布"班布里站外铁路线上有一头母牛"①，导致列车晚点，这时，站台上有三个人同时叫起来："母牛和母牛不一样！"

晚点这类问题似乎对于英国乘客而言，有一种迅速的促进交流的作用，其动作原理明显基于"他们和我们"原则。我们似乎必须要打破无视规则，才能沉浸在这种诉苦的快感之中，我们可能要就相关公共体系的缺点与谬误进行长时间的讨论，甚至谈话还会蔓延到任何可能为此事负责的部门、公司或政府的无能上来从而变得滔滔不绝，但是，谁都知道，此类谈话是"一次性的"。所以，诉苦例外，严格地说并非无视规则的一个例外，而只是无视规则的一次暂时中断。上班族知道他们能够分享彼此对于晚点的抱怨，而第二天早晨却不必承担必须与对方说话或者说承认对方存在的任何义务。无视规则被中断的时间长短，取决于集体诉苦时间的长短。一旦我们抱怨够了，那么沉默会立即上阵，我们就又回到了互相忽视对方存在的状态，估计一年内都不会再跟对方说话，除非另一场树叶借口或是母牛闹剧再次发生。诉苦例外从另一个角度精确地证明无视规则。

但是，人们借诉苦之机暂时中断无视规则，却给研究者们壮了胆，使他们得以窥到一条缝，挤破英国上班族厚厚的隐私盔甲，得到短暂的询问机会，而又不会显得太突兀太粗鲁。不过，我得迅速行动，别让人以为我不知道诉苦例外的短暂本质，打算长聊。

我总是等着列车晚点或出现干扰事件，这样我就能迎来"诉苦例外"，进行我的实地访谈。乍听起来，这是一种难以令人满意而且非常不可靠的研究方式。不过，如果熟悉了英国公共交通变动频繁的特点，你便不会这样认为了。任何住在英国的人都知道，没有一趟旅行不伴随着晚点或是干扰发生的。所以，宽容大度的英国人，在得知这个国家里居然会有一个人，会因为所有这些树叶、母牛、洪水、机械故障、路障、

---

① 这听上去不可思议，但实际上很有可能：在英国，铁路线上出现母牛是经常发生的事，长期乘坐列车的乘客至少会听过一次此种类型的广播。

擅离职守的司机、错误信号、电力故障，以及其他语焉不详的过失和故障而欢欣鼓舞、受益匪浅，想必也会感到高兴的。

　　除了诉苦例外给予我的访谈机会之外，公共交通成为我经常强迫自己进行"正式"访谈的实验基地。所谓"正式"，意思是指受访者知道他们正在被访谈。我比较喜欢的方式是以随意普通的谈话作为访谈的伪装，这在酒吧吧台边、赛马场上，聚会中以及其他允许陌生人交谈的场合，都是一条非常有效的技巧，只需严格遵守相应的礼仪即可。但是，这一技巧却不适用于无视规则主宰下的环境。在这些环境中，最好直截了当地告诉人们，我正在为一本书进行访谈，礼貌地询问他们是否愿意回答"几个小问题"，这样显得不太具有威胁性，而不要去试图打破无视规则，故意假装成自发攀谈的样子。当然，一位带着笔记本的研究人员确实让人不舒服，但如果随便一个陌生人无缘无故地跑过来搭讪，岂不更加可怕？如果你只是想在火车或公共汽车上与英国人搭讪，他们大多会认为你不是喝醉了，就是吸过毒，或是精神不正常了①。虽然人们对社会科学家也是毁誉参半，但我们仍然要比酒鬼或疯人院的逃兵更容易被人接受一点。

　　但是，对于外国人，似乎不需要用上这种正式访谈的法子。他们通常都深受英式社交恐惧、社会限制以及过度隐私之害，所以大体上都很愿意能够随便聊聊天。事实上，许多游客在终于遇上像我这样一个"可交往的""友好的"英国人，特别是像我这样一个能够真诚聆听他们对于英国和英国人的观感的当地人，感到非常高兴。只是，与我其他非正式匿名访谈的程式不同，我在结束时总不忍心说出自己的真实动机，我怕这样会驱散他们对于英国人的一点点好感，也怕破坏他们的假日心情。不过我得承认，当那些直率热情的游客不止一次地向我忏悔，说我的举止如何使他们改变了对英国人的冷漠印象时，我则不止一次受到自己良

---

① 如果你是女性，遇上孤独的男性，那么男性会认为你想勾引他。因此，这种情况下，男性会更愿意打破无视规则与你交谈，但这种情况下，你会很难脱身。甚至用"正式访谈"的方式都可能会被误读。所以，我只会在两种情况下，才会主动与同伴的男性对话：a) 我周围有其他乘客；b) 我下一站就下车。除此以外的任何情况，我都会尽量避免。

心上的谴责。在可能的情况下，我会尽我的最大努力解释说，大多数英国人遵守着公共交通上的无视规则，我还试着将他们带到更友善更适合交流的场所，比如说酒吧的吧台前。可是，如果哪位不幸被我非正式访谈上，又曾经被我误导的外国游客，如今恰好读到这本书，请接受我的道歉，谢谢你们对我的研究所做的贡献，希望这本书能够厘清一些我曾经造成的困惑。

手机鸵鸟例外

我在前文提过，无视规则有两个方面，假装其他人不存在，以及与此同时，假装我们自己也不存在。在公共交通上，将注意力吸引到自己身上被认为是不合礼仪的。确实也有违反这条规则，与其他人一起大声聊天或哈哈大笑，而不是安静地按照固有的方式隐藏在报纸后面的人，但这种人总是少数，而且你会发现其他人会对此行为不断地皱眉头。

手机的普及，将我们的鸵鸟心态和盘托出。正如鸵鸟将头埋在沙子里，就相信其他动物看不到它一样，正在通过手机对话的英国乘客也会掩耳盗铃地想象，他的话其他乘客听不见。打手机的人通常幻想自己隐形在一只私密的气泡之中，其他人看不见他，而他只与手机另一端的那个人有联系。他们会快乐地谈论家中和工作中的细节，谈论通常被视作隐私或机密的事情，而且用那种半个车厢都能听见的声音大声聊天。对于我这样的窥探他人行为习惯的人，真是再好不过的机会了，我从手机鸵鸟的讲话中往往受益良多，但对于其他乘客而言，却是一种骚扰。他们当然对此无可奈何，除了吐两口唾沫，叹两声气，眼珠转来转去，两手扭在一起之外，什么也做不了。

我们并不都是鸵鸟。许多英国乘客，而且是大多数，都很聪明地意识到其他人事实上都在听你通过手机所说的话，我们会尽可能地压低声音。那种掩耳盗铃般的大声之人仍然是少数，不过，他们是一群高度受人瞩目、惹人不快的少数。问题部分在于英国人不会去抱怨，至少不会直接向制造噪音的人抱怨，而只会静悄悄地互相诉苦，或者在他们到了单位开始工作后向同事抱怨几句，或者在他们回家之后向家里人抱怨几句，或者写信给报纸书面抱怨。我们的电视和广播中的喜剧节目，很多都是关于手机鸵鸟的,用幽默的素描手法将他们那种闹哄哄的令人发怒的蠢行,以及他们那种"我人在火车上!"的对话中的平庸与琐屑勾画出来。报纸专栏作家们对此话题也不乏幽默。

在典型的英国时尚中,我们将自己的愤怒导向无数聪明的笑话和仪式般的诉苦,成就了大量的书面作品和广播艺术,但就是没有触碰解决问题之源。我们没有一个人足够勇敢或是足够粗鲁,能够直接走向一位手机鸵鸟,只是为了请他或她放低声音。铁路公司很清楚这类问题,有些列车设计了部分"静音"车厢,禁止使用手机。大多数人遵守这一规则,但当偶尔一只时尚的鸵鸟无视禁止标志的时候,却没有人来质问他。即使在一节"静音"车厢中,手机鸵鸟遭到的最差待遇,也不过就是大量的白眼和指指点点而已。

礼节规则

尽管我访谈过的许多外国游客都抱怨过英国人的保守,但他们也同时会对我们的礼节印象深刻。比尔·布赖森就准确地形容过这种明显的反差,他对于伦敦地铁里"安静的秩序"感到震惊,甚至感到有点儿恐怖。"上千个人经过楼梯和电梯,在拥挤的火车里上上下下,一颗颗头颅摇摇晃晃地消失在黑暗之中,却从不说话,好像电影《活死人之夜》(*Night of the Living Dead*)里的人物。"再翻几页,他又写到一个火车站,对于一大群橄榄球迷的有礼貌的行为大加赞赏。"他们耐心地等待上车,毫无推搡之举,在碰到别人或无意中占了其他人的地方时还说声对不起。我赞赏他们这种本能的礼节,也对于整个英国的井然有序以及人们竟然很少提及英国的这一特性而感触良多。"

"消极礼貌"规则

但对我而言,我们被人讨厌的保守和我们被人赞赏的礼节之间,只不过是一枚硬币的两面。事实上,在一定程度上,我们的保守正是礼节的一种表现形式,那种被社会语言学家布朗和利文森称为"消极礼貌"的礼节,它的意思是,保守意味着一个人很关心其他人不想被打扰不想被强加的心理需要，正与"积极礼貌"相对，而"积极礼貌"指的是，一个人很关心其他想被包括进来，想获得社会认同的心理需要。英国乘客在公共交通上的这种克制、谨慎以及避免接触的举止，或者说，外国人所抱怨的英式冷淡，都是"消极礼貌"的典型特征。看上去很不友好的行为实际上真是一种体贴，我们以自己的眼光来判断他人，自认为每个人都享有执著的隐私需求，所以我们埋头自己的事务，礼貌地忽略他人。

在所有的文化中，人们都在实践着礼貌的两面，但大多数文化多少更倾向于其中一种。英国人显然属于"消极礼貌"文化，而以美国人为例，他们就更偏爱热情的、包容的"积极礼貌"模式。尽管在两种文化类型中，这仅仅是粗略的分类，还有阶级差异和其他亚文化因素，但来自于"积极礼貌"文化国家的人，要比来自于其他与我们有相似文化的国度的人，更有可能误解这种"礼貌"的冷淡，更有可能被英国人的这种冷淡所激怒。根据布朗和利文森的说法，这种"消极礼貌"文化国家包括日本、马达加斯加和印度社会的某些部分。

碰撞实验和本能道歉规则

好了，我又要讲到碰撞实验。我花了好几个下午，在人多拥挤忙碌的公共场所，包括火车站、地铁站、公共汽车站、购物中心、街角等等，做一些有趣的碰撞实验。我故意装作不小心碰到别人，看看他们是否会说"对不起"。许多我的访谈对象，既包括英国人也包括外国人，都将这种条件反射般的道歉当做特别典型的英式礼节之一，我也相当肯定，我自己也深有同感。但我觉得有必要以适当的科学方式来实地测试一下这个理论。

我的碰撞实验一开始真是有点糟。最初几下在碰撞技术上还不错，我设法使得这一切好像完全是在无意之间造成的一样①，但后来我就老是撞不上别人，反而在那人有机会说道歉之前自己先脱口而出"对不

---

① 如果你想自己做这个实验，我觉得最好的方法就是假装在自己的双肩背包里找东西，头低下来，头发遮着眼睛。其实我能够看见"目标"，能够计算我如何实现一次轻微碰撞将要运动的轨迹，同时又给人一种慌乱地寻找东西而心不在焉的印象。

起"。其实，这正测试了我自己的英国性格，我发现，哪怕是再轻微的碰撞，只要我一碰上别人，我都会不由自主地说一声"对不起"。在几次不理想的碰撞之后，我最终设法控制住自己膝跳反射般的道歉行为，我紧咬住双唇，痛苦地不让它们发出任何声音，然后开始碰撞。最终，我把这一技巧练得十分纯熟，就试着使我的实验更加科学更加严谨一些。我挑选最有代表性的地点，挑选最具有英国特点的人群，然后撞过去。多少令人有些吃惊的是，英国人确实名副其实——大约80%的受撞者在我突然歪倒撞向他们，即使他们一点儿过错都没有时，都会说"对不起"。

在受撞者的反应中，有一些小小的差别。我发现年纪大的人比起年轻人，道歉的可能性略微大一点，15岁到20岁之间的男性，尤其是在成群结队时，道歉的可能性最小。亚裔英国人似乎总比非裔和加勒比裔英国人有更强烈的道歉本能，这可能源于印度文化中的消极礼貌。这种道歉是一种明显的礼貌，主要目的在于避免失礼或冒犯。但这些差异只是细枝末节，绝大多数的受撞人，不分年龄、阶级和种族，在我"恰好"冲撞他们时都会道歉。

如果在其他文化中做同样的实验会得到同样的效果，那么实验结果对于英国性格的研究就没什么大作用，所以，我继续施展我的纯熟"控制"技巧，开开心心地撞向我曾去过的法国、比利时、意大利、俄罗斯、波兰和黎巴嫩的人们。但我去过的国家毕竟不多，这些碰撞不足以使我的研究结果具有国际代表性，所以我还选择了伦敦和牛津的几处游客集散地，撞向了来自不同国家的旅游者，包括美国人、德国人、日本人、西班牙人、澳大利亚人和斯堪的纳维亚人。令我震惊的是，只有日本人具有与英国人相似的条件反射般的道歉特质，而且我觉得极难在日本人身上做碰撞实验，他们的身体超级灵活，总能避开我精心设计的碰撞①。这并不是说其他国家的受撞人就没礼貌或者表现出不高兴。他们中大多数只是说"小心！"或是"看着点！"（或者他们本国语言中类似的语句），许多人会用正面的友好的方式来表达，还会伸出手臂帮助我站稳，

---

① 我曾听说过一项关于对不同文化下的行人的研究，结果显示，在拥挤的公共场所，日本人确实比其他国家的人更擅长躲避碰撞。所以，我的直觉并非空穴来风。

有时甚至会在我移动之前非常关切地查看我是否受伤，但那种自动自觉说"sorry"的反应似乎仍然属于古怪的英国人。

乔治·奥威尔说过，英国人是"天生的赌徒，有钱就拿来买醉，迷恋黄色笑话，用的是世界上最肮脏的语言"。但是，同样一个乔治·奥威尔，在没拿出什么反例的情况下，又总结说："英国文明的温和特性，也许是它最深刻的特点。"作为证据，他举出公共汽车售票员以及无枪警察的好脾气，又引用说："在白人聚居的国家中，只有英国人最容易被人从人行便道上撞下来。"确实如此，只要你的碰撞看上去完全是无意的偶然的，他们即使被撞到水沟里，恐怕都会向你道歉。

你可能会问，为什么英国人会认为任何无意的碰撞都是自己的错，而且会立即说声"对不起"来承揽过错呢？可是，如果你这样认为，你的判断首先错了。本能的道歉只是一种条件反射，一种自动的类似膝跳反射的反应，而不是一种承认过错的方式。这是一条根深蒂固的规则，当一种偶然的没想到的接触发生时，我们都会说"对不起"。而对于英国人而言，几乎任何接触都可算是没想到的。

事实上，任何形式的打扰、撞击或冒犯，无论它看上去多么微不足道、多么无害，总体而言都需要做出道歉。我们用"对不起"一词作为任何请求或问题的前缀。"对不起，但我想知道这趟车是否会在班布里停车？""对不起，请问这座位有人吗？""对不起，你有时间吗？""对不起，你好像坐在我的大衣上了。"在一条拥挤的通道中，如果我们在超过其他人时胳臂不小心碰到别人，我们也会说"对不起"；甚至在双方并未碰撞但似乎快要接触到对方身体某个部位时，双方都会迸发出一声自动的"对不起"。其实我们通常说"对不起"的时候，意思是"打扰"，或者是"别挡着我的道"，比如在要求他人让开一点好让我们通过的时候，就是这样。一声询问式的"对不起？"意思是"我没听清你刚才说的话，你能重复一遍吗？"或者是"什么？"很明显，所有这些对不起都不是发自内心的，真诚的道歉。就像"好"字一样，"对不起"只是一个有用的全能词，适用于任何目的任何场合任何环境。你有疑问，必说"sorry"。英国性格意味着你总是不得不一遍又一遍地表达你很 sorry。

"请"和"谢谢"的规则

英国人可能不会在公共交通上讲太多话，然而，一旦他们开了口，你最有可能听到的话，除了"对不起"，就是"请"和"谢谢你"。"谢谢你"（thank you）则经常被缩短为"谢了"（anks）或是"谢"（kyou）。在为本书所做的研究中，我留心数了一个"请"和"谢谢"的次数。我一乘坐公共汽车，就会尽量坐在或站在靠近司机的位置，除了在伦敦中央区，现在大多数公共汽车没有售票员，人们都会从司机那里直接买票。所以，我站在司机旁边，看看到底有多少上车的人会在买票时说"请"和"谢谢"。我发现绝大部分英国人都会说"请"和"谢谢"，而多数司机和售票员也会在接受票款时说"谢谢"。

不仅如此，而且许多乘客在到站下车时还会再次感谢司机。这一习惯在非常大的城市不太普遍，但在小一点的城市和村镇里则被人们严格遵守。在一次从牛津郊外市政厅地产到市中心的短途巴士旅程中，我注意到所有的乘客都在上车时说"谢了"或"谢"，只有一队外国学生例外。这队外国学生非常显眼，因为他们在买票时也省略了"请"字。许多游客和其他访问者都曾就英国乘客的礼貌发出评论，从我的跨文化研究中，我得出结论，这种高度的礼节确实是不寻常的。在其他国家，我发现只有极小的小镇的居民，在本人熟识司机的情况下，才会不断地感谢公交司机。

不过，我也必须提及，在英国人所说的"请"和"谢谢"中并没有任何特别热情或友好的成分在里面。他们的声音就像咕哝，通常没有伴随着眼神的交流，也没有微笑。只是我们在公共场合有着与众不同的礼貌和礼节，并不意味着我们天性善良，宽容大度，好心肠。我们只是因为遵守着"请"和"谢谢"的规则而已，大部分人，在绝大部分时间内，都愿意遵守它。英国公交司机、售票员、出租车司机们以及类似人员，似乎在说"请"和"谢谢"的时候更审慎一点儿，这只是我们前面讨论过的"礼貌的平等主义"的另一种体现而已，反映出我们不愿使地位差异成为主题的尖酸心情，以及我们在涉及任何金钱事务时所必然产生的尴尬。我们喜欢假装这些人或多或少在帮我们一个忙，而不是在为我们的服务派发一次物质奖赏。

司乘人员在这种伪装中，与我们乘客有默契的合谋。特别是出租车司机，他们总是期待着乘客在旅程结束之时不仅付钱，还会说一声"谢谢"。如果乘客仅仅是付钱了事，他们会觉得受到冒犯。不过，他们通常会宽容那些"粗俗"的外国人，这个词是一位接受我访谈过的出租车司机的原话。我接着询问他时，他解释说："大多数英国人在下车时，都会本能地说'谢谢'、'再见'或其他类似的话，你会说一句'谢谢'回应。你偶尔会碰上一两个没有教养的混蛋，但大部分英国人都会主动地说'谢谢'。"

无视规则的出租车例外，以及镜子的地位

反过来也是一样，英国出租车司机通常对于他们的客人非常礼貌，通常很友好，甚至友好到打破保守的无视规则、侵入隐私的程度。英国人总爱拿喋喋不休的出租车司机开玩笑，事实上，称他们为喋喋不休，一点儿也不为过。普通的出租车司机，完全具备小报作家的特质，他们无一例外会演出一场无休无止的长篇独角戏，从当前政府的缺点到英国足球队教练和最新的名人丑闻，无所不包，足以令乘客厌烦或愤怒。我就遇到过这种类型的司机，就像大多数英国乘客一样，我既没有足够的胆量要求他们闭嘴，又没有兴趣拿反面的观点去跟他们激辩。我们总是抱怨出租车司机践踏无视规则，但依照典型的英国传统，我们仍然是举国上下大肆嘲笑这一行为，却没有人真正去解决问题。

还有另一种类型的饶舌司机，他们也不传播小道消息，也不说单口相声，但总是努力想将乘客拉入到友好的谈话中来，按照惯常的英式礼节，他们会从评论天气着手，然后会打破无视规则开始对乘客的目的地、旅行目的评头论足。比如说，如果乘客要去一个火车站，通常就会引发"哈，找个好地方度假，是不是？"这个问题还可以更私人化，或者说是按英国标准更加私人化一些，比如换成对于乘客工作或家庭的询问。但大部分司机都对于乘客微小语气或身体语言极为敏感，如果乘客做出典型英国人的保守反应，只给出一个字的回答，或是看上去局促不安，对问话表现出反感，那么司机必会察言观色，及时收声。许多英国人确实认为这类探询侵犯个人隐私,但我们也是因为太礼貌,或者实在不好意思去告诫司机别多管闲事,所以,司机们确实只能从这些微妙的信号中去判断谈话是否能够继续。

　　与出租车司机谈话,以及与一些特定的专业人士(比如说理发师)的谈话中,有一种可称之为"文化豁免"的因素在里头。正常的沉默与审慎规则被暂时中断了,只要人们愿意,不仅可以沉浸在谈话之中,而且这种谈话要比普通陌生人之间的谈话更私人更亲密。医生可能会希望同样的隐私规则的"文化豁免"能够发生在他们的咨询室或诊疗室内,但是,英国人在医生面前却总是回复到他们通常意义下社交受限尴尬保守的自我状态中去。我只能建议他们试着"通过镜子"跟病人对话,或者站在病人身后好像一位理发师,或者安装一面后视镜,好像一位出租车司机,这样,至少在视觉效果上,造成一种不直接进行眼神交流的场景,给予害羞的英国人一个抛弃其社交限制的空间。

　　这在某种程度上是一种"全人类普遍守则"。各个国家的天主教神父长期以来都知道,隔着帘子听人忏悔,更能促使他打开心扉畅所欲言。精神分析学家喜欢使用长沙发以避免与病人眼神接触。两种方式不同,但区别也只是程度上的。英国人需要此类"打开心扉"的小技巧,英国人也特别容易接受神父或精神分析学家所提供的匿名幻象,要不然,他们如何克服金口难开的莫大障碍呢?事实上,如果你仔细想一想,就会发现,我给英国医生的建议,实际上与所有教科书上接触感受式的"交流技巧"背道而驰。按照医生们在学院所受的训练,他们必须坐得离病人非常近,中间不要隔着桌子这样的障碍物,身子要向前倾,要有眼神交流等等。而我认为,所有这些措施起到了负面的叠加效应,使普通英国人更加安静,更加不敢开口。根据我对医生们的访谈,他们承认确实如此,大部分英国病人不愿意向医生坦承折磨他们的痛苦,但在走出诊所的路上,背对着医生,手放在门把手上的时候,却会把头突然转回来,开始讲出一切。

排队规则

　　"上帝对摩西说,'上前来!'他第三个来,然后因为推挤而被赶到了后面。"

1946年，在匈牙利喜剧大师乔治·米凯什的笔下，排队是英国人的"国家爱好"。他说，"在这个国度里，如果人们正在公共汽车站等车，他们会在周围闲逛，看上去无所事事，游手好闲。可一旦看到汽车到了，他们又会一个箭步冲过去。"三十年后，在1977年的一次新调查中，他又发现，这种情况一点儿都没改变。又过了三十年，到了如今的21世纪，我敢说，变化也不怎么大。但是，英国人的排队，从过去到现在，从来都不像米凯什笔下描绘的那样简单。

我最近在一张周末海报上看到一则标题，抱怨英国人已经丢失了"排队的艺术"。我觉得这个题目真让人迷惑不解，根据我的实地观察，英国人绝非如此。于是，我就继续读这篇文章。原来，作者正在排队，有人想要插队，她与其他排队的人都非常愤怒，从心底里憎恶这个人，但却没有人有勇气站出来，以足够威严的方式喝止这名插队者。他们一个个只是哼几声，嘘几下，然后那个人就插队成功了。读完后，我觉得，与其说这篇文章讲述了排队艺术的丢失，不如说它正是一篇精确描述英式排队艺术的文字。

非直接规则

英国人对于所有人都遵守排队规则，有一种强烈的预期。当这些规则被违反时，英国人便会觉得受到了极大的侵犯。但是，他们缺乏足够的自信和沟通技巧，无法用直截了当的方式去表达他们的愤怒。在其他国家，这就不是个问题。在美国，插队被认为是桩小事，不是什么了不起的罪过，人们通常都会大声呵斥或给出指示。觉得受到侵犯的人们大多会简单地吼一句，"嗨，你，到后面排队去！"或者能够达到类似效果的话。而在欧洲大陆，人们反应则是大声呵斥并且据理力争。在世界上的某些地方，人们会毫不客气地用挤或推的方式简单地把插队者"请"出队列。无论方式如何，上述这些都异曲同工，插队者难以得逞。但具有讽刺意义的是，只有在英国这个将插队视作极不道德行为的国度，插队者却最可能得手。我们怀着满腔正义的怒火，吹胡子，瞪眼睛，皱眉头，嘟嘟囔囔，嘀嘀咕咕，但就是不会堂堂正正地大声说出来，告诫那个插队者到后面排队。

如果你不相信我，你自己去试一次。我就试过，你为什么不能同样试一试？很抱歉，我的语气颇为尖刻，但我的插队实验确实是我为本书所做的所有实验中最困难、最烦人，也最让人憎恨的一项，远比碰撞实验还要糟糕，甚至要比询问人家住的房子的价格，逼问他们的谋生职业，还要糟糕很多。只要想一想插队这个字眼，我就满心羞愧，无地自容，我几乎都快放弃全盘计划，不再想让自己经历这种折磨了。因为我就是做不来。我犹豫着，痛苦着，磨蹭着，却仍然会在最后一分钟失去勇气。甚至在我自以为可以厚着脸皮插队的时候，却始终没法继续挪步。总是像泄了气的皮球，灰溜溜地退回到队伍的末端重新排起队来，还要低着头默默祈祷——刚才我插队的恶念，但愿没有人看出来啊！

哑剧妄想症规则

前面讲的这段经历也许听起来很傻，甚至还有点儿精神病学中所谓"妄想症"症状，但我确实从我自己在一条队列附近无可奈何的徬徨之中，学到了一些东西。我发现，在有人准备插队时，英国人确实是会注意到他的。他们开始斜睨着你，眼睛半睁着，眯缝着，眼中透出怀疑之光。然后，他们会往前挪一小步，尽量与前面排队的人贴得紧一点，防止你利用人们之间的空隙插队。他们还会采用一种更具挑逗性、更有领土意识的身体姿态，比如将一只手放在臀部，这是一种应对外来威胁的防御姿态，或者明显地将一只肩膀转向，露半个背给你。这些身体语言十分微妙，对于不熟悉我们行为方式的外国人，可能都会视而不见。但对于一个英国人，如果他胆敢插队，这些没有说出来的信息却已经是十分明确的警告，它的意思是说，"我们知道你在想什么，你这个不老实的小坏蛋，别以为你能逃得掉，我们可全都盯着你呢！"

有一点需要特别注意的是，这种哑剧妄想症只会在队列形状难以辨识的情况下发生。如果只有一排队列，形状又整齐明显，是不会有人直接冲进前面插队的。这种情况，英国人连想都不会想，除非出现了十万火急的情况，或者是一位极端无知的外国人这样做。只有当队列的开始和结束之处出现疑问的时候，才有插队的潜在可能。比如，可能因为一些外来干扰，或者有人从队伍中间穿过，于是出现了一个缝隙，或者两个人同时出现在柜台前，令外人搞不清究竟他们排的是一个队还是两个单独的队，或者出现其他令人困惑和不确定的情况。

英国人有一种强烈的公平意识，在其他文化中可能被视为完全合法的机会主义行为，在英国却被视为插队。比如大伙儿正在柜台前排队交款，你的前面排了两个人，这时柜台上新来了一位收银员刚刚开始工作。如果你立即快跑，超过前面两人，第一个奔向新来的那位收银员，而不等他们先移过去，这种行为在英国就是一种插队。我并不是说，英国人就不会这样做，他们也会，但他们的潜意识里会意识这种行为的不合规则。不妨特别留意一下英国人跑向新来的收银员时的方式。他们总是不敢看其他排队的人，因为他们自己知道，这种行为无异于欺骗。其他排队的人，毫无疑问一律会皱起眉头。你能从他们深锁的眉头中看出他们对这一行为的嗤之以鼻。

身体语言和嘟囔规则

挤眉弄眼、皱眉瞪眼和各种轻视的表情，以及相伴而来的沉重的叹息，有意的咳嗽，不屑地哼哼声，以及种种"哦，这样！""见鬼！""哈，又一个！""这种人……"之类的嘟囔之声，你若是插队，所能遇到的最糟糕的待遇不过如此了。排队的人们希望既通过羞辱你达到使你退回到队伍末尾去的目的，他们自己又不必因为直接指责你而背上破坏无视规则、"逞能"、"出风头"或是"故意引人注目"的不良名声。

有意思的是，通常在这种场合下，他们会互相诉苦，从而从另一个方面来看，还是破坏了无视规则。插队现象会促使原来素不相识的交换几个眼神，互相挑一挑眉毛，一起向插队者默契地伸伸头、努努嘴，共同发出嘘声、叹息声甚至悄悄地交换几句评论。这种在排队者之间交换的评论包括前面提及的含糊不清的典型嘟囔，以及一些清晰的本该说给插队者听的话，"喂，有个插队的！""嘿，别拿我们排队的好欺负！"以及"咦，难道我们这些人是透明的？"有时，一些勇敢者会提高嗓门把这些话大声说出来，让插队的人能够听见，但他们会避免看着插队的人，如果恰好无意间接触到插队者的眼神，他们也会立即移开。

尽管这些反应听起来既软弱又完全非理性，但这些非直接的措施其实还挺管用的。是的，在英国确实比其他任何地方更容易插队，但前提是，你得忍受所有这些皱眉、咳嗽、嘘声和嘟囔所带来的羞辱。换句话说，要想插队，除非你不是一个英国人。在我对排队现象的长期观察中，我注意到许多外国人会漠视所有这些信号，令沉默的英国排队者怒火中烧，但是插队的英国人很难忽视这些如枪林弹雨般的密集信号。一旦插队，他们必已横下决心，厚颜到底，但给人的印象是，下次他们再想插队的时候，肯定会重新考虑得失。在许多情况下，插队只是一种被非语言信号有效扼杀于萌芽阶段的行为。我经常看到那些可能的插队者开始靠近，然后，被投以轻蔑的一瞥、一两个白眼、一声咳嗽警告以及一点点捍卫领土的小姿态，他们就会迅速地做一回思想斗争，然后温顺地退回到队伍末尾。

有时，一句足以让插队者听到，但却不是针对插队者而说的话，也会达到同样的效果。在这种情况下，我发现双方的行为和反应都相当有趣：排队的人会嘟嘟囔囔，有时是对排在前面或后面的人说，有时就是好像不跟任何人在说"哦，别当我好欺负！"或者其他讽刺和奚落的话。那位插队者，便会眨巴一双无辜的大眼睛，说一些"哦，对不住！您在我前面吧？"之类的话，然后立即闪到一边，将他刚才的位置让给这位嘟嘟囔囔的人。这时，主客场便调换了一下，这位抱怨的人反而脸红而且局促不安，不敢看刚才那位插队者的眼神了。他这种不安的表现，通常会与刚才他不快的程度相当，因为他其实误解了一个诚实的过错，而且用一种不合礼数或者至少是过分粗鲁的方式表达出来。那么，刚才嘟囔的人通常会重新站到他本应站的那个位置上，但他的头会耷拉下来，嘴里还会咕哝几声谢谢或是道歉的话，表明他并没有因为刚才的这场胜利而得意扬扬。在有些情况下，我还见到几位嘟囔抱怨的人，反而特别谦虚地拱手相让，说："哦，哦，不，没关系。您先，您先。"

看不见的导演规则

当然，只要英国人能够直言不讳地冲着插队者大声说出来："你好，请在这儿排队。"那么所有这些尴尬和敌意，都是可以避免的。然而，恰恰相反。我们典型的反应恰恰类似精神病学家所称的"消极进攻性"。若是读了我这章的内容，那么这位精神病学家恐怕会建议，所有英国人都要接受"有话就说"训练。也许这个建议是对的，坦率直言明显并不是英国人的强项。我们可以侵略别的国家，甚至不惜使用暴力和卑鄙的见不得人的消极侵略手段，我们还能走向另一种极端，过度礼貌，一个劲自我贬低，几乎到了自我折磨的严酷地步，做到了消极退缩。但我们在这两个极端之间畏畏缩缩，犹犹豫豫，永远无法将二者完美结合，真正做到既成熟又愉快，既有社交技巧又能理智地坦率直言。不过，话说回来，如果全世界真的都能像社交课上所教的那样，一致达到这种坦率、敏感正确的完美状态，恐怕人们又会觉得无聊透顶、单调乏味，至少我在观察的时候就会少了许多乐趣。

不管怎样，英国人对待排队的态度也有其积极的一面。尽管有一些模糊不清的地方，但就像前面讲的"新来的收银员"问题一样，我们通常有自己的方式去应对，仍然是沉默不语，不吵不躁。在这种情况下，我们会形成单一的秩序井然的队伍，与柜台保持几英寸的距离，这样任何一位收银员空下来的时候，排在最前面的顾客总能够首先被照顾到。

如果你是英国人，你可能在读这段时会停下来思考。是吗？对啊！又怎么样呢？哦，当然。很明显该这样做。我们想当然认为这是唯一方式。事实上，我们自觉地这样做，就好像有一位看不见的导演在控制着我们的行动，安排我们走入一条整齐而民主的队列中去。但我访谈的不少外国游客却对这种自动变幻队形的过程瞠目结舌。比尔·布赖森曾在他的书中，对同样典型的英式排队戏剧，写过富有华彩的正面评论。我遇到几位美国游客，他们读布赖森的书时，都不太相信书中所言，或者是有些半信半疑，认为布赖森是为了喜剧效果而故意夸大其词。但他们来到英国，亲眼目睹了这一切。他们起初也不太相信我所说的关于酒吧中的"隐形队列"机制。最后，我不得不把他们拉到附近的酒吧，以证明我所言并非虚妄。

公平游戏规则

还有一些细微的隐性的日常排队礼节，即使再眼尖的外国人，恐怕也很难发现。在我大量的实地测试笔记中，就有一条关于一次火车站咖啡亭前面的排队的事：

  队列中排在我前面的男子离队一小会儿，从旁边的冷食柜台拿了一份三明治。然后，他看上去有点儿犹豫，不太确信他在队列中的位置是否仍然保留。我往后站了一步，表明他仍可以站回来。这样他就仍然站在我的前面，对我略一点头表示感谢。整个过程中，没有任何语言，也没有眼神交流。

另一段火车站笔记则这样写道：

  问讯处柜台前，有两名男子在我前面，看不出来他俩究竟谁先谁后，柜台上原有两名服务员，现在只剩下一个。他俩便开始做哑剧，互相斜睨着，悄悄向前挤一点儿对方，做出坚守的姿态，等等。聪明的服务员注意到这一点，就说："谁是下一个？"他俩立刻面露尴尬表情。左边的人摊开手掌，向另一个做出请向前的姿势。右边的人则咕哝着"不，不，没事儿，你先。"左边的人犹豫了，"哎呀，嗯……"我后面的人则给出一声代表催促的咳嗽。左边的人立刻急匆匆地说："哦，好吧。谢了，朋友！"开始他的问讯，但他问讯时脸上始终有一些不好意思的表情。右边的人则耐心地等待着，脸上却挂着一种自鸣得意的欢乐表情。

  这些绝对不是孤立的特例。它们只是我所做过大量此类笔记中的最典型、最普通的两则，这样的事情每天都会在你身边发生。现在，我能看出主导这些行为的不成文规则，找到它们背后的共性。如果你遵守"公平游戏"规则，公开地承认排在你前面的人的权利，或者故意慷慨地让出本来未必属于该人的优先权，那么，他们便全都立即放弃他们原先的哑剧妄想症和消极进攻式技巧，转而公平地对待你，甚至还会同样慷慨地对待你。

  排队的本质目标其实就是公平。正如米凯什所言，"一个排队的人是

第八章 道路规则　　　　　　　　　　　　　　　　　　　　159

一个公平的人。他关心自己的事情；他生存而且也给予他人生存的空间；他给他人以机会；他在等待自身权利实现的同时也在履行义务；他几乎做到了一个英国人一生笃信的所有事情。"

排队戏剧

外国人会发现，我们这些不成文的规则复杂而且令人困惑，然而，这些规则恰恰就是英国人的第二灵魂。我们在潜意识里遵守规则，甚至想都不去想规则的存在就去遵守它。比如说排队这件事，尽管我已经描述了种种显著的彻底的非理性、荒谬和矛盾之处，结果却如全世界的人全都目睹的那样，我们英国人就是非常热衷并擅长排队。我得承认，世界上其他国家的人称赞英国人擅长排队时，可未必都是恭维话。当人们谈到英国人的排队天分时，往往会伴随着轻微的冷笑，说明他们此时脑海中浮现的，只是一群迟钝呆板的生物，像羊一样温顺，一个个缓慢地挪着碎步，将耐心而秩序井然地排队视为能事。他们笑说："英国人这样擅长排队，要是实行共产主义，恐怕会做得很好。"那些分析英国性格的批评家们，或者那些抛给我们少许赞扬却也对我们没什么好感的人，则会千篇一律地承认，排队的人尽管是个好人，却未必称得上热情洋溢。

但这些人发出上述言论，正因为他们并没有近距离地观察过英国人的排队。我感觉，观察英国人的排队，真有点儿像观察蚂蚁或蜜蜂。乍看上去，英国人的队列真是非常单调乏味，不过是一队人，排得很整齐，耐心地等待服务。但是，当你用社会科学的显微镜去检视英国人的排队行为时，你会发现每一支队列都犹如一出迷你戏剧，不仅富有娱乐性，富含戏剧元素，而且全部真人出演，情节紧凑，暗藏机关，折射出深刻的道德困境，既有荣誉与利他主义，联盟的分化组合，无地自容与挽回面子，火冒三丈与冰释前嫌。我现在就像在克莱珀姆中转站售票窗口的队列之中，哈，也许并不太像《战争与和平》，不过……不妨找个更低调更英国化的小说来形容，啊，有了，也许更像《傲慢与偏见》。

极为英国化的献礼

戴安娜王妃去世时的媒体报道中，有一件让我觉得很可笑的事情。

记者们总是对于公众反应的"非英国化"而不时感到极为震惊。这种震惊体现在他们的用语中，包括"一场史无前例的公众悲情宣泄"或者"史无前例的公众感情流露"，还有大量的标题，写这种始料未及的释放以及英国性格的天翻地覆般的改变，写人们原先僵硬的上唇在颤抖，写人们如今全都将心掏出来，写人们今非昔比之类的话，不一而足。

那么，究竟这种"史无前例的感情流露"包含着什么？看一看成千上万人集会时的照片和录像，就不难知道。这么多人究竟在干什么？他们不过是在排队啊！排队去买花，排队去献花，排好几英里的队去签悼念簿，在排了一整天的队之后再排好几个小时的队去乘火车和公共汽车回家。然后，过了一个星期左右，他们再排队乘火车和公共汽车去参加葬礼，排一夜的队去占一个好位子观看仪式；排队买更多的花、饮料、旗帜和报纸；耐心地在队列里站几个小时，等待送葬队列经过；然后再排队等汽车、客车、地铁和火车。安静地、秩序井然地、纪律严谨地、有尊严地排着队。

当然，还有眼泪。但我们并没有狂呼乱叫，也不号啕大哭，更不会痛苦得衣衫褴褛或蓬头垢面。看一看录像，就知道。当棺材第一次出现在白金汉宫门口时，你会听到一两声相当微弱的"抽泣声"，但这声音显然被认为不合时宜，所以赶紧又被收了回去，而其他人一点儿都没有效仿，他们继续沉默地注视着葬礼队伍。戴安娜死后第二天，就已经开始有人献花；献花被视为正确的该做的事，所以，所有的来访者都会履行义务来献花。在葬礼之后，一些人会开始在灵车经过以后扔花，然后其他人就效仿他们。当然，是在灵车经过以后才扔，因为灵车是由马拉着的，尽管人们胸中涌动着史无前例的非英国的感情，但他们更加清楚地知道马被惊吓的后果。

所以，有眼泪，有鲜花，但这两样，在我看来，都不能算是葬礼或丧亲之际的反常表现。除此之外，英国人向戴安娜献上"排队"大礼，因为排队是他们最为英国化的表达，也是他们最擅长最拿手的作为。

汽车规则

在我们开始探讨英国人在汽车和驾驶领域内的未成文规则之前，还有几条关于汽车的"特性"需要澄清一下。所有文化中，人们都与汽车有着奇怪而复杂的关系。第一桩我们需要明白的事情就是，汽车并不主要是一种交通工具，如果这话听起来太极端，或者这样说，我们与汽车的关系，与汽车能够送我们从甲地到达乙地这个事实，没有多大关系。火车和公共汽车也能把我们从甲地送到乙地，但汽车不同。汽车是我们的私人地盘，我们个人和社会身份的一个组成部分。一辆公共汽车同样能够带你到商店后再回来，但你乘坐公共汽车，并不感觉好像在家里一样。一辆火车能送你上班，但并不是你个人社会地位与精神状态的重要证明。

这些都是跨文化的"特性"，是人车关系的基本而明显的事实。但我们了解了这些特性，才能继续讨论英国性格，因为在所有民族中，只有英国人，最有可能抵抗或者甚至用暴力来否定下面所说的至少一项基本事实。

身份漠视规则

特别要提出的是，英国人愿意相信，也通常会顽固地坚持，社会地位的考虑绝非他们选择车型的一项标准。举个例子，甚至在那些自诩宝马雅皮一族的身处上流社会的公司高管们，依然坚持声称，他们购买宝马车，只是因为这车有德国式的优质机械和良好设计，舒适、可靠、快速、易于操作，马力强劲，扭矩好，阻力小，以及其他理性的实实在在的理由出来。这一切都与社会形象无关。与地位无关，与虚荣无关，与向同事、邻居或女朋友炫耀无关。哦，对，全都无关。只因为它是极品好车。

英国女人以及一部分英国男人，会承认出于美学或感情原因去买一部车。男人会说，他们那闪亮的保时捷跑车或大奔"漂亮"，女人会告诉你，他们想要最流行的新款大众甲壳虫，因为它看上去"真酷"；男人和女人或许还会承认，他们"爱上了"一辆车展中的"极品"，或者他们总是对名爵跑车或宝马Mini"情有独钟"，或者他们对锈迹斑斑的老式汽车"依依不舍"。

我们或许还会承认，我们会选择一辆能够表达自我"个性"或是自我形象的某一方面的汽车，比如说冷静、老练、时髦、有趣、俏皮、古怪、运动、活泼、性感、诚实、低调、务实、豪迈、专业、严肃等等，但却不提我们的社会地位。我们不会承认，仅仅因为某一类型的车属于某个我们想被人认为的那个社会阶层或类型，我们就会去买或是想买。

阶级规则

"蒙迪欧测试"

然而，事实上，选择汽车，就像在英国选择其他一切物品时一样，主要是一种阶级选择。如果你做一项研究，或者只想出于捉弄人的心态，你完全可以诱骗人们说出他们选择汽车时的真实的社会阶级理由，当然，会用一种委婉的不太直接的方式表达出来。这时，你必然不能问及他们真正拥有的或是想要拥有的汽车，而要问一问他们不喜欢或者不愿意去买的车。如果你对一位中产阶级中层或中产阶级上层提到福特的蒙迪欧①，他们一定会冒出一两句关于"埃塞克斯人"或保险推销员的轻蔑嘲笑。换句话说，就是对那种与此种类型的车相联系的粗笨的中低等阶级的人的轻蔑嘲笑。"蒙迪欧人"是对这一社会类别的人的另一种委婉说法而已。

有些中产阶级上层可能过于礼貌或者不愿意势利地嗤之以鼻，那么你就得仔细地观察他们的面部表情，小小的抿唇，微妙的撇嘴，都是被"蒙迪欧"所激发的典型的不满表现。在那些稳定的中产阶级上层人士中，对这个词的反应更温和、中性一些，多少更有点儿像搞笑的味道，而不像轻蔑的嘲笑②，而真正的上层阶级可能对你所提及的这款车一

---

① 在你读本书的时候，很可能蒙迪欧测试就已过时，但无论如何，即使没有蒙迪欧，也会有同类的中档的低层白领轿车，很可能是福特或是沃克斯豪尔。实际上是一样的，只是换个名字而已。

② 你若在稳固的中产阶级上层人士面前提及该词，甚至有可能遇到赞扬。我知道有一位无疑属于中产阶级上层的妇女，她就驾驶一辆蒙迪欧。她说，她买这车，恰恰是因为大家都把这车与销售员联系起来看。"如果大公司为他们的成天奔波的销售员买这款车，那么它必定是一款耐用的车，抗磨损能力强。"她这样解释道。不过，这种将其他人的观点完全摒弃的可贵自信，却极为少见。

第八章 道路规则

无所知。我发现蒙迪欧测试是测出阶级焦虑感的极好指针。如果一个人越是对蒙迪欧大加嘲弄，那么越发说明他对自己所处的社会地位的不安全感很深。

这并不是价格的问题。厌恶蒙迪欧的中产阶级和上层阶级人士所驾的车，可能比备受责备的蒙迪欧、同样大受嘲弄的沃克斯豪尔，以及其他英国产的"团购"车型①要便宜好多，不过，尽管他们买的车又相对便宜，又缺乏舒适度或豪华车特征，但厌恶蒙迪欧的人们总会买上一辆外国小车，最好是欧洲小车。日本车虽然比起福特和沃克斯豪尔要好一些，但却不是很受这类人青睐。这里存在一种反英国规则，不过也有一点儿例外。在迷你车和大型四轮驱动的越野车中，他们仍然喜欢购买英国产的路虎和路虎揽胜。那些认为自己的阶级高出"蒙迪欧人"起码一两个级别的人自我感觉良好，哪怕是那些蒙迪欧人驾车飞驶而过，也不妨碍他们在自己选择的更小、更慢、更不舒适的标致、雷诺、大众或菲亚特斜背式汽车里自鸣得意。

"奔驰测试"

那些通过了蒙迪欧测试的中产阶级上层，那些可能只对你以为他们驾驶蒙迪欧车的误解一笑了之的人，可能依然会在"奔驰测试"中隐瞒他们的阶级焦虑。当他们对于蒙迪欧测试不露声色，没有明显的得意偷笑的表情时，你不妨试着加一句"现在，让我猜猜……我想你可能驾驶一辆大奔吧。"

如果你的谈话对象看上去不快或有受伤的表情，而且要么很烦躁，要么用强自一笑来回答你，或者轻蔑地来一句"富人的垃圾"或"有钱的商人车"之类的话，你必定已经触及了邻近阶层的不安全阀门。你的谈话对象已经进入了中产阶级上层的"智慧"、"专业"或者"乡绅"的行列，急切地想要将自己从那些让人讨厌的中产阶级中层商人中区分开来。不过，可以肯定的是，他自己的家族肯定与这类商人有着千丝万缕的联系。你会发现，他的父亲或者甚至是祖父，是一个可以定义为小资

---

① 指公司大量购买的汽车，大多供销售人员、地区经理以及其他相对低级的雇员使用。

的中产商人，也许是一个成功的店主或销售经理，或者是一个汽车经销商，他把他的孩子们送入较好的公立学校，这样他们就学会了看不起小资的中产商人，而这样的偏见都是一代一代传下来的。

许多英国人会告诉你，他并没有简·奥斯汀所说的"从商"是一种玷污的想法。然而，他们错了。不仅是一小部分贵族和拥有土地的乡绅对于商业世界充满了不屑。中上层阶级从事着"受人尊敬的"职业的人们，比如律师、医生、公务员和高级军官，同样对商业嗤之以鼻，还有中上层的闲话阶层，在媒体、艺术、学术、出版、慈善、智库等行业中有着"不错"的职业的人，也对商业大加鞭挞。这些人中很少有人驾驶奔驰，大部分会用一种至少有一定程度不满的态度对待开着奔驰的阶级，但只有那些对自身阶级地位感到不安的人，才会在被人将自己与这种粗俗的商业化汽车联系在一起时，表现出愤怒、激动和嘲弄。

再一次，汽车的价格不是主要问题。厌恶奔驰的人可能驾驶的车多种多样，既可能比奔驰车更贵，也可能一样价钱或更便宜。财富也不是主要问题。厌恶奔驰的中上层人收入水平各异。他们可能与开着奔驰的"粗俗的富有商人"赚的钱差不多也可能更多，也有可能更少，但后者称呼奔驰为"Merc"。阶级问题与一个人获得及展示财富的方式有关。厌恶奔驰的律师或出版商可能会开着一辆高档奥迪，这与大奔价钱不相上下，但却被认为更加优雅而低调。

同时，宝马车在某种程度上也是有缺陷的，有着与奔驰同样的商业阶级的烙印，不过一般来讲，宝马更多地与年轻一代的城市商人雅皮士结合在一起。捷豹也多少受到一点儿粗俗"商业"气息的影响，总与富有的二手车贩、贫民区房东、书商和从事地下交易者联系在一起。但捷豹同时也是政府部长们的官方用车，这略微给它添上点令人尊重的味道。不过也有人认为这只是进一步证实了捷豹车内在的低俗。但是，这两种车的商业联系正在减弱，而且我发现，这两种车并不能作为阶级焦虑感的可靠标志。你如果愿意去复制我的富含科学元素的阶级焦虑感实验，或者如果你只是想折磨一个某个对自身阶级地位感到不安全的中产阶级上层，不妨就去试一试这个"奔驰测试"。

第八章　道路规则

车辆保养和装饰规则

但阶级差异和阶级焦虑，并不只限于你所选择的汽车类型。英国人还会通过你的私家车的外貌和状况，也就是说你保养它的方式，或者说你不保养它的方式，来测量你的社会等级。

汽车保养中的不成文的阶级规则甚至比那些决定我们如何选择汽车的规则更加明显，因为我们下意识地遵守这些规则，甚至都不知道自己在遵守它。尽管英国人不承认，但我们全都知道，我们对汽车的选择是一项阶级指针；而且，尽管我们假装不知道，但其实哪辆车代表哪个阶级，我们全都知道得很清楚。但许多人并不清楚，他们的私家车的车况可能比汽车的牌子更明显地泄露出他们的阶级状况。

你的车有多整洁多闪亮，或者说多肮脏多邋遢？一条颠扑不破的真理就是：无瑕、闪亮的车是中产阶级中层、中产阶级下层和工人阶级上层的标志；而肮脏、无暇打理的车则属于上层阶级、中产阶级上层和工人阶级下层。或者，在许多情况下，属于又穷又没工作的低等"失业者"。换句话讲，肮脏的车与最高和最低的社会阶层相联系，而干净的车则与中间的阶层相联系。

但真相并不那么简单。更多的汽车分类细节不仅仅取决于你的私家车的整洁度，而且取决于你洗车的方式。你会每个周末自己开着车，非常准时地来到离家不远的便道或街道上清洗和打蜡吗？是的话你必定是一位中产阶级下层或工人阶级上层。你会经常洗车吗？是的话你可能是一位中产阶级中层或是一位怀着往上爬梦想的中产阶级下层。如果你是中产阶级上层，你的车辆保养习惯也会暴露出你的中产阶级中层出身。你是不是懒惰地依赖一场英式暴雨冲掉车身上脏兮兮的印迹呢？或者你是不是只在你的车窗模糊一片，什么也看不清楚的时候，或者等到有人开始在你后车厢玻璃上堆积的灰尘上写字的时候，才去洗车呢？那么，你要么是上层阶级①，要么是中产阶级上层或是工人阶级下层，即下层

---

① 也有例外，那就是非常富裕的上层阶级，他们有仆人去料理车辆保养事宜，因此他们的车反而是一尘不染，恰与工人阶级上层相似。

阶级。

最后一条规则的意思，似乎是说，人们不可能区分出上层阶级和下层阶级的车。如果采用对私家车的忽视程度来讲，事实上不可能看出区别。但在这种情况下，人们自然会将车辆类型加以比较，则泾渭分明。处在社会高端等级的脏车很可能是欧洲大陆产的车，即使是英国本国产的，也是一种四轮驱动的越野类型，迷你类型或是像捷豹、宾利或戴姆勒牌子的大型豪华轿车。而低端人群的脏车大多是英国本国产的，或者是美国或日本车。

同样的原则多少也适用于车辆内部。一辆极度整洁的车可以使车主的身份从工人阶级上层提升到中产阶级中层，而大量的垃圾、苹果核、饼干屑、一团团的废纸和整体的不洁状态，表明车主要么是社会顶层，要么是社会下层。除此之外，还有一些细小的线索和细微的区别。如果你不仅拥有一辆整洁的轿车，而且还会将你的外衣小心地挂在车厂特别设计的车内小型衣钩上，那么你是一位中产阶级下层或者很可能在中产阶级中层偏下的社会位置上。其他所有的阶层都只会将外衣扔在后座上。如果你在小衣钩上放一只衣架，再把夹克挂在衣架上，那么你绝对是中产阶级下层。如果你挂在这只衣架上的还是一件熨烫整齐的衬衫，以便在你赶赴"重要约会地点"前换上的话，你则是出身于工人阶级的中产阶级下层，努力要展示你的白领身份。

轿车内部装饰的阶级规则也有一些小例外，主要与性别差异有关。无论哪一个阶层，女性的车通常都不如男性的车那么整洁，她们更习惯于将糖纸、面巾纸随手一扔，将驾驶手套、头巾、地图、笔记本和其他随身物品散放在座位上。男人通常有一点儿与车有关的"自豪感"，大多会把这些东西藏在私密的侧袋或装手套的格子中，而不喜欢一片狼藉。前文提及，上层阶级以及中产阶级上层中的男性与女性都对宠物狗留下的污迹和乱象有较高的容忍度，这是他们与较低的工人阶级和下层阶级的又一相似之处。他们的汽车内部通常还会有一层狗毛，垫子上通常有一些被狗爪抓破的痕迹。中产阶级中层以及中产阶级下层则会将他们的狗圈在车后座后面的一个小隔间里，不让出来。

中产阶级下层可能还会在后视镜下面挂一只扁平的、树形的、晃来晃去的有香味的小玩意儿，用来驱除任何狗味，或者说驱除一切异味。他们的房子也会到处都是空气清新剂、厕所清洁剂、地毯清洗剂以及其他的除臭剂，自以为弄得好像中产阶级中层一样。但是中产阶级中层人士却知道，那种在后视镜下面挂个树状香味剂或者其他小挂件的车，绝对是更低一等的阶级的人使用的车。事实上，你在中产阶级中层以及更高等级的社会阶层中不会看到任何装饰物件。那些塞在后备箱里的狗，贴在窗户上的滑稽贴画，以及各种动物形象，都是属于中产阶级下层以及工人阶级的标志，正像汽车后杠上的贴纸和挡风玻璃上的贴纸一样，在各种假日旅程和休闲活动中提示着汽车主人的品位。无贴纸这一规则只有两种例外，那就是动物慈善组织的标志和微笑着的"车内有婴儿"标志，这两种标志，你会在中产阶级下层和中产阶级中层的汽车后窗玻璃上看到，尽管中产阶级中层的标志一般不会喜欢这类标志上出现尿不湿厂商的商标。一些新加入的中产阶级上层也可能会展示"车内有婴儿"标志，但大部分中产阶级上层，特别是知识分子阶层，会对此嗤之以鼻。

移动的城堡规则

我在本章的开头提到过，"私人领域"因素其实是我们处理与车有关的人际关系时十分重要的因素。福特形容其 1949 年款车型为"带轮子的起居室"，这种广告词就很聪明地打动了深藏于人类内心的对领地和安全的需求感。这种汽车心理其实是一种全球普遍的跨文化现象，但它对于英国人的重要性则超乎寻常，因为我们对家有着超乎寻常的迷恋，推而广之，导致我们对于隐私有一种近乎病态的执著。

一个英国人的家就是他的城堡，当一个英国人驾着车上路时，它的城堡的一部分就与他在一起。我们已经看到，在公交上，英国人会费力地维持一种想象中的隐私，我们总是假装身边的陌生人根本不存在，还积极地避免任何与陌生人的触碰或是交流。在我们移动的城堡里，这种自我幻象变得更加容易维持。在私人汽车里面，我们绝对不是存在于一种虚拟的不可见的漠视他的"气泡"之中，我们真真正正地被一个坚实的金属和玻璃的混合体包围起来。我们不仅可以假设自己单独地存在，还可以幻想我们仍然身处家中。

鸵鸟规则

这种隐私的幻象衍生出一些相当奇怪而独特的非英式行为。就像鸵鸟将它们的头埋在沙里一样，待在自己的私家汽车里的英国人似乎相信他们也是不可见的。你会看见司机在车里头挖鼻孔、挠私处，跟着收音机里的音乐自顾自地唱歌和摇头晃脑，与车里的同伴尖叫着吵架，或是肆无忌惮地亲吻爱抚。这些行为一般都只会在自己家里私密的地方才会去做，却都在其他司机和行人近距离的全程注视下，全部做了出来。

我们的流动的城堡所提供的家一般的安全与不受侵犯的感觉也融化了更多的限制，衍生出一些非常大胆甚至挑衅的行为。即使通常礼貌有加的英国人，也会发现，当他们自己身处安全的汽车堡垒之中时，竟会去做粗鲁的手势，去吼侮辱性和威胁性的话语。许多情况下，说着我们永远不敢在保护性堡垒以外说的话。

行车狂躁与"复古"规则

尽管有这些缺陷，大多数外国游客仍然承认，通常来讲，英国司机都相当地文明礼让。事实上，许多游客在读英国报纸时，都会对那些连篇累牍破口大骂英式"行车狂躁综合征"的文章感到十分惊讶，甚至相当不解。"报上说的这样的人，是不是从没上过路啊？"有一位经常旅行却从未经历过的游客这样问。"难道他们没有意识到，比起世界上任何其他地方的司机，英国司机其实是多么有礼貌，多么有教养吗？"而另一位则说，"你们称之为'行车狂躁'？你要想看到真正的狂躁，不如到美国去，到法国去，到希腊去。天哪，你可以去任何地方，但绝不是英国。你们自己称之为'狂躁'，其实不过是正常的驾驶行为而已嘛。"

"这正是典型的英式行为"，一位仇视英国人的移民朋友说了一番很精确的话，"几桩小事发生，几个司机发脾气，互相追打了。可是，一转眼，这却成了全国性事件，成了一种席卷全国的新的危险疾病，出门变得不安全了，道路上到处都是暴力狂躁……这真的很搞笑。英国人是世界上最平和最有礼貌的司机，但你们总是根深蒂固地相信整个国家正在走向混乱与毁灭。"

他说的话有道理。英国人确实普遍受着"复古综合征"的困扰。大家都相信整个国家变坏了，事情今非昔比了，一些深受喜爱的堡垒或者英国特性的标志，比如酒吧、排队、运动精神、王权以及礼貌，正在消亡或已经消亡，这种情绪非常具有传染性。

"行车狂躁"的真相其实在于，人类都是具有攻击性的领地动物，而汽车作为一种"带轮子的家"而存在，其实是领地的特殊表达形式，所以我们认定自己的领地被侵犯时所表现出的那些防御性举动，正是这样的一种表达。依此类推，所谓的"行车狂躁"，也就并不令人惊奇。它是一种全球性的普遍现象，但是英国报纸对于这种普遍现象的表述，也就是那些耸人听闻的标题，却不是一种普遍现象，也不像其他国家的报道那么具有暴力倾向。

我对那些正面肯定英国人的报道总是多少有些警惕，我总有一种用各种各样的前提论证去压倒这些报道的冲动。因为根据我的经验，赞扬英国人，无论是在公开出版物中，还是在日常的谈话中，毫无疑问都会比批评英国人引发更多的辩论与争议。当我持批判性态度或者甚至是咒骂英国文化或行为的某些方面时，每个人都会阴沉地点着头表示赞同，有时甚至根据他们的经验为我的批判添砖加瓦。但若是赞扬的话，即使这些赞扬点到为止，即使赞扬的同时附加上很多前提条件，却总是不会被赞同。我会被指责戴着玫瑰色眼镜看人看事，我的听众们会举出一大堆事例来证明我的观点不成立。每个人似乎都有一点逸闻或数据来推翻我的结论，就只是为了证明英国人确实是一种非常糟糕非常令人不愉快的种群①。

这部分是因为社会科学家们通常会去研究问题，为什么偏离，为什么功能紊乱，为什么秩序失常，为什么精神错乱，以及其他反常的负面

---

① 我注意到那些政治左派更倾向于相信我们自己确实非常糟糕，非常令人不愉快，他们会引用殖民主义、维多利亚式的伪装等。而那些右派则更喜欢持有"越来越混乱，越来越糜烂"的论调，总是回忆起早先的岁月，通常是 20 世纪 30 年代、40 年代或 50 年代，那些逝去的岁月里，我们总是更有风度，更有尊严，更有信仰，而且我们用的是硬皮的蓝色护照等。

案例，而我则坚持去研究那些美好的事情，于是打破了我这一行的不成文的规则。但是，这个理由却并不能解释另一个现象，为什么那些骨子里不怎么爱国的英国人，他们对于我那些关于英国性格的正面评价，反对声音最响呢？在我接受外国记者采访的时候，或者简单地与外国游客、访问人员和移民们聊天的时候，他们总是非常乐于承认，英国人确实有一些令人愉快甚至令人钦佩的美德。而英国人自己却似乎完全不能接受这一点。只要有一丁点儿赞誉，他们都会变得多疑，易怒，争论不休。好吧，很抱歉，但我想，恐怕我没法仅仅为了平息这些莫名其妙的抱怨和诅咒，就去改变我的评价，所以，只好任由他们自己，去慢慢消化吸收这些毫不夸张的赞誉吧。

礼让规则

那么，现在，我又要明知故犯一次了！我要说的是，除了偶尔的领地争执之外，英国司机真的十分机敏有序有礼貌，这一点他们名副其实。我的外国受访者都注意到一些我们自己习以为常的显示着良好教养的习俗和行为，比如，当你停在辅路或侧道上想要进入主路时，总会有人礼让，不会让你等太久；而当你也以同样的方式礼让其他车时，那位司机也总是会感谢你；几乎所有司机都与前车保持一定的车距，想要超车时也不会追尾或狂按喇叭；在单车道的公路上，或者在路两边停了许多车的事实上的单车道上，人们会小心翼翼地将车尽量靠边行驶，以便对方通过，而且总会抬起一只手以示礼让；所有的司机都会在人行道上停下来等待行人通过，即使行人的双脚仍然踏在人行道，而未踩在斑马线上，他们也会停下礼让。我就遇到一位游客，对此现象感到震惊，他反复试验，发现确实如此，甚至不需要红绿灯，只需他独自一人，就能让顺畅的车流顷刻间变得拥堵。这让他一再惊叹不已；按喇叭被认为是粗鲁的行为，只在紧急或特殊情况下作为一种警告来使用，而不像欧洲大陆或世界上许多其他国家那样，按喇叭成为一种多用途沟通方式，或是一种感情宣泄。即使你没能注意到红灯变绿了，你身后的英国司机通常也会犹豫几秒。在这几秒钟内，他仍希望你能自己意识到这一延误。如果你仍然没注意，他们则会给出一声极短促的极像道歉的"嘀"声，提醒你注意变灯了。

我并不是说英国司机都是自动自觉地遵守着行车美德，也不是说英国司机就比其他国家的司机更多一点儿神圣的坚忍。我只是说，我们的规则与习俗制约着我们，使我们保持着一定程度上的自我克制。英国司机若是生气或恼火起来，他们会像其他任何人一样骂骂咧咧，他们所使用语言之丰富一点儿不亚于其他国家的司机。但我们大多数时候倾向于关起门来吵架，而不是让吵架成为公之于众的事情。如果有人确实怒不可遏到了极点，以至于上升到了恶骂、狂叫甚至身体扭打的地步，那必将成为一件特别引人注目的事情。人们会用悲哀的语调连续几天纠缠这事不放，引为"行车狂躁症"的又一证据，大叹世风日下，等等。而这样的事情，在世界上任何其他国家，不过是一件烦人然而稀松平常的小事而已。

公平竞争规则

英式驾驶行为被视作我们排队行为的延伸，因为公平原则和教养原则都同样适用。人们确会在排队时小小"作弊"，但若违背自动的公平竞争规则的话，却会像插队一样引发同样的正义怒火。就像排队的人一样，司机们都十分清楚"潜在意义上"的作弊行为，比如，若是有司机看上去好像想要借机插队，那么队列中的司机会故意往前挪那么几英寸，缩小车距以示威慑，同时带着怀疑的眼神，用眼角余光斜视那人，不过绝不正视那个司机。

当高速公路或主路的出口通道行驶缓慢时，一些毛糙的司机就会沿着出口通道外侧的直行快道加速行驶一段，然后再伺机并回出口通道。这种行为等同于插队，但对此类插队者的唯一惩罚，最多只会是一系列的皱眉、敌视以及咕哝式抱怨，这与插队者面临的处罚相同。所不同的是，也许还会在紧闭的玻璃窗后面做几个表示讨厌或肮脏的手势。喇叭极少在这样的场合下使用，因为有一项不成文的规则，人们认为，按喇叭和鸣笛都只是对潜在的危险行为的警告，而不是对极度不道德行为的惩罚。

这样的技巧，对于维持行人排队秩序可能颇为有效，但要维持司机间的公平竞争，却不太有效。因为有了车的阻挡，人们不太会感到尴尬。有了移动着的安全城堡，有了迅速逃避蔑视的眼神和愤怒的手势的能力，英国人便会显得不那么脆弱，对于这些微妙的阻挠和恐吓也就有了免疫力，因而破坏公平竞争环境的冲动也就越大。但是，值得注意的是，尽管插队和其他机会主义行为在司机中比在行人中更普遍，但只有极少数司机会违背规则行事，绝大多数英国司机在绝大多数时间内，仍然是"公平竞争"的。

道路规则和英国性格

那么，这些规则又向我们揭示出什么样的英国性格呢？无视规则提供了另一个极度典型的英国人的社会限制与社会尴尬的例子，也为我们的封闭以及对隐私的沉迷提供了证据。在上一章中，我认为，这两种倾向是相互关联的。我们对隐私的沉迷至少部分归因于我们社交行为的笨拙，"家是英国人的社交替代品"也许是一个相当大胆的结论，但本章中关于道路规则的探讨，关于隐私和家庭安全之外的冒险中发生的一切，却一点儿都没有与上述原则相抵触。无视规则和移动的城堡规则再次证明了我们处理社会互动关系的无能。我们只能依靠不同形式的自我逃避，假装其他人不存在或者假装我们待在家里来解决。

礼让规则既存在于公共交通中，又会在自驾的情形下发生，这也提示我们英国文化中礼貌的重要性，但我认为，我们现在正在接近一种对英式礼貌的更精确的理解。将英国界定为主要的"消极礼貌"文化，对我们的理解很有帮助。这种消极礼貌指的是一种以避免唐突和侵犯的形式表现出的礼貌。其中的关键点在于，礼貌和礼遇，正像英国人所实践的那样，与友谊或好人品并没有什么关系。

当我们细察英国人生活的不同层面时，就会逐渐发现一个模式。这个模式的主题反复呈现，我认为对于我们理解英国人的性格特点至关重要。我注意到，在英国式的社会交往中，几乎没有任何直来直往、直言不讳、坦率透明的东西可言。我们似乎总是无法清晰自信坦诚地表达自己的观点。我们总是很模糊，总是在玩某种复杂的螺旋式缠绕的游戏。

我们要么做些完全南辕北辙的事情，比如说一些相反意思的话，比如直到分别时才介绍自己的名字，比如被人撞了却先说对不起，以及各种反其道而行之的言行，要么做一些旁顾左右而言他的事情，比如对正在排队的其他人抱怨插队却不向插队的人当面指出，比如向其他乘客抱怨列车的晚点而不去向车站调度投诉等等。每一种社会状况都充满了模糊、复杂性、潜藏的含义、白手套下面的权力斗争、不动声色的侵略以及偏执狂的迷惑。我们骨子里似乎就想将自己身边的每一件事都弄得困难重重。为什么呢？一位美国游客就曾很无奈地问我，难道英国人就不能"更直接一点儿，或者说，更坦率一点儿吗？"确实，如果真像她所建议的那样，我们自己和他人不是都会方便许多吗？

不过，我想，问题在于，当我们"直接而坦率"时，我们却往往会做过了头，变得吵闹、粗鲁、富有进攻性，让人难以忍受。每次我对人提起关于英国性格的研究，提及我们英国人易于受约束，有许多礼节上的规则时，他们总会说："但是，我们并不受限制呀，我们也并不怎么礼貌啊！看看英国的足球流氓和无处不在的醉鬼。我们大声说话，惹人厌烦，简直是不体面的代名词。"当然，这些话反映出英国人偏爱自我诋毁的全民嗜好，不过，我也认为，英国人的拘束与令人讨厌，其实是一个硬币的两面而已。两种趋势都反映出一种绝对英国性格的社会通病，一种慢性的似乎无法根治的与其他人类正常和直接接触的交往无能症。我们已经足智多谋地创造出许多掩盖和克服这一不幸的无能症的方法，比如像天气、酒吧和出租车司机的后视镜，都起到催化交往的作用。但这种痼疾根本无法根除。

尽管英国人有种种原生性社会缺陷，但我们也有一些救赎之道。比如，本章所考察的许多规则，突显了"公平"概念在英国文化中的特殊重要性。这并不是说其他国家就缺乏类似的概念，而是说，对于"公平竞争"超乎寻常的全民性热爱，正是最典型的英国性格之一。

本章中的大多数其他规则似乎都与英国人的另一项全民嗜好有关，那就是阶级。汽车保养规则讲到灰尘、整洁度和狗，这项规则揭示出一个有趣而自成逻辑的模式，在这个模式中，我们发现处在社会最高层和最低层的人有着更多的共通之处，而这两个阶层的人与中间阶层的人共通之处却相对较少。两者的共通之处通常又演化成一种对社会礼节的轻蔑，也不太会在乎"邻居会怎么想"。我觉得，英国中最古怪最有名气的一帮人，大多数都来自于最高等或最低等的阶层，可能正是这个道理。而在中产阶级中层或是中产阶级下层中，却极少出现这种无视礼俗、放荡不羁的行为。

最后，关于"行车狂躁"的讨论，让我们对英国人的爱国情操，或者更精确地说，对英国人多么缺乏爱国情操，有了更深刻的认识。除了英国人，世界上还有哪个国家的人，会如此钟情于自我贬损，如此神经质不愿接受赞扬，又如此根深蒂固地不愿爱国吗？民族自豪感的极度欠缺，坚不可摧地认为国家一无是处必将迅速走向毁灭的信念，绝对是英国性格中的核心定义。不过，我还有些怀疑，这一特性事实上也许是一种次级分类，或者说，只不过是英国人的谦虚、抱怨和幽默规则，特别是自我贬损规则和千万不要过分热情规则主宰下的一种副作用而已，而其本身并不是英国性格之一种。不过，无论以哪一种方式去理解它，我都有种预感，即使我这本书里没少批判英国人，但英国人见了，一定还会揪住我不放，说我太正面，说我给英国人画的像太谄媚，说我忽视或者故意将黑暗面美化等等。我预感到一定会有批评，而且我自认为这预感绝对正确。而如果你是一位外国读者，觉得我说得未免太悲观、太苛求、牢骚太盛的话，那只好请你原谅，毕竟，我也是个英国人啊。

第九章
工作规则

定义和分析英国人在工作中的行为密码，是一项庞大复杂而艰巨的任务。正因如此，近期大部分关于英国性格的书都对此话题望而生畏，要么干脆忽略不计，要么寥寥数笔简短掠过。至少我这么觉得，英国在生活和文化中这个方面被忽略，是因为它太难描述，但对我而言，它既非无关紧要，又非了无趣味。也许我不该触及这个话题，就我自己的直接个人经历而言，我的工作简历真是太不具有代表性了。我所有的事业，都围绕着社会问题研究中心这个入不敷出的小型独立研究机构进行，我和我的同事心理学博士马什领导着这个研究中心，我们俩都极度缺乏商业头脑。所以，斗胆写这个主题，我是不是显得很愚昧，很自不量力？不过，虽然社会问题研究中心并不很像一个典型的工作场所，我们所做的工作却带我们进入英国和其他国家，接触形形色色颇具代表性的工作场所，至少为跨文化比较研究提供了一定的基础。

在为本书所做的研究过程中，几乎所有我访谈过的外国人都多多少少对英国人面对工作的态度以及工作中的行为感到困惑。他们全都觉得怪怪的，但全都觉得很难剖析出到底是哪里出了问题。在一定程度上，不同的观点折射出不同的文化背景。来自于地中海、拉美、加勒比和一些有非洲文化背景的人倾向于视英国人为清教徒工作理念的严格追随者，而许多印度人、巴基斯坦人、日本人和北欧人则认为我们工作懒惰、不精心、不负责任。亚洲人和日本人通常会委婉地表达这一观点，不过意思还是很明确的。而德国人、瑞典人和瑞士人则更直接一些。

有些悖论出现，似乎完全是英国式的。同一个人既表达对我们的创造力和创新精神的钦佩，同时又哀叹我们木鱼脑瓜，拘泥传统，不知变通。美国文化通常被认为是与英国文化最为相近，但美国人却对英国人的工作文化中的怪异与反常最不适应，最困惑不解，甚至最感恼火。这可能部分归因于他们对于文化的相容式和相互理解有着更高的期待，因为在发现自己正面对"异域"文化时感受到惊讶，但即使是英国观察家们，也发现英国人对工作的态度令人费解。在一本名叫《英国文化特性》的教科书中，作者在一页上声称"主流英国观点认为，工作是人们避之不及的炼狱"，可在下一页中却又说"工作是英国人的生命线"。也许书的作者并不清楚到底在讲哪个国家，但这种明显的矛盾语句，说明英国的工作文化中，确实存在着大量令人费解迷惑之处。这种费解困惑之处是内在的，土生土长的，完全不受评论者文化背景的影响。下面，我就来释疑解困，探索英国的工作文化。

混乱规则

法国作家菲利普多迪（Philippe Daudy）曾说："欧洲大陆上的人向来对于英国人对工作的态度感到困惑。英国人既不觉得工作是命运强加于身的重担，也不觉得工作是一项神圣的使命。"换句话说，我们对于工作的态度与天主教宿命论或是新教工作狂都不相同，而这两种态度则是大多数欧洲大陆人对待工作的态度。我们的态度则介乎两者之间，一种典型的英国式中和与妥协的产物。或者说是一种英国式混乱，要看你怎么看了。但这并非一种难以理喻的混乱；它是一种受到规则制约的混乱，制约它的规则如下：

- 我们对工作很严肃，但不会过于严肃。
- 我们相信工作是一种责任，但我们不会走极端，不会称为"神圣"责任，我们也相信工作有点儿令人厌烦，工作是出于实际生活的需要，但我们不会认为这是神秘的"命运"强加而来。
- 我们不时抱怨工作，但我们却以苦为乐，在某种程度上，为能够"继续工作"和"尽力工作"而感到自豪。
- 我们强烈鄙视那些不去工作的人，包括社会顶层的王室小成员和社会最低层的骗取失业救济者，这里折射出的，是我们对"公平性"的严格而近乎宗教般的信仰，而不是对工作本身的神圣性的信仰。英国人认为，上述不工作的人想游手好闲就游手好闲，其他人想游手好闲却必须去工作，这很不公平。

- 我们经常说，宁可不去工作。但我们个人身份和社会身份事实上都离不开所从事的工作，不仅使我们显得"有家有业"，有收入保障，而且如果你有一份非常有趣或是体面的工作，你还会得到与工作有关的奖励和地位。
- 我们认为谈论金钱是可耻的，对"贸易"或"商业"仍然存有歧视与偏见。"做生意"是个令人尴尬的字眼。
- 我们还对于"非专业文化"有一种怀旧般的热爱，我们内心不喜欢"专业主义"和商人般的效率，所以，当我们试图去做专业化的高效率的事情时，往往具有先天缺陷。
- 最后，我们将所有熟悉的英式幽默、尴尬、限制、隐私、谦逊、抱怨、礼节、公平等方面的规则带入工作场合，大多数这些规则都与高效高产出的工作南辕北辙。

从这些原则中，我们能够形成或推导出许多主导工作行为的具体规则。

幽默规则

在任何英国工作场所花一天时间，无论是街头市场，还是商业银行，你都会注意到其中一个最令人印象深刻的英式工作生活特征，那就是无处不在的幽默潜流。我并不是说，所有英国工人和商人都会花上大量时间去讲那些引人大笑令人叫绝的笑话，也不是说英国人天生幽默感较强，比较积极乐观。我指的是更微妙的幽默形式，机智、讽刺、暗喻、戏谑、逗弄以及戳穿吹牛皮的人，这些都是英国社会互动中必不可少的一部分。

其实，我讲的也不尽正确。如果你是英国人，即使你一整天身处英国工人和商人中间，恐怕也不会注意那种明显的幽默。事实上，你可能自己每天也在做着同样的事而不自知。即使现在我向你指出并使你略微清醒地意识到这一点，可是，对你而言，每天工作场合中的互动幽默如此熟悉、如此家常、如此根深蒂固，你可能会发现，要想距离拉远去看清它，根本不可能。但另一方面，外国人却能很容易地注意到，或者不如说，注意到其中一些并不总是被我们定义为幽默的东西，这些东西令他们感觉颇为困惑。在我与移民以及其他外国受访人的谈话中，我发现处在种种伪装之下的英式幽默，恰恰是许多外国人对英国人的工作态度产生误解的最主要原因之一。所有英式幽默的潜规则都集中起来，加剧他们的困惑，但最大的障碍似乎在于"千万不要过分热情"规则和讽刺规则。

千万不要过分热情规则

我们严格区分严肃和肃穆、真诚与热情，到了近乎敏感和神经质的程度，这一点不易被外国游客所理解，或者说，他们即使理解也不敢苟同。非英国文化对于两者的区别总是比英国文化要模糊。在大多数其他文化中，自高自大也许是个错，但绝不是一种罪恶，有一点儿自卖自夸或者过分热情的人，是可以被容忍的，也许甚至在重要工程和贸易的洽谈中，是必不可少的。而在英国人的工作场所，那种以手扪心指天指地的表白以及那种教皇般地自高自大会受到无情鞭挞，即使不是当面指出，至少也是背后指责。当然，确实有这样一些人，他们地位越高，其他人就越是不会当面指出其错误，但总体而言，英国人会在潜意识里对于这种犯忌行为非常敏感，而且通常不会踩踏这条看不见的红线。

千万不要过分热情规则，就潜移默化进我们对工作的整体态度之中。我提到的第一条"指导原则"，就是我们严肃地对待工作，但不会过分严肃。如果你的工作很有趣，你就得以对它感兴趣，甚至到了"有点儿工作狂"的程度；但如果你过分工作狂，或者对于一种本质上并不有趣的工作过分热情，那么你会被人认为是一种"悲哀"、"病态"，人们会建议你"拥有生活"。当然，人们不会说得过火。

我们接受不要过分热情的教育，源自童年。在英国学童中，有一项不成文的规则，禁止对于学术工作过分热情。在一些学校，为考试而努力是允许的，但学生却必须大量抱怨，当然绝不能享受这种努力。即使在以最严谨学术风气而著名的学校，过分努力的"书虫"或老师的"宠儿"，都被冠以呆子、神经、讨厌鬼、闷罐等绰号，在学生中间不受欢迎，受尽嘲笑。那些积极努力学习、钟爱某一科目或是以学术能力为荣的学生，则会小心翼翼地隐藏自己的真实渴望，伪装出一副不厌其烦、愤世嫉俗、漠不关心的样子来。

英国人通常被指责反知识和反学术。这种指责也不是没道理，但我却要指出它的小小谬误之处。看上去反学术的地方，通常在事实上只是反对过分热情与反对自吹自擂这两种心态的结合而已。其他人"爱动脑筋"、很聪明，这很好，我们并不在意，但可千万别给点儿颜色就开染坊，可别居高临下，说教布道，可别自卖自夸，自以为是。如果有人露出上述倾向，英国人会以他们典型的愤世嫉俗状示人，并以著名的英式警语"嘿，得了吧"回应，而不幸的是，知识分子露出这种狐狸尾巴的最多。

我们总是本能地避免过分热情，这使我们在谈生意或进行工作会谈时，显出一种淡泊、冷静、事不关己的神态，这让与我们打交道的外国人不解。正如一位观察细致的受访者所说的那样，总给人一种"对整个事情都无动于衷，就连对他们自己的利益以及他们想要努力卖出的产品，都毫无热情"的印象。这种被动、冷静、不显示情绪的态度，似乎在英国人的各行各业中都十分常见，从建筑小工到高价律师，莫不如此。人们认为，不应对自己的产品或服务过分激动，即使再想成交，也必须显示出不太关心的样子，否则就失去了尊严。这种掩盖情绪的努力很合英国客户的胃口，过分热情的销售员令英国人极为反感，只能让人皱眉撇嘴关上门。但这种波澜不惊的态度在与外国人打交道时往往产生误会，外国人希望我们至少显示出一定的对工作的热情，尤其是在我们想以产品的价值或好处说服其他人的时候，更需如此。

讽刺和轻描淡写规则

英国人对讽刺规则的偏好，特别是我们对于保守规则的运用，只会使得事情更糟。我们非但不能展示对我们工作或产品的正常热情程度，而且我们还会说出"哦，它不坏，想想吧"或是"你若不选会更糟"。其实，我们的本意是想要说服他人，这就是他们拿钱能买得到的最好的东西。然后，我们脱口而出"好吧，我想我们多少能够处理的"，这话的实际意思，完全就是"是的，当然，没有问题"。我们还会说"那将非常有帮助"，而实际意思却是"天啊，这事昨天就该做！"；我们说"我们似乎有一点儿麻烦"时，那就说明我们已经面临一场彻彻底底的灾难。而对于一场丢掉了百万英镑的近乎灾难式的会谈，另一种典型的英国式反应则是"一切都还不错，你觉得呢？"

外国同事和客户需要花点儿时间思索英国人的语言。英国人说"哦，真的吗？多有趣啊！"有多重可能。一是可能意味着"我一个字都不相信，你这个大话精！"也有可能他们的意思就是"我累了，并没仔细听你说，但我还是保持礼貌。"当然还有可能他们确实觉得你的谈话内容生动有趣。究竟是哪一种意思表示，你无从得知，人们也不会直接告诉你。即使是那些拥有良好"第六感"能够察觉讽刺意味的英国人自己，往往也辨识不出。这正是英国人的讽刺习惯的问题所在。我们有时确实想表达话语的表面意思，但我们经常使用讽刺，就显得有点儿像经常喊狼来了，即使真有一只狼，当我们确实大喊有狼时，我们的听众却没有表现出多少惊讶，而若听众是外国人，则会感到迷惑不解。英国人习惯于这种永久的不确定状态，正如英国小说家兼文学评论家普雷斯特利（Priestley）所说，这种模糊的氛围下，"每一种事物都不明确划分"，十分有利于创造幽默。但是，在工作和商务领域，即使最赞赏英式风格的受访者也不得不承认，"清楚一点，其实更好"，不过，他又补充说，"我们一向就这么模糊过来，似乎也没什么大碍。"

一位多年来与英国人做生意的印度移民告诉我说，他花了好长时间才明白英式讽刺的含义。他说，尽管他知道讽刺是全球共有的特征，但是，"英式讽刺的方式与印度人不一样。我们印度人幅度很大，经常会加上眨眼、挤眉毛，还有夸张的声调，使人知道这只是在讽刺。印度人不相信某人的说话内容时，可能会说'哦，这样的，你认为是这样的吗？'不过同时会释放各种明显信号。据我的经验来看，世界上大多数国家的人也会同样给出大量的暗示,可是,只有英国人是板着脸去讽刺的。我现在明白了英国人是怎样讽刺的,确实会觉得更好笑。而印度人的讽刺其实一点儿也不好笑,真的,凯特,因为那些讽刺信号会像霓虹灯一样闪个不停。不过,英国人有时确实太难以捉摸了,恐怕只有他们自己能理解。"

但是大多数英国人,一点儿也不考虑他们的讲话给外国人带来的难处,仍然十分骄傲于英国人的幽默感。我的一位社会精神学朋友彼得·科利特(Peter Collett)所做的调查显示,常常往来英伦三岛与欧洲大陆之间的英国商人们大多认为,英国的商业气氛要比欧洲其他国家更加轻松,不过,爱尔兰除外。至今还不清楚为什么英国人会认为爱尔兰人比较具有幽默感,或者也许只是我们认为爱尔兰很可笑?在这方面,西班牙人与英国人勉强能有一比,而可怜的德国人获得最不幽默的名声,这与英国人的普遍观念相符,他们认为德国人一点儿都没有幽默感。不过,也可能是因为我们英国人很难欣赏德式幽默,这可就完全不是缺乏幽默感的问题了。

谦虚规则,以及邦派克斯广告风格

另一项阻碍生意谈成的潜在因素是英式谦虚规则。英国人在天性上并不比其他国家人更谦虚或者更易于自我贬低,其实英国人还有点儿傲慢,不过,我们英国人对于谦虚的品格是十分看重的,至少拥有大量不成文规则,使得人际交往间至少保持表面谦虚。也许谦虚规则的出现,正是为了制衡我们傲慢的天性,正如我们的礼让规则保护我们受到自我进攻性的危害一样。无论其来源何处,英式谦虚规则禁止吹嘘,要求保持低调不夸张的姿态,确实与现代商业习惯有些相悖。

在我对赛马进行的研究中,我作为一名正式的研究赛马人群的人类学家,需要与许多马场主和经理们交谈,谈及他们如何做生意。我认为他们如果宣传赛马的独一无二的社交吸引力,比如马场上富有魅力的"社交小环境",可能会更有助于生意兴隆。听我此语,一位马场经理立即板着面孔抗议,"但那形同吹嘘!"我也同样板下脸来说,"不,我认为这正是如今人们所说的'市场化'。"但谦虚规则显然比任何辩论都更有说服力,他和他的同事一点儿都没有被我说服。

上面提及的是一个极端的例子,大多数英国商人现在会对这种老派的作风一笑了之,但这种思维却在大多数英国商务中仍然留有遗迹。我们大多数不会去走极端,抗拒任何涉嫌"吹嘘"的市场宣传,对于"强买强卖"、"死缠烂打"式推销有一种全民厌恶,我们会把那种厚脸皮的广告和推销手法一律归为"美国式的"。通常,这种心态揭示出更多英国性格,而不是美国性格。我们总是倾向于认为,英国人推销的方式会更温和细腻,更轻描淡写,更具讽刺意味。当然,也会少许多公然吹嘘的成分。

确实如此。我前文曾经说过,我们并没有一项垄断谦虚品质的特权,但是,这些品质确实在这里比在其他文化中更常见,我们也将之发挥到极致,特别是在我们的广告中体现出来。比如,最近有一系列关于面包酱的电视广告①,把人们对这种酱的厌恶拍出来,有些人闻一点儿或尝一点儿这味道就会立刻捂住鼻子嘴巴。大家都知道,这种酱有些人喜欢,有些人厌恶,但一则广告却完全聚焦于人们对这种产品的厌恶,这让许多外国人感到反胃。一位美国受访者说,"除了英国,其他地方根本不会有这种广告。我是说,是的,我懂它的意思。我们要么钟爱,要么厌恶。但是,如果你觉得绝对没法转变那些厌恶者的口味,不妨开个玩笑就作罢。何必弄个广告,非要讲'有些人吃这种酱,但许多人甚至不能忍受闻一闻它的味道'呢?只有在英国,才会这样!"

幽默大师乔治·米凯什1960年说:"所有广告,特别是电视广告,都绝对不是英国式的,也绝对不可能成为英国式的。那些广告都太直率,太肯定,太吹嘘了。"他认为,英国人可不能一味"夸张地模仿美国人的让人透不过气来的过度吹嘘",而应当亮出富有英国特色的广告,推荐式广告,他盛赞"不妨试试邦派克斯果汁。大多数人讨厌它,但你可能是个例外"这句广告词,这确实是英式不吹嘘推销的典型方式。

很明显,这话有一点儿喜剧性的夸大,是对英国性格的一种讽刺。但是,四十年过去了,避免过度吹嘘至今也仍然是英国广告的特点,面

---

① Marmite 面包酱,一种咸味棕黑色调味酱,是啤酒酿制发酵过程的副产品。

包酱制造商所运用的广告技巧恰如米凯什的虚拟广告词，而且取得了空前的成功。两者太像了，甚至很可能面包酱的广告商正是从米凯什的书中获得灵感。从这一点上看来，米凯什的主要观点在于，广告这种事物本身具有反英国特性的意味，需要大幅度地重新改造，以符合英式谦虚和保守规则，这一点就很有意义，已经超越夸张与娱乐的层次。米凯什非常正确，他有着预言家一般的睿智。广告，以及由此延伸出来的各种形式的市场和营销，几乎在本质上都是一种吹嘘。因此究其本质，都与英国文化的主要原则相违背。

但是，我们加于自身的种种限制却也产生了正面效果。广告并不符合我们的价值观，而我们又不愿违背长久以来的不成文规则，所以，我们就扭转并更改广告规则，发展出一种新的广告形式，使之与我们的谦虚规则相符。许多商界人士告诉我，那种机智创新的英式广告风格，如今已经在全球享有盛名，而且得到追捧，这确实是我们保存谦虚规则的一种特殊英国方式。

如果确实需要，我们英国人也能够大吹大擂。我们能够爆发出一种发自内心的泉涌一般的热情，对我们的产品和服务进行演示，但是反吹嘘与反热情的规则意味洋洋大观，我们许多工作人认为这种演示不合时宜，非常令人尴尬，因此我们在演示时总会多多少少带点儿不自信。这个问题不仅是高级英国职场人士的一种通病，而且我发现，社会底层的工人们，也与受过教育的中产阶级中层和上层人士一样，对于吹嘘也持有同样的敏感而愤世嫉俗的态度。

礼貌的拖延规则

尽管在工作场合初次见面时的规矩，允许我们通过正常渠道绕开可以无名规则和握手困境，但是，这种能够避开习以为常程序的场合毕竟很短暂，一系列潜伏着的尴尬立刻就会卷土重来。

首先，一旦最初的相互介绍过程完成，总会有一段令人难堪的时段，通常会持续5至10分钟，甚至可能20分钟。在这段时间内，所有人或有些人总会感到过于直率地切入正题，实在是显得不礼貌，所以每个人在这个时段内都会假装这只是一个朋友聚会的场合。我们会旁顾左右而言他,谈谈天气、心不在焉地聊聊旅行、抱怨几句交通状态,语气中既带点儿无奈,又带点儿古怪的幽默,再对主人的完美的指路发表点儿礼节性的评论,说几个关于自己如何笨拙找不到路的自损的笑话,然后无休无止地继续着茶和咖啡的无聊话题,客人们通常说着大量的请和谢谢以及咕哝式的赞美,主人则以幽默的方式自谦自贬不断表示歉意,如此等等,循环往复,大伙儿一起进行着礼貌的拖延。

  我总是发现,在这种"礼貌的拖延"程序中很难板着脸,因为它总让我想起野生动物纪录片中的场面,鸟和其他生物在面对争夺地盘的挑衅或是与同类争夺交配权或食物的时候,总是一片"乱纷纷"场景,它们会转身,会紧张地啄着地面,会梳理自己的羽毛。在紧张敌对的场合下面,动物们通常表现出毫无意义的"错乱"行为,这好像是一种应对紧张的自然反应机制。而英国人在商务会议中的表现如出一辙。整个谈生意的过程使我们觉得不安而尴尬,所以我们将自己的注意力引开一会儿,努力用许多不相关的小小伎俩去拖延尴尬时刻的到来。

  如果有人胆敢挑战这一规则,试图缩短这种疗伤性的喋喋不休与手忙脚乱的话,那么他就会受到排斥。一位前来访问的加拿大商人抱怨说:"我参加了一次会议,所有的人都在谈论天气,拿 M25 号公路开玩笑,足有半个小时之久。于是我就建议我们可以讨论合同,而他们却全都瞪着我,就好像我放了一个屁,或者类似的尴尬事!就好像全都在质问我,你怎么能这么粗鲁?"另一位受访者则告诉我他曾经在日本工作,被邀请去参加一项茶艺表演,"不过,人家要么是在品茶,要么是在谈生意,不会像你们英国人那样,明明是商务场合,却偏要去假装那是一场茶会。"

谈钱禁忌

  另一位接受我访谈的伊朗移民,也同样对"礼貌的拖延"规则困惑不解,"可是,为什么呢?没错,他们就是这样子,永远这个样子。都快把我逼疯了。可究竟为什么他们要这样做呢?他们出了什么事?为什么他们不愿意回到正题谈生意呢?"

问得好！不过，恐怕没有一个合理的答案。英国人觉得"做生意"是件尴尬不雅的事，至少部分是出于对于任何金钱事务的非理性憎恶。在某个阶段，生意谈话不可避免地牵扯到金钱。而对于生意场上金钱以外的其他方面，只要它与日常的社会限制性规则并不矛盾，只要谈话中没有吹嘘或过分热情的成分，我们都能坦然处之，我们都会理性而快乐地谈论产品或项目的细节，交易进展目标，需要做什么，如何做，在什么地方做，由谁来守成等等。可是，一旦谈到我们所说的"肮脏的钱"，我们就会变得拙嘴笨舌，扭捏不安。有些人用讲笑话的方式来掩盖他们的尴尬，有些人变得大叫大嚷，匆匆忙忙，还有一些人可能会变得过度礼貌，不停地道歉，或者是尖锐敏感，表现出防御姿态。看到一个英国人在谈论金钱的时候完全放松，这并不是常见的现象。有些人可能看上去粗鲁无礼，但这很可能与不安的笑话或是反复道歉的举动一样，都是一种病态的表现而已。

一位困惑不解的美国移民告诉我，她"终于明白，最好用信件或电邮的形式处理所有的财务谈判。英国人真的是没办法面对面谈钱，你得写下来沟通。写下来的时候，他们就正常了，他们就不必看着你的眼睛，他们也不需要大声地说着那些他们认为很脏的字眼了。"她一说这话，我突然意识到，其实我自己正是用这样的办法去处理类似问题的。我其实是一个典型的英国人，在钱的问题上有些神经质。在谈论咨询费或是争取研究基金时，我总是想把那些"脏"字——包括钱、成本、价格、费用、付款等等——写在纸上而不是面对面或在电话里说出来。老实讲，我甚至不喜欢写下这些字，通常我总是要找个微不足道的理由，比如我的数学一塌糊涂，然后恳惠研究所另一位所长去做这所有的谈判，替我受苦受难。

作为英国人，我总是以为，这种避免谈钱的想法，是很正常的，每个人都会觉得，把禁忌的东西写下来会更轻松一点儿。不过，有一位经常旅行的受访者却坚持说，这绝对只是英国人的怪癖。"我在欧洲就从来没有遇到这种问题。任何其他地方，你都可以直言不讳地讲价钱，人们通常不会羞愧，不会尴尬。人们只是正常地说话，没有刻意去规避它，也不必为此道歉或故意编个笑话。可英国人就不是这样，你们总有人弄出那种紧张不安的笑声,有的人总想编个笑话出来。"

说个笑话当然是另一种处理方式,同时也是我们英国人在应付令人惊慌、不安或者尴尬场合时最喜欢的方式。即使那些必须天天谈钱的银行经理人和证券经纪人,其实也会受到谈钱禁忌的影响。一位商业银行家告诉我,某些谈钱或就钱的问题进行谈判的场合,由于"不涉及真正的钱",所以一点问题也没有,但一旦涉及关于他自己收取的服务费用时,他就会与其他人一样感到局促不安,尴尬害羞。伦敦的其他银行经理人都赞同这一观点,他们解释说,就像其他人一样,天天与钱打交道的人会用开玩笑的方式来应付谈论金钱时的尴尬。其中一位告诉我,如果生意出差错了,"你就会说,'哦,我们还会收到你的圣诞卡吗?'"

我本人也是出于本能遵守谈钱禁忌。不过,老实说,我多少对于谈钱禁忌有些困惑。无论我如此自省,仍然找不到英国人工作中的这种谈钱忌讳的原因。按照英国人的传统,日常社会交往中大家也都十分厌恶谈钱。你千万别问人家挣多少钱,也千万别透露你自己的工资;你千万别问人家买东西时付了多少钱,你也别告诉别人你自己买东西时花了多少钱。整个社会背景都赋予谈钱禁忌是一种合理的"内在逻辑",因为这种禁忌完全可以用其他英国性格中的要点来解释清楚,比如谦虚、隐私、礼貌的平等主义以及其他各种形式的伪善。但是,将这种谈钱禁忌延伸到工作和商务场合,委婉地说,也有点儿违背常理。按理讲,出于极为明显的实际需要,我们应当把工作场合当做谈钱禁忌规则的例外来处理。暂时抛开或搁置一下这种对金钱的无谓的反感,有什么不好?不过,话说回来,若真是这样的话,分明是拿理智行为来度量英国人,那又岂是英国人能够做到的?

我爱说大实话,所以,我得承认,前面说谈钱禁忌有其"内在逻辑",其实有一丁点儿逃避的味道。是的,这种禁忌显然与隐私规则、谦虚规则和礼貌的平等主义规则有关系,在英国性格的分类中都能被归为一类,但这种理由,也同样是人类学家解释他们所研究的异域部落社会中更加怪诞而非理性的信仰或行为的理由。某种信仰或行为可能是非理性的,或者在某些情况下,简直就是愚蠢或残忍,但是,这些人类学家却会辩解说,它与所研究部落社区的信仰、行为和价值观文化体系中的其他元素相辅相成。这真是一种聪明的小技巧，用这种理由，我们甚至可以为任何明显不智且傻的概念与习俗正名，无论是巫术、求雨舞还是割礼，都能摇身一变而为合理。不错，这种理由会让人类学家自己显得很聪明，确实，让人们了解为什么人们会去做这样的事情也很重要。但是，这种理由却不会让事情本身显得更聪明。

哦，我也绝不是要把英国人的谈钱禁忌与割礼相提并论。我只是说，有时，人类学家应直截了当地承认，某种特别原始的信仰或行为本身就是相当血腥古怪的，也许也并不完全符合原始部落自身的利益需求。至少在谈钱规则这个例子，我想我不会戴上种族优越感、殖民主义或是包庇心态的帽子，若是戴上这几类帽子，那可是人类学家之大忌，我将会如渎神者一样被驱逐。只不过，我所谈及的这种愚蠢的禁忌，正是我自己的文化中的不成文规则，正是我自己盲目如奴隶般遵从的禁忌。

变通与约克郡叛逆

谈钱禁忌是一种典型的英式行为规则，但它并没有被严格遵守。有各种主要的变通方式。南方人总体而言，比北方人更不善于谈钱，而中产阶级和上层阶级则比下层阶级更拘泥于谈钱禁忌。事实上，中产阶级和上层阶级的孩子们通常也受到类似的教育，认为谈论金钱是一种"粗鲁的"或是"普通人的"行为。

在商业世界中，对谈钱禁忌的遵从程度与严肃程度成正比。无论是其阶级出身还是地域差别，在英国公司中，越是公司高层越是拘泥于这项规则。那些来自于下层阶级或是北方来的人，可能在谈钱的时候毫无禁忌，或者说没有"先天的"障碍，但随着他们在职场上向上攀升，他们也会学会在谈钱时不自在和尴尬起来，也会去说那些道歉性质的笑话，也会去拖延并避免谈及金钱事务。

但是，对于谈钱禁忌的强烈抵制也在某些地方存在，特别是在约克郡。约克郡的人们都以直率、粗鲁、快人快语而著称。在那些小家子气的躲躲闪闪的南方人不敢谈钱的时候，约克郡人恰恰相反。为了说明这种绝无废话、极端精练的人生态度，下面这则发生在一位约克郡推销商与一位约克郡店主之间的对话十分典型：

> 商人，走进店铺：要否？(Owt?)
> 店主：不要。(Nowt.) ①
> 商人于是离开。

当然，这是一则讽刺小品。大多数约克郡人恐怕只是与其他北方人一样粗犷而已。但该郡的大多数人都十分认同这则小品，有些人则穷其一生都想达到这种极简状态。与英国人通常习惯的那种拖泥带水、犹豫不决、修饰伪善的谈钱方式不同，典型的约克郡商人会在粗暴地破坏谈钱禁忌时，都会有一种搞破坏时的那种快感。他们会直接说："好，所有这些多少钱？"不需要任何笑话或前奏。

但这并非一种例外，也没有质疑或破坏规则本身。这是一种精心设置的对规则的叛逆行为，恰恰是在规则根深蒂固尽人皆知的情况下，这样的叛逆才会存在。这正像一块硬币的两面，而不是两块独立不同的硬币。直率的约克郡人明知他们在破坏规则，他们故意这样做，他们拿这种破坏开玩笑，他们对此引以为豪，因为他们能够打破英国文化旧习。在许多其他文化中，他们这种对钱的直率态度并没有什么新鲜的，就像正常行为一样。但在英国，这种直率却十分刺目、不断有人将它编成笑话，而且普遍被视为一种离经叛道之举。

阶级和残留的商业歧视规则

我无意去捍卫或合理化谈钱禁忌，但我知道这种特殊行为背后，正像其他英国性格一样，有着特殊的历史背景。我早先提到，我们仍然残存着对"买卖营生"的偏见，这种习俗源自于贵族与大地主的年代，或者实事求是地说，源自于任何想自称为缙绅的人们。这些人靠着土地和房产的租金过活，不需要从事任何制造或买卖商品的粗俗交易。贸易属

---

① 约克郡方言，Owt 意思是"要点儿什么？"(Anything)，Nowt 意思是"什么也不要"(Nothing)。

第九章　工作规则

于低等阶级，那些通过商业发财的人总是很快就买一幢乡间别墅，努力掩盖所有他们之前曾经从事过不雅行业的任何证据。换句话说，对贸易的偏见，事实上是上层阶级与低下的社会阶层，包括那些从事过贸易的阶层，共同拥有的偏见。

每一个英国学校的学生在写关于简·奥斯汀的作文时，都会注意到，她的小说中对于当时反感商业行为的偏见，虽然有轻微的嘲弄，但是并没有严肃的质疑。但是学校学生们却没有被告知，其实这种同样的势利的下意识的残余，仍然存在于英国人对待工作的态度以及其职场行为之中。这些偏见在上层阶级、中产阶级上层专业人士、知识分子或者闲聊阶层中最为强烈。不过，我这里所说的专业，指的是传统意义上的受人尊敬的专业，比如法律、医药、神职或军职。

这些阶层都对"布尔乔亚商人"有一种特别深刻的厌恶，但是，将经商视为耻辱，却是所有阶层共有的心态。无论是开奔驰的富商，还是开着蒙迪欧的销售员，都会无一例外被各个阶级的人所嘲笑。另一个被人普遍看不起的例子，则是房产中介，当然，他们也是另一种类型的销售员。

这些例子表明，英国人对于贸易的歧视，尽管受到一些侵蚀，但却没有消失，只不过自奥斯汀时代以来，略微有些变化。制造业如今要比销售员更能使人接受。当然，尽管两者仍然经常被联系在一起，但我们总是认为，销售部分是最令人厌恶最不可信的，因为它强人所难，急功近利，丧失尊严，天天谈钱。这里面其实藏着一条不成文的规则，一项全球公认的事实，那就是，主动上门兜售的人全都不可信。对销售员的不信任，很明显不仅仅是英国特色，而且是基于全球共有的怀疑与猜忌。不过，英国人那种看不起人的厌恶，却要比其他文化中的疑虑更尖刻，更固执，更难以改变。英国人若感到自己买的东西受骗上当，可不会像美国人那么容易原谅。我们往往会妒火中烧地向朋友抱怨，而不是去寻找我们不满的根源并去解决它。但我们对于销售员的明显的不信任与不喜欢，导致我们不太容易在第一时间受骗。

在其他文化中，销售员们可能同样不被信任，但他们多少能够被社会所接受，而不像在英国社会中那样不被接受。在世界其他地方，销售被视为谋生的一种合法手段，能够通过销售赚钱的成功商人，也会得到人们一定程度的尊敬。在英国，钱会给你带来很多东西，包括通往权力和影响力的通道，但钱却不能给你买来尊敬。恰恰相反，事实上，就像英国人有谈钱禁忌一样，似乎还有一种赚钱禁忌。当英国人形容某人很"富"或很"有钱"，我们几乎都会对此嗤之以鼻，而那些能够被称为"富人"或"有钱人"的人，却不太会用同样的字眼形容自己，他们最多只会极不情愿地承认，日子过得"还可以"。正如奥威尔所说，我们可能是太阳底下阶级划分最明显的社会，但我想，其他社会恐怕也没有像英国这样，社会阶级的划分如此不依赖于物质财富。而广义上的社会认可度，则与一个人的财富收入恰成反比。表面上可能会有一些溜须拍马的现象，但人们对"阔佬"的轻蔑与嘲弄是显而易见的，即使不当着那些人的面，也会在背后指指点点。如果你恰好善于赚钱，最好不要让人注意到这个事实。你必须将你赚钱的成功故事尽量淡化，而且要装出愧对财富的样子。

英国的基于阶级或出生的社会地位体系，与美国的"精英统治"的主要区别在于，在后者的体制下，有钱人与有权人都相信他们自身配得起权力与财富，这些人都更加自负。而在前者的体制下，有钱人与有权人会有更强烈的社会责任感，对于那些不如他们特权多的人产生更多的同情。我这样说，其实是将这个命题过分简化，这个题目可以做大部头的书，但英国人谈钱时的尴尬以及对于商业成功的不屑，却多多少少与英国人的这个传统有关。

我已经说过，很明显，英国人谈钱禁忌中有一大部分是出于纯粹的伪善。英国人骨子里也与其他国家的人一样有野心，贪婪自私，爱财如命，只不过有更多更加严格的规则制约着我们，迫使我们去否定，去掩藏，去压制这些欲望。我认为，我们的谦虚规则和礼貌的平等主义规则才是谈钱禁忌与歧视商业成功背后的"文化基因"和性格要点，但是这些规则纯粹是虚饰，是英国人集体自欺的展示。我们所展示的谦虚总体而言是错误的，我们对地位差别的明显掩盖，却揭示出对于阶级差别的高度敏感。尽管在生意上经常受到干扰破坏，但是至少我们珍视这些道德品质，并一如既往地遵守它。

中庸规则

"干得努力，玩得痛快"，这句话在20世纪80年代的英国非常流行，今天你也能听到人们用这句话形容他们自己令人激动的生活方式，以及充满活力的工作和休闲态度。不过，他们基本上都是在撒谎。总体而言，英国人并没有努力干活，也没有痛快地玩。我们是在中庸地干活，中庸地玩，我们做大多数事情时，都是这种态度。当然，"中庸地干活，中庸地玩"，也许并不能够完全代表所有英国人，但我觉得，这句话仍然相当精确和典型。我们工作也算勤奋，我们在空闲的时候，也能适度玩乐。

如此形容英国人，恐怕不会有人感谢我。但我必须澄清一个事实，我的这个结论绝非单纯的印象或是主观的判断，而是基于社会问题研究所种种关于工作习惯与态度的成本不菲的研究基础之上的，而我所能够找到的任何其他研究结果，也都证明了同样的观点。这些相当传统、保守、单调的习惯，亦并非仅仅局限于中年人或只存在于中产阶级之中。与流行的观点正相反，今天的年轻人并非不负责任、放荡自为、寻求刺激的叛逆者，我们的研究与其他多项研究都发现，所有阶级的年轻人都比他们的父辈更敏感，更勤奋，更中庸，更谨慎。我觉得这个发现其实并不令人开心，因为它表明，随着年轻一代逐渐成长到他们父辈的年龄时，英国很可能变成一个比我们现在更加中庸的老大难国家。

如果你认为我在夸大其词，如果你认为年轻人的中庸没那么危险，那么，我们研究中所涉及的以下几个例子应当能说服你。

安全明智的布尔乔亚目标

在我们的调查中，当问及十年之内愿意住什么地方的时候，将近四分之三（72%）的年轻人都回答说，希望"安定下来"、"事业有成"，选择安全明智的选项，而他们的上一代人中只有38%做这样的选择。在16至24岁的年轻人中，只有20%的人选择"周游世界或在国外生活"，而45至54岁年龄组的人却有28%做出这个选择。在回答是否想要"独自一人，无拘无束"这个问题时，较大年龄组中回答是的比例是年轻人的两倍。在重点访谈以及非正式访谈中，我们问及访谈对象的生活目标，几乎所有年轻人都想要"财政上安全稳定"。拥有一个家，则是他们的长期目标。

稳定的未来比及时行乐更重要

当这些结果第一次统计出来时，我的第一印象就是，天啊，多么单调的答案。我很想找到一些更富想象力，更富叛逆性的人生态度，于是下面我转向"找乐子"的话题。我发现，在回答"及时行乐还是规划未来"这样的问题时，我本来期望年轻人至少会带点儿不成熟或是不太负责任的心态给出答案，但我失望了，年轻人的观点与他们的父辈几乎如出一辙。在16至24岁的年龄组中，只有14%的人认为，"在我这个年纪，及时行乐更重要，不想过多考虑未来"，与在45至54岁年龄组中，抱有同样想法的人的比例不相上下。

重点访谈的结果也表明，年轻职业人的主要"乐子"，就是周五和周六的晚上到酒吧或俱乐部沉醉一下，或者狂买一次衣服。许多重点访谈的参与者们都努力把这种生活描述得很"狂野"，有一位还骄傲地宣称"大部分我赚来的钱，被我用来折磨自己的身体，真的！我跑到酒吧、俱乐部，狂抽烟"，不过，这充其量也不过是相当温和的周末消遣方式：喝酒、跳舞、逛街而已。

勤奋，认真，小心，花钱谨慎

下一个调查结果，也不那么让我笑逐颜开。结果显示，年轻人似乎比他们的父辈更加勤劳，16至24岁年龄组中，70%的人相信"走在生活的前面，必须努力工作，全心投入"。而在上一代人的调查中，只有53%的人分享这种勤劳的人生态度，而41%的人则愿意接受更加轻松的观点，成功是一种运气或者说是贵人相助。

不仅如此，我们还发现年轻人在对待金钱的态度上与其父辈同样既谨慎又负责任。事实上，16至24岁年龄组中，将收入存起来的百分比，要比45至54岁年龄组高得多。我们的调查显示，年轻人比起他们的父辈，更不可能欠债，只有44%的人欠着信用卡和商店卡的钱，而他们的父辈欠钱的比例达到66%。

过分中庸的危险

　　我看完调查结果，真想喊一句，"哦，天哪，醒过来吧！活过来吧！叛逆一点儿吧！哪怕是吸毒、迷幻、逃离一次吧！"不过，我也意识到，许多人认为这样的调查结果让他们放心，就连我的一些同事也认为，我根本没必要大呼小叫。"大多数年轻人勤劳，审慎，负责任，这不是好事吗？你为什么要忧心呢？"

　　但我的担心却是，年轻人身上这些值得褒扬的倾向，同时也揭示出令人忧心忡忡的病症。我们的调查表明，年轻人越来越受到恐惧风险的影响，贪恋稳定成为当今社会的决定性特征。这种趋势，曾被一位社会学家描述为"弥漫性焦虑主导下的文化气候"，它往往与欲望受阻、谨小慎微、因循守旧、缺乏冒险精神等联系在一起，而这正是当前我们许多年轻人身上显现出来的特质。

　　当然，也许历来对年轻人的描述，鲁莽、自大、不负责任等等，可能总会有许多夸大不实之词。所以，也许我们的调查只不过展示了年轻人本质的一面，也许他们本来就比人们心目中的更传统、更负责任。好吧，也许如此。我们访谈中的这些遵循中庸之道的年轻人，其实在某种程度上，只不过是履行"英国人"的本能。无论我喜欢还是不喜欢，我们都是一个非常保守、恪守中庸之道的民族。但令人担心的是，这些年轻人甚至比他们的父辈更保守，更中庸，更墨守成规，而且，不知道我形容的对不对，已经出现一种过分中庸的趋势。尽管我本人在许多方面都很英国化，我却只能做到一定程度的中庸。中庸不错，可是也要适可而止！

公平竞争规则

　　但是，公平地讲，我们关于职场人士的调查中也出现了大量更加正面的发现，尤其是在公平方面。尽管我经常交替使用公平或公平竞争这两个词，不过，在这里，我仍然选用"公平竞争规则"，而不是"公平规则"，作为本节标题，因为我觉得"公平竞争"传达一种更广义的不那么严格的平等主义概念，所以更能精确反映我想要表达的英国价值观。"公平竞争"一词，使人联想到运动场，表明每个人都应当被给予平等的机会，没人有应当拥有不公平的优势或劣势，人们应当善待自己的尊严，遵守规则，不欺骗，不逃避。与此同时，"公平竞争"一词还允许能力上的差别存在，承认世界上有赢家和输家，但是强调优良与公平的竞技，要比赢得比赛更重要。有些人会认为，公平竞争比输赢更重要这一点已经过时不再适用了，但我的研究令我确信，这仍然是一项规则，虽然它并不一定都能实现，但却仍然是英国人眼中的理想标准。

在某些方面，公平竞争规则在工作与商业的领域内起到很大的作用。毫无疑问，我们每个人都有过不雅和欺瞒的历史，世界上其他人也绝不是圣人，但英国人总体而言，却被认为相对公平公正，在商业往来方面比较直接，对于贿赂、腐败、欺诈的容忍度，要比其他国家要低，这不是毫无道理。当我们听到类似事件时，我们大多并不只是耸耸肩，显出世故和预知一切的态度，仿佛在说，"哦，是呀，那又能怎么样？"我们不是这样，我们真的会震惊，会怒火中烧，会正义凛然。这可能部分归因于英国人喜欢发怒和震惊，喜欢把正义凛然的样子当做全民消遣，不过，这种反应和这种感情，毫无疑问是发自内心的。

被问到与其他文化中的工作与商务实践相比较，英国人怎么样的问题时，所有外国和移民受访者都对英国人的公平竞争，特别是我们遵纪守法，相对腐败较少做评论，他们认为这在其他国家都是比较常见，而且是被默许的行为，当然，各个国家默许的程度不一样。许多受访者认为，英国人自己并不十分清楚这一点，也不认可这一事实。一位波兰移民抱怨说："你们只是假设，所有人都是公平竞争的，所以在他们不公平竞争时，你们就会震惊不安。在其他国家，人们就不会有这种假设。"

所以说，我们可能是有点古板，过分地中庸，但是，撇开爱不爱国的论调不谈，这种理想化的公平竞争境界，其实也正是令我们英国人自豪的地方。

抱怨规则

持续抱怨,这是英国人的一种不讨人喜欢的习惯,也是我们职场行为和工作态度的另一种伪装。这一背景下的主要功能规则就是,工作的定义,就是某种你必须抱怨的东西。这与不要过分热情规则有关,因为如果你不沉醉在对工作的日常仪式般的抱怨中,你就会被视为过分积极、过分热情,甚至被贴上"可怜虫"、"马屁精"或是"自大狂"的标签。

周一早晨的抱怨

英国人对工作的抱怨,是高度可测、非常规律、拥有自身固定程序的一套仪式。比如,周一早晨,在英国的每一个工作场合,从工厂、商店到办公室和总裁室,我敢打赌,总会有人开始一场周一早晨抱怨会。每个人都憎恨周一,这一点全球的人都有共鸣。周一的早晨,我们都懒得从床上起身,我们真的很想再多放一天假成全一次完美的周末;公共交通,无论是公路、地铁,还是火车、汽车,都变得越来越糟糕了;我们这周要干那么多活,他妈的跟往常没什么两样;我们已经很累了,我们的背部、头部和双脚又酸又痛,可这星期才刚刚开始,天啊!瞧瞧吧,现在复印机又卡壳了,怎么搞的,咳,又来了!

周一早晨,总有无穷无尽的此类抱怨,没有哪两种抱怨是完全一样的。不过,就像世界上没有哪两片雪花是一模一样的[①],这些抱怨也多少跟雪花一样,看上去大致相同。大多数此类抱怨都会以天气谈话开始,有时也以天气谈话结束。比如"该死的天!真冷啊!"或者"又下雨了",我们到达办公室时,一边抖着衣服和围巾上的雨滴,一边嘟囔着,这样就足以为其他抱怨开一个好头,准备好背景了,于是,其他关于天气、交通的抱怨便会接踵而来。在第一场周一早晨抱怨会的末了,往往

[①] 尽管我也总是存疑,我们怎么知道没有两片雪花是完全一样的?我的意思是,有人一片一片去检查过吗?

会有人用一句"而现在仍在下雨",或者先来一句"好了",中间夹一声苦中作乐般的叹息,再来一句"至少现在雨停了"来终结整个仪式。这样的话,就是一种讯号,暗示每个人都该从他们习惯性的抱怨心态中转移出来,尽管不情愿,也要回到每日工作中来,咕哝一句"咳,好吧,开工吧"或是"好吧,拉磨啰。"如果办公室里有个小头目,他会说:"好了,得了,你们这帮家伙,干活了,干活了。"

然后,我们就会全部工作起来,用一种适度勤劳的态度工作,直到下一个抱怨机会来临,通常是在第一次茶歇或是喝咖啡的时间,那时,周一早晨抱怨会被一种全新的抱怨模式所代替。比如,"天啊,才 11 点吗?我累得够呛!""哎呀,这周可真长啊。""已经 11 点了?我要干这么多活,今天上午真是蜗牛爬。""那个该死的咖啡机又吞了我五毛钱。见鬼!"等等。接下来就会是更多的同一类型的午餐抱怨会、下午茶歇抱怨会以及在下班时或是在下班后一起到当地酒吧喝酒时启动的抱怨会。

时间抱怨和会议抱怨

我们的职场抱怨有很多种类型,但都是可测的。比如,每个人都会抱怨时间,但是年轻和低级职员往往会抱怨时间过得太慢,竟然还有难熬的 7 个小时,他们会说真累真烦受够了,等不及要回家,而更年长更高层的职员通常会抱怨时间过得太快,他们的超大工作量还没完成,又得赶去开一个会。

所有的白领经理和行政总管们,一直到最高层的总裁级别,都会抱怨会议。要是有人承认开会很享受,或者觉得会议非常有用,那么他们在别人眼中,就如渎神者在信教者眼中的形象一样。从定义上看,会议都是毫无意义,令人厌烦,啰唆冗长,糟糕透顶的。有一张在火车上卖得特别好的教人如何组织会议的光盘,或者说一张教人如何使会议看起来不那么糟糕的光盘,名字就叫《会议,该死的会议》,哈,人们确实就是这么提及会议的。英国工人倾其一生努力向上爬,直到他们在公司管理层中爬到足够高,能够被邀请参加会议,然后却会花余生的其他时间大肆抱怨他们所参加过的所有会议。

我们全都憎恨会议,或者至少都会公开声称我们恨它。但我们却不可避免有许多会议，因为公平竞争规则、中庸适度规则、妥协规则与礼貌上的平等主义规则，这些规则合起来，导致没有人能够自主独立做出决策。众人的意见必须征求，而且必须达成共识。所以我们总有无穷的会议，每个人的意见都要被问到，我们讨论一切事务，最终达成共识。有时，我们甚至还能做出决策。

然而，我们会走出会议室，对会议中所有的一切痛快淋漓地大声抱怨。

假抱怨规则和"一向如此"规则

所有这些抱怨加在一起，使得英国人看上去总是很忧郁、沮丧，然而，实际情况并非如此。最有意思的是，在所有这些抱怨发生的时段中，人们的腔调一律是十分欢快的，人们的态度也是彬彬有礼的，而且还不乏幽默。事实上，这可能是最重要的"抱怨规则"之一，你必须用一种带点幽默的相对轻松的态度去抱怨。无论你当时是否确实感到很窝囊，你都必须伪装起来，用一种假抱怨的腔调说出来。两者的区别很微妙，对于局外人而言可能根本听不出区别，但英国人对此全都有第六感受，能够在二十码之外将可以接受的假抱怨与严肃真实的抱怨区别开来。

严肃的抱怨可能发生在其他背景下，比如与最亲密的朋友谈心的时候。但在集体的工作场合，人们都使用假抱怨模式，都认为严肃的抱怨不合适也不恰当。如果你在叙述不满时过分尖酸过分激动，人家会认为你是一个"爱抱怨的家伙"，没有人会喜欢你，你在他们的日常抱怨仪式中也不会有立足之地。职场中的日常抱怨仪式是一种社会联系行为，是通过一些对众所周知的令人不满的事情诉苦和发牢骚的方式建立并强化共同的价值观纽带。在所有的英式抱怨仪式中，有一种人所共知的默认共识，那就是，所有人都不必为人们所抱怨的事情做任何提高的努力。我们互相抱怨，而不是向造成问题的根源部门发泄我们的不满，我们既没指望问题解决，自己也不想去解决问题。我们只是想要享受一下抱怨的乐趣。我们的日常抱怨仪式纯粹是慰藉性的，而不是战略性的，也没有任何目标。抱怨只是抱怨而已。

在这些抱怨仪式中，也会有一些真正的抱怨被提出来，比如关于薪水、工作条件、专制的老板或是其他问题的抱怨，但即使是这些实质抱怨，也必须伴随着幽默的鬼脸、耸肩、转眼珠、假装恼火地竖起眉毛，以及夸张的叹息声，但是不能用上泪眼、颤抖的嘴唇或做出真的横眉怒目的样子。这是一种人际间的小小娱乐，而不是揭露社会阴暗面的沉重戏剧。最合适的英式抱怨仪式腔调，简单来讲，就是"一向如此"（typical）！你在英国的每个职场每天都会听到许多次这个词。该词还被用于其他背景下的抱怨仪式，比如火车或汽车晚点，交通堵塞，或是在任何事情出了差错的时候。与"好"（nice）一词一样，"一向如此"正是英国词汇中最有用最广泛应用的一个词，在表达不满时，这个词是个全能手，可以用于任何问题，任何不快，任何灾难，从最不起眼的无名之火到举国哀悼或全球震惊的悲剧场合。2003年的一次政治动荡之时，我恰好在一间酒吧听到某个抱怨仪式的尾声。"除了现在的问题，又来了恐怖主义威胁，而我们就要与伊拉克开战。一向如此！"

在"一向如此"这个词里，绝对有一种典型的英国特质。它同时包含了一种清高的愤怒与一种被动的保守的接受感。这个词承认事情确实弄错了，生活到处都有障碍和困难，到处是战争和恐怖分子，但是一个人却必须忍受这一切。在某种程度上，"一向如此"这个词还展示了英国一向典型的"僵硬的上嘴唇"。它确实是一种抱怨，但却是一种表达出坚忍与克制的非常英国化的抱怨，一种乖戾无常愤世嫉俗的斯多葛式抱怨。

下班后饮酒规则

我最近与另一位社会科学家谈起下班后饮酒的问题，她想要告诉我最近的一项关于重点关注英国职场的研究结果。我立刻打断她："先别告诉我。我知道，这结果必定是说，那些下班后与同事一起去酒吧的职员，会比那些不去的职员压力更小，是不是？""是的，当然是啰。"她回答说，"我的意思是说，啊哈，我们就知道会是这样！"如果你再找更多的英国工人，问他们下班后饮酒的好处，他们也一定会告诉你同样的话，也一定会有同样的社会学家习惯性地表达，就知道会是这样！不过，我想，利用客观研究来证明我们本能的知识，这种方式固然好，然而，作为一名社会科学家，这样做却是吃力不讨好。尤其是在从来都很愤世嫉俗的英国人中间，更不受人待见。英国人大多对所有符合大众智慧的"明显的"研究结果嗤之以鼻，因为这些都属于"众所周知"的事实；若是研究中得出相反结论，却又会被讥为"无稽之谈"；而如果研究中用了一堆难以理解的学术词汇，那么还会被称为"胡言乱语"。而我，冒着被扣上这三种帽子的风险，还是毅然决然地想要找出下班后饮酒仪式如何缓解职场压力的原因，以及背后的潜藏规则。

首先，关于酒精和饮酒场合，各个国家都有一些共通的规则。在所有文化中，酒精都有点儿像标点符号在句子中的作用，用来定义、辅助以及强化从一种社会状态向另一种的过渡和转化。需要酒精来扮演重要作用的过渡仪式，包括到达生命周期中的关键点时，所进行的"追忆仪式"，比如出生、成年、结婚和死亡，包括不那么具有纪念意义的日常转换，比如从工作到娱乐的转换，以及从娱乐到家庭生活的转换。在我们的文化，以及其他许多文化中，酒精是一种从工作过渡到娱乐的非常合适的转换方式，因为它完全与娱乐有关，具有娱乐、趣味、欢庆、自发以及放松等多种性质，被视为工作的对立物[①]。

各个国家都有通用的关于饮酒场合的社会与象征功能的定律。我在酒吧聊天一章的开头曾有提及，但在这里，我觉得需要再说一句，在所有文化中，饮酒场合都会有其自身的"社会小环境"。这里有一种"文化原生态"的味道，形成"限制区"的心理空间，使人们得以暂时放松或摆脱正常社会控制或限制。这里也有平等主义的环境，或者至少地位差异会基于来自于外部世界动作的不同标准。而也许最重要的是，全球的饮酒和饮酒场合都无一例外与社会交往有关。

所以，英国人的下班后的饮酒规则，就好比是一个解压器，因为根

[①] 这并不是通用的例子，在许多文化中，特别是那些更健康、对饮酒持有更"统一的"观念的文化中，酒精也同样扮演着从家庭或娱乐向工作过渡的象征作用。比如，在法国和西班牙，工人们通常会在上班路上在酒吧或咖啡小酌一口，通常是一杯葡萄酒、一杯苹果酒或是一杯白兰地，用以提神醒脑。

据全球统一规则，职场的各种等级观念与压力都会溶解在酒精之中，还因为在酒吧具有先天的适宜社交的平等主义氛围。有趣的是，下班后在附近酒吧饮酒，这只不过是仪式的统称，即使喝的是可乐或是果汁，也丝毫不妨碍该规则解压功能的发挥。即使没有酒精这种中介，可是，酒吧的象征作用本身，就足以在第一时间解除焦虑，提供放松与充电的感觉。

英国人下班后饮酒的特定规则，主要就是为了强化上述效果。比如说，喝酒时可以谈论与工作有关的事务。事实上，往往最重要的事务，都是在下班后一起喝酒的时候敲定的。但较之职场时间，不要过分热情规则与礼貌上的平等主义规则会被更严格地遵守。

根据不要过分热情规则，你可以在酒吧里与同事或下属谈论重要的计划或问题，但要杜绝自高自大、自以为是以及长篇大论。如果你足够资历，你可以冒着不受欢迎的危险在工作场合中摆谱或说教，但你在酒吧里发表冗长的演说，过分严肃或是过度吹嘘自己，人们完全会以一句简短的"得了吧"，就把你晾在一边。

礼貌上的平等主义规则，不仅能够软化职场等级，而且提供一种无视等级的愉快氛围。一般只是一小队同一职级的同事，会一起在下班后饮酒。如果有不同职级的人参加，那么任何在职场中严肃的尊敬，都会被酒吧中那种轻松搞笑的尊重方式所代替。去酒吧喝酒的经理，仍会被下属称作"老板"，不过称呼上要更轻松更戏谑，比如说"嗨，老大，该你请了！"我们不会立刻在酒吧中变得平等，但我们却瞬间拥有调侃职场等级的特权和一段可以轻视等级的时间。

下班后饮酒规则，以及酒吧聊天规则，都深深地嵌入英国人的思维之中。如果你发现一场涉及英国人的商业讨论或访谈变得有些沉闷，有些过分庄重或者严肃，不妨邀请对方"就像在酒吧那样聊天"，或者"假设我们身处酒吧，告诉你会怎样做"。每一个英国人都会明白你的意思，酒吧聊天就是放松、非正式与友善的代名词。在酒吧里，人们不会故作姿态，也不会板着面孔。当然，如果你确实能够把人带到附近的酒吧里去，效果恐怕更好，但我也发现，只要用假设的方式引入类似酒吧的大环境，自然就能减去不少访谈者的紧张和受限制的感觉。

第九章　工作规则

办公室聚会规则

同样的规则适用于办公室聚会，当然要更严格一些。我指的是一般意义上的办公室聚会，涵盖所有由公司为其职员举办的聚会活动，无论其职员为蓝领或白领，尤其特指年度圣诞晚会那种必定让人"烂醉如泥"举止失控的固定活动。我就此做了一系列研究，作为社会问题研究中心关于饮酒的社会和文化含义的更广泛议题的一部分。所以我知道圣诞活动前奏何时正式启动，而我做这项研究的时候，也开始不断接到记者的电话，询问"为什么人们总会在办公室圣诞聚会中举止失当？"答案就是，因为举止失当就是办公室圣诞的全部内容，所以我们便都这样做。举止失当是主宰此类场合的不成文规则的固定内容，此时，举止失当是必须的，它就是传统。

但是，所谓"举止失当"，我指的并不是任何邪恶或是恶劣的行为，而只是一种更大程度上的自我释放，超出了英国人受限制的日常界限。在我的社会问题研究中，90%的受访者都承认在办公室圣诞派对上有过某种形式上的"举止失当"，但最常见的都是大醉而归，这被称为"罪恶"，而有将近70%的人都承认自己吃得或喝得过多。我们还发现，调情、拥吻、讲黄色笑话、"自我出丑"都是办公室聚会的典型特征。

在30岁以下的职员中，50%的人都视办公室聚会为最主要的调情偷吻场合，将近60%的人承认他们会故意做傻事"自我出丑"。三十多岁以及四十多岁的职员则多少收敛一些，他们之中只有40%的人承认会做傻事，而他们眼中的傻事，主要是指"说了一些平时绝对不会说的话"。尽管这种傻子狂欢式的场合有时会带来尴尬，它也会有一些正面效应。37%的人会在这种场合与竞争对手或情敌和解，会在大吵一架之后言归于好，而13%的人能够鼓起勇气向他们心仪的对象表白。

但是，即使是办公室聚会中最出位的"举止失当"，至多也只是做傻事和蠢事，而不会做有罪恶感的事情。在我与英国工人随意的访谈中，当我问到"办公室圣诞派对上，人们都会干什么傻事"的一般性问题时，他们大多会提到拿办公室的复印机印出一个人的屁股的形状，有时是胸部，这几乎都成为一种传统。我不能确定这样的事情发生得有多频繁，但是，考虑到复印屁股这种事已经成为人们调侃办公室聚会的众所周知的笑料，你就能估计到这类傻事的发生频率，还能预测出人们对它的态度、看法以及其中所涉及的不成文规则，并且能够管中窥豹，对于英国人在文化允许的情况下究竟会放纵到什么程度的问题，大致有点儿了解。

对于各种不同的礼教之外的放纵形式，比如"文化放纵"、"合法偏离"和"超时行为"，我都还有很多可说的。但是要放在后面几章去说，这里我只提醒读者，这些行为绝非仅仅是"自我放松"的夸张解读。这些行为并不是随心所欲地踢破礼教为所欲为，而是某种特定的暂时偏离传统的模式化行为的指代方式。在这类行为中，只有特定的礼教可以破除，而且必须以特定的规则允许的方式进行。

英国工人们喜欢谈论他们的年度办公室聚会，而且谈起来眉飞色舞，好像是在谈论古罗马狂野而神秘的仪式。不过这大体上都是他们一相情愿的幻想。我们大多数人的此类聚会，不过就是大吃大喝一顿，唱一唱，跳一跳，但跳得唱得都比平时更夸张更热烈一些，还会穿上最短的超短裙和最暴露的短上衣，再来点儿调情，或者再加上几个偷吻和几只咸猪手。能够大大咧咧地对同事说话，不像平时那么尊重；能够跟老板称兄道弟，而不像平时那么敬畏。更有甚者，也许有人真的觉得还想放荡自由一点儿，那么不妨再复印几次屁股。

也有一些例外和微小的偏离，但上述描述大致就是大多数英国公司能够做到的极限。有些年轻的英国工人花了好长时间才适应这些规则，他们有时会越过看不见的界限，有时会做得过火，然后就发现他们的滑稽动作被人嗤之以鼻，然后他们的事业就略受影响。不过，大多数英国人会本能地遵守这些规则，而其中一条规则，正是允许人们极尽所能添油加醋地嘲笑办公室圣诞派对中发生的一切。

工作规则和英国性格

在我回顾本章开头所点明的那些指导原则，并努力理清这些原则背后所隐藏的英国性格要点时，我立刻就被英国人对工作的态度中那种模糊、矛盾与两面性所震撼。"混乱规则"中，人们总是在说"但是"。我们很严肃，可是又不那么严肃，我们尽忠职守，却又抱怨甚多，我们怨天尤人，却又坚忍不拔，我们创新不断，却又故步自封。我倒不会将英国人对工作的态度形容为"爱恨交加"，那未免有些过度情绪化、有点走极端，不像英国人的风格。我想，还是用"喜忧参半"这个词比较合适，因为这多少表达了一种艰难的妥协，而不是充满斗争的对立。

在我看来，在所有这些中庸、混乱、骑墙的态度背后，隐藏着深刻的英国特征。英国人的工作文化是一种矛盾的结合体，但我们的矛盾并非那种大爱大恨、大鸣大放的矛盾，也不是高度紧张跌宕起伏的斗争性矛盾，而是一种总体上悬而未决的妥协性矛盾，采用的正是英国人所特有的那种爱抱怨的、模棱两可的、永远不满意的妥协方式。我们既没法像清教徒一般热切地全心全意地拥抱工作，也不能像拉美或地中海人那样以懒散的宿命论观点看待工作。所以，我们只会不尴不尬地骑坐在中间线上，以大致中庸的态度，两头抱怨。不过，抱怨的方式理智而安详。

妥协的概念似乎深深地嵌在英国人的思维之中。即使当我们卷入激烈的争吵之中，我们通常也会以妥协的方式解决。英国内战是在保王党与议会党之间进行的，记得英国人怎么结束内战吗？哦，好吧，答案是各得其所，以妥协告终。我们对于大变革、大革命以及突发性起义或是动荡，一点儿也不热衷。观察典型的英国式抗议，你会发现，人们振聋发聩的呼喊，无非是在以下两条："我们要什么？渐进改革！我们要什么改变？按部就班！"

遇上不确定的情况，这种情况似乎不少，我们就会拿出最得意的全能应对武器，那就是幽默。我想，职场幽默规则为我们理解英式幽默以及幽默在英国文化密码中所占的位置，提供了新的视角。我们已经知道，英国人很重视幽默，但我们此前只观察到纯社交场合中"运作"的幽默，而纯社交场合相对于职场而言，对清晰度、准确度以及效率的要求都要低得多。此前，我们虽知英国人喜欢幽默，但钟爱到什么程度，并不清楚。而职场幽默告诉我们，英国人为了幽默，不惜牺牲效率、准确度和清晰度。幽默的价值，终于可以用其牺牲掉的东西来计算。

职场幽默和谦虚规则也帮助我们进入另一种模式之中，那就是英国人的反学术主义。我已经将这种反学术主义放在显微镜下细细研究，然后将其归结为两种成分，一个就是禁止过分热情，另一个就是禁止自我吹嘘。而通过在我的社会学培养皿中继续研究反学术主义，我现在又能够分离出第三种成分，这就是"经验主义"的成分，特指那种反理论、反教条、反抽象的英国经验主义传统，对事实、常识和具体事务的坚定不移的偏爱，以及对欧洲大陆式爱空谈理论以及舞弄辞令的深度轻视和不信任。在英国人"得了吧"这样的反应中，隐藏着深深的经验主义思维。事实上，大多数英式幽默中都或多或少展示出经验主义的东西。这一点，我将在后面的章节中继续加以分析。

谦虚规则似乎是另一种不断重现的主题，职场的一切，证明了这一规则的强大作用。我们发现，当广告与市场化的要求与英国人的谦虚规则相冲突时，广告手法就必须重新设计，以便符合禁止自吹自擂的规则。

礼貌的拖延规则烘托出另一个熟悉的主题，一种我称之为"社交拘泥症"的主题，特指那些连续不断的社交限制，摆脱不掉的转弯抹角作风以及无法与人直接坦率交流的天生无能症。谈钱禁忌，就是社交拘泥症的症状之一，使我们联想到阶级敏感、谦虚以及伪善等典型英式特征，这三种特征再加上英国人喜爱中庸的特征，便构成英国性格要点的重要支点。

我还有一种预感，觉得公平竞争也将是英国性格"要点"之一。就像幽默和"社交拘泥症"一样，公平竞争的理想似乎弥漫并影响到我们的大多数言行，不过，它却通常表现为礼貌上的平等主义规则，而这一点说明，伪善也是同样重要的"要点"。

更多的相似主题出现在职场抱怨规则中，但有一些新的改动。我们发现，即使是我们通常的抱怨，仍然服从于万能的幽默规则，特别是受到不要过分热情规则的约束。而"一向如此"规则揭示出一项典型的英国特质，我暂时称之为"爱抱怨的斯多葛主义"，这有点儿像"僵硬的上嘴唇"的现代变种。

最后，下班后饮酒规则和办公室聚会规则再次提醒我们英国人的社交拘泥症，特别是我们对酒精和有着特殊规则场合等社交道具和辅助物的需求。唯有如此，才能令我们克服与生俱来的诸多社交限制。而对更多此类限制的分析，将在下一章展开。

第十章
玩乐规则

我用"玩"这个词的广义内涵，意思是任何休闲活动、业余爱好、习惯、度假、运动等等，就是任何工作以外的东西，任何我们在空闲时间做的事情，不过，要除去下几章将要涉及的食品、性以及人生仪式等特定主题。

我们总会在社交互动的"雷区"中表现得无能为力，而英国人的三种不同的消闲方式，也与我们三种不同的社交拘泥症相对应。

第一种，我们有私人和家庭追求，比如DIY、园艺和业余爱好（方式一：回家，关门，拉上吊桥）。

第二种，我们有公共社交活动，比如酒吧、俱乐部、运动和棋类（方式二：巧妙使用社交道具和辅助物）。

第三种，我们有反社会的追求和消遣，比如喝得烂醉、打架，这是处理社交拘泥症的最令人难以恭维的办法（方式三：变得聒噪、富有攻击性、面目可憎）。

隐私规则：私人和家庭追求

就像"幽默规则"一样，这个题目可以被解读为"关于隐私的规则"，但同时又可以解读为"隐私至上"，没错！这表达了英国人迷恋隐私的程度。确实，隐私主宰我们的思维和行为。英国人治疗社交拘泥症的最简便的方式，便是完全避免社会交往，或者选择能够在自己家里进行的休闲活动，或者选择除了与自己最亲密的家人以外基本上不需要与外人接触的户外项目，比如散步、看电影或是逛商店，这些项目所处的环境，正如一切公共场合一样，都会受到"无视规则"的作用。

最近的调查表明，受访者所谓的休闲活动中，超过半数属于私人和家庭类型，在前十项消遣中，只有与朋友聚餐或去酒吧小酌两项可以毫无争议地归入社交类别之中。而最受欢迎的私人休闲活动则包括：看电视、听广播、阅读、DIY 和园艺。即使当英国人处在社交场合之中，研究表明，我们大多数人仍然只会选择在家中招待一两名亲密好友或亲戚，而不是与陌生人外出。

家和花园

我已经在住宅规则一章花大篇幅讨论了英国人对家的迷恋与对隐私的执著，但这里，我仍需要重复一下我的观点：家正是英国人的社交替代品。我认为，我们对家和花园的爱恋与我们对隐私的执著直接有关，而这种囿于隐私的固执，又反过来造成我们的社交拘泥症。

看电视是一项全球消遣，并非英国人特有。其他的私人休闲活动也没有什么特别的，至少在本质上没什么特别。但是，在现象上却有些区别。英国人热衷于园艺和自己动手 DIY 等活动的热切程度非同凡响。找任何一个夜晚或周末，至少一半的英国家庭在自己动手装修自家的房子，不是弄点儿木头家具，就是刷点儿新颜色，或者是在花园里边，挖地种花或是摆弄盆盆罐罐。我的社会问题研究所的同事们对于英国人 DIY 习惯展开研究，发现只有 12% 的女人和 2% 的男人自称从来没有 DIY 过。在最近一项全国调查中，超过半数以上的全国成年男性在调查前的四周内自己动手做过东西。将近 1/3 的女性也自己动手装修家居，我们对于花园的迷恋也很明显：52% 的英国男性与 45% 的英国女性都会自己动手修剪草坪。

将这些数据与参加教堂活动的数据相比较，你就会发现，真正的英国国教到底是什么。即使在自称属于某个特定宗教的人群中，也只有 12% 的人每周固定参加教堂祷告。其他人到了周末都会泡在当地园艺中心或是 DIY 用品超市里。当我们想要从自己对家和花园的迷恋中暂时解脱出来时，我们则会延续这种朝圣般的思路，跑到更大的房子和更大的花园里去参观，比如去那些由国民托管组织或皇家园艺协会管理的对公众开放的国王豪宅和花园中去游玩。参观乡间豪宅一直就是英国人最喜欢的消遣活动。这一点儿都不令人惊讶，这些地方拥有英国人周末外出时所希望拥有的一切。既找到了提升自家花园的灵感，比如大叹"哦，瞧，那不正是我想要给咱家起居室刷的粉棕色嘛！"又满足了人们对阶层差别的无穷兴趣，以及普通大众的窥探欲望，与此同时，还能提供令人放心的排队仪式，令人放松的下午茶，以及一种富有教育意义富有道德心的历史厚重感，至少要比只逛 DIY 商店或园艺中心有意义得多，因为这些本身就是历史①。这种小小的郊游参观，能够表明一个人不仅仅是毫无头脑的消费至上与物欲满足，而是更有情趣，这种观念在中产阶级中非常流行。而下层阶级和上层阶级则大多数能够更坦率更诚实地承认消费的快感，而不太会考虑其他人如何看待他们的行为。

电视规则

研究表明，我们并不是一个沉迷于电视的民族，所以那些担心电视鸦片的人大可放心。乍看起来，研究数据似乎给人一种错觉，好像 99% 的人经常看电视，而看电视业已成为人们最喜欢的消遣方式。但当我们注意到调查问题的提问形式时，结论就不一样。问题是这样问的："上个月你做了以下哪件事？"毕竟，在一个月内，若是不打开一两次电视看看新闻什么的，那几乎是不可能的。在"看电视"这个选项中选择"是"，并不必然意味着这个人就会每晚沉迷电视不能自拔。

我们确实大量看电视，全国平均数据是，每天三到三个半小时。但电视并没有扼杀谈话的艺术。在同一项调查中，97% 的受访者也有娱乐，也去走亲访友。而我总是对看电视人群的统计觉得怀疑。因为我以前曾经参加过一组精神病学家的学术研究项目。他们将录像机放在普通人的起居室里，观测他们看多少电视，以及看电视时的行为举止。我在

---

① 但也许我说得过于鲁莽直白。帕克斯曼认为，那些成千上万参观历史大宅和花园的人群，都在表达一种"深刻体验的"历史感。这一点我有点儿怀疑；没错，我们英国人确实是有一种复古情结，但那是两码事。而且，我也为自己竟然比帕克斯曼的观点更加愤世嫉俗而感到惶恐不安。

第十章 玩乐规则

这项研究中，只是一名助理研究员，我的工作是拿着秒表，看着录像，记录下他们看电视的时间，以及他们所做的一切，比如说做爱或挖鼻孔。这些不幸的研究对象还得每天填一张表格，写下他们自己所看的电视节目，并大概估算他们看每项节目所用的时间。

而我的记录表明，在研究对象自己的估算与实际情况之下，存在很大的差异。人们会告诉研究者，他们花了整个晚上，或者一个小时"看电视"，但实际上根本没这么长。他们的真实意思，可能是指一边把电视开着，一边与家人或朋友聊天，逗弄小狗，读读报纸，争抢遥控器，在电话中闲聊，剪指甲，夫妻爱抚，炒菜，吃晚饭，打瞌睡，熨衣服，地毯吸尘，教训孩子，以及诸如此类的事情，可能只是偶尔瞟上电视屏幕几眼。

当然，也会有人过度低估自己看电视的时间，但那样的人通常是在撒谎，而不像我们的研究对象那样，努力想做到诚实精确，却弄出个撒谎的效果。那种声称"从不看电视"的人，一般都想给人以道德上或智力上高人一等的印象，想显示他们与那些一晚上无所事事只知道在成堆的精神垃圾中消磨时光的愚昧大众不一样。这种态度大多见于中产阶级中年男性，他们与那些嘲笑奔驰车主的人一样，受着阶级不安全感的折磨。这种反电视的姿态总是给我印象深刻，我认为这是英国人的一种极端非理性情绪，因为一般认为，英国拥有世界上最好的电视台，也确实有些节目值得一看，这一点连最傲慢最挑剔的人也无法否认。

对于我们普通大众而言，电视似乎能够促进谈话艺术，为羞于社交的英国人提供他们所需要的"道具"。最近的研究显示，电视节目是朋友和家人之间谈话最常见的主题，甚至比对物价上涨的抱怨还常见。电视仅次于天气话题，已成为英国人社会互动的有效推进器。电视是某种我们大家共有的东西。当谈话双方彼此还不够信任时，当我们用尽了天气话题而略显尴尬时，我们总可以说："你昨晚看了……？"由于英国全国只有5个地面讯号电视台，所以我们同时看过同一个电视节目的概率还挺高。所以，尽管英国的电视节目质量相对较高，我们却总是能够找到一些缺点同仇敌忾一番，为的正是谈话的需要。

肥皂剧规则

我们的社交限制和隐私迷恋，也反映在我们制作和观看的电视节目中，特别是肥皂剧中。最受欢迎的英国电视肥皂剧与其他任何国家的电视剧都不一样。当然，其中的情节、主题和故事主线可能非常相似，大多是婚外情、暴力、死亡、乱伦、意外怀孕、生父疑团以及其他生活中不太可能发生的事情或意外，但只有在英国，这类事件全都发生在身份平凡、相貌普通的工人阶级身上，而且主人公通常中年以上，做着琐碎无聊的工作，穿着廉价服装，吃着豆子薯条，在肮脏的酒吧里喝酒，在非常现实的又小又挤又暗的房子里居住。

与我们的《东区人》(*East Enders*)和《加冕街》(*Coronation Street*)①一样，美国肥皂剧或是"白日梦剧场"也针对同样的低阶层观众，你能从电视剧中间插播的广告看出其所针对的市场。但美式角色、环境和生活方式，却全都是中产阶级的、闪亮的、迷人的、富有的、充满青春朝气的。他们都是律师、医生、成功的企业家，全都穿着体面，打扮入时，在他们无懈可击的豪宅中展开悲剧人生，在浪漫的餐馆与豪华的酒店里与新欢旧爱秘密幽会。世界上其他国家的几乎所有肥皂剧都沿袭美国这种"梦想型"模式。只有英国人去拍脏兮兮的厨房下水道，追求现实主义的工人阶级风格。即使是与灰暗陈旧的英式肥皂剧最为接近的澳大利亚肥皂剧，相比之下也要光鲜亮丽得多。为什么是这样？为什么成百万的普通英国人想要看与他们自己和他们的邻居一模一样的普通英国人的肥皂剧呢？

我想，答案部分在于深深植根于英国人思维深处的经验主义和现实主义②，相关的实用主义与追求真实的品质，还有对于真实、具体和事实数据的固执的迷恋，以及我们对虚伪和伪装的憎恶。如果普维斯纳今天

---

① 有一些中产阶级英国人，主要是十几岁的青少年，沉迷于《东区人》，但却没几个爱看《加冕街》。
② 所有知识都来自于感官体验，物质独立存在于我们的意识之外。我能意识到在哲学概念上的经验主义和现实主义与更广义更大众的概念上的差别，但我的意思是说，在我们正统的哲学传统与主宰我们的肥皂剧品位的非正统的日常态度与思维模式之间，存在着紧密的关联。

再写"英国肥皂剧中的英国性格"的话,我想,他会在《东区人》和《加冕街》里面,发现他曾在霍加斯(Hogarth)、康斯坦布尔(Constable)、雷诺兹(Reynolds)等大师身上发现的特质,那就是"偏爱观察得来的事实和个人经验""密切观察周围事物""真实和真实的人生百态"的英国性格。

但这并不足以解释一切。瑞士画家弗赛利(Fuseli)就说,英国人的"品位和感受全都很现实",但英国人完全有能力欣赏非现实主义的艺术和戏剧。只有在肥皂剧中我们与世界上其他国家大为不同,我们只想要一面能够映照现实生活的镜子。我直觉地认为,这种奇特的品位多少与我们迷恋隐私有关。我们喜欢把自己留给自己,喜欢回家,喜欢关上门,拉上吊桥自成一体,我已经在前面的章节中讨论过这种隐私迷恋,与此相映成趣的是我们对他人隐私的窥探欲望,这种欲望仅靠一星半点儿的闲言碎语显然无法满足。这里有一种禁果效应,英国人的隐私规则表明,我们并不想了解我们亲友以外的个人生活和行为。"家丑不可外扬",更不能问任何此类涉及家丑的问题。

所以我们并不知道我们的邻居们在他们关着的门后面都做了些什么,除非他们太吵导致我们报警。通常如果一条普通的英国街道发生谋杀案,邻居们在警察或记者面前的典型反应是,"哦,其实我们并不太了解……""他们挺自我的……""他们看上去挺和睦的……""我们不爱管闲事,所以……""哦,他们有点怪,不过,你知道,我们不好多问……"事实上,我们却十分喜欢刺探他人隐私,英国人是十分热衷于"掀帘子",对帘子后面的事可以说贪得无厌,只不过受到不成文的严格的隐私规则的阻挠,不好意思这样做。描述厨房下水道的肥皂剧之所以受欢迎,成功在于肥皂剧主角很可能就是"我们旁边的邻居"。观看《东区人》或《加冕街》这样的肥皂剧,就像被允许从一个观察孔中窥视邻居家里的隐私,这不仅仅是了解与我们一样的人,而且是将我们通常只能猜测或推理的事情大白于天下。对于这类肥皂剧上瘾的原因,在于满足了人们不愿明说的好奇心。肥皂剧是窥私欲的一种表现形式。当然,肥皂剧全都印证了我们对于邻居们秘密生活的最糟糕的推测,比如通奸、酗酒、打老婆、小偷小摸、吸毒、艾滋病、少年母亲、谋杀……肥皂剧家庭确实是"像我们一样的人",但他们把生活弄得一团糟,比我们的实际生活更糟。

至此，我只是提及最有名的英国肥皂剧《东区人》和《加冕街》，它们都纯粹是以工人阶级为背景的。但我们的电视制作人精明而又体贴，他们想要尽其所能为英国阶级体系的各个层次，以及每个阶层中的不同人口分布，提供周到的肥皂剧服务。《东区人》和《加冕街》分别代表了南部和北部的城市工人阶级。《艾默戴尔农庄》（*Emmerdale*）较之前两种剧集所针对的观众群要更往上一两个等级，面向为数不少的中产阶级下层和中产阶级中层，而且更偏向农村而不是城市。《霍利奥克斯》（*Hollyoaks*）则是《东区人》的翻版，不过针对更年轻的郊区青少年。该剧有点偏离英式肥皂剧家丑外扬的传统，找了一些俊男靓女担纲出演，不过，这些主角们穿的衣服仍然是非常现实的廉价摊档货。即使是中产阶级中层或上层，也有他们自己的肥皂剧，一度有《这一生》（*This Life*），描述一群三十多岁的谈吐优雅的神经质律师。他们相貌堂堂，衣冠楚楚，但是他们却不像美国肥皂剧主角那样，早早起身，脸上刮得干干净净，头发吹得整整齐齐，他们经常酒醉，醉得那份真实劲儿叫人作呕；他们争吵时脏话连篇，叫人不敢相信；他们家里的厨房池子里也总堆着没洗的脏盘子。

幽默剧规则

同样的家丑外扬的规则，也适用于英国情景喜剧节目。几乎所有英国的幽默剧，都与"失败者"有关。不成功的人，做着默默无闻的事，家庭不幸福，最多住在郊区的破房子里。他们大多是工人阶级或是中产阶级下层，但即使是更有经济实力的角色，也从来不是有抱负的成功人士。这些主角，绝非英雄，都是我们拿来嘲笑的角色，都是失败的案例。

但这一点在出口市场中引发一些问题。一些最受欢迎的英国幽默剧，比如《男人不乖》（*Men Behaving Badly*），被引入到美国市场时，最初的英国主角，被人认为太低层、太不成功、太缺乏魅力、太粗俗，总体而言，就是真实得让人有点儿不舒服。按照美国人的观点，肥皂剧主角应当有升职，有更多的特点、更好的发质、更靓的衣服、更漂亮的女友、更高档的住房和生活方式。他们令人恶心的恶习应当尽量淡化，他们的谈吐应当与他们家中的卫生间和厨房一样干净①。

这并不是说在美国的幽默剧中就没有"失败者"的角色。确实有，但美国剧中的失败者是一种更高意义上的失败者，并非像英国剧中的失败者那样，有一种无可挽回的绝望、可怜、卑鄙、丑陋的感觉。比如说，在《六人行》(Friends)这部剧中，有那么一两个角色并没有光彩照人的事业，但他们也不会整天把头发弄得乱糟糟的。他们可能被炒了鱿鱼，但是，他们同时又有完美的人格和完美的古铜色肌肤，足以慰藉失业的痛苦。长期叫座的美国幽默剧中，只有一部颇为接近英式现实主义程度，剧名叫做《罗斯安娜》(Roseanne)。英国电视剧的原则正视现实，而经验主义、实用主义、愤世嫉俗而又好色、爱窥人隐私的英国观众们，想在幽默剧中看到与他们在肥皂剧中所看到的同样的东西，看到"真实和真实的人生百态"。

我并不是想在这里宣称，英国的喜剧必然比美国喜剧或任何其他国家的喜剧就更含蓄，更复杂。其实，大多数英式喜剧中的幽默反而不那么含蓄，不那么复杂，通常还要比美国喜剧更幼稚，更粗俗，更愚蠢。我认为，在日常生活和谈话中，英国人确实比其他国家的人多那么一丁点儿更加含蓄的幽默感。这种充满智慧、讽刺与不动声色的幽默感，在某些电视节目中也确实表现得淋漓尽致，但仍然有大量不雅的粗口存在，甚至可以说，任何与屁股有关的字眼，都被认为是搞笑的极致。

我们可能很有理由以《是，大臣》(Yes, Minister)中那种闪光的智慧为荣，我们也毫无疑问擅长讽刺与挖苦，并以此代替发火和革命行为。但我们不应忘记，我们也出产过班尼·希尔(Benny Hill)这样的人物和"Carry On"系列电影，它们与欧洲式的千篇一律的淫秽粗俗滑稽剧以及美国、澳大利亚、日本的同类电视剧相比，并没什么本质区别，只是多了大量粗俗的隐语、双关语和暗示。这体现了英国人对于卖弄文字的热爱，但另一方面，也没什么可称道的。蒙蒂·派森(Monty Python)系列，虽然从社会及语言角度来看，都与上述影片不属于一个类别，但

---

① 在此，我感谢《男人不乖》的作者西蒙·奈(Simon Nye)以及参与将该片推到美国市场的保罗·多曼(Paul Dorman)，他俩对于英国喜剧的深刻见解有助于我形成自己的观点。

也仍然是一种相当幼稚、学生气的幽默。

我觉得，最重要的问题，不是我们的喜剧是否比其他国家的喜剧更好或者更糟、更聪明或是更粗俗的问题，而是这些英国喜剧中是否存在一些共有的特定主题或特色，能够提示英国性格的方方面面。我在这个问题上思忖良久，也征询过一些喜剧作者和相关专家的意见，我还尽职尽责地观看了大量的电视幽默剧、讽刺剧、模仿搞笑剧以及单人脱口秀等节目，我长期以研究为名，占用电视观看此类题材，已经令我的家人和朋友们怒不可遏。但我终于能够得出某种结论，至少我能说，几乎所有的英式粗俗电视喜剧，以及许多更复杂更成熟的电视剧，都基本上摆脱不了一个永恒的英式主题，那就是——尴尬。

尴尬也是其他国家电视喜剧中的重要内容，也许这是所有喜剧的共通之处，但英国人似乎比其他文化更有着丰富的尴尬潜能，能够更多地遭遇尴尬场景，能够更经常地处在对尴尬场景的焦虑与担心之中。我们人类，总是乐于拿我们害怕的东西开玩笑，这并不是英国人独有的特性，而英国人却有一种对于尴尬场面的高度恐惧感，所以我们的喜剧中总是拿这个主题开涮，也就不足为奇了。对于社交能力不足的英国人而言，几乎任何社会场景都是潜在意义上的尴尬因素，所以我们有特别丰富的喜剧资源可供挖掘。在情景喜剧中，我们甚至不必去创造古怪或不可思议的"情景"以便制造尴尬效果。在我们的喜剧中，"情景"无处不在。比如在《我的家庭》(*My Family*)、《2.4个孩子》(*2.4 Children*)、《蝴蝶》(*Butterfly*) 等剧中出现的"生活平淡无奇的郊区普通家庭"，比如《办公室》(*The Office*) 中出现的"平凡无聊的办公室里的平凡无聊日子"，以及在《罗伊一家》(*The Royle Family*) 中出现的"围坐在电视机旁的普通工薪家庭"，就是我们的"情景"，足以制造大量有趣的尴尬场面。只不过，在外人眼中，这些根本算不上"情景"罢了。我的直觉不一定对，但我确实觉得，这样的情景喜剧很难在其他国家打开销路[①]。

---

① 其他国家的观众当然也会喜欢某些英国情景喜剧，比如我认为，《蝴蝶》一剧就在美国拥有一批拥趸，而英国人当然也会看其他国家的情景剧，比如《六人行》、《弗雷泽尔》(*Frazier*) 和《干杯》(*Cheers*)。不过我所感兴趣的，是英国电视喜剧或英国人制作的喜剧能够揭示出那些英国性格要点。

"真人秀节目"规则

所谓的"真人秀节目"规则，为英国人的社交限制以及精神治疗师们所归因的"隐私问题"提供了更多的证据。电视中的真人秀与任何理智的人眼中的真实完全是两码事，它大体上只是将人们放在怪异的、完全不可能的环境中，促使他们互相竞争，去完成滑稽可笑的任务。但是里面的人是"真实的"，他们确实不是受过表演训练的演员，而是普普通通有血有肉的不成功人士，他们与观众的区别，仅仅在于他们有想上电视的欲望。真人秀节目，并非英国特有或典型的英国现象，《老大哥》(*Big Brother*)节目是最著名的也最受欢迎的此类节目，它最初起源于荷兰，现在各个国家都有他们自己的版本，所以，这是一个跨文化研究的绝佳案例。它的程式很简单。12位参与者从上千名符合条件的候选人中选中，被安置在一座特殊结构的房子里，他们会在里面生存9个星期，隐藏的摄像头会拍下他们的一举一动，每天24小时地拍，其中的精彩内容每晚会在电视播出。他们的生活完全受到节目制作人的控制，这类节目制作人被统称为"老大哥"。"老大哥"会给他们安排任务，定出奖品和惩罚。每个星期，所有居住在屋里的人，必须指定驱逐两名参与者，然后由观众投票选择其中一个，于是该人就被淘汰出局。最后一名留下的竞争者，就是胜者，能够赢取一大笔奖金。所有参与者都会出一阵子风头，而其中有些人还会跻身"名人录"。

英国和美国是仅有的两个在《老大哥》节目中没有见到参与者做爱的国家。我想，两者原因各异，英国人是因为患有社交拘泥症，而美国人则是假正经。在荷兰，制作人总得不断提醒参与者别老是一个劲儿做爱，因为观众们觉得那种无休无止的喘息声，很令人厌烦。而在英国，只要两名参与者开始接吻了，英国报纸的相关报道就会近乎狂热。在第三集中，一对参与者终于做了点儿更进一步的事情，而且，他们是严密地躲在羽绒被下面做的，几乎很难辨别出他们在做什么。制作人想方设法想给节目添点料，因而特别安排了一间小巧舒适的爱巢，让情投意合者在避不开秘密摄像头的情况下，至少可以避开其他参与者的窥视，但是，没有一对参与者上钩，他们自我的约束更多。2003年，一家小报开出5万英镑的奖金，诱惑参与者公开做爱，这笔钱几乎与《老大哥》节目的胜者拿到的奖金一样多，但仍然一无所获。

在其他国家，《老大哥》节目的参与者不时会有大声叫骂，甚至还有真刀真枪地大打出手，摔盘子，扔椅子。而在英国的《老大哥》节目中，即使嗓门提高一点儿，或是一个略微尖刻的评论，都会成为公众话题，在参与者之间以及在该节目的粉丝中间，招致好几天的研究与议论。英国参与者的语言也常常带脏字，但这反映出他们有限的词汇，并非强烈感情的表达。他们的行为大体上相当克制有礼。他们很少直接对其他参与者发火，而是沿用英国人的一贯作风，在背后极尽咒骂、挖苦之能事。

尽管这类节目本身是一种竞赛，但任何真正的竞争成分都会被所有参与者嗤之以鼻。"作弊"是最大罪恶，因为它违反了最重要的公平竞争规则。但除此以外，承认有一套"目标计划"，声称要"为胜利而斗"，都是会让人反感的禁忌之语。有一位参与者，就因为吹嘘自己聪明的策略而被立即驱逐出局。反之，假如他一直对自己的策略保持沉默，像其他参与者一样，假装"乐在其中"，那么他可能会有更好的机会。这又是一项伪善规则。

你可能会说，自制、拘谨、压抑、尴尬、虚与委蛇、伪善、笑里藏刀，所有这些都十分具有英国特色，这并没有令人惊讶。但是，你只需略微想一想《老大哥》的参与者都是谁。这些申请并通过审核努力要去参加节目的人，是想把自己暴露在公众视线之内，而且是每天24小时，连续9个星期的暴露，他们绝对没有任何隐私，甚至连上厕所和淋浴也会被人看到，更别提还要被迫去执行许多愚蠢而令人尴尬的任务了。他们已经不再是普通平凡的英国人。这是英国全国最大的真人展示，而他们是你在英国能够看到的最无羞无耻、最哗众取宠也最不受社交限制约束的英国人。但是，他们在《老大哥》节目中的行为，却仍然可以用典型的英式拘谨、压抑、不自在与神经质来形容。所以，他们只不过是在假装酩酊大醉的情况下破坏规则的人，或者这样说，他们自我麻醉以便获得逃离规则的正当理由。①但即使在这种情况下，仍然有他们永远不可

---

① 英国人对酒精的信念，以及醉酒后的礼仪，我将会在本章后面提及。

能越过的雷池。

我把《老大哥》节目当做一项有用的实验，测试"英国性格"的力量。如果连《老大哥》节目中夸张的展示者，都能自觉遵守这些规则，那么不正说明，这些规则确实深入到英国人的骨髓之中吗？

阅读规则

在我为本书所做的研究之中，我遇到许多英国人喜欢卖弄辞藻的例子，从中甚至可以列出"国民性格"清单。我们对于我们国民身份的不安全感的反应，就是列出清单，用辞藻来堆砌问题。奥威尔可能开启了列清单的先例，但现在，每个英国人似乎都很擅长。

杰里米·帕克斯曼也像奥威尔一样对英国性格列出一份自己的清单，其中一条就是称英国人为"谜语和填字游戏的民族"，"被辞藻淹没的民族"，他引用许多现象，包括我们的出版业每年10万本新书、人均报纸份数高于其他几乎所有国家，我们"数量巨大的读者来信"，我们对于各种填字游戏和谜语的"无可遏止的热衷"，以及英国特别兴旺的剧院和书店。

我还要加上一句，在全国休闲活动调查中，阅读的受欢迎程度，远远高于DIY和园艺，超过80%的英国人定期阅读一份报纸。我们对于文字游戏和填字游戏的爱好举世闻名，但同样值得注意的是，每一种非文字性的爱好，比如钓鱼、集邮、数火车、观鸟、散步、运动、养宠物、插花、针织、养鸽子，都至少会有一本专业文字杂志相伴相随。每一种最受欢迎的爱好，都会至少有半打同主题的周刊或月刊，还有无穷无尽的网页。通常，我们花在阅读相关爱好的时间，会比真正玩它的时间更多。

厕上读物规则

我们在任何时间、任何地点，都会不由自主地阅读。在许多英国家庭，你会发现我们所称的"厕上读物"。马桶旁边放着一堆书和杂志，甚至很整齐地码放在架子或特定的书架上，以便如厕时随时可以抽一本。我有时也在其他国家的厕所里看到古怪的书或杂志，但其他国家的厕上阅读，似乎并不像英国这样成为一种根深蒂固的传统和习俗。有许多英国工作者，特别是男性，会觉得没书看就根本屙不出大便来。要是厕边没有合适的书或报纸，他们会去读自动皂液盒上的说明或是空气清新剂喷罐上的成分表。

一位喜欢挖苦的朋友说，这可能并不是因为英国人喜欢文字阅读，而是因为英国人容易便秘。不过，我对此不敢苟同。我经常会暗中观察英国人家中的化妆间小柜以及医生的架子。人们常说，英国人的肠胃不堪重负，确实，我们似乎对于泻药和便秘的药品情有独钟，超过正常用量，这说明我们总是想使排便达到心目中既十分规律又十分通畅的理想平衡状态，然而，这种状态根本不可能达到。但我们是不是比德国人更在意排便呢？我认为不是。德国人似乎更焦虑一点儿，他们会在马桶上面放一个小架子，用来随时检查粪便，了解自己的健康状况。至少，我认为这些小架子就是为这个用途而设计的，除此以外，还能有什么用途呢？事实上，英国人的厕上阅读习惯表明，我们的排便过程其实让我们自己尴尬不已，我们宁愿拿本书来分散注意力，也不愿老去集中精力想着排便这回事，或者说不想太德国化，不想太专注于直肠里出来的东西。但也许这只是表达了英国人的伪善作风。

厕上读物的选择，也有潜在规则。书或杂志应当是相对不那么严肃的内容，应当是幽默书、名人名言、书信或日记选、难词难句参考书、旧杂志；总之就是任何轻松休闲，不严肃，不需要聚精会神的作品。

厕上阅读，就像其他英国房子的其他物品一样，也是有效的阶级指标：

- 工人阶级厕上阅读，更喜欢幽默轻松搞笑，或是与体育运动有关的，比如笑话集、卡通书，也可能放一些猜谜书或填字游戏，还有可能是一些八卦杂志或运动杂志。有时，你也会发现关于兴趣和爱好的杂志，比如摩托车、音乐或滑板。

- 中产阶级下层和中产阶级中层不太喜欢厕上阅读。他们可能会带一本书或一份报纸进洗手间，但不会在厕边弄一个书架，搞得这个习惯尽人皆知，因为他们认为这会被人视为粗俗。尤其中产阶级的女性极不愿意承认在厕所里看书。

第十章 玩乐规则

- 中产阶级上层通常对此比较坦然，也在厕所里安置一个迷你图书馆。有些中产阶级上层的厕边读物，还会带点儿炫耀色彩，故意弄些书和杂志以便让人羡慕，而不是为了自我娱乐①，但许多书都真的很有趣，很好看，令人眼前一亮，所以客人们往往会沉迷其中，需要大声提醒，才会从厕所里跑出来吃晚餐。

- 上层阶级厕上阅读通常更接近于工人阶级口味，主要由运动和幽默类书报组成，不过运动杂志更有可能是打猎、射击、钓鱼，而不太可能是足球。有些上层阶级的厕边图书馆还包括有趣的老版童书，还有快要散架的过期杂志《马与猎犬》(*Horse and Hound*) 或《乡村生活》(*Country Life*)，你在书中，可能会看到 20 世纪 50 年代的时候，这所房子的女主人的订婚照。

报纸规则

我认为，英国人对文字有特殊的爱好，而且 80% 的人都会阅读一份全国性日报②，有些对英国文化不太了解的人可能会因此而错误地认为，英国一定有极高的识字率，而且有一种喜欢在《泰晤士报》、《卫报》或其他大型严肃报纸的字里行间探索政治和当前事务的爱好。事实上，尽管我们有四种此类报纸，但只有 16% 的人会阅读这种大型严肃的全国性报纸。

这类报纸被称为"大开版报纸"，因为它们版面比较大，我根本无法理解为什么这些报纸要选用这样笨拙又不方便携带的大尺寸。但当我在火车上观察英国乘客的读报方式时，我一下子意识到可方便阅读性与可携带性，绝非人们选择该报的主要原因，主要在于这种报纸足够大，害羞的英国人完全能够藏身其后。英国大开版报纸，正是心理学家所说

---

① 为了严肃认真地对待这个问题，我突发奇想，跑到我自己的厕所里查看一下厕上读物。我发现，一本简·奥斯汀的简装本书信集和一本破旧不堪的《泰晤士报文学增刊》，哦，天哪，这也很可能被视作炫耀啊！要说这两本引人入胜或是极度搞笑，显然不合实情。也许我不该给别人的厕上读物轻易下结论，尤其是负面结论。也许有些人就真的喜欢在厕所里阅读哈贝马斯和德里达。我想，我还是收回我原来的话吧。
② 很明显，我们比其他国家的人阅读更多的报纸，唯有日本人能与我们媲美。震惊吧！全都是小而拥挤的岛国。

的"障碍信号",而且是一个最鲜明的案例。人们不仅能够完全躲在它那过大过宽的面积之下,而且还有效地阻挡了任何与其他人交流的可能性,从而成功地维持一种他人并不存在的主观假象,而读报人所要面对的,不过就是一堵封闭结实如蚕茧般的文字之墙。啊哈,多么英国化的选择啊!

在某种程度上,大开版报纸还起到了政治立场的暗示作用。《泰晤士报》和《每日电讯报》(*Daily Telegraph*)都多少属于中右报纸,不过《每日电讯报》会比《泰晤士报》更偏右一些,常被戏称为《托利电讯报》(*Torygraph*),以影射保守党(Tory)。《独立报》和《卫报》处在中间偏左一点儿的位置,基本上保持平衡,不过《卫报》要比其他报纸更稍偏左一些。"《卫报》读者"一词通常指代糊里糊涂、偏左倾、讲求政治正确性、喜欢自扫门前雪的那种人。不过,这就是英国,没有一位立场是极端的,事实上,除非你是英国人而且了解其中的细微差别,否则你根本看不出这些报纸的区别所在。英国人不喜欢政治和其他领域内的极端主义,这里面有其他的原因,但一个重要的原因在于,无论是左翼还是中右翼的政治极端主义者和狂热分子,都会破坏最为神圣的英式幽默规则,特别是会破坏不要过分热情规则。比如说,希特勒、斯大林、墨索里尼、佛朗哥这些人的重大罪恶之一,便是不够低调。没有任何独裁领袖会在英国赢得一席之地,即使对他们的道德缺陷视而不见,英国人也会因为他们过度显摆自己而嗤之以鼻。乔治·奥威尔就错了那么一次,《一九八四》中的情节不太可能在英国发生,我们对于日常生活中的老大哥,总是会来上一句"哦,得了吧!"。

英国小报又被称为"通俗"报纸,虽然仍大到足以隐藏一个人的头和肩膀,但毕竟比起上述报纸要小而且携带方便,内容也不那么深刻。读大开版报纸的人有时也会放低一点儿报纸高度,不屑地看两眼读小报的人。当大开版报纸读者抱怨媒体的缺点时,他们通常所指的都是小报。

根据民意调查,对于全国传媒不满意的人数超过满意的人数,但超过的百分比不高,有研究者指出,"这很有讽刺意味"。那些读大开版报纸的人是少数,他们大多不满意;而读小报的人是多数,他们大多满意。大开版报纸的读者不可能对他们年复一年购买阅读的报纸不满意，否则他们就不会去买，所以，他们可能是对不读的报纸不满。所以，整体而言，可以得出推论，传媒正被"那些绝不读自己所排斥的报纸的人"所诅咒。英国人喜欢抱怨，英国有教养阶层有一种对他们根本不了解或所知甚少的领域大声抱怨的倾向。不过，我却有一个大胆的猜想，我认为，大开版报纸读者既对他们不读的报纸不满，也很可能就是对他们每天阅读的报纸表示不满。不能只因为英国人买什么，我们就认为他们必定不会抱怨什么。只要有机会发一顿毫无意义的牢骚，我们绝不会错过，任何事情都会成为我们抱怨的对象。所以，当民意调查机构的人员捧着写字板，征询我们的意见时，我们当然不会错过这个机会。

身为大开版报纸的忠实读者，我要是替八卦报纸说好话，大概会被视为叛徒。但我认为，这些小报在某些方面确实受到不当的污蔑。当然，我是受不了小报里的耸人听闻，但是所谓的"严肃"报纸往往也犯了同样的罪行。我们有八份全国性日报，其中四份小报、四份大开版报纸。这八份报纸在狭小的市场中，为了吸引读者注意力而拼死争斗，所以有的时候不得不诉之于夸大或误导等手段。先不谈道德问题，大体上来讲，这些报纸的质量都很出色，通俗和严肃的报纸在风格上有差异，但在报道手法和技巧上同样出色。这并不奇怪，因为各大报纸的报道均出自同一批记者之手，记者们在小报和大开版报纸之间跳来跳去，有人甚至同时为两种报纸写稿。

我觉得，英国人对文字的热爱，超越所有阶级障碍，这一特质，在那些为小报写大标题文章的记者及编辑身上，体现得最为明显。大开版报纸的专栏作家，他们的文字固然渊博诙谐，但仍然比不上小报文章。随便挑几份英国小报快速翻阅一下，你就会很快注意到，几乎每个大标题都在玩弄某种文字游戏，从双关语、隐语、精心炮制的拼写错误笑话、暗含文学引用或历史引用到聪明的创新词汇、带讽刺意味的批评、巧妙的韵文以及令人会心一笑的押头韵，不一而足。

是的，这些双关语许多都很低劣，幽默字句大多十分牵强、低俗而幼稚；对性的暗示太露骨；过分地玩弄文字游戏可能会让人腻味。时间长了，你可能会觉得特别渴望看到简洁明快抓住主题的标题，不需要乱七八糟的小聪明。但是，这种纯粹的文字创意以及对语言趣味的追求，不得不使我们肃然起敬，所有强大的双关语、韵文、笑话，都是独一无二的英国光荣传统。其他国家可能有高质量的报纸，至少与我们的报纸一样渊博而优美，但其他国家的报纸在疯狂摆弄小报标题方面，肯定是略逊一筹了。瞧，这又成就了一项英国人引以为豪的优势了。

网络规则

最近，英国人为他们足不出户、拉起吊桥、避开人际烦恼的生活方式，又找到了一个堂而皇之的新借口，这就是网络。电子邮件、网上购物、网上聊天、浏览网页、发短信，这一切似乎就是专为不喜欢、不擅长与人交往，却又狂恋文字的英国人而量身定做的。

在网上，我们如鱼得水。那是个只见到发言内容而见不到发言者的世界，不需要操心该穿什么衣服、该不该正视对方、该不该握手或吻面还是微笑示意。这里没有令人尴尬的停顿或虚假的开场白，也不必祭出天气话题来充实让人不自在的冷场；不必礼貌拖延，或者做些泡茶之类的过渡性活动，不必像平常一样无休无止地再见却不能真正道别；不必和活生生的人打交道。你面对的只有文字，这是英国人的最爱。

最重要的是，网络可以解除社会限制。这种解除限制的效应是全球共有的，而不是英国人所独占的。其他许多不同文化的人都会发现，比起面谈或电话交流，人们在网络上更放得开，更爱聊天，更不冷场。但英国人对这种网络效应似乎更加偏爱一点儿，因为英国人比其他文化的人更需要这种解除限制的机制。

我在重点小组访谈以及对上网者的访谈中，不时触及网上交流以及解除限制效应这个主题。受访者无一例外地表示，比起"真实生活"中遇到的场合，在网络上，他们更能畅所欲言，更能坦率表白自己的看法或感觉。"真实生活"这个词是每个人不约而同都用到的，"在电邮中，我说了真实生活中绝不敢说的事情"，"没错，上网时，人就抛开了压抑，有点儿微醉的感觉"。

特别值得注意的是，有大量受访者和小组访谈成员，拿他们在网上交流沟通的方式和"真实生活"里的事情相比较。这一对比实在耐人寻味。两者的差异，为我们了解网上沟通如何消除限制的本因提供了线索。吉布森发明网络空间一词，他说，"这其实不是一个地点，其实也不是空间。"这话很对。我们视网络空间为有别于真实世界的另一套模式，在那里，人们的行为与"真实生活"中的行为不同。

在这个意义上，网络空间正是被人类学家视为"阈限空间"（Liminal Zone）的地方，也就是模糊、暧昧、处于意识边缘而与日常生活相隔离的状态。在这种状态下，日常规定和社会规范都被搁置，让人可以暂时去探索另一种与外界互动的方式。在电邮和网上交流时，我们都会抛开拼写和语法上的既定规则，同样地，我们也抛开日常生活中主宰我们行为的社会限制和约束。于是，英国人在网络中一反平时作风。比如说，在网上聊天时，与从未谋面的陌生人攀谈符合规则，甚至还受到鼓励，这与英国人在现实生活以及大部分公共场合中的作风迥异。不仅如此，我们还会在即时通话以及电邮往来中，泄露"真实生活"中绝不会泄露的个人详细资料。最近一项研究发现，网上交友，比在传统的"真实空间"里交友，更快更容易，原因或许就在于此。

这种消除人际限制的效应，大部分是建立在错觉基础上的。因为"阈限效应"，使我们觉得电邮的存在性与持久性，似乎要比写在纸上的传统书信更短，从而更不受约束。但其实，电邮只会存在得更广泛更持久，更容易被无意泄露。因此，尽管许多英国工作者认为网上交流这种方式使他们消除限制，但实际情况，却可能给他们带来负面后果，就像我们有时会后悔酒后的言行举止一样，我们有时也会后悔自己在网络上的肆无忌惮。问题症结在于网络空间并非与"真实生活"毫无关联，正如办公室圣诞聚会并非在另一个世界中举行一样。那些什么都说的电子邮件，就像办公室聚会一样，会在事后反过来咬伤我们自己，成为挥之不去的梦魇。但整体而言，我仍然认为网络空间利远远大于弊，其弊则如上所述，其利则在于"阈限效应"有助于克服英国人的社交拘泥症。

购物规则

乍看之下，将购物规则放在这个探讨"私人和家庭"休闲活动的章节中，似乎有些奇怪，毕竟购物显然不在家中进行，而是在商店这样的公共场所进行。但是，我们所谈论的英国人，却很有可能将"公开场所"的活动，看做和"家庭内部"的活动具有同样的私密性质。对大多数英国人而言，购物并不是社交性消遣。甚至对大多数人在大部分时间里，购物连"消遣"都称不上，而是一种家庭杂务。因此，按道理讲，购物本应放在工作那一章来探讨，而不是放在这里。

但若放在工作那一章，你未免也会觉得奇怪，毕竟在一般人眼中，购物算不上工作。购物作为一个概念和作为一种现实活动，两者是不一样的。我们纸面上探讨的购物和我们真实的购物经验之间，存在着有趣的反差[1]。无论是在传媒和研究中，还是社会评论者的文章中，或者是普通人的日常谈论中，通常会把购物与享乐主义、物质主义和个人主义联系在一起。我们会想到那些购物狂和"购物疗法"，会想到广告的影响力，会想到那些花许多钱买无用品的人，会想到名叫《性与购物》的小说，会想到放纵无度的购物方式、享乐式购物以及休闲式购物。

也许购物有时真的是这样。但是，除了非常有钱、非常年轻的人之外，大部分人的日常购物经验与这种不用大脑的享乐形象相去甚远。我们购物大部分还是为了衣食住行等基本开销，买的都是食物、饮料、洗衣粉、卫生纸、灯泡、牙膏之类的生活必需品，这与我们的原始人祖先狩猎和采集野谷的物质满足行为并没有本质的区别。从生产的角度来看，购物并不是一种工作，而是一种消费，购物者是"消费者"。但对于许多购物者而言，购物在"提供服务"的角度上是一种工作，只是这种服务没有报酬。

另外，购物有时可以成为快乐的休闲活动，即使对大体上视购物为乏味的家庭琐事的人也同样会这么想。最近的调查显示，72%的英国人表示过去一个月都是"为了乐趣而购物"。根据我对购物者的非正式实的访谈，大部分受访者对于"例行"购物和"快乐"购物，购买必需品和娱乐用品以及工作和娱乐，都能严格地区分开来。我提出这个问题而未

---

[1] 丹尼尔·米勒（Daniel Miller）在伦敦北部进行过著名的购物者的人种学研究，我对此深感兴趣，并用人类学领域内的各种准科学方法对他的结论进行了"测试"。

加限定时，受访者常常会要求我具体说明指的是哪一种购物方式。有一位女性就问："你是说买扁豆和买尿布那种购物，还是指的女人外出闲逛时心血来潮的购物？"如果受访者不询问，我也能够从他的回答中，就能清楚地判断出他认为我指的是哪一种购物。这往往取决于访谈的地点。在超市里，受访者更可能认为我在问"例行"购物，而在服饰店、古董店、园艺商店里，他们更可能认为我指的是"快乐"购物。年龄也是一个因素，青少年、学生和一些二十来岁的人，大多倾向于认为我指的是娱乐休闲式的快乐购物，而年纪稍长的人则更可能专注于家庭的衣食住行、必需品等例行购物。

性别和购物规则

性别差异也是一个因素。比起女人，男人一般不去划分购物种类，也更不情愿承认有哪种购物能带来乐趣，即使是"快乐"购物，他们也不会承认。特别是上了年纪的英国男人，似乎更有一道不成文规定，要求他们不可以享受购物之乐趣，或者至少不能流露或主动承认这种乐趣的存在。享受购物被认为是女性的活动，标准的男性作风是将任何购物活动，都视为必需之事，视为达成目标的手段，而本身不是消遣。甚至包括购买奢侈品和可有可无的东西也是这样。相反，大部分女性会很乐于承认喜欢"快乐"购物。有些女性甚至说很喜欢"例行"的家庭购物，或者至少很自豪地把这件事情做得很好，而且乐在其中。当然，有些男人或女人并不符合这一规则，但他们都是别人眼中离经叛道的一群，他们也承认自己很另类。

这些关于购物心态的规则，也反映在大家所认同的男女固有的购物习惯上。我称之为"狩猎人/采集人规则"。男人若被说动出去购物，他会像狩猎者对待猎物一样去购物，而女人则像采集者采谷穗一样去购物。男人购物，或者更精确地说，是男式购物，其目标取向，在于选定猎物，然后一心一意百折不挠地猎取它。女人购物，或者说女式购物，则比较灵活随意，东看看，西转转。女人大概知道自己要找什么，但很可能因为找到更好或特价的东西而改变计划。

然而，有相当多的英国男人，却喜欢刻意标榜自己购物技巧如何拙劣,借以表明自己的男人性格。购物一般被视为女性专长,因此男人若太精于此道,即使用的众人首肯的狩猎式购物方法,仍然很可能使你的男性本质乃至性取向受到怀疑。焦虑的异性恋者,普遍有个心照不宣的认定,认为只有男同性恋者、超级政治正确迷、新好男人、支持女性主义者的男人才会自豪地声称自己擅长购物。而避免购物、故意声称讨厌购物、完全不擅长购物才是真正的"男儿本色"。

其中的真实原因,一部分可能是由于懒惰,也是就美国所说的"装笨"技巧。如果刻意把家务活儿做得很糟糕,下次就不会有人再叫你去做。但在英国男人眼中,购物似乎也属此类家务冗活儿,最好不要太擅长。女人常常会在这种表现中起到推波助澜的作用。就像表演超级幽默剧一样,女人故意做出生气的样子,既恨又笑地指出男人在超市里的白痴举动,不断嘲弄男人,还顺带捎上前几次逛超市的可笑错误历史。这样,女人就成全男人的雄性本色。我在超市旁的咖啡店里采访一位女性,她对我说:"哦,他无可救药,在超市里毫无头绪,是不是,亲爱的?我要他去买西红柿,结果他买了一瓶番茄酱。还狡辩说,至少,这也是西红柿做的呀。我说,没错,可这不能拿来做沙拉。哎,男人,真是没救了!"她一边说,还深情地望着她的丈夫笑,而她的丈夫则摆出一副无奈而又得意的表情,为自己的男人本色受到肯定而哈哈大笑。

"购物即省钱"规则

许多英国女性包办了大部分"例行"购物。对她们而言,购物需要专业技能,而且她们通常十分自豪地把这件事做好,就连比较有钱的女性也持同样想法。而所谓做得很好,意思就是能够省钱。不一定每样东西都要买到最便宜,但至少要物有所值,不奢侈,不浪费。英国购物者有个心照不宣的认知,认为购物不是花钱行为,而是省钱行为[1]。因此,买了某样食品或衣服后,不是说"花了"多少钱,而是说"省了"多少钱。当然绝不会吹嘘自己用多贵的价钱买了什么东西,但为买到特价品而自豪却无妨。

---

[1] 这是丹尼尔·米勒的另一项结论,同样在我的研究中被加以测试,并得以成功验证。

这项规则适用于所有社会阶层。看到吹嘘自己挥霍无度的人，上流阶层会视其为粗俗，而下等阶层会视其为"放屁"。只有脸皮厚、行为不雅的美国人，才会吹嘘自己在某件物品上"花了"多少钱，以达到炫耀财富的目的。但是，如果向人炫耀自己买到了特价品或是省了多少钱，也就是说，大谈特谈自己用多么少的钱买到的东西，却能够被英国所有阶级的人认可。谈钱禁忌只有极少数例外，而这就是其一。什么才能称得上是特价品，怎样才算买得便宜或物超所值，其中的标准因人，因阶级，因收入而有别，但有一项原则不变。不管用多少钱买的，可能的话，都应该说成：这次省了一笔钱。

道歉与抱怨选项

如果确实无法算出自己省了多少钱，也就是真的用原价买了绝对昂贵的东西时，最好的办法就是闭口不谈。如果你无法做到，那么你有两种选择，一是道歉，二是抱怨。这两种都是典型的英国方式。你可以为自己的浪费行为给人添了麻烦而道歉，"哦，我知道不该买，那贵得吓人，可我就是按捺不住，我真像个淘气的孩子……"要么，你就可以抱怨并指责价格实在太离谱。"贵得吓人，真不知道他们为什么卖这么贵，真愚蠢，以后肯定卖不出去，简直是敲竹杠……"

这两种办法，有时也被用作拐弯抹角的自我吹嘘，用作自己高消费能力的暗示。与此同时，又不落入摆阔的俗套被人耻笑。这两种办法，有时还是"礼貌上的平等主义"的表现。就连非常有钱的人，即使买得起某件昂贵的物品，也要故意装出一副尴尬惭愧的样子，似乎不该花大钱买小东西，或者做出一副怒火中烧的愤怒表情，从而避免引发摆阔的不良后果。购物，就像是英国人生活的方方面面，充满了礼貌的伪善把戏。

"炫富"例外

"购物即省钱"规则以及相关的道歉与抱怨选项，有一个重要例外。美国黑人的嘻哈文化、说唱文化以及所谓的"匪帮"文化，都是当前英国青少年亚文化的重要支派。受这种文化影响的年轻人，比较喜欢故意炫富露财。他们会穿品牌服饰，戴闪光的黄金饰品，这种形象被称为"炫富型"(bling-bling)。他们还喜欢喝昂贵的香槟和干邑白兰地，开昂贵的车子,而且对这种豪华奢侈的行为一点儿都不觉得难为情,反倒引以为豪。

但是,绝大多数人却喝不起香槟,买不起车子,因为受这种风潮影响的人大多是低收入青少年。但他们也会想尽办法弄到至少几件符合潮流的品牌服饰,向愿意听的人高谈阔论,吹嘘自己花了很大一笔钱。这种"炫富"文化与其说是个例外,不如说是对英国主流规范的刻意挑衅。他们的所作所为,等于是伸出两根戴了许多戒指的手指,摆出个V字造型,向那些谦虚、谨慎、羞怯、礼貌上的平等主义、伪善等等最普遍的英国不成文法则示威。不过,从另一个角度来看,这反而逆向确认了这些法则长期以为所受的重视。

年轻人的亚文化频繁交替。也许当你读到这本书时,这个例子却已经过时。下一个亚文化潮流可能又会把英国主流性格的另一个方面当做挑战目标。

阶级与购物规则

购物即省钱的规则适用于所有阶级,就连"炫富"例外也不受阶级限制。"炫富"作风吸引着各种社会背景的年轻人,包括一些上层阶级的公学学生。这些贵族学生也打扮成皮条客的样子,学着美国城市贫民区里粗俗的黑人们说话走路的姿势。他们自己恐怕都不知道这样子看起来有多么愚蠢!

但购物的其他主要方面,都与英国错综复杂的阶级文化交织在一起。因此,诚如你预料的那样,购物也是非常重要的阶级标志。但并非较高阶级的人就能得到较高档次的生活,而较低的阶层就得逛廉价商店。并非如此简单!比如,中产阶级上层,也会到二手店、慈善商店去找特价品,但中产阶级下层和工人阶级却不会去;中产阶级上层及中产阶级中层不愿到Kwiksave(快速省钱)或是Poundstretcher(精打细算者)这样的工人阶级平价超市里买日用品,因为这名字听上去很寒酸,而他们喜欢去Sainsbury's、Tesco这样的中产阶级超市购物,或者去属于稍高一点阶层的,比如Waitrose这样的中产阶级上层超市购物。

当然,不是所有人都会承认他们会按照阶级属性来选择超市。但毋庸置疑的是，我们到中产阶级超市买东西，因为那里的食品质量好，有机蔬菜和进口蔬菜品种多。其实，我们所买的那个牌子可能到处都有，在工人阶级的超市中也照样能买到，但我们仍然喜欢逛中产阶级超市。我们可能根本不知道标着粤语拼音的"pak choi"（白菜）该怎么处理，也不知道有机芹菜该怎么吃，但我们就是喜欢这些东西摆在那里，尽管我们去买的一般不是这些，而是最普通的玉米片和卫生纸。

玛莎百货测试

如果你想了解购物的阶级标志究竟有多么复杂深奥，那么不如花点儿时间在玛莎百货商店（Marks & Spencer）进行观察和访谈。在这个位于闹市区的非常英国化的连锁百货店内，你会在每个角落里遇到无形的阶级障碍。玛莎卖衣服、鞋、家具、布艺、洗涤用品、化妆品等，也卖食品和饮料，用的全是该公司自己的品牌。

- 中产阶级上层会在玛莎的昂贵但高品质的食品区买食品，也会很乐意去买玛莎的内衣，也许还会买一些简单而基本的用品，比如 T 恤，但除非买童装，他们通常不会买其他的衣服。他们绝不会买带有图案的衣服，因为这会让人认出来自玛莎百货。他们很反感穿玛莎的晚礼服，因此绝不会在那儿买，也不会在那儿买鞋子，即使这鞋子穿得再舒服、做工再精细，也不会去买。他们会买玛莎的毛巾、床单，但不会买玛莎的沙发、窗帘或垫子。

- 中产阶级中层也买玛莎百货的食品，但预算较少的中产阶级不会一星期都在这儿买东西。他们抱怨玛莎食品价格太高，不过是在相互之间抱怨，从来不向玛莎百货提出。但他们同时也认同这里的食品质量好，值得花这样的钱。玉米片和卫生纸，他们会去 Sainsbury's。他们喜欢购买玛莎百货的沙发、垫子、窗帘，还喜欢购买有印花图案的衣服，他们在玛莎买的衣服会比中产阶级上层要多。不过，有一些中产阶级中层家庭的青少年可能会讨厌玛莎百货的衣服，但这不是出于阶级原因，而是因为他们更喜欢大街小店里的时尚服饰。

- 中产阶级下层和有望向上爬的工人阶级上层也会买玛莎百货食品，但通常只是为了打打牙祭。在一些人的眼中，特别是小孩子的眼中，买玛莎百货的"现成熟食"就跟上馆子是一个意思。他们可能把这当做是一种对自己难得的奖励，一个星期只能买这么一次。他们的收入难以支撑这里的消费，他们还认为经常来这里的人很奢侈，而且可能是为了摆臭架子。有一位中年妇女就告诉我，"我大嫂什么东西都从玛莎买，蔬菜、洗涤剂……真是蠢到家了，她纯粹是炫耀，以为他们过得比我们好。"她说话时还带着不认同、看不起的表情。而勤俭节约、正派有教养的好一类中产阶级下层，普遍认为玛莎百货的衣服"很值得买"，"说正经的，不便宜，但品质好。"有些中产阶级下层对玛莎的垫子、羽绒被、毛巾抱有同样的看法，其他中产阶级下层则认为它们"很好，就是贵了点儿"。

如果你想快速判断英国购物者的阶级属性，无须细问他们的家庭背景、收入、职业或所住房屋的价钱，这些问题绝对会冒犯对方。你只需问她在玛莎百货买什么东西，不买什么东西。注意，我用的是"她"这个字眼，因为这项测试只适用于女人，男人通常会表现出对于各种商品之间的巨大社会差异的无知，并以此为乐。

宠物规则和"宠物礼仪"

对英国人而言，养宠物与其说是休闲活动不如说是非常重要的正常生活的一部分。其实，严格地说，"养宠物"一词并不正确和恰当，并不能传达宠物在我们家里的崇高地位。英国人或许把家当成城堡，但他可不是城堡的主人，狗才是当之无愧的城堡中的国王。其他国家的爱狗人，会买来五星级豪华狗舍和丝质的铺盖，而英国的爱狗人，直接向狗让出自己的家。有一种不成文的规则，猫狗都可以懒散地躺在自家的沙发和椅子上，而且总是占住壁炉前面或电视机前的最佳位置。比起自家的孩子，这些猫狗得到了更多的注意、关爱、重视、鼓励与陪伴，而且往往吃得更好。想一想意大利最受溺爱、最有求必应、最骄纵的婴儿，我们英国人家的宠物待遇也差不多这样。我们先成立了防止虐待动物皇家协会，后来才有了全国防止虐待儿童协会。更有甚者，据说后一个协会是从前一个协会衍生出来的。

为什么会是这样？英国人与动物之间，到底是个什么关系？确实，许多其他国家的文化中，都会有宠物，有些文化，特别是在英国殖民地文化中，受到我们的影响，虽然方式不同，但也和我们一样迷恋宠物。美国人更是弄出大量千篇一律赚人眼泪的宠物电影、精致的宠物坟墓、昂贵的宠物玩具、可笑的宠物名牌服饰。所以，要论对宠物的多情与挥霍程度，美国人或许更胜一筹。他们在对待其他事物的多情与挥霍程度，也都比英国人强。可是，英国人对宠物异乎寻常的爱，却仍然是令外国人十分不解的最大的英国特色之一。

英国人与宠物的关系非同寻常。我们的宠物可以是阶级标志，但它们不仅是阶级标志；我们与宠物关系亲密，但远远超越了多愁善感。人们常说英国人把宠物当人看待，其实不然。你见识过英国人的待人方式吗？你见识过英国人会以同样冷漠而不友好的态度对待宠物吗？我在这里有所夸张，但毫无疑问，我们与宠物相处时，反而比与人相处时，更加坦率、随和、健谈，而且会流露真情。

一般而言，英国人会尽量避免与人交往，不得不往来时，通常会显得局促不安，或是带着一股挑衅的意味，所以必须借助辅助性道具，才能顺利完成交往过程。但和宠物狗进行交谈时，则显得愉快而友善，毫无障碍。即使是不认识的小狗，也是如此。英国人会很热情地和狗打招呼，平日那种不自然的尴尬竟完全消失。他会兴奋地大叫："你好啊，狗狗，叫什么名字？哪里来的？小家伙，要不要吃点儿三明治？嗯，还蛮好吃的吧？上来吧，跟我坐一起！位子很宽！"

你瞧，英国人其实很能表现出与拉丁民族同样的热情友善好客的品质，我们也可以达到坦率、多情、肌肤相亲、平易近人的状态，融入所谓的"接触文化"中去。只不过，这样美好的特质，却只能在英国人与宠物接触时才能表现出来。动物可不像其他英国人，它不会流露出尴尬，也不会因为我们流露真情而面生反感。没错，动物对于英国人来讲，真是太重要了。对许多英国人而言，只有和不同于人的另类有知觉的生灵相处时，才能体味到坦率无欺、毫无防备、真情流露的心灵境界。

我认识一位美国游客，她在一个相当典型的英国养狗家庭住过一个星期，受到不少折磨。这户人家养了两只调皮成性的大狗。主人根本没法管束它们，却与它们进行无休无止的意识流式的谈话，沉迷于它们每一次吠叫式的回应，对它们犯下的过错亲热地大笑。这位美国游客向我诉苦，说主人与宠物的关系太"反常"、太"病态"，"有悖常理"。我就向她解释，"哦，你不了解，这大概是这些人所拥有的唯一正常、健康、符合常理的关系了。"不过，她也了解一些东西，比如一项重要的英国"宠物规则"，那就是，你绝不能批评他人的宠物。主人的狗行为再怎么恶劣，甚至把人的腿当成交配对象，咬人鞋子，你都不能加以批评。因为，这可是比批评主人小孩更严重的失礼行为。

我们可以批评自己的宠物，但必须用亲昵、宽容的语气。"它真调皮，这是它这个月弄坏的第三双鞋子了。哦，天啊！"在这种"它真坏"的抱怨中，你能觉察出一丝骄傲，似乎在暗示我们自己其实有多么迷恋宠物的缺陷与弱点。事实上，我们还互相攀比各自的宠物有多坏。就在几天前的晚宴上，两名拉布拉多犬的主人，争相吹嘘自己的宠物狗弄坏了什么东西。"我的狗不仅咬鞋子和一般的物品，还会咬手机。""哦，我的狗把一整套音响咬成碎片！""我的狗还去咬沃尔沃车！"我一边听着，一边就想，接下来，很难再攀比下去了。难道还会说，我的狗咬了直升机，或者说咬了伊丽莎白女王二号船？

英国人从宠物的调皮古怪行为中间接获取极大的乐趣，这一点我确信不疑。我们不让自己有肆无忌惮的自由，却让宠物享有这种自由。于是便形成这种结果——世界上最受压抑、最中规中矩的民族，却养了世界上最不受压抑、最直率、最没规没矩的宠物。宠物是我们的另一个自我，甚至是心理医师所称的"内在小孩"的象征性体现。不过，专业术语中的"内在小孩"指的是睁着一双楚楚可怜的大眼睛而渴望拥抱的孩子，而我在此指的却是内在顽童，那种长着调皮的小翘鼻、讨厌的、脏兮兮的让你恨不得上去扇他一巴掌的小孩。宠物代表着我们放浪不羁的一面。在宠物面前，英国人得以表现出最不符合英国作风的一面，可以打破所有规则，当然，这都是有条件的，是通过宠物来间接表达的。

不成文的规则表明，由动物代表的另一种自我或是内在顽童，绝不会做错事。如果一个英国人的狗咬了你，必然是因为你激怒了它；即使狗是在未激怒的情况下攻击你，或者毫无原因地不喜欢你，主人也必定会认为你有什么不可告人的不良居心。英国人坚决相信，狗，还有猫、小白鼠、小马、鹦鹉等等，都是天生擅长识人的动物，如果我们的宠物咬了人，即使我们自己本来认为这人挺可爱，但我们仍然会转而相信宠物那高人一等的慧眼，而对此人心生猜忌，有所提防。在英国人眼中，宠物"就是非常和善"，因此，那些不想被宠物跳到或爬到身上，不想被宠物踢、咬、抓或攻击的人，显然自身有问题。

宠物通常为英国人在人际交往中的感情冷淡提供了极佳的具有疗伤性质的替代品。但与此同时，我们与宠物间更良好的沟通与情谊，有时也能给我们的人际交往带来正面影响。如果你或陌生人有一方带了狗，那么你甚至会和陌生人聊天，前提是双方会不时乐意对着狗说话，而不是两个人直接在聊。语言和非语言讯号，通过毫不知情的宠物狗媒介来进行交流，通常在人与人之间不被接受的眼神直视和友善抚摸，全都能被狗欣然接受。即使在略微有些认识的人们之间，宠物也能扮演媒介或道具的角色，英国夫妻或情侣难以向对方表达自己的情感时，往往借助宠物来传达。"你妈妈生气了！对不对，小灰斑？是的，她生气了，非常非常生气。你觉得，她是对我们俩生气吗？""哦，我的小灰斑，妈咪非常、非常累。可你那臭老爸屁股不动窝，整天坐那儿看报纸。他要能帮她一点，该多好啊！"

上述规则大部分适用于所有阶级，但会有一些变化。中产阶级中层和中产阶级下层与其他阶级一样，都迷恋自己的宠物，但更不能忍受家中的杂乱，而且比社会顶层或底层人士更无法容忍宠物狗的"粗野"行径。中产阶级中层和中产阶级下层的宠物并不必然比别的狗更有规矩，但它们的主人遛狗时会不时清理它们的粪便，在看到自己的狗企图去蹭路人的屁股或腿时，会感到尴尬。

但比起人对狗的态度，英国人所养的狗的品种，才是更可靠的阶级标志。狗普遍受欢迎，但上层阶级偏爱拉布拉多狗、金毛犬、查理王小猎犬、史宾格猎犬，而较低阶层则偏爱罗威纳犬、德国牧羊犬、卷毛犬、阿富汗猎犬、吉娃娃、可卡犬。

上层阶级更爱狗甚于爱猫，但住在乡间豪宅中的上层阶级也会养猫，因为可以防止鼠患。相对而言，较低阶层的人可能会养小灰老鼠、大灰老鼠、小白鼠、仓鼠或是金鱼当宠物，有些中产阶级中层和想往上爬的中产阶级下层，以在自家庭院水池中养外国鱼，比如锦鲤鱼而感到自豪。中产阶级上层和上层阶级则认为这很"俗"。一般认为，马是高贵的宠物，想往上爬的人常常会去学习骑马，或者买矮种马给小孩子骑，借以进入他所仰慕的"爱马"人士圈子。但除非他们的腔调、举止、穿着都学得和那圈子里的人一模一样，而且还有一套流利的圈内神秘马语词汇，否则他的伪饰骗不了人。

对待各自的宠物的方式，也可以看出主人的阶层。一般而言，只有中产阶级中层和中产阶级以下的阶级喜欢让猫、狗参展或参加测试听话程度的比赛，而且只有这类阶层的人才会在车后窗玻璃上贴上标语，表明自己对某种狗的喜爱，或者警告摩托骑士"车内有参展猫"之类。上层阶级则认为，让狗、猫参展不入流，但让马和矮种马参展则很好。真是毫无道理可言！

中产阶级中层和中产阶级下层也更可能替狗、猫套上彩色项圈、蝴蝶结之类的东西。如果看到狗项圈上有名字，名字前后还有引号，那么几乎可以确定，狗主人的社会阶层不会高于中产阶级中层。中产阶级上层和上层阶级的狗，通常只戴纯褐色皮项圈。只有对自己阶级很没有自信的某些工人阶级男性，才会替又大又猛具有攻击性的大型看门狗，套上又大又猛带有钉饰的黑项圈。

英国的宠物主人们，大多不愿意承认宠物是一种身份标志，不愿意承认选择宠物和社会阶级有关，而是坚称，他们喜欢拉布拉多犬、史宾格猎犬或其他此类宠物狗，只不过是看中这狗温和的脾气而已。如果想揭露他们潜藏着的阶级焦虑，或者想自讨没趣儿的话，那你不妨试试类似蒙迪欧测试法和奔驰测试法的宠物狗测试法，装出一副最天真的表情，告诉一只拉布拉多犬的主人，"哦，我一直以为你是养德国牧羊犬的那种人呢！"或者，你可以用卷毛狗、吉娃娃代替，一定会有效果。

如果你是性格较为温和的人，一定记住，任何阶级的英国人，要想打动他们的心，最快的方式，无疑就是针对宠物来进行。务必赞美他们的宠物，尽可能直接对宠物对话，而且这样做时，切记要做得仿佛是在对自己的"内在小孩"说话。如果你是外地人，非常希望结交本地人，不妨去买一条或租一条狗，这样既可以贴身保护你的安全，还可以方便地成为你与他人交谈的通行证。

道具与辅助性工具：公共社交活动

如果你没有养狗，就需要另一种有助于人际交往的通行证，这就要谈到本章开头所提及的英国人第二种休闲方式——公共社交性休闲和娱乐，比如运动、游戏、酒吧和夜总会。这些活动都与我们治疗社交拘泥症的第二种主要方法——"巧妙使用道具和辅助性工具"——直接相关。

游戏规则

当今世界上最热门的运动和游戏，几乎都源于英国，这绝非偶然。足球、棒球、英式橄榄球、网球都是英国人发明的，即使没有真的发明某种运动或游戏，英国人通常也是最早替该运动或游戏定下第一套正式规则的人，这包括冰上曲棍球、赛马、马球、游泳、划船、拳击和滑雪。还有其他许多不那么激烈对抗的游戏和娱乐，比如飞镖、英式台球、美式台球、扑克牌、克里比奇纸牌、九柱戏，还有打猎、射击、钓鱼，这些活动当然并不全是英国人发明或赋予其完整的游戏规则，但是，大家普遍认为运动和竞技正是英国文化、英国传统以及英国特色的基本内容。所以，要谈英国人性格，绝对不能离开运动和竞技。

睾丸激素规则

不少研究英国特性的学生，都曾经努力寻找英国人执迷于游戏的原因，并且大多从历史中寻找答案。帕克斯曼认为，这种执迷可能与"安全、富足、拥有休闲时间"有关，或者与"英国比欧洲其他地方更早地摒弃决斗，因而需要另一种挑战来填补"。嗯，可能，也许吧。他还说，英国优秀的男孩寄宿学校，必须"应对血气方刚的学生的方法"，这个看法似乎有点道理。我称之为"全球共有的跨文化现象"，是任何人类社会运动与游戏起源的明显动力，而且确实是每个人类社会都经历过的。每个社会都有睾丸激素激荡的青春期男孩，每个社会的处理方式，都是想办法将他们具有潜在破坏力的攻击性和其他倾向，导入到相对无害的运动和游戏中去。

这一举世共有的睾丸激素问题，本身并不能解释为什么独有英国人发展出这么多的娱乐游戏。不过，我认为，英国年轻男性除了受荷尔蒙困扰外，还会并发社交拘泥症，因而也许对于社会疏导的需求就更加迫切一点。至于其他英国人，也需要某种方法来克服社交拘泥症。英国人热爱游戏的真正原因，也许能够从我的研究中的一个典型案例中得到解答。

"道具与辅助性工具"方法

早在我研究酒吧礼仪时，就已经开始认识到游戏的重要性。与外国游客交谈时，我发现，在他们眼中，许多英国酒吧似乎更像是儿童游乐场，而不是成人饮酒场所。有一位美国游客，对一家酒吧里游戏数量及种类之多感到不解。他语带轻蔑地说："瞧这地方！有一只飞镖游戏靶、一张桌球台、四种不同的棋盘游戏、扑克牌游戏、骨牌游戏，还有一个小盒子加一捆小棍子的古怪游戏，然后，你还告诉我说，这家酒吧有自己的足球队、板球队、智力竞赛之夜……你把这叫做酒吧？要是在美国，我们可能得管它叫幼儿园！"还好，这位游客只注意到 12 种典型的酒吧游戏，他还没听到过那些更令人迷惑的地区性古怪游戏，比如"萨利姑妈"投掷游戏（Aunt Sally）、扔橡胶鞋游戏（wellie-throwing）、打硬币游戏（shove ha'penny）、西葫芦投掷游戏（marrow-dangling）、鳗鱼投掷游戏（conger-cuddling）和扳脚趾比赛（Wetton toe wrestling）。另一位同样迷惑不解但不乏礼貌的游客则说："你们英国人是怎么搞的？为什么非要玩这些愚蠢的游戏不可？为什么不能像其他国家的人一样，上酒吧单纯地喝点儿酒，聊会儿天？"

在我撰写的酒吧礼仪一书中，我多少带点儿防御心态解释道，其他地方的人不像英国人那么不善于社交，受到太多社交限制。英国人不太容易与陌生人友好地攀谈，不太容易和酒吧的其他客人热络起来，所以需要帮助，需要道具。我们需要与人打交道的借口，需要玩具、运动、游戏才能打成一片。

在酒吧这个小天地里行得通的规则，在整个英国社会也管用。甚至其作用远远超过在酒吧里的作用。这是因为，酒吧本身属于日常约束略为放松的特殊微观社交环境，你可以与陌生人攀谈而不受失礼之责。但如果在这样的环境下，我们却仍然需要运动和游戏道具，那么，若到酒吧之外的场合，对道具和辅助性工具的需求，无疑更加迫切。

自欺规则

运动和游戏不仅为我们提供启动和维持人际交往所需要的道具，而且还限定了人际交往的本质。这种人际交往不是"随意而发的"，而要依据某种成文或不成文的规则和规范来做。英国人有能力和他人往来，但需要清楚而明确的规则，指导他们该做什么，不该做什么，以及什么时候该怎样做，怎样说。游戏使得英国人的人际互动仪式化，赋予社会交往令人安心的框架和条理。人们都会将注意力放在游戏规则和仪式的细节上，这样一来，英国人就可以堂而皇之地假称，游戏才是重点，人际交往只是其偶然的副产品而已。

事实却正好相反，游戏是促进互动的手段，而交往、增进友谊才是目的。在其他文化中，似乎没必要这么大费周折地耍花腔或者自欺欺人。英国人也是人，也是社会动物，可是，我们却故意将人类本性中需要的人际人情和友谊，伪装成另一种活动。无论是足球、板球、橄榄球、飞镖、台球、骨牌、扑克牌、拼字游戏、猜字谜、扔橡胶鞋、扳脚趾，都不过是借此哄骗自己，达致上述目的的手段而已。

游戏礼仪

英国人喜欢把游戏弄得尽可能地复杂。上述游戏各有各的规则，这些规则不仅包括游戏本身的正式规则，还有一套同样复杂的不成文的非正式规则，以便规范参与者、观众的言行举止和人际互动。在此，酒吧的游戏就是绝佳的例子。即使在这种有利于人际互动的小环境中，我们天生的羞怯和不愿意打扰他人的品质，仍然阻碍我们交往，所以必须有明确的"自我介绍"规则，才可以显得更加自在一点。了解礼仪，或者说是正确的说话方式之后，我们才会有勇气主动出击。看到坐在桌边喝酒或有同伴的陌生人，我们即使想找个人聊聊天，也不可能上前攀谈，但如果他们正在打台球或掷飞镖，那我们不仅有合理借口可以上前，还有一套可以遵循的既定规则，这就会使整个过程更加心安理得。

对于台球玩家而言，这套规则非常简单，只要走上前，向玩球的人问道："赢的人继续打吗？"这一传统的开场白既在询问当地换人上场的规则，又在邀请当下这局球的胜利者接下来与你对打。换人上场的规则各地区不同，甚至各酒吧也会出现差异，所以你需要询问。对这一问题的回答可能是"没错，下注"或是"好啊，把大名写在计分板上"。这既表示接受你的邀请，又在告诉你这家酒吧里取得下一场球权的办法。这个办法也是各地不同，有的地方可能是把硬币放在球台角落，也可能是在附近的计分板上写下名字。不管是哪种，众人都会知道，你会付这场球的钱，因此就不会触碰到谈钱禁忌这个令人尴尬的领域。如果你得到的回答就只是一句"是"，那么你可以继续问是"下注？"还是"在计分板上写名？"。

完成正确的自我介绍程序后，你就可以站在附近等待，观看正在进行的球局，慢慢融入现场嬉笑怒骂的气氛之中。进一步询问当地比赛规则，就是最合礼仪的攀谈方法。这类询问通常不要特指某人，也不要使用特定的人称代词之类的显示亲昵的语句，而要以"是否"这样的句型来开头。比如"黑球要击打两次吗？""是指定的落袋口，还是不指定？"得到同意加入圈子后，不成文的礼仪规则，允许你针对球赛发表适当评论。不过，只有一种评论属于安全而不失礼的范畴，那就是在击球者这一杆特别棒的时候，喊一声"中了"（shot）。特别是在男性球友之间，就只能这样评论。也许是为了弥补这个单词的短促，说的时候要特别拉长，仿佛这个词至少有两个音节，说成"sho-ot"。碰到打得很差的球时，打球者之间可能会相互揶揄、嘲弄一下，但新加入圈子的人最好缄口不言，等混得较熟时再予以调侃。

性别差异与"三种情绪"规则

酒吧游戏的行为准则有性别差异，甚至其他场合下的许多运动及竞赛性游戏也是如此。经验告诉我，男性不论是参与者还是旁观者，都通常会以冷酷、不动声色、富有男子气概的面目出现。无论是自己还是对手运气很好或是玩得出色时，都不应该又叫又跳高声喝彩。就拿飞镖游戏来举例，你可以痛骂自己的过失、可以调笑对手的过错，全都无伤大雅；但如果你因为投中二十倍得分环而欢呼雀跃，或是因为脱靶而乐得哈哈大笑的话，则会被人认为是"娘娘腔"，这在男性中间，会被视为不当行为。

一般的"三种情绪"规则适用于此。英国男人可以表达三种情绪：第一种是惊讶，但是需要以叫嚷或赌咒的方式来表达；第二种是愤怒，也需要用咒骂的方式表达；第三种是得意扬扬或者说是胜利的喜悦，也可以用上述同样方式来表达。不谙其道者，可能很难辨别出三种情绪的区别，但英国男人自己就很容易看出其中的细微差别。女性游戏参与者和旁观者可以表达的情绪则更多元，用以表达情绪的语言也更广泛。一些特定的环境，则对两性的英国化程度的要求有区别，有时女性必须更英国化一点，有时则是男性必须更英国化。在酒吧游戏环境中，男性受到的限制比女性多，但在其他场合，例如抱怨和听人抱怨的时候，不成文的规则却对女性行为有更繁琐的约束。尽管总体而言，英国男人和女人受到的约束应该大致平衡，但我总是觉得，主宰英国性格的各项规则对男人似乎要比对女人更苛刻。

公平规则

英国人很在意公平，正如前文所提到的，公平渗透进我们的生活和文化的方方面面。特别是在运动以及竞赛性游戏中，无论某些悲观论者如何批判，无论是否能够达到，公平都依旧是英国人坚守的理想。

在国际高水平运动会以及全国性运动会上，英国人与其他国家的人一样，更倾向于将竞争视作残酷无情的代名词。人们更加看重输赢，更加看重个体"超人"的人性魅力，而不是更为崇高的团队精神和运动精神。其实，在我看来，即使真有此类超人，也未必真有什么人性魅力。遇到这类超人被发现欺诈、作弊、粗暴或是缺乏运动精神，人们则会个个显得义愤填膺，或羞愧，或尴尬，竟到无地自容的地步。互相谈论的时候，大家都说，这个国家就要完了。这是两种极端的反应，不过恰恰说明英国人仍然非常看重运动伦理，世界上其他国家的人也常将英国认做这种精神的起源。

《谁代表英国？》一书，是近期大量过早论断英国民族性消亡的书之一。该书作者克利夫·艾斯莱特（Clive Aslet）抱怨说，所有高尚的理想都已经消失了，甚至连板球"这种象征运动理想的游戏，从它玩耍的方式来看，也已经变得面目全非了"。撇开 1996 年伊恩·博瑟姆（Ian Botham）和伊姆拉·汗（Imran Khan）的极不光彩的争执不谈，艾斯莱特对英国板球队最严重的指责是说队员们"没有在衣着上努力树立绅士形象"。他反对板球队员在球场之外戴着棒球帽，留着小胡子茬，穿 T 恤和短裤。他提到板球国手"不符合绅士风范的小伎俩"，但没有用实例加以证明。他然后又说"从板球队友那里惊讶地了解到"，乡间板球队之间有时也采用同样的伎俩。他说，队员们有时涂上吓人的图案，戴上可怕的头盔，以吓唬比赛对手，这在电视比赛转播中都能看得到。在一方击球队员进场时，似乎不再总受到另一方球员的鼓掌欢迎。1996 年，来自汉普郡的伍德曼科特球队被排除在全国乡村板球淘汰赛之外，理由是他们"太专业"。前两个例子我并不感到太震惊，第三个例子则似乎表明，古老的业余运动精神和公平原则，其实仍然活跃于乡间板球赛场。

就连艾斯莱特也承认，英国人哀悼运动伦理的丧失，已经起码有一个世纪。甚至几乎就在维多利亚时代的人发明了绅士风范"运动理想"的同时，这种哀悼就已经存在。英国人喜欢凭空捏造"传统"，以迎合当代的时代精神，然后几乎立即就开始以哀痛怀旧的心态哀叹起这些传统，仿佛它们曾是我们文化传统里极重要却正被蚕食的一块。

这让我想起足球，当然还有现代足球流氓的恶行。有些人抱怨这个国家走入末路，抱怨我们已经重归野蛮民族，抱怨运动已经失去昔日精神，而且总是拿足球暴力作为主要证据来支持这些论点。确实有很大一部分英国人都在作同样的抱怨，但这种现象其实正说明了我们英国人喜欢抱怨和自我批判的本性和民族性，而事实真相绝不像我们抱怨的那样，有时恰恰相反。

这些痛心疾首抱怨和发牢骚的人并不知道，足球暴力并不是什么新鲜事物。你听过"我去打了一架，突然就演变成足球比赛了"这句老掉牙的笑话吗？足球就是这样诞生的。足球比赛自 13 世纪于英国发迹始，就一直和暴力脱不了干系。中世纪足球比赛，基本上是敌对村镇年轻男子之间的激烈战斗。这种比赛有数百名"选手"参加，经常用于解决世仇、私人恩怨或是土地纠纷。其他国家曾出现数种"民间足球"，例如德国的 Knappen，佛罗伦萨的 calico in costume，但现代足球却恰恰起源于英国人的这种充满暴力的仪式。

我们现在所熟悉的足球经过维多利亚时代的改良，比起最初的足球约束更多、规矩更多。但是，暴力传统和敌对风气延续至今，在观众中、在看台上和在城镇里会时常发生。英国历史上只有两个相当短暂的时期相对免于足球暴力的肆虐，那就是两次大战之间的几年和第二次世界大战结束后的十年。纵观历史，这两个时期是例外而非通则。因此，拿现代足球暴力当证据证明运动风范或伦理最近趋于低落，很抱歉，这样的说法我可没法接受。

无论如何，我所关注的规则或理想，不是维多利亚时代的整体绅士风范，而是其基本公平观。这一观念并不必然与想赢的欲望、粗俗的装扮、金钱利益、广告赞助或是暴力不相容。我的同事马什博士证明，人类暴力，包括英国特有的足球流氓暴力，并不是毫无章法的混战，而是受规范约束的活动，而公平可能往往是其中的重要考量。足球暴力并不如大家所想象的那么普遍，或更精确地说，那么暴力。会出现一些攻击性的口号和讥讽，会出现恐吓性的动作和威胁性的话语，还有扭打，但严重的肢体暴力其实相对很少见。足球流氓的目的在于把敌对球迷吓跑，然后嘲笑他们的懦弱，而不在于痛殴对方。以下这个典型的口号，就具体说明了足球流氓的使命。这个口号是用"Seasons in the Sun"的调子唱出来的：

我们笑，我们乐，斯温登队全滚蛋。
可惜他们滚太快，我们欢乐不够长！

我无意在此替足球流氓粉饰或辩护。他们吵吵闹闹讨人厌，行为粗鲁还常常带有种族歧视。我所要表明的，只是他们的确有自己的行为准则,而公平是规范他们攻击性、暴力性冲突的礼节之中最重要的一环。

弱势者规则

　　1990年,英国保守党国会议员泰比特(Tebbit)的一席话引发众怒,造成轩然大波。他抱怨印度和巴基斯坦板球队到英国比赛时,大量英国的亚裔移民不为英国队加油,反倒为这些外国球队加油。他认为这些移民们未能通过他所谓的"板球测试"。他的矛头主要指向第二代亚裔、加勒比海裔移民,他指责他们"忠诚分裂",他认为,他们应当支持英国板球队,并借此展现他们的英国特性。"已经加入了新的国家,就应该有融入这个国家的心理准备。"

　　这项测试后来被称为"泰比特测试",其中所含有的种族歧视与无知傲慢,确实让人吃惊。难道泰比特也会建议现在英国境内的亚裔,去效仿当年英国人不请自到在亚洲殖民时的榜样吗?按照他的逻辑,如果英国球队到澳大利亚比赛,移民澳大利亚的英国人就不能为英国队加油?而住在英国的苏格兰人和威尔士人,碰到这种情形,又该怎么办?他难道不知道,只要是跟英国队对阵的球队,一定会得到苏格兰人的喝彩支持吗?英国知识分子中许多愤世嫉俗的评论家都认为,爱国热情的展示很不得体,尤其是在运动场上。而许多其他英国人也认为,狂热的爱国主义会让人有些尴尬,如果被迫为英国队加油,只会让人觉得更加愚蠢不安。按照泰比特的逻辑,难道我们这样的人,都不能算纯种英国人吗?

　　但即使撇开这些问题不谈,"泰比特测试"仍然不是考察英国国民认同感的有效方法。文化上十足"英国味"的人,不管属于哪个种族,不管来自哪个国家,都有一大特色,那就是自发地本能地为弱势一方加油的倾向。我并不是第一个注意到这种现象的人。在实地考察期间,我下决心要"深挖"英国国民模式,攫取其中精髓。而为弱势者加油的倾向正是我想深挖的模式之一。我看到过很多例证,但最让我印象深刻并且十分有助于我了解弱势者规则的深刻性与复杂性的,莫过于2002年的温布尔登网球赛的男单决赛。

　　在网球迷们的眼中,这场比赛与历来温布尔登的决赛赛况相比,实在是逊色很多。但我进去不是为了看球,而是看观众,我觉得这非常有意思。这场比赛由世界闻名的澳大利亚种子选手休威特（Lleyton Hewitt）对阵阿根廷名不见经传的小将纳尔班迪安（David Nalbandian），后者是第一次出现在温网。结果正如大家所料，休威特以6∶1，6∶3和6∶2的比分连下三盘，轻松夺冠。

比赛一开始，所有英国观众一边倒地替纳尔班迪安加油。纳尔班迪安每打出一个好球或每得一点，观众就鼓掌欢呼，高声喝彩；相反，休威特只得到一些象征性的礼貌性的鼓掌。我问身边的英国观众为何支持阿根廷人，尤其是英国与阿根廷两国素来没有交好，不久前还打了一仗。结果他们解释说，这与国籍无关。纳尔班迪安明显处于劣势，赢球希望渺茫，理应给予支持。他们似乎很惊讶我竟会提出这样的问题，好几个人还一字一顿地讲给我听，"你当然得支持落后一方。""你必须支持弱势一方。"他们肯定的语气表明，我其实早应该知道这一点，这条规则天经地义。

我心想，好哇，又是一个"英国性格规则"被我收入囊中。我觉得很得意，心满意足地看了一会儿，开始觉得无聊，于是想着是否该溜出去买个冰淇淋的时候，一桩怪事发生了。这时，休威特打出一个特别好的球。我本人并不知道好坏，但我发现身边的人立刻为他欢呼、喝彩、鼓掌。"嗯？"我问，"慢着。你们不是支持处在落后地位的纳尔班迪安吗？怎么现在反而为休威特加油了呢？"这次，这些英国观众给出的解释却很模糊，主要的意思是说，休威特毕竟打得太好，而大家先前一直为落后的纳尔班迪安加油，可休威特打得实在太好，却几乎得不到观众的支持和鼓励，观众们觉得这似乎又很不公平。由于之前一直替休威特的对手加油，感到很过意不去，于是现在开始为他加油，这样就能够平衡一下双方。换句话说，原先居于强势的休威特，现在却在运动伦理中处于弱势了，当然应该得到观众们的支持。

这种情况维持了好一阵子。我从百无聊赖中清醒过来，重新密切注意观众的言行。在给休威特加油的声音渐弱之后，观众又开始一边倒地支持纳尔班迪安。这时，我准备好了新的问题。我问："这次又是怎么一回事呢？你们为什么不再给休威特加油？难道他打得不够好吗？"不是，他显然打得更好。关键就在这里。休威特已经胜券在握，纳尔班迪安负隅顽抗，毫无赢球希望，快要被扫荡出局了。所以，观众又开始一边倒地高声鼓励；而休威特此时高高在上，势如破竹，观众就只给予礼貌性的鼓掌，这其实也是再合理不过的事情。

因此，根据英国人的公平观念，我们必须支持弱势者，但过度支持落后一方，却又可能形成对领先一方的不公平。于是在名誉上，强势者暂时又成为受损的弱势，需要恢复均势之后，或是对落后一方绝对赢球无望之后，你则又必须回过头来支持那位真正的球场弱势一方。确实，这并不复杂。只要知道规则就绝对没问题。至少在温网赛场，这相对简单，因为谁强谁弱，一目了然。但若强弱之势不很明了时，英国人就会犹豫不决，麻烦丛生。设若强势者恰恰又是英国队选手或球队时，问题就更大，因为公平原则要求我们起码要给弱势者一些支持。

足球球迷是最爱国的运动迷。在国际比赛中有英国队或是在当地比赛中有自己支持的队伍时，他们自然会支持本国或本地方的球队，这种情况下不会出现违反公平原则的困惑。但若场上两支队伍都不是他们热切的支持对象，而且强势一方趾高气扬，对比赛结果自信到侮辱人的程度时，连那些球迷也可能会去为弱势队振臂加油。许多英国足球迷会终其一生执著于一支球技差、夺冠无望的三级球队。即使这支队伍踢得再烂，他们也矢志不悔。有一条不成文的规则就指出，年轻时选定的支持球队，很可能就会终其一生支持它，成为它的终生铁杆。你可能会欣赏甚至钦佩一流的球队，比如曼联的球技就很不错，但你所支持的却仍然会是斯温登队或斯塔克波特或是其他球队，总之就是你小时候曾经支持过的那支队伍。你若不支持家乡的球队没有关系，英国各地就有许多年轻人支持曼联、切尔西或是阿森纳队，重点在于挑定球队后就必须坚持到底。你绝不会因为阿森纳队踢了一场好球，就追风而去，抛弃曼联。

赛马是英国另一项着迷的亚文化，我在这个领域研究了三年，还写了一本书。赛马其实比足球更有资格被称作我们的"民族运动"。但这不是按照观众人数来评价，而是因为赛马所吸引的观众更有代表性。在马场，你会看到英国人奉行公平原则和弱势者规则的极端例子，甚至可以说，马场能够展现英国性格的全貌。在观看赛马时，你会看到英国人言行举止充分展现民族本色。马场创造出独特的"社会交往小环境"，它的特色是社交限制相对较少，气氛相对宽松，每个人都格外彬彬有礼。在这种小环境下，我们也似乎表现出英国民族性中最好的一面。

我发现，人们在马场中的交往充分证明，年轻男孩们聚在一起，不是像一般人所认为的那样捣乱滋事。在运动场所的亢奋状态下，他们确实可能一起灌酒、赌博，但不太可能打架闹事。而同样的一帮年轻男子，在足球场上或是周六晚上的闹市区，则可能会暴力十足，砸毁公物、野蛮无礼。然而，又是同样的一群人，若是来到赛马场，却完全藏匿起这些讨厌的恶行，他们撞到人会主动道歉，甚至在被人撞时，也会发扬英国人的优良传统，向对方道歉，他们还会很有礼貌地为女士开门，真是难能可贵。

俱乐部规则

英国人既有强烈的个人主义倾向，又很喜欢组织和参加各类俱乐部。既执迷于保护个人隐私，又喜欢加入社团，这两者当然有矛盾，也让一些评论家百思不得其解。帕克斯曼指出，世人眼中不爱与人打交道、独来独往、贪恋个人隐私的英国人，却几乎在每个领域都有相应的社团，"钓鱼、球迷、打扑克、插花、赛鸽、果酱制作、骑自行车、赏鸟，甚至度假都有社团。"我可不想列得比他更详细，因为那会占去本书篇幅的一半。每个你能想到的英国人的休闲活动都会有一份或好几份相应的杂志，同样地，每个休闲活动也都有好几个相对应的社团，下面还设有许多工作地区分支机构和更小的分部，甚至还有全国性协会。通常一种休闲活动会有两个相对立的全国性协会，彼此活动上的看法大同小异，但却花去大量时间彼此斗口，乐在其中。

帕克斯曼引用19世纪法国政治学家托克维尔（Tocquevile）的话说，他不明白"英国人为什么既能如此特立独行，又能津津有味地组织各类社团。外向参与和内向独处这两种精神特质，为什么能够在同一个民族身上如此高度结合？"而他本人似乎也认同托克维尔从经济学角度给出的实用主义解释。这个解释认为，随着历史的推移，当英国人发现靠一己之力无法达到目的时，就通过建立协会组织来聚集力量，他还强调，是否加入俱乐部其实也是根据个人自主意志而定。

我则认为，社团的成立主要出于社交目的，而不是实际利益需要或是经济利益需要，但我也同意，个人自主的意志选择亦是很值得关注的一个内容。英国人对于随机的、无事先安排的、自发性的、街角偶遇性质的人际交往，不很热衷，也不擅长，因为这会让英国人觉得浑身不自在。我们偏爱在自己所选定的时间、地点，用一种有组织有条理的方式展开社交，而且这种社交还拥有我们可以争论不休的规则，比如议程、日程或每月定期来信。特别重要的是，正如我们看待运动和竞赛型游戏的方式一样，我们一律把插花、戏剧表演、慈善活动、养兔子之类的任何一种社团或协会活动，假装当成大家聚在一起的目的，却把真正的社交联谊目的当做活动的副产品。

这又是自欺欺人的行为。英国人为什么要不断组织俱乐部和社团，这与英国人为什么会有这么多的运动及竞赛类游戏一样，全都是因为我们需要道具和辅助性工具来协助我们与他们的交往、克服社交拘泥症，同时我们也需要这样一种不为社交而为其他现实目标或共同利益济济一堂的假象，似乎确实有一项事业凭一人之力无法完成而迫使众人聚集一般。托克维尔和帕克斯曼从现实需求的角度出发，解释英国人喜欢发起并参加社团活动的习惯。这个解释本身就非常符合英国人的典型作风，因为它与英式假象相符，自己却不承认是个假象。这些社团成立的真正目的，其实正是促进我们所急需的人际交往和联谊。这一点，我们都不愿意坦白承认，甚至对自己都不愿承认。

典型的英国人可能会驳斥我的说法。我自己也很不喜欢这种说法，我宁可相信，我加入阿拉伯马俱乐部并出席俱乐部的地区会议，是因为我养了一只阿拉伯种马，是因为我喜欢养它，喜欢骑它，喜欢参加马展，喜欢赛马，并且喜欢与诸位同仁探讨马经。可以的话，我宁可认为我在大学时参加的无数左翼政治团体、无数示威游行以及世界削减核武器协会，都是因为坚持我的原则和信仰使然。①严肃地说，我的这些参与全都发自内心，毫无做作。我并不是想批判一切英国人，说他们只知装

---

① 如果这里有人怀疑我缺乏英式幽默，而且过分热情的话，我要加上一句，我还加入一个搞笑组织，它的缩写就是 SAVE，指的是"学生反对一切组织"（Students Against Virtually Everything）。

模作样，为了社交搬出冠冕堂皇的虚假理由。但是，扪心自问，我不得不承认，我也喜欢有归属感，喜欢与志同道合、兴趣相投的人待在一起时的那种愉悦。毕竟在公共场合或是只为社交目的而设的聚会上，我也确实感受过那种因为缺乏对马的共同兴趣或对政治话题的共同爱好，而需要努力寻找话题没话找话的极大困惑与不自在。

如果你是英国某个俱乐部或是协会的成员，可能也无法接受我们将所有俱乐部混为一谈。不过，我很抱歉地坚持，阿拉伯马俱乐部和削减核武器协会之间，或者是"女性协会"聚会与摩托车俱乐部之间，确实没什么重大差别。我现在仍是英国许多工作俱乐部及协会的成员，在我研究期间，我也不揣冒昧造访多家俱乐部和协会，而它们实在是大同小异。阿拉伯马俱乐部、削减核武器协会、女性协会、摩托车行动队的地区分会和小镇分会，它们的运作模式都差不多。首先，就是英国人初次见面时一贯的不自在的寒暄、说笑、互相聊聊宽泛的天气话题。会场有茶、三明治或饼干，运气好的话三种全有。大家照例闲聊一番、抱怨一番，讲一些只有圈内人士才懂的笑话。接着清清嗓子，试图在不显得自高自大或自命不凡的同时开始开会。不成文的规则要求大家在使用"议事日程"、"议事录"、"主席"等正式开会用语的时候，要带着微微自嘲的口气，让人觉得自己不是把这事太当真，若真的遇到一两位太当真的发言冗长的人，则一律要转动眼珠，表示不耐烦。

开会时会讨论重要事情，中间穿插笑话，批评对手或是同一性质的敌对社团。比如，摩托车行动队就会批判英国摩托车联盟。还要处理成员间为了琐屑小事而引发的地盘争执。偶尔会进行决议，但却很少达成共识，总是要留到下一次会议再做决定。然后大家再喝茶，再说话，再闲聊，再发牢骚。我敢打赌，发牢骚一定必不可少，英国任何俱乐部或社团协会成员，都必然会有遭误解或被利用的主观感受。会议最后，还要以英国人一向拖泥带水的冗长道别仪式作结尾。有时会请外面的人来演讲或致辞。对于外面的人，一定会给予丰盛的招待，让他觉得宾至如归。即使演讲的内容再乏味，再平庸，都要礼貌地给予掌声。但基本模式总是不变。看过一场英国俱乐部或协会开会，等于看过所有英国俱乐部或协会开会的情景了。我还参加过一场无政府主义者的会议，内容流程也都一样，反而比普通会议更有条理。第二天，会议成员上街示威，竟全都穿着黑色统一服装，打着专业标语，迈着整齐有序的步伐，齐声高喊口号。

酒吧规则

现在你可能感觉到，我将酒吧视作多么重要的英国文化窗口！酒吧能够帮助受到抑制的英国人与他人正常交往，增进感情。作为"社交道具"，酒吧无疑是受欢迎的。英国境内约有500万家酒吧，经常光顾酒吧的人占了全英总人口的四分之三，其中许多人是"常客"，把家附近的酒吧当做第二个家。英国人对酒吧的全民热情丝毫没有衰减。整体而言，约三分之一的成年人是"常客"，他们每周至少去一次酒吧。在较年轻一些的人群中，则有高达64%的人属于常客。

我提到"酒吧"这个字眼，大家可能以为哪里的酒吧都一样，其实不然。如今酒吧类型多得叫人眼花缭乱，其中有学生吧、青年吧、主题吧、亲子吧、美食吧、网络吧、运动吧、咖啡吧、葡萄酒吧等等。这些新奇的酒吧引来许多批评，有些人对此大惊小怪，怒火中烧，发出警告，或者发出悲观不满之叹。酒吧已经变了样。现在全都是时尚新潮的酒吧，找不到地道的传统酒吧了，于是又会出现一帮人，哀叹这个国家要完蛋了，世界末日已经临近了。诸如此类。

这种怀旧式牢骚，这种未经深思熟虑就宣告绝望的作风并不少见。二十多年前，就有一本书，名字叫做《英国酒吧的消亡》。我想，不知这位作者如今经过玫瑰与皇冠酒吧或是红狮酒吧门口，看到里面高朋满座，有人畅饮，有人掷飞镖，不亦乐乎的场景，会有什么想法？诸如此类贸然作出的悼亡之论，有些是出于英国人爱抱怨的本性，有些则是出于"人种迷失"的综合反应。后者看到林林总总的新式酒吧，感叹传统酒吧之风格不再，认为新潮令人目眩神迷，找不到自我，却看不到深藏其间的两者本质的联系与相似点，看不到指导酒吧的那些习惯与规则仍然根深蒂固。而前者的抱怨其实也是只见树木不见森林。其实，那些新酒吧仍然只占少数，大部分集中在市中心，较为传统的离家很近的酒吧仍然有成千上万家。

是的，有些乡间酒吧经营得十分辛苦，小村子里的酒吧有些不得不停止营业。这确实令人痛心，因为没有酒吧，小村就不像小村，所以每发生一桩这样的事，当地报纸上必会出现抗议声浪，必有村民怒声抗议要求拯救酒吧，手上还拿着"救救酒吧"的标语牌。但是，若真要拯救酒吧，唯一的办法就是吸引更多的人到那里消费。可是，乡间酒吧常常门可罗雀，乡间杂货店的倒闭，也面临同样的问题。每个人都想拯救村里的商店和酒吧，问题是他们自己却并不怎么喜欢去那里购物消费。英国人自己似乎看不到这中间的矛盾之处，或者说是看到了却故意来一次英式虚伪。

然而英国酒吧作为重要的社交机构，作为一种小环境小社会，仍然处在欣欣向荣的状态，其中那套不成文的古老规则也依然稳定未变。在前面关于酒吧聊天的那一章，我已经介绍了许多规则。酒吧是专门用来社交的重要社会机构，即使对英国人来讲，社交都必然涉及沟通，因而大部分酒吧的规则与语言及肢体语言有关。在竞赛性游戏那一节中，我们也进一步谈到一些酒吧规则，但仍有一些非常重要的酒吧规则有待探讨，比如饮酒规范。我指的不是官方管制卖酒的法令，而是社交性饮酒方面更重要的大量不成文规则。

饮酒规则

研究一个国家的饮酒规则，就可以了解到这个国家的文化，而每种文化都会有自己的饮酒规则，根本没有随性饮酒这回事。凡是有饮酒文化的地方，其饮酒行为必然受到规则约束。谁可以喝多少酒，喝什么样的酒，何时何地与谁喝，怎样喝，喝出什么效果，都有特定的规定和原则。这本是意料之中的事。前文我曾指出，人类与动物的区别在于人类钟爱规则，就连吃饭、交配这种最基本最核心的人类活动，也都被套上有别于动物的细密规则与仪式。不过，用来规范饮酒的不成文规则和准则，远比食色性方面的规则，更能够反映出不同文化中价值观、信仰与态度的个性与差异。人类学家德文特·希斯（Dwight Heath）的阐述十分雄辩有力。他写道："正如饮酒和醉酒效应深植于文化的各个方面一样，一种文化的其他各个方面也同样深植在饮酒之中。"因此，如果要了解英国人的性格特点，就必须更仔细地研究英国人饮酒行为中所蕴含的性格特点。

请酒规则

请喝酒这个习俗全球通用，英国人尤甚，喜欢轮流请酒。在所有文化中，喝酒都是一种十分重要的社交活动，有助于培养社交互动中的友谊。英国人当然也不例外，在喝酒方面有着互惠的安排。而英国人与众不同之处在于，去酒吧的英国人，往往把轮流请酒当成一种必须遵守而且极端重要的仪式。遵守轮流请酒规则的人，不仅仅为了举止优良，更因为这是一项神圣的使命。如果不能在轮到你的时候买酒，不仅会被认作失礼，而且甚至会被视为异教徒。

在为一本关于酒吧礼仪的小书做研究时，我与外国游客谈论这一点，他们觉得这种仪式有点极端。他们问，为什么轮流请酒对英国人而言如此重要呢？在那本书里，我称其中原因在于它防止了流血事件的发生。对于非人类学家而言，这听起来可能更极端，所以，我就再做一些解释。互相赠送礼物总是集团、家庭、家族、部落、国家和个人之间最有效的防止互相攻击的方式。在英国喝酒的人当中，或者更确切地说，是英国男性饮酒者之间，则更需要这种维持和平机制。这是因为英国男人不擅长社交，很容易变得充满攻击性。比如我们前面已经提过的，男人在酒吧里的交谈往往会陷入激烈争执之中，因此需要东西来化解这些语言争端，使大家不至于太较真，不至于使争论升级为肢体冲突。请"对手"喝杯酒，正与握手有着同样的象征意义，表明双方仍是朋友。一位非常有经验的酒吧女老板告诉我，"如果男人不互相买酒，他们就会争斗。他们叫骂赌咒全没关系，只要还能互相买酒，我就知道酒吧里不会出事。"我个人也见证了许多明显升温的语言交换，最终在友好的一句"不管怎样，该你请酒！"或是"我想又该我请了，对不？"或是"哦，别争了，每人一杯，怎么样？"的声音中消弭。

请同伴喝酒十分有用，除了可以防止流血冲突，还是英国男人借以表情达意的另类手段。英国男人一般害怕亲密，但他们也是人，也需要和其他人，特别是其他男人增进友谊。这就必须找出办法让男人之间也可以说"我喜欢你",而不至于让人觉得肉麻。幸亏有相互请酒的方式,正好用来表达男人之间的感情,同时又不影响男人的尊严。

我们十分重视朋友间互相买酒,这一点又一次证明英国人追求公平。互相请酒就和排除一样,讲究的是一个轮流。但就像英国人礼仪的其他方面一样,互相请酒的不成文规则非常复杂,有许多不可或缺的次条款和例外。加上"公平"一词的含义非常难把握,每个人请酒的钱大致相等,未必就是"公平"。互相请酒的规则如下:

- 只要两人或两个人以上一起喝酒,必定要请在座的每个人喝酒。这并不是什么利他行为,只不过是因为人们知道,请完之后必有一轮回请。每个人都请完之后,整个过程回到起点,由第一个请客的人重新开始。

- 除非这群人在酒吧的吧台边喝酒,否则请酒的人同时也必须充当侍者。"请大家喝一杯"不只是付酒钱,还要亲自到吧台点酒,亲自将酒端到桌边。如果被请的人很多,也许会有另一个人帮忙。但帮忙不是必须的,请酒人自己往往要到吧台跑两三趟全部端完。请酒既包括送人以酒,也包括送人以相应的礼仪,端酒就是赠礼的一部分。

- 请人喝酒中体现出的"公平",并不十分严格。一轮有一个人可能请了两次,其他人却只请了一次。几轮下来,可能获得大致的公平。但如果对此斤斤计较,那是极为糟糕失礼的表现。

- 事实上,任何小家子气,斤斤计较或者对请酒规则没有一心一意遵守的行为,都会招致他人的强烈反感。在英国男人眼中,如果被人说出"他没请过酒"这样的话,无异于一种纯粹的侮辱。因此,请酒时务必争先恐后,主动说"该我请了"四个字,否则要是别人全都请完了,明显只剩你一个,就不好了。

- 我有一个发现,颇让人惊讶。那些抢先下手,总是第一个请酒的人,与等待观望磨蹭到最后阶段才开始请酒的人,平均下来花的钱竟然一样多。事实上,抢先下手的人不但不会吃亏,甚至经常会比等待磨蹭的人花的钱更少,因为他们人缘好,又显得大方,所以其他人对他也会十分慷慨。

- 千万不要等到其他同伴的酒杯都空了,才说下一轮由你来请。正确的时机是，在大部分人的酒喝得只剩下四分之一时，就该说"我来请"。这一规则并不是要表明请客的人如何慷慨，而是要确保杯中酒不致断供。任何人都不能空着酒杯，即使空几分钟也不行。

- 偶尔拒绝他人请酒也是可以接受的。但是，不要引起争论，也不要拿饮酒要有节制之类的话去劝诫或说教。而且，即使你少喝了一轮，到该你请的时候，你还是要义不容辞。你喝得比别人少，你的请客义务不能少。不过，在请酒是一种和解的姿态或者是一种明确而重要的交友表示时，你便不好拒绝，否则会很失礼。

一般而言，神圣的请酒仪式，每个人必须履行，不许有借口，不许有意外。但是，请酒规则也会有一些例外，喝酒的人数多少和人员构成有关。

人数例外 在人数非常多的时候，如果按照规则每个人请一轮酒，那么花费就太大了，吓跑请酒的人。不过，这并不能算作仪式例外的正当理由。所以，人们自然而然地采用变通做法，将大团队分割成好几个小团队。这种分割完全自发，绝无强制，每个小团队就是同样履行着请酒仪式。另一种变通办法，是通过"抽税"方式进行的。每个人都要解囊相助给点儿钱，形成一笔"公用基金"，然后由"监工"拿着这笔钱为所有人买酒。而最后一种变通方式，则是大团队的每个成员自己单独去买酒，这种方式则用得最少，只在学生和低收入者之间行得通。

夫妻例外 在某些社交团体中，夫妻请喝酒时算作一个人，因为只有男性才需要请酒。现在的年轻一辈很少采用这一例外，除非是为了刻意体现老派绅士作风才会偶见一次。而在年龄超过40岁的英国男人们中，这种做法则很普及。有些年纪较大的英国男人，则完全无法接受女人请酒。在他们眼中，夫妻例外其实适用于所有女性，即使她没有男士陪同，也不能请酒。这一类作风老派的男人如果自己携女伴饮酒，大多会坚持由自己一个人出面请酒，而年轻男性则通常希望女伴同样照规则请酒。

女性例外 女人通常不像男人那样看重请酒规则。如果一群人中有男有女，女人会谨遵规则以迎合身边的男士。但在纯女性聚会之中，你会看到各种各样不符规则甚至将规则抛到脑后的古怪情形。女人也会相互请酒，但请酒并不是很重要的事情。女人不会计较该谁请了，不会为谁已经请了、谁还没请之类的事情争吵。女人眼中，为请酒细节争来争去的男人们真是无聊得让人腻味。

这种现象背后最主要的原因，在于女人有许多种沟通的形式，不需要请酒这种"液体握手"的方式，也不需要争论来沟通与巩固友谊，自然也就不需要什么维持和平规则。而且，女人们一般比较容易表达出对对方的喜爱，擅长用赞扬、闲聊或互揭隐私等其他方式来造就亲密关系。英国女性，可能比起其他文化下较少压抑的女性，更在意保护自己的隐私。她们一般不会刚认识五分钟，就大讲自己离婚、剖腹产以及医生的劝诫等等。但是，英国女人一旦成为好友，聊这类事情就不算什么。而英国男性则相反，他们跟最好最知心的朋友在一起，也都有所保留，绝不会聊到这种地步。

有些英国男人甚至觉得，"朋友"（friend）这个词不好意思说出口，有点儿肉麻，他们可能更爱用"伙计"（mate）一词。称兄道弟没问题，并不需要以了解其私生活细节为前提，也不需要知道他的喜怒哀乐。不过，如果情绪变化源自他的球队或他的车，那就另当别论。伙计、好伙计、老伙计，这些词表面上体现了很高的亲密程度，但即使是"老伙计"，却也可能对你的婚姻问题一无所知。即使你真的要谈这类问题，你也只能用戏谑或发牢骚的口气来说。而他只会回应一句"哼！女人！一向如此！"但是，他却会为你两肋插刀，你也一样。尽管他可能叫不出你的小孩的名字，但他却对你打高尔夫的弱点了如指掌，你们确实非常关心对方。不过，即便如此，也绝没有大讲这种交情的必要，为什么要弄得大家尴尬呢？请酒就好！该你了，伙计。

物以类聚，人以酒别

在所有文化中，只要酒的品种不止一种，就必然会被赋予不同的社会含义，而这些划分也反过来帮助定义了人类社会。这是又一种十分重要的"全人类通性"。没有哪种酒不具有社会性。在英国，与在世界各地都一样，"你喝什么酒"这样一个问题，是个富有社会含义的问题。我们会根据答案来评价对方，界定对方属于哪一种人。选什么样的酒，绝对不只是什么个人喜好的问题。

酒精饮料向来被用作社会指示器，象征着英国社会中两种最重要的功能：社会地位和性别差异。选择什么样的酒，至少在公开场合中，主要功能取决于性别和阶级，不过会因为年龄的差别而有些微小变化。其规则如下：

- 工人阶级和中下阶级的女性，可选择的酒的范围最广。鸡尾酒、甜味或奶油利口酒、各种不同的带酒精的软饮料、啤酒以及事先调制好瓶装出售的所谓"时尚饮料"，几乎什么都可以点。只有一点限制，表现在啤酒杯的大小上。在许多工人阶级和中下阶级人士眼中，用一品脱的杯子喝啤酒不够女性化。因此，这一阶级的女性大多用半品脱的杯子。如果你用一品脱的杯子，会被视作"假小子"、"男人婆"，被视为语气粗鲁、爱喝酒的那种女人。也许有些女人故意扮成这样，但毕竟还是少数。

- 中产阶级中层以及中产阶级上层的女性，选择酒的自由度仅次于前者。她们的选择范围略小，如果点比较甜腻的酒或奶油多的利口酒、鸡尾酒，会被人视为低俗，比如你若点百利酒或梨子味汽酒，必会有人挤眉弄眼斜视你。但是，这个阶级的女性可以喝任何葡萄酒、烈酒、雪利酒、软饮料、苹果酒或是啤酒。她们可以用一品脱的杯子喝啤酒，这也普遍被本阶层的人接受，至少在年轻的女性，特别是学生之间较为普遍。我发现，在中上层阶级的年轻女性圈子里，如果有人要点所谓"淑女"的半品脱而不是一品脱的啤酒，恐怕还得向周围人费心解释一番。

- 中产阶级以及上层阶级男性的选择，要比同一阶层的女性受限许多，大概只能点啤酒、烈酒或者淡一点的调和酒、无甜味的葡萄酒和软饮料。凡是带甜味和奶油的酒，都会被疑为"女人气"。不能在酒吧里点鸡尾酒，鸡尾酒只能在鸡尾酒会或鸡尾酒吧喝。

- 工人阶级男性几乎没有选择余地，他们只能喝啤酒或烈酒，其他则都属于女人的酒。年纪大一点的工人阶级男性，甚至连一些淡一点的调和酒都不能喝。金汤力在某些圈子里勉强可以被接受，成分不明的调和酒则不受欢迎。年轻一些的工人阶级男性选择的范围比较广，不过酒精浓度同样要求很高，比如最新奇的"时尚饮料"伏特加兑可乐，他们就可以喝。

醉酒规则，以及如何变得喧闹、粗鲁、令人讨厌

酒精对行为的影响，取决于社会和文化规则，而不是酒精的化学成分。这同样也是一种"全球共通"之处。饮酒时的行为，因为文化差异而有很大的不同。在某些社会，比如英国、美国、澳大利亚以及斯堪的纳维亚的部分地区，一提到喝酒，就会让人想起暴力、攻击、反社会行为，但在其他地区，比如拉美、地中海地区，喝酒的时候，人们的举止大体会维持平静与和谐。这种差别并不能归因于饮用量的多少，也不属于基因差异，而是明显与该文化对酒的看法，与人们对受酒精影响后的期望值，以及与规范醉酒行为的社会规则有关。

上述论断已经成为不争的事实，不仅被跨文化研究所证实，而且也被标准的科学实验所证实，包括使用了双重保密法与安慰剂效应等多种方式。简而言之，这些实验证明，当人们认为自己在饮酒时，他们的行为必定会符合所在文化对饮酒后果的看法。举个例子，英国人深信酒能够化解外在限制，特别是觉得酒会让人横生淫欲并变得富有攻击性，因此当他们拿到他们所认为的酒精饮料，其实是安慰剂的时候，他们就会自动摆脱所受的社会压抑，变得喜欢调情。而男性，尤其是年轻男性，则变得具有攻击性。

这让我想起英国人用以克服其社交拘泥症的第三种方式，那就是"变得喧闹、粗鲁、令人讨厌"。我并不是第一个注意到英国人性格中这种令人讨厌的因素的人。外国游客们数百年来早已批评不断，像足球流氓、公路暴行、喝啤酒后的粗鲁举止、可恶的邻居、酗酒斗殴、青少年犯罪、骚乱以及其他无耻行为，加上我们喜欢自责的民族习惯，所以报纸每个星期都会登出此类事件。一般而言，对于这些行为，报纸上要么模糊地归因为一种本源性的"道德堕落"，要么就是归咎于酒精影响，或者两者兼而有之。这些解释根本站不住脚。即使对英国社会史一知半解的人，也都知道，这种种酒后无序行为，绝非今日独有。撇开安慰剂实验的效果先不谈，众所周知，有许多国家的人饮酒量比我们大得多，但他们却并未因此变得粗鲁暴力，让人讨厌。

英国人坚信酒会影响行为，这种看法无疑是造成上述不当行为的原因，至少是原因之一。因为这种看法其实是一种自我验证的怪圈。如果你坚信喝了酒会让人具有攻击性，那么酒就真的具有这项作用。但还有一个问题没有解决，那就是，英国人为什么会持有这种看法？酒是乱性之物，这种观念并非英国人独有，其他一些文化也有类似看法。在人类学家和对此感兴趣的社会学家的眼中，这种文化是"模糊的"、"饥渴的"、"漂移的"和"节欲的"，人们用一种交织着矛盾爱恨，充满道德观念，品尝禁果般的心态看待酒。这种心态往往是历史上多次禁酒运动的产物。与此种文化相对应的，则是"完整的"、"饱满的"、"地中海式的"和"不节制的"文化，这种文化视酒为生活中寻常、不可或缺、理所当然的东西。而且，这种文化往往很幸运，一直没有受到禁酒运动的青睐。"完整的"饮酒文化中，人均酒精消耗通常高许多，却很少有那种困扰前一种文化的与酒有关的社会及精神问题。

在我从事跨文化研究的同行和其他客观的"酒专家"眼中，这些都是再明白不过的基本道理。对于那些无法接受或不愿意接受这些道理的英国人，我们无疑都已经厌烦于向他们不断重复这些看法。我的职业生涯有相当多的时间耗在与酒有关的研究上面。十多年来，政府部门、警方研讨会、不安的酿酒者以及其他相关人士多次向我和我的同事咨询专业意见，我们也不断出示雄辩有力的跨文化和实验证据。

然后，每个人都会很惊讶地问，"真的吗？你是说这个世界上真有一些文化，并不坚信酒会催生暴力吗？第一次听说啊！"然后，就会有人很礼貌地坚持自己的看法，认为酒是万恶之源，让人变坏。这就像是要偏远的部落民解释雨的成因一样，他们对巫师和求雨师的神力坚信不疑，表面上会对你的说法称是，骨子里却仍然认为下雨是因为祖先在生气，因为巫师没能在适当的时机跳求雨舞或宰山羊祭祖，因为某个没有割过包皮的小男孩或是某个正在来月经的妇女触摸了圣器。每个人都会这样认为。同样，每个人也都认为喝酒会解除外在压抑，所以人们开始打架滋事。

或者更准确地说，根据"酒与公开无序行为"研讨会上某些人士的说法，酒让其他人做出无序行为。我们相信酒会乱性，并开始担忧这个问题，却认为自己不会受其影响。在公司圣诞派对上，或者和朋友喝了几瓶上好的葡萄酒之后，或是在酒吧之类的地方喝了金汤力之后，我们也能够醉倒酣眠，不去打架闹事口出狂言；而且，酒似乎专门能让工人阶级变得更加暴力粗俗。要是仔细想想这些看法，你会觉得酒真是神奇，比求雨仪式更加法力无边。我们对酒的威力抱有这些奇怪的看法，因为这些看法和其他非理性的宗教信条一样，有助于解释一些我们所不理解的事物。在此，则是有助于我们避开下面这个问题：为什么素来谦恭有礼、拘谨、自制而且广受赞赏的英国人，却同时会因粗鲁无礼富有暴力而著称于世？通过归罪于酒精，我们就避开了这个令人不安的问题。

　　我认为，我们的谦恭拘谨和令人讨厌的暴力倾向，恰是一枚硬币的两面。更准确地说，它们都是社交拘泥症的外在症状。我们天生不热衷于与人交往，而根深蒂固的外在规范，使我们难以表情达意，难以与他们进行轻松友好的互动，但对于其他大部分国家而言，这似乎是自然而然的事情。我们为什么变成这样，为什么患有这种病症，原因仍然不明。我写完这本书，却未能解开这个谜团。但是，不必知道它的原因，我们也仍然可以诊断出种种症状与异常之处。心理疾病，不管在个人层面还是国家层面，往往都很难或者根本不能查出病因。但是，我们依然可以诊断出病人是自闭症，还是旷野恐惧症，抑或是其他心理疾病。社交拘泥症正是这样一种心理疾病。我在这里只是随意提到几种心理疾病的名字，但联想到社交拘泥症，我猛然发现，它其实竟与自闭症、旷野恐惧症的症状有几分相似。不过，我们还是要宽容一点，姑且称英国人"不擅长社交"吧。

　　不管称之为什么，英国人的社交拘泥症症状都牵扯出相对立的极端。在社交场合，我们绝大多数时间会感到拘泥或尴尬。这时，我们要么变得特别有礼、特别谦恭、特别沉默或者惴惴不安的克制，要么就变得喧闹、粗鲁、挑衅、充满暴力、叫人无法忍受。英国人似乎无法进入两者之间的状态，更做不到明智的中庸之道。不管有没有万恶的酒精因素，英国各个阶级的人都会常常表现出这两种极端。

　　但是，"喧闹、可恶"等极端，往往只出现在"解除礼仪"的特殊场合，比如周五、周六晚上的镇中心和国内外度假的时候。在这种场合，年轻人习惯于成群结队到酒吧、夜总会，一起喝到大醉。喝醉并不是此类场合晚间娱乐的意外，而恰恰是第一目标。寻欢作乐、外出度假的英国年轻男女，会处心积虑地要去达到这一目标，而且几乎每次都能如愿以偿。要知道，我们英国人，即使喝下的全是不含酒精的安慰剂，也照样能如醉酒般狂吠。为了向同伴证明自己达到了合乎规则要求的醉酒程度，年轻人通常还会强迫自己做出"疯狂"之事，刻意表现出与社会规范脱节的混乱与放纵。这种刻意为之的行为，可用方法相对有限，也完全不会受到失礼的指控。轻者会跟着叫嚣或骂粗话，重者则较为炫耀，较为失礼，夸张怪异。比如拉下拉链露屁股，英国年轻男性认为屁股天生就很逗趣。打架则较为罕见。

极少数人认为，周六晚的放纵，若不以打架收场，简直就是不完美。但这种打架，通常是受到规则约束的，可预期的，而且几乎都是事先安排好的，主要是一些显摆男子气概的夸张姿态，偶尔会在醉酒后挥几下老拳。起因也很简单，往往只是几分之一秒的眼神接触，就互相看着不顺眼。一般英国年轻人喝醉之后，很容易就打起架来。只要瞄着对方的时间稍微长一点，超过一秒钟就行，因为英国人本来就不喜欢和人眼神对接。然后再加一句"你看什么看?!"接着对方就会反击一句"你看什么看?!"这样子似乎非常像英国人互相说"你好"寒暄一般。我们英国人，连讨厌对方的时候，也像喜欢对方一样，方式都很笨拙、粗俗、非理性。

必须说，有些年轻人是用大麻、摇头丸之类非法"娱乐药品"作为社交道具的。对于这些人来讲，就很少打架了。英国人相信吸食大麻能令人飘飘然，轻松愉快，用流行的词汇来讲，是有 chilled out（放松一下）的感觉；英国人深信摇头丸能够让人精力充沛，情绪亢奋，能够融入寻欢作乐的人群之中，而且舞技大长。除了舞技增长以外，其他几项恐怕都属于信则灵的范畴。你自以为吃了它会如此，那么就会真的得到这种效果。于是，所有人乐在其中飘飘然。

玩乐规则与英国性格

玩乐规则进一步证明了英国性格中的要点和所有常态：比如幽默、

虚伪、阶级焦虑、公平竞争、谦虚等等。经验主义似乎也是英国文化密码中不可或缺的强大组成部分。但本章大部分规则都围绕着英国性格的一个突出特点，那就是我所称的"社交拘泥症"，我们受到限制，自我封闭，与生俱来的社交困境，甚至快要达到医学上所谓的自闭症和旷野恐惧症。几乎我们所有的休闲活动，都在某种意义上是这种不幸的社交状况的折射。我们几乎所有的反应，都是自我否定与自我批判精神的外在表现。我们进行集体性自欺欺人的表面能力，究其实质，本身就是一种很典型的英国性格特征。

英国人在运动、游戏和俱乐部场合中的集体自欺行为，是以促进社交为目的的，这一点特别有趣。事实上，我们不得不通过假装自己正在做另一桩事情，而将自己诱骗进社会交往与人际关系之中。我们对酒精的神奇解禁作用坚信不移，这其实也是同样的自欺症状。我们对于社会交往和感情联络，有着近乎绝望的渴望，但我们就是无法承认这种欲望，并拒绝用自然直接的方式追寻人与人之间的亲密与温暖。我们必须创造出人为的精细架构，建造出足以隐藏社会渴求的迷宫般的仪式，却将这些渴求化为互相抛球、完善插花技巧、切磋摩托车修理技艺以及拯救鲸鱼、拯救世界或者类似的活动，然后再去酒吧，假装我们喜好杯中之物，将正常人类感情的所有令人尴尬的证据，委过于酒精的魔力。

真的，我看不出来为什么人类学家需要不远万里，走向世界的遥远角落，吃了不少腹泻与疟疾之苦，就为得到一些有着古怪信仰和神秘习俗的奇特部落文化，而最古怪最奇特的部落文化恰恰就在我们身边。

第十一章
衣着规则

在我们检视英国人着装规则之前，我们需要搞清楚一些全球共通的跨文化规则。除了在寒冷气候下的必需的温暖需求，以及其他一些针对特别因素的保护需求之外，着装在所有文化中都主要关乎三件事：性别差异、地位讯号以及感情讯号。性别差异通常是最明显的，即使一个社会显示出极少的在着装和个人装饰方面的变化，也至少会在男性与女性着装方面存在区别。通常人们还会加大这种区别，使得两性进一步互相吸引。而我所说的"地位"讯号，指的社会地位或是广义上的位置，我还将年龄差异融进这一类中。而部落、派系、亚文化、社会团体或是以生活方式归类的组织中的其他所有着装内容，则可被归入感情讯号一类。

一些时装杂志的编辑或者读者们，可能会相信着装完全只是一种个性化的"自我表达"，或是其他诸如此类的杂七杂八的言论，那么，我很抱歉，我的观点一定冒犯了他们。现代、西方后工业文化乐于使用"风格"、"自我表达"或者"时尚"这样的字眼，其实说白了，这些字眼不过是性别差异、地位讯号以及感情讯号的光鲜包装而已。而另一些人则会坚持他们对时尚完全没有兴趣，他们的着装丝毫不体现社会内容，他们只是为了舒适、经济和实用的目的而着装。那么我的观点恐怕也冒犯了这一类人。这些人尽管很可能确实对于时尚没有什么明确的兴趣，但他们也同样禁不住要去选择便宜、舒适、实用的外套，而不是相反，所以，不管他们喜不喜欢，他们实质上就是在不知不觉地进行着服装的社会地位宣示。而且，故意宣称自己不喜时尚，这本身恰恰就是一种重要的社会宣言，而且通常还会被视作有意而为的社会宣言。

英国人没有"国服"。这一点，许多研究英国国民身份危机的人都注意到了，并且对此哀叹不已。有些评论家就用一种在我看来非常古怪而非理性的方式，去理解英国人的着装。他们观察某种模式化甚至舞台化特定服装的每一个细节，想要从中发现英国人着装的奥妙，他们以为英国性格的秘密，就藏在这种服装的色彩、剪裁和针头线脚之中。举个例子，克利夫·艾斯莱特就告诉我们说："最主要的英国外套，必定是泥浆色的上过蜡的巴伯尔外套。"克利夫是《乡村生活》的前编辑，他选择某种特定类型的服装，这也许并不令人惊讶，但他这种对于英国国服的老生常谈的论调，似乎十分普遍。克利夫接下来还抱怨哈里斯品牌的花呢服装不再受欢迎，他认为这体现了"乡村"传统价值观的没落。那么为什么会不受欢迎呢？他又抱怨天气，"一般而言，英国人在夏天的着装缺少时尚风格，这主要是因为长久以来，我们几乎就没有真正的夏天。"这个论断太有趣了，但似乎作为理由有些牵强，因为世界上也有其他国家的夏天很短暂，而人们仍然能够在夏天穿得十分得体而时尚。最后，克利夫又抱怨英国人变得越来越不正式，"在军队、乡村、皇室和一些特殊的仪式场合之外"，根本就没有任何规则指导英国人如何穿衣。

其他人则似乎在英国人着装问题上浅尝辄止。杰里米·帕克斯曼将朋克和街头时尚放在他最初的"英国性格"列表中，但后来又开始避开着装话题，只是潦草地提了一句，"在着装的问题上，再也不存在什么共识，更别提什么规则了。"这种"规则不再"的论调正是典型的英式叶公好龙。在追踪英国性格的过程中，这种论调是典型的英国式回避。不过，这种解释至少揭示出一项合理原则，那就是：国民性格关乎规则，缺少规则，意味着缺少共同身份。复古式标准没错，但艾斯莱特和帕克斯曼都诊错了脉。英国人着装还是有其自身的规则和密码的，不过并不像五十年前那样正式和严格。当今有一些非正式不成文规则，是高度概括性的。不过，最重要的规则仍然是描述性的，它甚至可以被称为"超级规则"，也就是规则中的规则。

英国人与服装的关系，极为不自然，属于高难度的紊乱关系。英国人太需要服装规则了，如果没有规则，他们简直没法穿衣。这种超级规则有助于解释为什么英国人总体上享有不善着装的国际声誉，但在一些像衣服口袋这样的特殊细节上，还有像高档男士正装剪裁、运动服装、"乡村"服装、仪式礼服以及创新街头服饰方面，却做工精良。换句话说，我们英国人在有着严格正式的传统和规则的领域内做得实在是非常好，我们实际上非常擅长做"制服型"衣服。反之，如果交给我们自由裁量，我们却会漏洞百出，完全没有风格，也没有时尚优雅之感。正如乔治·奥威尔所说，我们患上了"美学问题总体茫然症"。

最近几年，我们对于着装规则的需求，似乎又被"周五便服"或"休闲周五"之类从美国引进的风俗所冲淡。有些公司允许他们的职员在周五穿上他们自己选择的休闲服饰到办公室，不必再穿商业套装。不少英国公司引入这一风俗，但也有不少公司被迫取消。因为许多低级员工开始穿着海滩或夜店里才穿的衣服招摇上班，非常不合适，也毫无品位。其他人则会非常难受地皱起眉头，被迫忍受。顾客们吓得不敢上门，同事们会觉得尴尬，而且，大多数高级主管会自动拒绝"休闲周五"的规则，仍然穿着他们平常穿的商业套装。这反而增强了公司内部的等级效果，正与该规则民主化、幽默化的初衷相反。简而言之，这个试验在英国不太成功。

其他国家在着装问题上可能也有他们的缺陷和漏洞，但只有在曾经是英国殖民地的国家，比如美国和澳大利亚，人们才会与英国人一样缺乏品位。有意思的是，虽然我们英国人既然如此敏感于天气，并以天气的反复无常为荣，可是，即使是在同样不修边幅的国家之中，要论在不同的天气环境中的穿衣适合程度，我们英国人却仍然是最差的。我们可以花大量的时间讨论天气预报，但我们却从来没法穿对衣服。比如说，在好几个下雨天的下午，我就躲在街角数雨伞，我发现大约只有25%的人带了伞，其中又主要是中年人和老年人。即使连着几天暴雨预报，人们也没法应对这种典型的英国天气。英国人不善穿衣的固执习惯，人为制造出不少抱怨天气太热、太冷或太湿的绝佳理由。巧合的是，这正好又证明了我此前的诊断，天气谈话只不过是一种社交助推器，而不是人们真的迷恋天气的证明。

第十一章　衣着规则

另类羊规则

　　眼尖的读者可能会注意到,我似乎将"创新的街头时尚"纳入了"制服"的行列中,你可能也会质疑我的判断。想必这是一种矛盾?想必那种古怪、特质的亚文化街头时尚,那些剃着鹦鹉头的朋克们、那些穿维多利亚吸血鬼装的哥特人、那些穿着钉头巨靴的光头党,也是英国人的文化象征,只不过不是温和保守循规蹈矩的象征,而是古怪、原始、特立独行的象征。英国街头时尚就是由古怪和原创性两种元素而著称于世的。在时尚写手的笔下,无论是大众杂志,还是小众的学术味浓厚的时装刊物,这一点早已成为不争的事实。即使喜欢冷嘲热讽的杰里米·帕克斯曼,也对这一点毫无异议,他还再次重复大众观点,称英国的街头时尚"全都表达出一种对于个人自由的基本信念"。但是,大多数人看待英国人古怪着装的角度,却与帕克斯曼恰恰相反,他们认为这是一种部落主义、一种调和主义、一种制服形式。朋克、哥特以及诸如此类的人,可能看上去非常另类,但这类人或以此而定义的团体,却全都在用完全同样的方式来"另类"。所以,在英国街头时尚中,其实并不存在任何特质或古怪的元素,它们不过是亚文化中的感情讯号而已。

　　像薇薇恩·韦斯特伍德(Vivenne Westwood)和亚历山大·麦奎因(Alexander McQueen)这样的设计家们,选择吹捧街头时尚潮流,并将其带入国际时尚界,令其光彩照人。于是,每个人都会说:"哇,真另类,真英国啊!"但究其本质,在这种制服翻版的街头时尚中,并没有什么特别另类的东西。街头时尚甚至还不如成功的亚文化感情讯号持续的时间长,因为后者毫无例外会很快蹿升为"主流"。只要年轻人的亚文化创造出一些有趣的新的部落装束,前卫的设计者们肯定立刻会追风而上。然后一种更柔和的版本便会出现在闹市区商店,于是每个人都会穿上它的变种,甚至连上了年纪的妈妈们也会加入其中。这种状况激怒了街头时尚的原创者们。英国年轻部落民们,花了大量时间和精力企图避免成为"主流",因为"主流"这个词在他们眼中很肮脏,几乎是一种侮辱。不过,他们这些努力都是白费,他们并没有成为另类特殊的个人主义者，而只是披着同样狼皮的同样温和的羊。

英国着装最古怪的人，其实要数女王陛下。她根本不在乎任何时尚、任何主流或是其他什么玩意儿，只是一味地穿着同样的高度另类的服装。要是你执意要用时尚来定义的话，那么可以说，她的服饰总保持着20世纪50年代的思古风味，但完全是她个人品位中的50年代，根本不考虑任何其他人的观点。因为她是女王，人们就称她的风格为"经典"和"永恒"，而不是另类或古怪，这样就礼貌地掩盖住这种着装另类的事实。这样来看，街头时尚"羊群"们的另类，以及时尚圈子的模仿，都只是小打小闹，女王才是英国人古怪着装的最佳典范。

我曾经说过，年轻的英国人亚文化羊群，很想创造出比其他国家街头时尚更疯狂更野性的风格。事实上，其他许多国家比较叛逆的年轻人，都已经开始模仿英国街头时尚，而懒于创造他们自己的文化了。除了女王，英国人在个体上并不能算作特立独行，但我们的年轻人亚文化团体却的确有一种集体另类性。尽管这个词听上去有点儿自相矛盾，尽管说英国人着装古怪其实名不副实。然而，英国人确实喜欢原创，也确实以拥有另类着装的名声而骄傲。

假装漠不关心规则

这一规则，部分源于另一套关于着装的不成文规则，部分源于英国人思维中根深蒂固的幽默规则。特别是，我们对于着装的态度是受到至高无上的不要过分热情规则的支配的。服装也像其他一切事物一样，不能被看得太严肃。一个人不应当过分关注自己的着装，或者说，一个人不应当被视为过度关注是否时尚或是否体面的问题。我们崇尚另类，因为真正的另类意味着不受他人意见的支配。这种完美的漠不关心状态实际上永远不可能达到，除非精神病人或是一两位年老贵族身上，还保留着一点儿遗迹。但是，这确实是一种我们全都渴望达到的理想状态。我们达不到最佳，于是就追求次佳，假装漠不关心。我们假装自己并不太在意穿什么，或是看上去怎么样的问题。

假装漠不关心规则适用于大多数英国男性。对于英国男性而言，对时尚或外貌表达出一丁点儿的兴趣，都会被视为女人气。这一点，都不需要用语言来挑明，任何微小的对着装的兴趣动作表示，或者对于外貌的一丁点儿呵护，都会使人对这人的男性气概表示怀疑。许多英国男性甚至觉得必须穿得邋遢一点，这样才能证明他们自己没有同性恋倾向。

事实上，青少年男性私下里非常关注，也高度赞同当前的街头时尚，接收到这种强烈的同一部落的感情讯号，但只有经常给他们钱买这些东西的妈妈们，才真正了解这一深沉的爱好。十几岁的女孩子是假装漠不关心规则的唯一例外。规则允许她们表达对于服装的强烈兴趣，以及对外表的关注，至少她们能够在女孩中间尽情表达。在男性面前，她们则会尽量抵制这种渴望，避免提及她们曾经花大把时间去钻研时尚杂志和激烈辩论低跟鞋或头发拉直器的好处。

尴尬规则

我的直觉告诉我，不管我们承认与否，我们所有人都会认同下面这一条规则。那就是：遵守假装漠不关心规则有助于我们隐藏对于着装的深深的不安全感。我有一位最擅长概括的受访者，正是著名的"知心大姐"安娜丽莎·巴比里（Annalisa Barbieri）。她做《独立报》星期日特刊上的专栏"亲爱的安妮"，每周收到成百上千封来信，都是那些对于着装规则受到挑战而感到不安的英国读者们写来的。她曾经就她所写的各种内容采访过我几次，而当我发现她就是"亲爱的安妮"栏目的作者时，我立即抓住机会，就英国人在现实生活中潜藏的着装问题与着装关注，采访这位专家。尤其难能可贵的是，她的国际背景更使她具有比较英国特点与其他文化特点的能力。

她承认，英国人对于着装和外表的关注程度，远比假装漠不关心规则所允许的界限走得更远。读者来信表明，读者们的一项主要关切实际上是关于"合身"，如何穿得能够让人接受，以及如何避开那个英国人想要避开的永恒主题：尴尬。是的，我们很想看上去有魅力，有吸引力，很想让着装发挥我们身材特点的极致，掩藏我们身材的缺陷，但与此同时，我们又不像其他国家的人那样弄出鹤立鸡群或是故意炫耀的效果。

恰恰相反，我们大多数人都很害怕任何形式的自我炫耀，甚至也不想让人看出自己在服装上下了很大心思，或是明显关注过度。我们只是想"合身"。大多数向"亲爱的安妮"提出的问题，都不是关于一件大衣或外套是否漂亮或光彩照人的问题，而是它是否能在社交场合被人接受，是否合适，是否合乎礼仪的问题。安娜丽莎告诉我："全都是关于'穿着这件衣服与那条裤子能搭配吗？''我能这样穿着去参加婚礼吗？''这样着装适合办公室吗？''那衣服会不会显得太妖艳？'诸如此类的问题。直到 20 世纪 50 年代，都一直有大量官方着装规则，真的有各行各业的制服。英国人穿得很好。但从 20 世纪 60 年代开始，正式的着装规则少了很多，于是出现大量的困惑与尴尬，英国人开始穿得非常糟糕，同时却又非常重视礼仪。所以，他们真正想要的，其实是更多的着装规则。"

有趣的是，这种极度渴望遵守规则的倾向却能够衍生出最出其不意最荒唐的着装误差，即使是非常富有时尚感的人也不能例外。在电视肥皂剧《超级棒》(*Absolutely Fabulous*) 中那位极为可笑乱穿衣的艾迪娜，就是特定的英式时尚牺牲品的绝佳写照。她的身上，既有典型的英国缺少品位或风格感的天然缺陷，又有想要步入时尚圈的强烈欲望。不加辨别地追寻时尚 T 台最新最大胆的设计，最终看起来就像一株过分装饰的圣诞树。艾迪娜是一种讽刺，一种有意为之的戏剧夸张，但这种讽刺基于真实英国女性常见特征与行为之中。在我们的流行歌手与其他名人中，类似艾迪娜的人大有人在，你能在闹市区街角的连锁店随处可见艾迪娜的身影。

大多数其他国家的女性会观看《超级棒》，为剧中艾迪娜的荒谬着装开怀大笑。英国女人同样也会大笑，但我们也会带着点儿感同身受的尴尬心态，我们被逗乐的同时，会产生一种刺痛感，这种感觉源于对自己的着装选择自省而带来的恐慌与焦虑。艾迪娜的错误可能比大多数人所犯的错误更极端，但英国女人似乎特别容易受到设计师狂野与荒谬灵感的影响。20 世纪 80 年代，几乎每一位英国女性，无论腿肥腿瘦，都会有一条可笑的泡泡裙（一种裙摆紧束、裙身鼓起的短裙）。高至大腿的长筒靴、护腿、热辣内裤以及类似装饰也是一度流行，但这些只适合极瘦的女性，否则一旦穿上，通常只会让普通英国女人显得越发愚蠢可笑。

我们在着装方面并不是唯一没有品位的民族，我们的美国和澳大利亚兄弟们同样毫无品位。但世界上其他地方的女性朋友们，却似乎只对英国女人的错误与笨拙的着装嗤之以鼻。一次，我就忍不住指出来，说单独给英国人套上这个坏名声，有点不公平。可是，一位高大的法国夫人回敬我："哦，这再公平不过了。人们对殖民地的着装要求不高，可是你们英国人被视作欧洲文明的一部分。你们应当做得更好。看看巴黎，只不过一个小时的距离，差距那么大！"她还不露痕迹地挑挑眉毛，优雅地耸耸香肩，轻声叹了口气，那意思似乎是说，要是英国人能够费心去向邻国和着装更讲究的国家学习一下的话，或许能够纳入她的视线。只是现在……我本来并不会对她的话与态度太介意，可是，她发表这番自大言论的地方，恰好是皇家阿斯科特赛马场，又恰好是在女王可能会出现的皇室区域，而且恰好她的周围全是清一色的英国女士，包括一位经过伪装的英国女社会科学家，我们全都穿戴着漂亮的礼服和帽子。我还特别骄傲于自己的粉色短上衣和带趣味马嚼形状扣子的粉色鞋子，这是一种赛马会的象征，甚至是一种标榜，我认为这种着装使我一整天都会被视为聪明睿智。但是现在，在这位法国着装督察的严厉审视目光下，我的自信荡然无存，自我感觉很傻很天真。我的着装原来只不过又是一种典型的英国人拿各种事物开玩笑的企图而已。

着装尤其是一种沟通形式，人们甚至可能称之为一种沟通技巧。所以，如果你发现拙于社交的英国人不善于着装，或许并不应感到过分惊奇。我们在许多交流领域都存在先天障碍，特别是在没有明确固定的规则指导的领域。也许，20世纪50年代严格着装规则的丧失与正统"How do you do?"问候语的消亡，正起到异曲同工的作用。在缺少正式的"How do you do?"问候语的时候，我们英国人就觉得无所适从，不知去说什么，而英国人的非正式招呼又是极其笨拙而令人尴尬。正式着装规则如今被许多人视为旧东西、老古董，与"How do you do?"一样被嗤之以鼻。而它的消亡意味着我们将永远不知道穿什么，我们的非正式穿着已经与我们的问候语一样变得尴尬。

我们并不喜欢太正统。我们通常很讨厌受到琐碎规则的约束。但我们缺少天生的优雅与娴熟的社交，所以难以适应非正统性。我们英国人，就像处于青春期的叛逆少年，在父母不断的抱怨声中成长，自己十分渴望被看做成人，平起平坐，有自己选择和做决定的自由，这种愿望有其合理性，但在真正获得此种自由之时，却尤其因为缺乏经验与成熟感而显得茫然。过度的自由，只会使我们陷入混乱，麻烦不断。

主流规则和部落制服

面对混乱，我们的解决方式是创造更多规则。过去严格的着装规则并未完全失效，真正的服装混乱也并未到来。尽管时尚杂志通常都会宣称"如今，一切皆可"，但实际上并非如此。所谓的"主流"着装方式当然与20世纪60年代之前同类官方集体着装方式有别，那个时候，所有的妇女都戴着帽子和手套，穿着特定长度的裙子，相互之间只有很小的难以察觉的阶级和亚文化差别。但是，现在我们大多数人仍然遵守一些粗线条的规则和时尚趋势。把20世纪60年代、70年代和80年代的集体照放在一起，任何人都能一眼就从服装、发式中看出其拍摄年代。当前时代的特征当然也是如此，尽管通常我们认为，我们当前的服装潮流会比从前时代的更混乱更变化莫测。即使是穿着复古服装的照片，比如说2003年拍的模仿20世纪60年代、70年代或80年代的照片，却根本无法糊弄观众，因为这些风格都无法被简单复制，它总是一去不复返的。任何一种风格都有着许许多多的细微之处，有不同的发型和化妆。看看几幅群体照，或者只是浏览一下家庭相册，你就会意识到，不仅人们的着装比你想象的更加受到规则限制，而且你自己也比你想象的要更加注重当前服装潮流的细枝末节。即使是一个认为自己毫无时尚兴趣的人，也难逃此例。你喜欢也罢，不喜欢也罢，你总是在不自觉地遵守这些规则，而且当未来的人们在照片中看到你时，也必定会把你定格在这一个十年之中。

即使我向你展示一幅特定时代里的亚文化群体，而不是主流时尚群体的照片，你也仍然能够一眼就认出这个亚文化群体兴盛的那个时代。这就引入我所说的"部落"着装规则。英国各种亚文化着装风格与主流时尚差别很大，这一点并没有什么新奇。19世纪中叶，在反文化的前拉斐尔派的影响下，出现一种"艺术"着装风格，这是一种复古仿中世纪的着装风格，但是混合着现代的自然主义的品位。这又衍生出19世纪晚期的一种看上去有气无力但强调审美感的亚文化着装风格，之后则是20世纪松垮但具有鲜明"波希米亚"风格的着装方式。男阿飞、学生和艺术风格者，在20世纪50年代各行其道；然后是有着尖锐对比色，看上去颇为震撼的摇滚着装方式；接下来有60年代和70年代的更柔和一些、改造过的艺术化波希米亚风格的嬉皮士服装，嬉皮士们一点也没意识到这种风格前人已有使用；之后是更尖厉刺目的朋克风格、光头党和哥特风格，其中哥特风格至今仍是一种较为流行的亚文化。然后进入90年代，我们重新回归懒散的波希米亚天然风格，伴随着邋遢脏乱与环保卫士等风格。而潮流如钟摆一样，之后又摆回到更强硬风格的新金属派、黑帮文化和闪亮饰品。诸如此类，不一而足。如果我说的这种钟摆模式还将继续下去的话，我们无疑将在2010年左右看到新一轮的环保、波希米亚、嬉皮文化的大型复兴。当然，总会有些微妙的变化。

　　上述大而化之的言论过于简单，而且无论如何都无法囊括所有类别，但我的意思是说，我们总是有亚文化，这些亚文化群体的着装总会与主流群体相区别，它们相互之间的着装方式也有差别。一旦某一群体的着装方式过于流行，不幸成为主流，那么他们必定又会动脑筋去想另一种新的方式。

　　最近我所目睹的唯一重大区别，就是不同的亚文化风格在数量上的增长，这是一种部落主义的增长，很可能是对全球化影响下的主流文化的一种反抗。过去，英国年轻人寻找一种相互之间的认同感，一种足以激怒父母的着装方式，而他们的反文化部落选择却只有一两种，至多三种。如今，他们却至少有十多种，每一种还都有自己的下属分类和若干小派别。自20世纪50年代起，所有年轻人的亚文化风格都与不同的音乐风格紧密关联，几乎所有的都源自于美国黑人音乐，都被年轻白人篡改过。当前的风格大致也符合这种模式，热衷于节奏布鲁斯（R & B）、街舞（Hip-hop）、电子音乐（Drum & Bass）、电子舞曲（Techno）、迷幻舞曲（Trance）和室内舞曲（House）以及车库摇滚（Garage）风格。在这里，Garage 的发音有别于这个词的通常读音，重音必须放在第一个音节上。它们各自都有略有差别的着装风格。电子舞曲、迷幻舞曲以及室内舞曲的迷恋者们，看上去更加优雅一点，其他则更像黑帮，衣饰更闪耀，更多的名牌服饰以及各种不同大小的金属片。

这些群体中的差别十分细微，没有相关知识的观察者将无法一眼看出，正如外人无法一下子听出这些音乐之间的细微差别一样。但是，你若身为群体一员，你不仅能够看出和听出其中的重要差别，能够区分出电子舞曲、迷幻舞曲和浩室舞曲，而且还能讲出这些大派别之下的小派别之间的区别，比如 Acid House, Deep House, Tech House, Progressive House, Hi-NRG, Nu-NRG, Old Skool, Goa Trance, Psy Trance Hardcore, Happy Hardcore, 等等①。举个例子，你知道，Hard House 和 Hi-NRG 在男同性恋中特别流行，与那种夸张炫耀展示身体特征的着装风格相伴，但你却能一眼就把这种风格与嬉皮文化中的挂闪亮金属片的那种夸张方式区别开来。你还能用一种外人完全听不懂的语言谈论各类小派别，还能阅读用这种特定密码式语言写成的专业杂志文章，比如：

"Slam drop a looping tech-house mix and Unkle provide a more twisted beatz version."

"A rich mix of textures that will satisfy floors and purist swots alike."

"For some acid mayhem, Massive Power reveals its Mr Spring influence in a spiraling 290bpm breakdown."②

---

① 几乎所有这些派别都很可能在你读到本章时已经淡出潮流。有些可能现在就已经淡出了。用他们的术语就是成了"上周的事"了，或者"三分钟前的事"了。这类术语表明音乐潮流变幻速度之快。

② 这是从 *Muzik* 和 *MixMag* 音乐杂志上找出来的句子。现在与音乐有关的亚文化派别特别喜欢用这种拼写错误但是趣味十足的词，通常都会尽可能地换上"k"字母，比如 Kamaflage, Nukleuz, Old-skool, Muzik 这样的词。其中 Old-skool 表示 1993 年或 1994 年以前，通常是指室内舞曲迷。Floors 指的是在舞场上跳舞融入舞池的人。Purist swots 指的是 anoraks 音乐风格，猜火车一族，他们不跟着音乐舞动，却发展出一种关于音乐的百科全书般的知识，一有机会就讲到让你烦。Bpm 指的是每分钟的心跳。其他的术语则仍然有待研究。

第十一章　衣着规则　　　　　　　　　　　　　271

集体特征规则

所以，你既要反抗主流文化，要声称你绝不妥协的个人立场，同时又要加入一个结构完整受一定规则制约的社会团体，以获取社会安全度，团体中必须有共同的品位、价值观和术语，有明确的界限和行为准则。你不能冒错误着装之险，你必须避免错误着装之尴尬。在主流文化中，你只需要大致的指导原则，而在这些小团体中，你的着装准则清晰精确而又具体。英国许多青少年，无疑都选择了这样一种叛逆的方式。

青年亚文化着装风格，既是规则，又是密码。每个部落中的着装风格宣言，就像前面引用的音乐杂志文章一样，都是用特定语言传递出来的，故意令外人摸不着头脑。这些着装规则具有高度指导性，比家长或学校所制定的规则还要严格得多，甚至具有压迫性。要是不穿部落制服，则不能为小团体所接受，任何人如果想要进入一种流行亚文化的专属俱乐部，有一点儿小地方穿得不准确，都会为人所知。如果规则规定你必须将羊毛帽拉低到眉梢完全遮住耳际，那么你就必须这样戴。尽管这让你看上去好像是个被过度呵护的母亲打扮过的六岁小孩，可是规则就是这样死板。如果规则规定你必须将带帽 T 恤的拉链一直拉到颈部，必须把帽子戴上，那么，即使这样子会使你看上去非常憔悴软弱孩子气，然而你也必须这样穿。如果你是一名哥特派，你就必须穿许多黑色衣服，用白色化妆，描浓浓的黑眼线，用黑色的唇膏，还要留长发。即使你弄出了所有的正确装扮，看上去跟参加葬礼无异，但如果你是短发，也仍然会被认做"新手"或是"初级哥特"。要么你赶紧留长，要么你弄个假发或去接发。

这并不是说，亚文化风格里就缺乏变化、差异与个人自我表达的空间，恰恰相反。只是这种变化与差异必须存在于明确界定的范围之内，也就是说，你可以挑选但只能在有限的一些核心主题里挑选。哥特派一眼看出就是哥特派，肮脏派一眼看出就是肮脏派，否则亚文化就失去了意义。有些青少年亚文化团体的成员间的相互认同意识比其他团体要强一些。保罗·霍金森（Paul Hodkinson）研究过哥特派的文化，在他出色的研究报告中，曾经引用一位受访者的谈话。他问这位受访者"哥特派作风想表达什么?"对方回答,"绝对的随心所欲的穿衣自由与表达自由。"霍金森评论说,亚文化参与者们面对直接质询时所选择的反应方式,有时导向富有争议的结论。他的这种说法,是一种礼貌的学术表达,意思就是"没错,自相矛盾"。

另一位霍金森的受访者,更有自己的看法。在回答哥特派如何"不同"的问题时,她说:"是的。你们总是说,每个人都是个体,但你们每个人都一样!你明白我的意思吗?'但我们哥特派的人,才是穿着割破的网袜和新摇滚皮靴的个体!'"第三位受访者则以极为简短诚实的方式解释这一矛盾。他说:"并不是因为想特立独行,才想去做哥特派,但你确实想有点与众不同。虽然与大量的哥特派混杂在一起,但你就是不一样。我想你知道我的意思,就是与哥特派之外的人全都不一样。"

所以,人们所说的英国人衣着上喜欢"特立独行",我认为这是一种集体行为,体现的是集体特点,而不是个人的原创。霍金森的研究恰恰支持了我的观点。英国人喜欢创新,喜欢有别人注目,但又害怕过于醒目。我们仍然想融入某个群体并拥有归属感,因此我们干脆加入亚文化团体,许多人以同样方式一起特立独行。如此一来,我们既得到叛逆的快感,同时又因为拥有同伴而继续拥有安全感,两全其美。这正是富有英国特色的折中方式,夹杂着一点儿虚伪。

幽默规则

亚文化着装规则中的密码语言,就和英国的所有沟通方式一样,充满着幽默。前文提过,英国人对于着装的主流观点,很重视"不要过分热情"规则,这也是英式幽默的首要规则。但是,我仍然感到惊讶,这项规则在年轻人亚文化团体里有着强大的力量,被人们奉为圭臬。

毕竟大家都知道,年轻人很容易自以为是,有点自恋的青少年更是如此。着装风格则是他们与主流文化隔离并相互区别的重要手段,也是他们表达对团队归属感与认同感的主要方式。着装在年轻人的亚文化团体中如此重要,年轻人非常重视个人衣着和外表也就不足为奇。我本来以为,这些亚文化团体,应当是"不要过分热情"规则以及讽刺规则的例外；我本来以为，年轻人亚文化团体的成员不太可能或不太愿意去嘲笑自己所属的衣着标准。

但是，我错了。我低估了英国是幽默规则的力度与广度。即使是像哥特派这样，以着装深刻体现亚文化的团体，他们也从不把自己当回事，这种置身事外漠然处之的态度让我吓了一跳。那一身可怕的黑色装扮，看起来好像不可一世，但一跟他们聊起来，就会发现，他们其实处处表现出英国人典型的自嘲作风。在许多场合，甚至他们的服饰都是精心设计颇具讽刺意图的。有一次，我在汽车站和一名哥特派聊天。他全套吸血鬼装扮，用白粉涂满脸，画了深紫色的唇膏，长长的黑头发，还穿着一件T恤，前面用很大的字母印着GOTH。"哦，这是什么意思？"我就指着T恤问他。他半开玩笑半严肃地回答："只是怕人误读了我的装扮。我的意思是，我可不能让人们以为，我只是一个无聊普通的主流人物。对不？"然后他和我一起打量起他的那十分显眼、绝无翻版的绝妙装扮，哈哈大笑。他后来还悄悄告诉我，他还有一件T恤，上面印着"悲伤的老哥特"字样，这种T恤特别受到他的哥特同仁们的喜爱。大家都爱穿这种衣服，"让人们别把我们看得太严肃。对，也同样让我们自己别把自己搞得太严肃，老实说，我们一不小心就会弄得太正统太严肃了。你得自己想办法，不时幽自己一默。"

一旦你学会解读亚文化着装语言，你就会发现，许多着装声明本身就是一场自我嘲讽的笑话，通常是在调侃部落中僵硬的正统服饰。比如，有些哥特派，就拿严肃沉闷的黑色规则开涮，故意穿着明亮的女孩子气的粉红色，而粉红色则是一向被哥特派亚文化所否定和鄙视的一种颜色。有一位染了粉红色头发、戴着粉红色手套的哥特派女孩解释说："粉红是一场玩笑。因为粉红色好像与整个哥特派的理念格格不入。"所以，染了粉红色头发或穿上粉红色服装的哥特派，其实正是要嘲弄他们自己。他们刻意讥讽的，不仅是自己的着装方式，而且是整个亚文化团体的身份、品位和价值观。在我看来，这真是置身事外的最讽刺一幕。幽默规则，行得通！

目前为止，我在着装方面的研究，一直对英国人多有批判，但这种自嘲能力，却无疑是可取的。遵守亚文化团体着装规范的忠实年轻人，竟也对着镜子照来照去，突然来一句，"嘿，得了吧！"至今，我还没有在其他文化中看到过类似的深刻自嘲的同等例证。

好了，充满讥讽的粉红色吸血鬼，正是另一种英国人值得自豪的事物。我记得，上一次我爆发出一阵子对英国的小小的爱国自豪，是源自八卦标题里的劣质双关语。哦，你可能开始担心我的品位和判断力！不过，别着急，至少我前后一致，自成一体。我很难得毫无保留地夸奖英国人，但一旦我这样做的时候，几乎都无一例外与幽默感有关。毫无疑问，我是将幽默这一性格特点，看得比其他特点更加重要！哈，真是很典型的英国人哪！

也许，幽默感有助于解释英国人为什么会如此迷恋化装舞会，其他国家也许会在全国性或地区性节日里，搞上一两场假面舞会或规定社会穿着戏服出场的活动，但没有一个国家像英国这样，每个周末找个不怎么样的理由，或者无缘无故地就办起了化装舞会。英国男人还特别喜欢男扮女装，一有机会就穿上紧身衣、网袜和高跟鞋。舞会上，最具阳刚气、最异性恋的男人，比如军人、橄榄球员之类，如果扮成女人，一定全场喷笑。所以，我觉得，这又是一种"集体特征"。只要是能够解除约束同时又有规矩可循的场合，比如能够打破着装规则的化装舞会，那么大家就非常乐于去打破，因为这种场合下不会出现尴尬。

阶级规则

现在，要从衣着上判断他人所属的阶级，确实要比以前难多了。但还是有一些相当可靠的标志可作参考。最为明显的，莫过于工人的布帽子和商人的细条纹衣服之间的传统区别了。仔细研究，仍然可以辨认出一些不成文的着装规则和微妙的地位讯号。

年轻人规则

年轻人身上的传统印记最少。不管哪个阶级，年轻人要么遵循亚文化团体的街头时尚，要么遵循亚文化团体的主流着装，通常也有淡淡的街头痕迹。对于想要寻找阶级属性的人类学家，以及注重阶级门第的父母而言，年轻人都是令他们烦心的事。有一位中产阶级上层母亲就抱怨说："吉米和莎斯基娅，看起来与住公屋的小无赖没什么两样。真不明白，他们为什么这样？"我想，她之所以抱怨，是因为她费尽心机，为孩子取了高雅的上流名字，送他们去读昂贵的上流学校，结果他们却喜欢穿得与来自公立普通学校的凯文、翠西一个样。

但是，如果做母亲的仔细观察的话，就会发现，吉米和莎斯基娅其实并没有与凯文和翠西一模一样。吉米或许会把头发剪得很短，用发胶翘起一撮头发。然而凯文会更极端，他会把头发几乎剃光，只剩下不足一厘米的细毛。莎斯基娅也在耳朵上穿几个洞，甚至会在肚脐上打个洞，把父母吓一大跳。但她们不会像翠西那样，在眉毛、鼻子、舌头上穿洞戴环。安妮公主的女儿扎拉就抛却俗套，在舌头上穿上个舌环，此举立即成为所有八卦报纸头条，社会上轰动一时。上层阶级和贵族阶级，则与下层阶级一样，都可以撇开世俗规矩，自主穿衣。因为这两种阶级，都不会在乎其他人的看法，不像中产阶级那样有强烈的阶级焦虑。所以说，中产阶级的莎斯基娅穿个舌洞，可能会被批评为粗俗不入流，而贵族阶级的扎拉这样做，却被认为是特立独行。

姑且不谈上层阶级偶然会有的例外情形，先说中产阶级和工人阶级的年轻人。这两种人在衣着上的差异，其实只是程度上的区别。吉米、凯文都可能穿低腰、松垮的牛仔裤，这种裤子源自美国黑人，受"黑帮"亚文化影响。但是，凯文会穿得更低腰，更松垮，裤子的尺寸要比合适的尺寸大上四号而不是两号。此外，工人阶级的青少年会比中产阶级的青少年更早就做这种打扮，女孩子也是一样。翠西的新潮亚文化团体的着装方式往往会比莎斯基娅更极端①，而且在更小的年纪就如此着装。翠西往往会比莎斯基娅更早、更迅速地完成"超年龄装扮"。如果有那种未到青春期的小女孩故意扮成性感模样，基本上可以肯定她绝非来自中产阶级。

一般来讲，中产阶级儿童和青少年男女的着装方式，往往要比同年

---

① 至少，这一规则适用于朋克一族，也适用于美国黑人"黑帮"派、嘻哈派，但相当多的哥特派则是中产阶级，相当多的肮脏派也是中产阶级。所以，这条规则也有例外。

龄的工人阶级更朴素更自然。翠西、莎斯基娅或许都会穿新潮和有造型的T恤长裤，但莎斯基娅的穿着色调会偏暗，天然纤维的成分高，至少在白天是如此。这些阶级标志很细小，并不容易看出来。莎斯基娅和翠西或许会逛闹市区的同一家少女时装连锁店，或许会买同一款衣服，但她们搭配得不一样，穿着方式也不一样。上衣店买来同样的丹宁短夹克，翠西会配上亮闪闪的黑色紧身尼龙裤和笨重的黑色厚底高跟鞋；莎斯基娅会搭配灯芯绒裤和靴子，用一条又大又软的围巾在脖子上转几道。不知出于什么理由，中产阶级和上层阶级的女孩子似乎比下层阶级更喜欢戴围巾，而且一般更喜欢在冷天里把自己裹得暖暖的。凯文和翠西迪常会更固执地喜欢挨冻的感觉。在冰冻的1月份的晚上，凯文会只穿一件T恤，外套一件皮夹克，翠西会只穿一条迷你短裙，加一双亮而薄的紧身连裤袜。在伦敦北区，这样装束的年轻人尤其常见。

这种穿着方式与金钱无关，服装的价格往往不是判断主人阶级属性的可靠指标。莎斯基娅、吉米买的衣服未必就会比翠西、凯文买的贵，而相反，翠西、凯文的衣橱里则可能颇有几件昂贵的名牌服装。工人阶级的年轻人穿名牌服饰，往往喜欢穿品牌标志又大又醒目的。他们也有自己的逻辑，如果穿着Calvin Klein或是Tommy Hilfiger却没人看得出来，那还有什么意思？中产阶级上层以及上层阶级则会认为，露出大大的名牌标志很低俗。

如果上述仍然无法看出阶级属性，就要从头发中寻找线索了。头发是很可靠的阶级标志。翠西的发型，会比莎斯基娅的更显出人造的味道，更不自然，更做作一点儿，有使用发胶、染发剂、喷雾剂的明显痕迹。中产阶级上层和上层阶级的公学女孩，一律都是长长的直发，干净整洁，富有光泽，自然披散，飘来飘去。而她们则会不时用手拨弄头发，往后捋，轻轻梳，甩一甩，然后拢在耳后，编成随意的麻花辫或马尾辫。这一系列下意识的动作很随意，是公学女孩的招牌动作，很少见于工人阶级女孩。

中产阶级年轻人打扮得比较朴素自然，这中间父母的教诲只是一部分原因。英国小孩和青少年，也与父辈一样，有较强的阶级意识。有些中产阶级青少年，故意穿戴成下层阶级的样子以示叛逆，但他们在穿着上却有着明确的贵贱观念,也有担心被误认为上层阶级的担心。他们其实不希望自己看起来与"住公屋的小无赖"一个样,但这一点可能不为其父母所知。他们甚至有的时候会用暗语来讽刺那些因为穿着或言行粗俗而被视为下层阶级的人,比如称之为"翠西女孩"、"加里队"、"凯文一伙(或称凯们'Gevs')"或者直接称之为"邋遢人"。反过来,加里、凯文之流则称上流社会的孩子们为"卡米拉们"、"欢呼亨利"、"斯隆广场",这些称谓当然也毫无赞美之意。这些标签都是贴给别人的,年轻人自己却绝不会称自己为"凯们"或"卡米拉们"。

更为敏感的英国中产阶级青年,则不好意思将这种势利心态说出口。接受采访时,他们不太愿意承认曾经使用过这些词。只要一谈及阶级问题,谈话总会被不安的大笑所打断。有一位中产阶级上层少女坦率地承认,她本来一直很想要一款很昂贵的首饰,但后来却发现,似乎有许多理发师都戴同一款,于是她"就变得兴味索然了"。然后她补充说,"我知道自己不该如此,这就是势利。但我没有办法。如果她们都戴,我一下子就不那么喜欢了。"她的母亲一直劝诫孩子守住阶级门槛,不要变得粗俗。如果这位母亲听到这一席话,恐怕会很得意于自己的言传身教。

英国青年的阶级意识比他们嘴上所愿意承认的要强得多,但是,大部分年轻人担心自己会被当成"主流",这种忧虑甚至超过了着装中的阶级忧虑。如果你将别人的穿着、音乐或其他任何有关品位的事物称为"主流",这其实是一种贬义说法,在某些圈内甚至被视作最大的侮辱。与"主流"相反的则是"酷"。"酷"是现在年轻人表示赞许的通用术语。"主流"的定义因人而异。在问及 *Time Out* 杂志列出的夜总会或舞场中哪一家最酷时,年轻的音乐爱好者们给出不同的观点。有一种较为极端的看法,只要确切无疑不属于"地下",那么就不属于"酷",而被归入"主流",只有那些靠口耳相传的活动,才是真"酷"的活动。

英国青年把这些看得很严肃。不过,我也很高兴地发现,在酷与主流的争夺中,有着几乎察觉不到的幽默暗流,甚至自嘲的味道。有些青少年甚至拿衣着上的"主流恐惧症"开玩笑。例如 20 世纪 90 年代中期,"辣妹"合唱团成为主流典范,被所有自称"酷"和"地下"的团体所鄙视。但是，一些反文化的肮脏派却喜欢穿上辣妹 T 恤。这其实是一种带有讥讽含义的小玩笑，只有圈内人才会懂。它意在嘲笑不愿意把"避开主流"规则看得太重要的自我。这类玩笑当然只有很"酷"的人才能开得起，也只有很"酷"的人开出来才搞笑。意思是说"我很酷，所以我敢穿，没人会认为我真与辣妹同流合污"。

成人阶级规则

比起青少年的穿着规则和信号，成人的衣着符号学没那么复杂，阶级标志要更清楚些。

最新的《德布雷特礼节和现代言行指南》（*Debrett's Guide to Etiquette and Modern Manners*）里说，我们应当"忘掉'着装过度等于没教养'的英国格言"。作者表示，这项规则诞生于"大家认为除了在庭园中干活，其他任何活动都应该盛装打扮"的时代。他说，当时"所谓的着装过度，指的是过于炫耀，过于装饰，让人尴尬的着装方式，丝毫不顾现代环境。现代运动服装的入侵，早已将全国之人变得不像运动员，也像教练了。"他的言论确实有道理，尤其是男人的着装，确实如此。但以女人来讲，过度讲究的穿着目前仍是判断较低阶级的绝对可靠的标志，较高阶级在"盛装"时，仍然会避免过度和小题大做。

女性的阶级规则

戴太多的首饰，特别是金饰和拼出佩戴者名字或姓名首字母的项链，化太浓的妆，梳太复杂的发型，穿着过度讲究的衣服，穿闪光的连裤袜以及紧得让人不舒服的非常高的高跟鞋，特别是把上述装扮用在非正式场合，这些都是下等阶级的标志。过度曝晒的黑色肌肤，也被较高阶级的人视作低俗。衣服、饰物、家具和室内装潢太俗艳造作，故意配出的颜色一致，都是较低阶级的标志。如果颜色太鲜亮或对比太强烈，比如海军蓝连衣裙配红边、红皮带、红鞋、红手提包、红帽子，效果会非常糟糕，而如果上述任何一种红色再弄得亮闪闪的，那么穿着者就会在阶级链中又掉了两级。这种过度讲究的搭配，常会出现在工人阶级婚礼等特别的场合。但是，同样过度讲究的搭配，如果用的是比较柔和的主色调，比如说是奶油色，则属于中产阶级下层。身上佩戴的首饰数目如果减到只有两三件，那么这身打扮可能会使穿着者提高到中产阶级中层，但这仍然属于"套装"，对中产阶级上层而言，仍然是小题大做过分讲究。

要想了解中产阶级中下层与中产阶级上层之间的主要区别，不妨想想英国前首相撒切尔夫人与英国女政治家谢里·威廉斯（Shirley Williams）的差别。前者穿着仔细、挺括、聪慧的亮蓝色套装，有光泽的短上衣、相配的手提包和鞋子，精心梳理的发型；后者的衣服又老又旧又起皱，但是质地良好，裙是花呢的，羊毛衫是卡迪根式开襟的，服装的颜色暗淡无光脏兮兮的，没有搭配色，头发也是乱糟糟看不出发型的那种①。这并不是说邋遢就是优雅，也并不是说任何盛装企图就必定是低等阶级。中产阶级上层和上层阶级的女性绝不会穿喜剧式的紧腿裤和松松垮垮的圆领丝绒运动衫去高雅餐厅赴宴，而是会穿得相对低调，相对简单，没有过度的搭配，也没有让人看得出的多余装饰。她的头发看上去随意，没有发型，但绝不会油腻，也绝不会在染黑的头发下面露出一小截棕黑色发根。

露出皮肤的多少，则是判断英国成年女性阶级属性的重要标志。乳沟露得越多，阶级越低，两者成反比，这是一条规则。不过，这里说的是白天的着装，晚礼服和舞会装则可以露得更多。对于中年和中年以上的妇女，这条规则亦可用于上臂。臃肿的身材如果裹在轻薄的紧身衣中，则明显是较低阶级的做法。较高阶级当然也有身材走样的妇人，但她们会穿比较宽松或厚重的衣服来遮掩。

腿部的阶级规则不太明确，因为有两个因素使这个问题复杂化，那就是时尚因素和美腿因素。工人阶级下层的女性和工人阶级出身的暴发户，不管腿美不美，不管是否流行，都喜欢穿短裙。中产阶级下层和中产阶级中层的妇女和"受人尊敬"的工人阶级上层妇女，即使短裙流行而且腿也很美，也不会露太多腿。而较高阶级的女性，则是越年轻越时

---

① 我要向那些不知道谢里何许人的年轻人道歉，但我找不到一个更近的例子。如今的女性政治家们似乎都选择相当于中产阶级中下层的穿着方式，或者至少我再也没有见到像谢里那样绝对标准的上流阶级式的凌乱。

髦就越爱穿短裙，但一定要拥有美腿。中产阶级上层和上层阶级都认为粗腿尤其是粗脚踝，不仅丑，而且使人看上去像工人阶级。每个人都会认为上层阶级女性全都有优雅的美腿，纤细的脚踝，这其实是一种误解，而其根源大约就是因为粗腿被细心地遮掩住了。

所以，如果看到英国女人有双粗腿，却穿着短裙，那么她必是工人阶级无疑。但有一双美腿却穿着短裙的人，却很难判断，很可能是底层，也很可能是上层。这个时候，就需要根据前文提到过的首饰、化妆、搭配、发型、鞋子、露胸的程度、暴露发福身材的程度、是否过度讲究等细节来寻找蛛丝马迹。这些阶级标志适用于包括套装在内的工作服以及休闲服。英国人穿衣的阶级标志，自20世纪50年代至今，或许逐渐变得比较不明显，但如果说今天不能再用衣着来判断阶级，则完全是一派胡言。当然，这种判断要难下一些，但上流阶级与较低阶级对"聪明"着装的看法仍然有着极大的差别，这些差别在着装中充分展现。而且，更重要的是，上流阶级与较低阶级对于邋遢的不同定义，也同样天高地远。

如果遇到确实十分难以判断的案例，让你无法一下子阅读出英国女性的阶级属性，那么你就得寻找其他方面的线索，比如购物习惯和有关着装的对话。比如说，只有中产阶级上层和上层阶级女性才会乐于承认自己在慈善商店买二手衣。但十几岁和二十出头的少女，则不会严格奉行这一规则，因为逛慈善店买特价品已经成为时尚杂志和工人阶级出身的名模们所认可的购物时尚。然而，年纪稍大的女性群体，只有较高阶级或最底层的女性，会到乐施会、癌症研究所、苏·赖德慈善会以及老年慈善团体去买衣服，而且只有社会阶级较高的女性愿意告诉别人。中产阶级上层会穿着裙子得意地旋转，告诉别人"这是乐施会买的，只要4英镑半！"然后期待你会夸奖她很会买，很节约，真迷人，以及拥有不愿随大流也毫不势利的良好阶级观念。

当然，在某些情况下，她或许是手头不宽裕，同时又清楚地知道英国人不以收入论阶级，所以承认买二手衣也觉得无所谓。但是，中产阶级上层的女性常常会觉得去二手店购物是一种必需。究竟为什么必需，则原因不详。即使自己完全能够买得起新衣服，也一样会去，事后再自我吹嘘一下买的过程，中间也有慈善心与同情心的因素。要想让这类女性同时打破谦虚规则和谈钱禁忌，恐怕只有这样的场合。即使有些过度兴奋，也是可以理解的。但是，她们的兴奋，在社会阶级较低或收入较少的女性眼中，都是不可理解的。因为后者到二手店购物，是出于生活的迫切需要，毫无值得吹嘘或自豪之处，反而有时会让人觉得丢脸。

阶级焦虑较强的中上层阶级，都以到慈善二手店购物为骄傲。但是，往往不愿意承认自己去像玛莎百货、British Home Stores 和 Littlewoods 这样的连锁店买衣服。在玛莎买内衣裤、简单的单色 T 恤衫，男式长袖衫除外，而后两家则属禁区，即使买女内裤也不会去。如果真的在玛莎买到了重要的服装，比如长袖短外套，她们则不会拿出来向人展示这有多么便宜。但如果有人赞赏这件衣服，问起在哪里买的，她们则会说"玛莎买的，你相信吗？"做出一副高亢吃惊的表情，仿佛连自己都不愿意相信一般。友人也会用同样的口气加一句"不会吧！真的吗？"而她们十几岁的女儿，在拿着从比玛莎价位更低的闹市区 New Look、Claire's Accessories 之类的连锁店淘来的东西，恐怕也会向同伴说出同样的话。

男人的阶级规则

英国女人的社会阶级，通常能通过着装来确定，但男人的阶级判断要难得多。成年男子的衣着，特别是上班穿的服装，变化要比女性少很多，这就意味着男人的选择少很多，因此，有意无意想要通过穿着来表达自己阶级主张的机会，都要少很多。蓝领与白领这种古老的区分，现在已经不管用。制造业的衰落，加上许多新公司、新产业订立的上班时穿休闲服的规则，使得人们再也无法用是否穿西服来区分中产阶级下层或工人阶级的男性。穿牛仔裤、T 恤上班的年轻男士，很可能是建筑工人，也可能是某家软件公司的董事长兼总裁。制服是比较可靠的阶级标志，但也并非绝对可靠。没错，店员或公交司机的制服，可能算作工人阶级的标志，但是，酒吧或餐厅侍者的制服却不是。因为中产阶级的学生亦常常在酒吧或餐厅里打工。一般而言，职业不是可靠的社会阶级标志，特别是在"白领"行业，比如从事会计师、医师、律师、企业主、教师、房产中介等职业的人，可以来自于各种各样的社会背景。所以，即使凭借着装能够看出男人的职业，也未必就能看出他的社会阶层。

某些职业的着装规定已经越来越宽松，但是大部分职业"白领"男性仍然需要穿着西服上班。早晨搭火车时，到处都是西装革履的上班族，乍看之下差别不大，就是多看几眼似乎也没什么分别。如果让一位男装专家来看，他可能立即辨认出西服的来源，究竟是阿玛尼西服还是玛莎百货西服，但这也只能鉴定出该人的收入，而不是社会阶级。在英国，阶级既不由职业决定也不由财富多少而定。我知道，英国上层阶级的男性，只要有足够的钱，更喜欢到杰米恩街（Jermyn Street）找家裁缝店量体定做，而不是去买阿玛尼。要是没钱，则可能到慈善二手店买件合身的旧西服来穿，而不是到闹市区百货买新西服。不过，这依然对于阶级判定没有太大帮助，因为它们仍然都是西服。

饰品和配件则是比较可靠的阶级标志。大小非常重要。笨重醒目体积大的金属表，特别是金表，往往是较低阶级的标志。即使是那种贵得吓人的劳力士，或者邦德迷所用的可以显示六地时间、耐水压、抗小型核爆的高级表，也还为较低阶级所用。中产阶级上层和上层阶级偏爱戴比较不显眼的手表，特别是简单的真皮表带手表。袖扣也适用类似原则。那种又大又亮炫耀型的袖扣，是较低阶级的标志，简单不起眼的小袖扣，则是较高阶级的标志。在这里，饰品和配件的价钱高低，与阶级的判定无关。

除了一只朴素的结婚戒指，手上还戴其他戒指的人，他的阶级一般不会高于中产阶级中层。有些中产阶级上层和上层阶级男性会在左手小手指上戴一枚个性戒指，上面刻着家族纹章。不过，有些爱炫耀的中产阶级中层也会佩戴这种戒指，所以这不是一个可靠的阶级标志。刻有姓名字首而不是家族纹章的个性戒指，不管戴在哪个手指上，都是较低阶级的标志。相比之下，领带可以告诉我们的略微多一点。粗俗抢眼印有喧嚣图案，特别是有卡通搞怪图案的领带，表示较低阶级；单色领带，特别是浅色发亮或带闪光的领带，最多不超过中产阶级中层。而颜色通常为深色，较为暗淡，上面有小小的适当的图案的领带，才是中产阶级上层和上层阶级所选的领带。

不过，我也得承认，仅看一位男士的西服，很难看出他的阶级属性，我还需要想尽办法，努力观察他们的身体语言，看什么报纸，才能得出结论。通常在火车或汽车上，只有工人阶级的男性，才会两腿大大咧咧张开坐着；而看八卦小报的男人，一般不是中产阶级或上层阶级。因为即使他们想看，也不会在公开场合看。

休闲服装要比西装更能展现身材，也更能揭示阶级。因为休闲服装品种多，也就更能体现男人的品位与选择。问题在于，当你可以抛开规则和西服的束缚，自主挑选着装时，无论是哪个阶级的英国男人，都会表现得很糟糕。绝大部分男人天生就不懂什么是时尚，甚至根本不想穿出时尚品位。如果夸男人懂得打扮、穿着讲究，就好像怀疑他不是男人一般。男人太讲究穿着，立刻就会被怀疑是同性恋。英国男人很在意穿得是否正确或合适，这是因为他们不想太惹人注意，木秀于林。他们只想融入群体，穿得和其他异性恋男人没什么两样就很好。除掉西服领带这类正式服装，他们的穿着都大同小异，全都是牛仔裤配 T 恤或宽松无领休闲衫，衬衫或长袖套头衫配休闲裤，毫无特色可言，犹如休闲制服。

没错，我知道不是所有的 T 恤都长得一个样，休闲裤也有不同的价位。因此，从款式、质地、牌子等细节，想必能看出相互间的阶级差异。这不是不可能，但我很难做到。我可不想发牢骚，不过，我还是要发几句。我只是想让人知道，我真的是费了好大的劲，常常无功而返。你只须想想，在我想试图查看男人们裤子背面的商标时，他们因误解而反馈给我的滑稽表情，就明白我的难处了。

男女休闲服阶级规则的基本原则大同小异。但是，如果男人讲究穿着，会被视作同性恋；而女人讲究穿着，则是较低阶级的行为表现。闪光的尼龙与天然纤维的区别，正是适用于成年男女的共同阶级判断原则，只是这项原则更多适用于女性。因为无论是哪个阶级的男人，都会认为亮闪闪的尼龙等人造纤维太女性化又不舒服，所以会避免穿着。工人阶级男性也未必穿着百分百纯棉衬衫，靠外表判断很困难，况且你也不太可能到处揪着男人的袖子查看衣服的质地。

男人穿衣时的裸露程度和社会阶级高低，同样成反比。穿衬衫不扣扣子露出大片胸脯的人，社会阶级较低；扣子扣得越少，阶级就越低，如果露出脖子上的项链奖章，那么在阶级排分上还要再扣去 10 分。甚至露臂的程度有时也很重要。年纪较大的男性,社会阶级较高者往往偏爱衬衫甚于T恤,且不管天气多热,绝不会只穿背心或汗衫就出门。背心和汗衫绝对是工人阶级的打扮。除了海滩和泳池,在其他任何地方裸露胸脯,都是工人阶级下层的外在特征。

对于同样穿衬衫的男人,划分阶级的标志就在肘部。天气转暖时,阶级较低的男性会将衬衫袖子卷到肘部以上,阶级较高者只会将袖子往上卷或卷到接近肘部。不过,如果从事耗费体力的劳动,比如在花园里除草或种花,也会偶尔卷到肘部以上。这条规则也适用于腿部。除了打球、爬山或在庭院中摆弄园艺,中产阶级上层和上层阶级的成年男子是很少穿短裤外出的;中产阶级中层和中产阶级下层在国外度假时可能会穿短裤;但只有工人阶级男性,在他们居住的城市会穿着短裤走入公众场合。

无论冬夏,上层阶级似乎都穿着更多衣服,这是一项普遍规则。他们不仅穿更多层衣服,而且会有更多件外套,更多地使用领结、围巾、帽子、手套。他们也更多地出门带伞,不过只限于在城市里。有一条长久以来约定俗成的不成文禁忌,上流人士在乡间都不许带伞,除非他们是在赛马场,或者他们出于绅士风度要为女性遮雨等等。所以,在城市里带伞走路的男人,往往是较高阶级的成员,而在乡间带伞走路的男人,往往是较低阶级的成员。不过,出于某种原因,乡间无伞规则不适用于牧师。

英国上层阶级男性将"低调"精神推至极端。他们在穿着上不仅仅要融入群体,还要求融入周围环境。所以,他们在乡间会穿绿花呢和褐花呢,在城里则穿暗灰色、深蓝色的细条纹衣服,这些犹如上流社会的保护色。无论男女,若在乡间穿着不恰当的"城市"服装,都是严重的失礼行为。在某些很有身份的历史悠久的上层社交圈中,甚至还禁止任何比较时尚的打扮,一点点时尚都要不得。外表上越是单调乏味,越是过时落伍,你的社会地位就会越高。

衣着规则和英国性格

唉!穿衣打扮不幸成为又一项英国人极不擅长的领域。本来是一项重要的生活技能，可不知什么原因，英国人就是无法精通。不管是正式的制服，还是亚文化制服，除非有严格的规则可供遵循，否则我们至多也只能穿出模糊的个性主张，还很可能落入杂乱无章的穿衣困境。

当然，总会有一些例外，总有一些英国人能够读懂着装的语言，能够穿得自然得体。但是，一般而言，整个英国民族掌握穿衣语言的能力比较差，社交拘泥症似乎是我们最典型的，而穿衣不当则是该症的又一种外在表现而已。

在剖析英国人的着装规则的过程中，我还接触到英国人的另一种模式，一种特立独行的古怪模式。经过仔细检视，我发现，虽然世人大多赞赏英国人的特立独行，但其实这种特立独行并不像我们所想象的那样富有个人特色和富有创意。被大多数视为特立独行的英国人的着装特色，经过更仔细的研究，其实更是一种绵羊般的驯顺。但是，至少我们很看重原创，而且我们街头时尚中体现出的集体特立独行的特征，确实也有值得骄傲之处。

我们穿着"制服"的时候，可能算着装最自然的时候，但是即使这时，也会显示出小小的叛逆，故意显得漫不经心，沉醉于自贬自嘲的古怪而典型的英式幽默之中。我们可能缺少其他国家的那种穿衣的自如态度，我们着装的第六感可能非常笨拙可笑，但幸运的是，我们有一种内在着装幽默感，能够随时随地拿自己开开玩笑。

第十二章
饮食规则

1949年，匈牙利人乔治·米凯什说："欧洲大陆的人有很好的食物；而英国人有很好的餐桌礼仪。"这句话名噪一时。后来，在1977年，他又说，英国人的食物多少有所提高，但我们的餐桌礼仪却日益恶化。但是，他仍然并不觉得英国食品好到哪儿去，而且他承认，我们的餐桌礼仪仍然"相当文明"。

三十年过去了，米凯什的论断仍然代表了国际上人们对于英国烹饪的主要观点，旅行作家保罗·理查森（Paul Richardson）告诉他的外国朋友他将要进行为期18个月的英国美食研究的时候，也有同样发现。他回忆说，他的西班牙、法国和意大利朋友们都告诉他，英国根本没有美食，因为所谓美食，需要一个酷爱美食的心态，而英国人根本没有。他的朋友们还说，"英国人与所吃食品的关系，多少有点儿像无爱的婚姻。"

我从我的一些外国朋友和受访者中，也听到过一大堆类似的抱怨。其中蕴含着一个事实，那就是我们英国人认为，美食不是一项权利，而是一种特权。我们也没有什么区域美食划分，家里人通常不在一起共享大餐，而喜欢坐在电视机前大嚼垃圾食品；我们的菜单通常只包括甜咸的小吃、薯条、甜薄脆、巧克力棒、快餐饭、微波比萨饼以及其他垃圾食品。即使那些对食品感兴趣而且能够买得起好食品的人，也不愿意花点时间和精力去买或自己做些新鲜饭菜，而其他国家的人认为这本应是理所当然的。

这类批评大部分都是很有道理的，但却不是全部的真理。而另一个极端的论调也是一样。当前流行的"俏英国"时尚声称，英式烹饪近几年来在所有方面飞速提高，伦敦正在成为世界美食之都，食品是英国人的一场新摇滚，而英国也涌现出越来越多的美食家和爱好者等等。

我并不想花太多时间去争论英式烹饪的质量。我的印象是，它既不像批评者们讲的那样糟糕，也不像最近的时尚派吹嘘的那么辉煌。它介于两者之间。其中一些食物非常好，有些则很差。总体而言，要是综合上述两种言论，我觉得还是比较公正的。我只对英国食物的质量以及它所反映的我们与食物的关系、与食物有关的不成文社会规则，以及它所揭示的英式行为特征感兴趣。每一种文化都会有自己典型的食品特征，既有针对食品和烹饪的态度的一般规则，又有谁可以吃什么，吃多少，什么时候吃，什么地点吃，以及与谁吃，以什么方式吃的细节规则。人们可以通过研究食品规则深入地了解一种文化。所以，我并不是对英国食物本身感兴趣，而是对英国食品规则中反映出的英国性格特点深感兴趣。

模糊规则

"无爱婚姻"并不完全是对英国人与食品关系的错误描述，不过用"婚姻"这个词言重了。我们与食品和烹饪的关系更像一种躁动不安毫无承诺的同居关系。它很模糊，通常还很不和谐，高度脆弱。当然也有亲密时刻，甚至还会有高潮的迸发，但总体而言，要说我们英国人与欧洲邻居以及世界上大部分文化体系大不相同，我们没有深刻持久的对食物的天然爱好，这一点算是说对了。食物在英国人的生命中，确实不像其他地方的人那样，占有优生地位。即使是被普遍认为在生理上对食物没什么品位的美国人，却也比我们更强一点，因为他们似乎对食物更加关注。即使是他们所谓的垃圾食品，也是有各种不同的口味和组合，而我们却对于简单的两三种食物安之若素。

在许多国家中，人们关心食物，享受烹饪，喜欢相互谈论吃了什么，这是司空见惯的事情。而在英国，这类人却要被他人另眼相看，专门挑出，用或鄙夷或羡慕的口气，称作"贪吃鬼"。其实，对食物的兴趣是人类的普遍天性，而不是什么值得大惊小怪的事情。英国人惊呼的"贪吃鬼",充其量也不过是些普普通通的人,他们只不过显示出正常人对食物的正常、适当和天然的关注度而已。我们称之为"贪吃"的现象,若是换到其他国家的文化环境下,不过是一种正常现象而已,绝不是什么非正常或值得大惊小怪的现象。

在英国人中间,对食物的高度关注却被大多数人至少视之为相当古怪的行为,有时甚至还被认为是道德缺陷的征兆,当然是一种不一定恰当、不一定正确的征兆。如果这种行为出现在一个男人身上,他的贪吃倾向可能会被视为缺乏男子气,过于女性化,甚至他的性取向都会受到怀疑。在这个意义上,贪吃与过度的时尚兴趣或对软装饰的热切关注,有着异曲同工的效果。在电视上出现的英国著名男厨,都会格外卖力地展示其男性魅力与异性恋取向。他们故意使用肌肉男的用语,动作上粗犷不羁;还会卖弄他们对足球的爱好;提到他们的妻子、女友和孩子们;穿着上也尽量显得男性化。年轻的电视厨师杰米·奥利弗(Jamie Oliver)就是这样做的,他变着法儿想使烹饪成为英国男孩子梦寐以求的行当,用的就是那种"请注意我是异性恋"的模式,开着辆超酷的敞篷车,音乐开得山响,带着性感模特老婆,粗声粗气说着小伙子们常用的俚语,四处花钱,用这种方式使得烹饪显得更加接近大众,更能吸引人。

而女性多少更能接受喜欢食物的人,但是,这种爱好仍然相当受人关注,总会被人评论,在有些场合还会被视为虚伪。没人喜欢被别人看做过分迷恋食物或是贪吃。大多数人都乐于把"我们吃是为了活着,但活着不是为了吃"挂在嘴边。不像我们的邻国,比如法国人,我们既羡慕并享受法式烹饪,却又厌恶法国人那种无遮无掩的偏爱美食的言行。其实,人家烹饪水平高,自然喜好这一口。

不要过分热情规则和色情规则

我们对食物的模糊态度,可能部分地受到不要过分热情规则的影响。在任何事物上抛洒过分的热情,都被认为是一种尴尬,更有甚者,要是一个人对于吃饭这样琐屑的事,都会兴奋不已,说老实话,会给人以相当愚蠢的感觉。

但对我而言，我们对于食物和食品无动于衷，还牵扯到其他一些原因。这其中有一些心理暗示，似乎英国人对于感官刺激都有一种唯恐避之不及的不安感觉。不过，要是一个人喜欢吹嘘吃过的精美食品，喜欢在公开场合大谈特谈咀嚼的快感，那反倒没有什么，因为，这是一种热情过头的滑稽表达，而且常常被等同于小小的黄色笑话，人们也就一笑了之了。

据说英国人有一种清教徒般的怪癖，但我不太确定这种判断是否准确。比如说，性在英国不被视为一种罪恶，但却被视为隐私和个人事务，所以有点令人尴尬。关于性的笑话，即使相当露骨的笑话，也都是可以接受的；但是如果过分热情地谈论性事的细节，却被认为很色情。我觉得，英国人对于吃的感官快乐似乎持有同样看法，它并不是一种绝对的禁忌，但一个人必须只能用一种轻松的、淡淡的、幽默的方式来表达。

那些对于用过度的语言讲解一种精心制作的超级黏稠的蛋黄酱细节的爱吃之人或外国人，英国人常常会有反胃之感，会作脸红尴尬之状并转过头去。要想避免同类不快，此类人士应当笑嘻嘻地说起吃的细节，应当自我嘲笑，应当在描述的时候不要太过严肃。如果缺少点儿带自嘲性质的刻意淡化，关于吃的长篇大论绝对会成为一种"贪吃色情"（gastro-porn）。这个名词通常指代美食杂志和烹饪书，因为上面经常充斥着细致入微地介绍每一种菜品细节的大篇文章，但这个名词同样可以适用于过分热情的美食谈话。

电视晚餐规则

有一种言论认为英国正成为一个日益关注美食的国度，这话对我而言，无异于过分热情的美食广告，至少算是一种大大咧咧的夸张吧。不过，我也不能否认，近两年来，英国人对于食品和烹饪的兴趣确实有所增加。英国的电视中每天至少有一档讲解美食的节目。坦白地讲，有些娱乐竞技类的节目形式，让厨师们互相竞争，用五种配料在 20 分钟内做出三道菜，比烹饪本身更能吸引人。我的一些外国受访者认为，这种节目要么是蠢得有趣，要么就是与食品毫无瓜葛，并不能证明人们对食品的兴趣增加。不过，其中仍然包含了真正的足够多的烹饪信息。

这类节目是否证明英国家庭对烹饪兴趣的真实增长，这个问题仍存有争议。不过，英国人一面热心地观看大厨们利用新鲜的外国配料烹制精致食品，一面却拎着超市买来的塑料包装食品直接放入微波炉，三分钟了事。我自己就经常做着同样的事。

当然其中也有例外。那些真受这些节目启发的人，会急急忙忙去买电视厨师写的烹饪书，并尝试一下书中配方。这里我所说的，不仅仅是指中产阶级的时尚食品精英。迪莉娅·史密斯（Delia Smith）的食谱书一直是畅销书排行榜的榜首，许多超市都因为"迪莉娅效应"而忙个底朝天。只要她在晚间节目中推荐某个产品，这种产品可能是某种微不足道的鸡蛋，或者是某个厂家的炖锅，那么第二天这种产品马上销售一空。我的几位为数不多的工人阶级朋友，也接受过我的采访，他们都因为收看烹饪节目而变得热爱烹饪而且乐于创新了。一位汽车司机自称是罗德斯（Gary Rhodes）的热情粉丝。他说："我喜欢他的烹饪手法。以前我从没想过自己能做鱼。现在我会去鱼摊买条活鱼，真正的新鲜的鱼，比如红鲷，好吃极了。上周末我还做了一次烤鲈鱼，那可是海鲈鱼，黑鲈，很贵的。不过很值，味道棒极了。"

就像其他大部分重燃烹饪热情的英国人一样，这位司机一周也不过只是做一次这样的"新鲜烹饪"，也就只是在星期六晚上。在英国，仍然有为数极少的家庭主妇每天不厌其烦地利用或贵或便宜的新鲜食材亲自下厨。比较高档的超市的货架上，会摆满异国蔬菜、草药、香料，但是大部分逛超市的人既不认识也不知道如何使用。我花了些时间在超市闲逛，专门盯着白菜、香菇、香茅草，随机抓几个一起看这几样的顾客，果然他们大多数人都不知道这是什么，甚至连超市的员工也都摇头不知。

新奇规则

不过，在这里，我其实掉入了一个陷阱，这也是英国那些时尚美食迷们经常犯的一个错误，就是会将喜欢美食与热衷于尝试新方法选用外国食材混为一谈。我的外国朋友们和受访者们都认为，英国美食迷们喜欢尝试新的方法，这种作风有些古怪。他嘲笑我们的饮食态度其实是在赶时髦，从"新菜肴"、法属路易斯安那州风格、混合风格、托斯卡纳风格、环太平洋风格、现代不列颠风格，一阵阵美食热潮来得快去得也快。上一分钟，大家还喜欢在各种菜肴里都加点儿晒干的西红柿，下一刻就换成覆盆子酒醋、蒜泥、杂粮粥或者其他什么东西。哦，对了，有一次就流行要用黑血肠加上瑞士烤土豆丝饼做成的肉冻，在大白瓷盘中间层层堆叠成一种危险的塔形，还要配上薄薄的山羊奶酪皮，佐以意大利巴沙米克浓缩甜醋或者迷迭香酱汁或者辣根酱，或者其他配料。

这种赶时髦的风气不只是英国才有，我们在美国、澳大利亚的殖民后裔也不遑多让。但那些国家的历史较短，而且由不同文化的移民组成，没有任何传统的风味菜肴，也就情有可原。可英国自称古老的欧洲文明，历史悠久，传统深厚。可是，在吃的方面，却还像那些追求新奇沉溺时尚的小毛孩子一般。我想，其中原因可能在于，虽然我们有着悠久的历史和深厚的文化，但在饮食方面，我们却和那些年轻的殖民地差不多，都没有自己深厚的烹饪传统。有些具有历史修养的美食爱好者们，认为英国菜并不总是这样默默无闻，他们引用历史盛宴中曾经出现过的野味馅饼和新奇香料来作为考证。可是，当时能够吃得上这些东西的人，大概只是少数有钱人，而外国人批评英国菜乏善可陈则已有数百年历史。目前，外国人则十分惊讶地发现，我们喜欢胡乱调配外国食材。

有一位接受访问的外国人就很困惑地说，"我以为英国人拒绝改变，但是，在你们的餐厅里，我见到另一幅场景。我们意大利的饮食比你们传统多了，不会像你们一样，对外来饮食大开方便之门。法国人还更加……"他把手紧紧合在眼前，做出鼠目寸光或是心胸狭窄的手势。我想，他讲得很对。英国人以顽固保守出名，但我们对待吃的态度，却是相当地灵活变通，很愿意尝试新鲜事物，吸收各种烹饪方式。追求最新奇的极端，往往是年轻人的专利，但希腊、意大利、印度、中国等菜式早就成为英国人日常饮食的一部分，起码已有数十年。这些外来菜式与号称"一肉两菜"的传统英式晚餐一起,成为英国人熟悉且普遍接受的菜式。特别是印度菜,已经成为英国文化不可或缺的一环,也竟然成为英国饮食的一大特色。周六晚上去数个酒吧畅饮,如果没能吃一顿印度泥炉烘烤或是铁锅咖喱,就不能称得上圆满。根据最新的统计,英国人出国度假时最怀念的家乡菜,不是炸鱼和薯条,也不是牛肉牛腰派,而是"地道的英国咖喱"。

私下抱怨和当面抱怨规则

英国人在餐厅里,与在其他地方一样,会在相互之间抱怨咕哝,服务太差、食物太差,但我们的社交限制以及社交拘泥症的存在,却让我们很难向餐厅员工直接抱怨。面对这种情形,我们有三种截然不同的处理方式,但三种方式的效果同样极不理想,难尽人意。

沉默式抱怨

大部分英国人面对不好吃甚至难以下咽的饭菜,总是不好意思直接当面抱怨。因为抱怨会显得"小题大做"、"故作喧哗"、"引人注目",这在公众场合都是犯忌之举,违反了不成文的规则。面对面的抱怨,会显得感情用事,总会让人不愉快不舒服,因此需要尽可能地避免。英国顾客也许会愤愤不平地向同伴抱怨,也许会将不满意的菜推到盘子边上,也许会相互间露出不满意的表情,然而一旦侍者上前询问有什么需要帮助时,他们却会立即换上礼貌的微笑,避开对方的视线,嘟嘟囔囔地来一句,"噢,很好,谢谢。"在酒吧或快餐厅排队时间太长时,他们会唉声叹气,双臂交叉胸前,轻点脚尖,烦躁地看看手表,但是他们却绝不会当场抱怨。不过,他们下一次会把这家店打入冷宫,不仅自己不会再去,还会向朋友们大吐苦水抱怨这地方有多糟。所有人都知道这桩事,唯独当事的酒吧或餐厅老板还蒙在鼓里。

道歉式抱怨

有点胆量的人则会尝试第二种方式,这也是英国人所擅长的道歉式抱怨。"对不起，我很抱歉，嗯，但是，哦，这汤似乎，怎么说呢，有点不太热，凉了一点儿，真的……""抱歉打扰，但，呃，我点了牛排，可这菜看上去似乎更像是，嗯，呃，一道鱼啊……"如果等了二十分钟还没有人来服务，你会听到"抱歉，问一下，我们是不是过一会儿就能点菜了呢？我们时间快来不及了，抱歉打扰。"有些这样的抱怨实在是太温和、太怯懦、太转弯抹角，而且欲言又止，给人一种道歉的假象，弄得不少侍者领会不到说话人的真实意图。有一位很有经验的侍者就说："他们会看着地板，自顾自地咕哝几句，好像他们自己做错了什么事似的！"

除了在抱怨的时候道歉，英国人还经常因为合理的要求而道歉，"噢，对不起，很抱歉，可以给我们来点儿盐吗？""抱歉，现在可以买单吗？"甚至英国人会为花钱而道歉："抱歉，可以再来一瓶吗？"这些道歉式抱怨，我全都做过，而且我还为每次点餐后吃得不多而道歉，"对不起，这很好吃，只是我还不太饿。"

大嗓门、挑衅、可憎的抱怨

最后一种抱怨方式，则一如既往，是社交拘泥症的反作用的结果，一种大嗓门、挑衅式的令人讨厌的抱怨。有的顾客会十分自以为是，而且粗鲁无礼，为了一点儿小事就脸红脖子粗，大声斥骂；也有的时候，本来很有耐心的顾客，却被数小时的苦等耗干了耐心，若再碰上难以下咽的食物，于是一触即发勃然大怒。

英国的侍者名声很坏，与其他服务行业的员工一样，被说成脾气大、既懒且笨的人。这些说法其实大多名副其实，他们确实缺少某些文化特有的专业精神和服务精神，也难以忍受矫揉造作的过度殷勤。不过，批评归批评，还是要先理解英国侍者所要忍受的痛苦。即使是圣人，若是遭遇我们愚蠢的抱怨方式，恐怕也会觉得进退两难；即使是深谙行为学的心理专家，面对我们沉默式的抱怨，恐怕也会困惑不解。而英国的侍者却既非圣人，亦非心理专家，他们在揣摩的同时，还得负责炸薯条和端盘子。

沉默式和道歉式的抱怨，与挑衅性令人讨厌的抱怨，看上去是截然不同的两回事，其实却有紧密的联系。英国人的社交拘泥症，导致了这两种相反的极端。在社交场合觉得不自在或是尴尬时，我们要么变得过度有礼而显得拘谨愚蠢，要么变得喧闹、粗鲁、富有攻击性，叫人无法忍受。

"一向如此"规则再现

我们不愿意在餐厅里面对面地抱怨，天生的社交拘泥症只是原因之一，对食品的期待值不高，才是更普遍的原因。本章开头，我就提过理查森的说法，英国人认为好吃的东西是一种特权而不是应该享有的权利。与那些自古以来就讲究吃并重视烹饪的文化不同，英国人无论是去餐厅，还是自己在家做饭，都不会对食物抱有过高的期望。除了少数人十分讲究吃的享受之外，绝大部分英国人并不期望端上桌的食物会是什么人间美味。菜要是好吃，我们会吃得开心；菜味道一般，我们也不会像其他国家的人那样觉得愤愤不平。牛排太老，薯条不脆，当然也会令我们有一点不快，不过，不至于上升到人权受到侵犯的道德高度。英国菜，大多色香味平平。

不只吃的方面如此，许多接受访问的外国人，尤其是美国人，认为英国人碰到产品瑕疵或较差服务时，根本没有能力去完成有效的投诉。有一位对此感到困惑的美国人告诉我，"我有一个印象，似乎英国人从来就不指望一件事情会正常运作。你明白我的意思吗？"我说："我懂，在和美国人作比较时，英国人更是如此。美国人期待优质服务，期待物有所值，产品功能完善。如果这些期待无法实现，美国人会大为光火，会告上法院。英国人则一般不会期待服务很好或产品很好，而一旦一切真如他们悲观预测的那样糟时，他们就会来一句'一向如此！'"

这位美国人说："的确是这样的。我娶了位英国太太，她的口头禅就是'一向如此'。我们住酒店，发现吃得很糟糕，我想跟管理层反映，她却说：'饭店的菜不是一向如此吗？你以为有多好！'我们买了台洗碗机，明明说好了代客送货，结果没送。她只有一句抱怨'一向如此'，火车晚点两个小时，她会来一句'哦，可不是，一向如此！'于是我就对她说，'嗨，嗨，可不是嘛！一向如此，今后也会一向如此。就是因为你们什么事也不做，只会坐在那儿互相抱怨一向如此，所以它才真的会一向如此的。'"

他说的有道理。明明是人为的错误，我们却偏要将其当做不可抗力，而不愿归咎于无能。火车晚点或洗碗机未能如约送货，一向如此！而银行假日里外出野餐却遇上大雨，也同样的一向如此！两者竟然同等对待。这些不便或许叫人懊恼，但司空见惯，"我早就想到会发生"。既然属于不可抗拒的事情，那我们也就不必和人计较，免得横生冲突，互相尴尬。

然而，"一向如此"对于英国人还有其他含义。此前我曾提到，英国人的口头禅"一向如此"，既有愤愤不平之意，也有消极认命接受现状之意。这句话表示，说话人知道世事不如意者十之八九，只能看开和接受。"一向如此"里面还有一种并不情愿的克制，这是一种典型的英国式的敢怒而不敢言。但在这里面，我发现还有一种近似阿Q的精神胜利法。英国人说"一向如此"，在表达讨厌和愤怒的同时，也以某种奇怪的方式在表达一种得意。得意于自己对世事悲观的预测和愤世嫉俗的假设完全准确。我们或许受到挫折，感到不快，但却并不觉得意外。我们知道这样的事情就是会发生，我们"其实早就可以告诉你"，饭店的菜就是这样糟糕，洗碗机就是不会替你送，火车就是会晚点。英国人凭借这种高深的人生智慧，深知饭店、洗碗机、火车的自身动作习惯。我们的抱怨或许毫无作用，或许我们连最基本的意见表达都不会，或者我们只能逆来顺受，被劣质商品或服务者的无能所摆布，但是，至少我们自己先知先觉，洞察一切。

万事皆如此。汽车就是会"经常出毛病"；锅炉就是"有点不可靠"，洗衣机就是会"出点儿故障"，烤面包机、茶壶、门把手就是"难免出问题"，冲水马桶就是"得按两次，而且第二次按住不放才出水，嘿嘿，这就是小窍门"，电脑难免会"紊乱"，重要档案难免会丢失。每次，你都会恰好排在最慢的队伍里，每次的快递都会延迟；每次建筑工人都不会按质按期完工，每次公共汽车都要等好长时间后一下子来三辆。上述这些事情没完没了，在英国人眼中，没有一样事情不会出毛病，没有一样事情会完全尽如人意，而世界上最糟糕的事，就是快要下雨了。这就是定律，就与二加二等于四以及所有的物理定律一样属于绝对不可更改的真理。我们从婴儿时代就开始学习这些箴言警句，长大成人后，这种抱怨万物的心态就自然而然成了我们生命的一部分。

如果你想真正了解英国人，就必须充分了解这种古怪的心态及其潜移默化的影响。而要想了解也不难，只需将上述箴言警句反复吟诵二十载，吟诵时保持语调轻快和心情愉快，抱着虽然不满意现状但却完全接受的良好态度，同时加诵"别抱怨"或"无妨"或是"将就着过吧"之类的其他古怪字句，那么，你就能由内而外地很快了解并成为英国人。最终，碰到任何问题，无论是面包被烤焦了还是第三次世界大战即将爆发，你都学着用"一向如此"予以回应，说的时候带着典型的微怒、克制以及因无所不知而得意的三种表情，那么，恭喜你，你真的是一位不折不扣的英国人！

烹饪阶级规则

英国食物除了标志成分和热量之外，其实每种食物外包装上都含有隐形的阶级标签。警告：本产品可能含有少量中下阶级物质；警告：本产品与小资产阶级有关，可能不适用于中上阶级的晚宴。从社会角度来看，吃什么，什么时候吃，在什么地方吃，以何种方式吃，怎么称呼所吃的食物，怎么谈论所吃的食物，都带有身份和地位的印记。

畅销书女作家伊利·库珀（Jilly Cooper）对英国阶级制度的了解，超过任何一位社会学家。她引述一名店员的话说："点名要买外脊熏肉的，我称之为'夫人'；点名要买五花咸熏肉的，我称之为'亲爱的'。"如今，判断顾客阶级时，除了要考虑这两种不同部位之外，还要了解，"夫人"阶级最偏爱超瘦有机咸熏肉、夹心用肥肉、意大利熏火腿、做熏肉用的肥肉脂肪、塞拉诺火腿薄片，这些尤其受到"夫人"阶级中的高学历中产阶级上层的喜爱。而"亲爱的"阶级则喜欢熏肉粒、炸猪皮、熏肉味的油炸薯片，而这类食品是"夫人"阶级很少问津的。

英国各阶级的人都爱吃熏肉三明治，就是被北部工人阶级称为bacon butty 的那种。不过，有些较虚荣的中产阶级下层和中产阶级中层会在吃的时候假装出更精致更高雅的口味，而一些中产阶级上层，则会在吃的时候假装重视健康，冒出些关于肥肉、盐、胆固醇和心脏病之类的抱怨。

还有一些食物带有较低阶级的隐形标签：

- 鸡尾酒大虾冷盘。大虾本身没问题，但用鸡尾酒调制而成的粉红色酱汁，则是中产阶级下层的标志，即使换个名字称之为"玛丽罗丝酱"，也没法使之更高雅。
- 鸡蛋和薯条。单独来看，这两样东西本身并没有什么阶级含义；但若放在一起吃，就是工人阶级。
- 通心粉沙拉。通心粉之类的东西本身没问题，但这道菜如果凉着吃，并佐以蛋黄酱，那就沦为大众。
- 米饭沙拉。不管做成哪种形状，以任何形式端上桌，只要是凉着吃，终究是较低阶级的吃法，如果里面再加上甜玉米，则更显粗俗。
- 罐头水果。糖渍过的罐头水果是工人阶级的吃法；即使用果汁代替糖水，在阶级序列中也升不了多高，顶多是中产阶级下层。
- 将煮得很老的鸡蛋切片或西红柿切片加入蔬菜沙拉之中。如果是小颗的圣女果整颗放入，不影响别人对你的阶级判断；但如果你很有阶级焦虑感，最好不要把西红柿、鸡蛋、莴苣中的任何两种放在一起。
- 罐头鱼。如果是把罐头鱼当做某种菜的配料，则不影响他人对你的阶级判断，但如果直接食用罐头鱼，则是工人阶级的明显标志。
- 三明治夹薯条。这是一种在北方很流行的传统食品，被称为 chip butty，但无论其如何称呼，基本上都要算作工人阶级。

如果是对自己的阶级属性很有自信的上层阶级和中产阶级上层，由于他们的腔调和其他各个方面都已经很符合本阶级的要求，所以就有坦承喜欢上述任何一种食物的自由度。他们的坦承，不但不会被误判身份，反而会被视作特立独行而更受人喜爱。而有阶级焦虑感的人，如果想要表现得特立独行一点儿，最好坦承与阶级不相邻的社会最底层的食物，比如选择吃夹薯条的三明治，而不是罐装水果加果汁，这样就能够避免被误判阶级的危险。

健康正确指标

大约从 20 世纪 90 年代中期开始，"健康正确"就成为与美食有关的主要阶级划分标志。一般而言，中产阶级非常容易受健康饮食风尚的影响，而上层阶级与下层阶级则比较固执于原先的观念和饮食特点，不为所动。

现在，有人说食品是最新的性。这话说得很对，食物已经取代性，成为"好事者"的最爱。这里的"好事者"指的是自以为是国家烹饪道德守护神的大妈型中产阶级。目前，这批人正在不遗余力地要求下层阶级多吃蔬菜。成天批判性和"脏话"的假道学家似乎在电视上越来越少，反而有一大批中产阶级业余营养学家和饮食学家，大肆批评垃圾食品广告诱人，腐蚀青少年身心。他们所谓的工人阶级年轻人，大家都知道，指的是那些猛吃油大、糖多的零食的凯文、翠西之流，而不是吉米和莎斯基娅之流。

中产阶级上层的莎斯基娅之流，尤其不在此列。她们中的许多人，其实是后天素食而贫血症患者，或是厌食症患者，或是心理性蛋白质与乳糖过敏症患者。可是，"健康正确"鼓吹者们却不关心这类人，反而专心致志地要去剥夺凯文、翠西之流手中的油炸薯片，强迫他们摄取多于原来五倍的蔬菜量。

中产阶级上层的闲聊人士，更是"健康正确"的忠实信徒，他们最能接受这种观念，也最易受这种观念所影响。尤其是该圈子内的女性，会认为食品禁忌是界定社会身份的重要标志。她们会根据你的食品禁忌，来评判你的地位。晚餐开始之前，她们必会事先对哪些人患有过敏症、哪些人喜好什么食物，进行一番仔细调查。一位中产阶级上层的记者告诉我："我再也不想张罗晚宴了。根本张罗不成。素食者都不算什么麻烦事，问题是现在每个人要么对小麦过敏，要么不能忍受奶制品，要么是过分严格吃素，要么服用抗生素，要么奉行阿特金斯饮食法，要么是不能吃鸡蛋，要么不能多吃盐，要么对食品添加剂疑神疑鬼，要么只吃有机食品，要么正在排毒……"

对于那些真的对食物过敏的人，我深表同情，但全英确实患有此类过敏症者，其实只是极少数，远远少于自我臆想患有此症的人数。英国这些闲聊女性，似乎希望像安徒生笔下的豌豆公主那样，凭借自己对食物的过度敏感，来体现她们的细腻的品位和有教养的人格，从而与那些什么都吃的粗俗分子区别开。这些自以为清高的小圈子，对于那些正常消化面包牛奶等平民食品的人，大多持鄙视态度。

即使你本身并没有这类因时尚而引发的饮食毛病，那么请你务必要假称你的孩子有，或者至少在话语中要流露出你对孩子可能对某种东西过敏的担心。"哦，不！别给塔玛拉吃杏脯。我们还没测试过她是否对杏脯过敏。她以前对草莓有反应，我们一定要小心。""凯蒂根本没法吃任何罐装婴儿食品，钾太多，所以我就买有机蔬菜，自己做成菜泥……"即使小孩完全没有过敏症状，健康结实，那么你也得花点儿工夫了解一下最新的食物恐惧名称。你应该知道，碳水化合物就是新脂肪，就像褐色就是新黑色一样，类胶胺酸就是新胆固醇，纤维植物制品饮食法已经过时，现在开始流行阿特金斯饮食法。在转基因食物的问题上，这些闲聊女性认为，"两个基因好，四个基因坏"。根据她们所有的标准来判断，可以说，世上没有任何一种食品可以称得上"安全"，除非查尔斯王子亲手栽培的一根有机胡萝卜，也许会被算作例外。

中产阶级下层和中产阶级中层从中产阶级上层那里，照葫芦画瓢学了不少东西，再加上每天受到固定刊出五则健康恐惧报道的《每日邮报》(*Daily Mail*) 的影响，他们也很快就染上了与"上流人士"一样的食物恐惧症。这个过程有点像卫星传送时的迟滞效应，传送时会慢那么一两拍。过一阵子，中产阶级上层最新的食物风潮和禁忌，才会被仿都铎式、新佐治亚庄园里的居民所吸收；然后又过一阵子，才传到20世纪30年代风格的半独立式住宅中。有些市郊半独立住宅的居民，直到脂肪恐惧、纤维风潮被蛋白质风潮取代之后，才开始知道有脂肪恐惧和纤维风潮。一旦当前的所有致癌物质和其他食物恐惧风潮均为中下阶层所接受之后，中上阶层当然就得再想出新的名词来。这是因为，如果那些讲 pardon 和 serviette 的普通人都有了小麦过敏症，那么自己再高调宣称有同样的症状，还有什么意义呢？

下层阶级一般不会去沾染这类无聊事。他们有自己迫切的问题需要解决，没必要为了生活的某种情趣而去扭捏作态，故作过敏。而处在社会另一极端的上层阶级也同样务实，同样不大相信这类事。他们或许会在许多离奇古怪的食物禁忌上花费时间或金钱，但不会像中产阶级那样,冲着捍卫身份的目标而来。他们根本不需要通过不吃面包奶油这类举止来标榜自己的身份。当然也会有例外,比如已故的威尔士王妃。但是,这类人明显要比其他贵族更欠缺自信,也更加敏感,所以,这类例外反而证明了规则的存在。

时间和语言标志

晚餐规则

你怎样称呼你的晚餐?你怎么吃晚餐?

- 如果你称之为 tea,几乎可以确定属于下层阶级或是出身于下层阶级。而如果喜欢为晚餐加上个人标签,说我的 tea,我们的 tea,你们的 tea,"我必须回家吃我的 tea","亲爱的,今晚的 tea 有什么菜?""回来吃 tea"之类的话,那么大概属于北部地区的下层阶级。
- 如果称晚餐为 dinner,大约 7 点用餐,那么大概属于中产阶级下层或中产阶级中层。
- 如果平常将正式的晚餐称为 dinner,将自家人一起吃的非正式晚餐称为 supper,而且是发成 suppah 的音,那么大概属于中产阶级上层或上层阶级。晚餐用餐时间往往比较有弹性,但家庭 supper 通常约 7 点半,dinner 则大多较晚,要在 8 点半以后。

除了下层阶级以外,tea 都是指的下午 4 点左右的轻便简餐,也就是下午茶,包括茶或饮料、蛋糕、烤饼、果酱、饼干,有时还有小三明治,一般是传统的黄瓜三明治。下层阶级则用全称称之为"下午茶(afternoon tea)"从而与他们的晚餐(evening tea)相区别。

午餐规则

午餐用餐时间,并不能算阶级标志,一般都在下午 1 点左右。唯一的阶级标志在于怎样称呼午餐。如果称之为 dinner,就是下层阶级;只要是高于中产阶级下层的人,都会称之为 lunch。如果称之为 d'lunch,则说明他有意掩饰自己的下层阶级出身,在最后一刻才想起来不要说 dinner。库珀认为,这种称呼带有一点西印度群岛的口音。同样也可能称晚

第十二章 饮食规则

餐为 t'dinner，这是因为突然想起不能称 tea 而临时改口。这种称呼听起来有点像约克郡口音。不管如何称呼午餐，总的来讲，英国人不看重午餐，大部分人都拿三明治或其他简便、快速、单调的食物充饥。

时间长、菜品多、需要喝酒的"商业午餐"，如今不太受欢迎，这也许主要是出于美国式清教徒般的健康正确原则。其实，商业午餐本身十分合理，符合人类学和心理学的基本法则。全世界都认为赠与和分享食物是增进人际交往与感情的最有效方式之一。人类学家还专门用了个术语，叫做"共餐习惯"，来形容这种方式。在所有文化里，请客、接受请客，就是一种最基本最简单的互不侵犯条约。毕竟，你绝不想和敌人"共餐"；更进一步来讲，它更代表了情谊、盟友的关系。如果再加上酒这种社交润滑剂，当然效果更好。可是，英国人却对此不适，实在是不可理喻。

你可能会以为，英国人既然如此迫切地需要社交道具和辅助工具，如此想方设法要避开谈钱时的难以避免的尴尬，那么，英国人应当会热烈欢迎商业午餐的传统。说实话，我个人认为，对于商业午餐的这种鄙视，如果用环保人士的术语，就是不具有"可持续性"，历史会证明它只是一种暂时偏离正常的现象。不过，这也的确为我下面的论点提供了论据，那就是：英国人一般不注重吃，也不重视分享食物在社交上的重要性，不像世界上其他大部分文化那样，似乎天生就了解共餐的重要性。

在这一点上，中产阶级"美食迷"的开明程度，往往也不比其他人高多少。他们执著于食物本身，比如冷榨橄榄油的纯净果味，未经杀菌的布里奶酪的丰满黏性，但是这中间缺乏人性的温暖与亲密感。他们声称了解食物的社交作用，并且用抒情浪漫的语调大谈在普罗旺斯、托斯卡纳进餐的愉快。但是，遗憾的是，他们评判英国友人的晚宴和餐厅里的商业午餐时，看重的却是菜品而不是气氛。"没错，琼斯一家人很和善。唯一的遗憾是，他们不懂得吃的艺术。意大利面煮得太老了，蔬菜煮得太烂了，鸡肉做得叫人认不出来了……"说话时的这种自命不凡的腔调，不禁让人怀念美食迷出现之前的岁月。那时，上层阶级认为对食物说三道四没教养，而较低阶级则认为能够饱餐一顿就是最好的美味。

早餐规则以及喝茶观念

传统英国早餐，包括茶、面包片、果酱、熏肉、香肠、西红柿、蘑菇等等，既美味又能吃得饱。早餐是英式各餐中唯一最受外国人赞扬的。但是，英国人自己却很少吃这样的早餐，反倒是饭店里的外国观光客，更能享用到正宗的传统英式早餐。

吃传统早餐的习惯，在社会的上层和下层阶级中，都比中产阶级保持得好。在乡间别墅里，有时仍能吃到非常地道的英国早餐，有些下层阶级，尤其以男性居多，深信吃上一顿有熏肉、香肠、烤豆、油炸面包和面包片组成的"热早餐"，一天都会干劲十足。

然而，英国人却经常是在咖啡店里吃到这样丰盛的早餐，配上许多批量生产的又浓又甜的砖红色奶茶。中产阶级下层和中产阶级中层常喝的是更轻淡更时尚的奶茶，比如唐宁牌（Twining）的英国早餐红茶，而不是 PG Tips 牌红茶。中产阶级上层和上层阶级喝的是清淡的颜色像洗碗水的不加糖的格雷伯爵（Earl Grey）红茶。许多人认为，喝茶加糖，哪怕只加一匙，都是百分之百较低阶级的标志。除非你出生在 1955 年以前，那又另当别论。一匙以上两匙以下，你最多也就是个中产阶级下层；若超过两匙，就是不折不扣的下层阶级。先倒牛奶再倒茶，搅拌过于用力或者弄出声音，也是较低阶级的习惯。有些喜欢伪装的中产阶级中层和中产阶级上层，总是喝不加牛奶或糖的拉普山小种红茶，因为这大概也是他们能喝到的最不像下层阶级的茶了。比较诚实或者说不担心自己阶级身份的中产阶级上层和上层阶级，往往会大方地承认自己私下里挺喜欢味道浓、颜色像铁锈一样的"建筑工人茶"。是否瞧得起建筑工人茶，是否避之唯恐不及，也往往是探测一个人是否缺少阶级自信感的标志。

无论哪个阶级的英国人，都认为茶有神奇功效。一杯茶能够治好，或至少能够大幅减轻从头痛到膝盖擦伤的几乎所有小毛病。茶还是所有社交、心理疾病的重要药方，小到自尊心受伤害，大到离婚、亲人去世等带来的创伤，都能够以茶疗法治愈。这种神奇饮料用作镇静剂或兴奋剂，都很有效果，能够起到平静、抚慰、恢复元气和精神的作用。无论你的精神和身体状况如何，所有人都需要"来杯好茶"。

或许更重要的是，沏茶是摆脱尴尬的绝佳理由。在社交场合，只要英国人觉得局促不安或感到不自在时，就会去沏茶。这似乎是全世界都通用的规则，困惑的时候先去烧水沏茶。不同的是，英国人似乎随时随地都会感到不安或不自在。有人来拜访时，我们不太擅长招呼客人，就会说："我烧壶水，去去就来。"聊天时难免碰上不知该如何回答的问题，要是天气话题已经说过，我们便会说："那么，谁想再来点茶吗？我烧壶水，这就来。"商务会议中必然会谈到钱的话题，这时我们会让每个人先来杯茶，把钱这种尴尬事尽量拖延。如果遇到有人受伤休克的情况，则更需要用得上茶，"我去烧壶水去。"要是遇到第三次世界大战爆发或是下一秒核弹攻击在即，英国人也必会说："我去烧壶水去。"

这下明白了吧！英国人真是相当喜欢茶。

我们对切片面包也有偏爱。切片面包基本上属于早餐必备食物，属于一种拥有慰藉魔力的万能食物。如果茶还没法治疗不适，那么再加点儿切片面包，就一定能解决。烤面包的架子就是一种特别英国化的物件，我父亲称之为"面包冷却装置"。由于他生活在美国，口味和习惯都有些美国化。他认为这玩意儿唯一的功能就是让面包片尽快冷却。而喜欢烤面包架的英国人则会说，它能让面包一片片分开竖立，保持又干又脆，不至于像美国面包片那样受潮变软。美国面包片就这样随便叠放在盘子上供人取用，可是闷的时间长了，面包容易出水而受潮，要是再用餐巾盖住的话，水汽就更不容易散发。英国人喜欢的面包片应当是冰凉干脆的，而不是温软潮湿的。所以，美国面包片既不好看，也不体面，一副汗涔涔、大咧咧、没品没形很情绪化的样子。

不过，面包片却不太能用作阶级标志，因为所有英国人都喜欢面包片。较高阶级确实不太喜欢包装贩卖的切片面包，但这种偏见不妨碍他们享用。只有极端担心自己阶级身份的人才会拒绝吃这种面包。不过，吃面包时蘸的酱却有助于判断社会地位。中产阶级和上层阶级会抹点儿纯奶油，而不吃人造奶油，他们认为人造奶油是正宗的下层阶级调味品。当然，节食或患有奶制品过敏症者要排除在外。橘子酱是所有阶级都喜欢抹的酱，但较高阶级喜欢颜色较深切得比较厚的牛津（Oxford）或邓迪（Dundee）牌橘子酱，而较低阶级则一般偏爱颜色较淡、切得比较薄的 Golden Shred 牌子。

关于果酱的不成文规则，与橘子酱规则大同小异。果酱颜色越深，果块越大，就越为上层阶级所偏爱。有些中产阶级中层和中产阶级上层，私底下其实很爱吃颜色较淡口感滑润的 Golden Shred 牌子低价橘子酱和果酱，因为小时候吃惯了。可是，为了维护阶级身份，他们却故意去买显示较高阶级身份的块状橘子酱和果酱。那些将果酱说成"preserve"而不是"jam"的人，则一定属于低层阶级，尤其是中产阶级下层，原因是他们努力想让自己显得高尚。

餐桌礼仪标志和"物质文化"标志

餐桌礼仪

无论是哪个阶级的英国人，现在的餐桌礼仪都不如过去讲究了。但是，正像米凯什所说的那样，餐桌礼仪仍然颇受重视。餐桌礼仪真正重要的部分，比如照顾他人，不要自私贪婪，大体上表现得公平、有礼、讨人喜欢，已经被各个阶级的英国人所熟知，大部分人都能够遵照执行。没有哪个阶级享有最差或最好餐桌礼仪的专有名声。

尽管全家聚在一起的"家庭晚餐"一星期只有一次，而不是每天都有，但是，各个阶级的英国小孩从小就受到教育，知道在想吃什么食物时必须说"请"，得到食物时要说"谢谢"。各个阶级的大多数成年人也都相当有礼貌。我们都知道，想吃添加食物时应当请人帮忙而不是自己去抓；夹菜时要适当，不能自己夹很多而别人不够吃；要等在座的每个人都有自己的一份后才开始吃，除非主人说了一句"请吧，免得菜都凉了"；想要吃盘子里最后一点儿食物，必须先问一问有没有其他人要；嘴巴里塞满东西时不要开口说话；切莫大口往嘴巴里塞食物，也别咀嚼出声，那样特别不雅；餐桌上需要加入谈话，但千万不要自己滔滔不绝主宰谈话，让别人说不上话。诸如此类的餐桌礼仪，我们知道不少。

在餐厅吃饭时，我们知道除了上述礼仪之外，还必须客气地对待侍者，特别是不要用打响指或隔着好几桌大声叫的方式去叫侍者。正确的方式是往后靠住椅背，露出期待的眼神，盯着侍者直到他注意到你，然后迅速扬眉或抬起下巴，举手也可以。如果侍者就在附近却未注意到你，轻轻地说声"打扰"也可以，但口气中不能有任何傲慢。我们知道，点菜时要以请求的口吻来说，也要像平常一样说"请"和"谢谢"。我们知道在公共场合就餐时，大声喧哗或发怒、或是其他引人回头看的行为，都会是使人尴尬的，不合时宜的。为了钱而当众争吵，尤其令人厌烦；而刻意摆阔或刻意节俭，则是非常糟糕的行为；如果大家分摊餐费，某个人却为分摊不均而斤斤计较，更会让人瞧不起，不仅因为这样的人小气，而且因为这样的长时间讨论触犯了谈钱禁忌。

我们不一定时时处处遵守这些规则，但我们深深地了解这些规则。如果你向英国人询问餐桌礼仪，他们可能会误以为你想知道的是那种繁琐毫无意义的使用哪一种叉子的礼仪；但如果你换一种方式，询问与人共餐时什么是可以接受的，什么是不可以接受的，他们所受的餐桌教育是什么，以及他们如何教自己的孩子，这样的话，英国人的回答才会更具体，更普遍，更不分阶级场合。如果再仔细聆听并观察的话，他们所给出的答案其实无非关乎两个字：公平。

较低阶级的母亲们，特别是"受人尊敬的下层阶级上层"以及中产阶级下层的母亲们，会比中产阶级中层和中产阶级上层的父母们更加重视这些餐桌礼仪。反倒是中产阶级中层和中产阶级上层的父母们，由于受到20世纪70年代的"进步性的"儿童培养法的不当影响，对于规则和规矩往往加以蔑视，鼓励孩子放任的自由表达。这里，我用了"父母"一词，而不只说"母亲"，因为中产阶级中层和中产阶级上层要比其他阶级的家庭更加角色颠倒，往往父亲会更多地参与到对孩子的社会教育中来。

那些在社会顶层的人，正如其他方面一样，也同样与下层阶级有着更多的相似之处：上层阶级的母亲们在基本的优良餐桌习惯方面相当严格，不过，上层阶级的男性往往却不按照他们的母亲和保姆们成天教诲的内容去做。有些贵族男性在餐桌礼仪方面臭名昭著，与较低阶级甚至下层阶级以下的男性不相上下，因为他们同样丝毫不在乎他人对他们的评价。

但这些只是细微的差别。总体而言，基本的餐桌礼仪是不分阶级，较为平等的。只有在这些基本的餐桌礼仪之外，才会有一些重要的阶级分界线浮现出来。有一些更古老使用范围狭窄的礼仪规则，比如说豌豆放在叉背上的小规则，仍然属于较高社会阶级的专利。事实上，这类规则确实毫无意义，如果有人认为，它们的唯一功能，就是为了将上层阶级与下层阶级区分开来，这种说法似乎也不无道理。至少，我确实看不出除此以外，它们还能有什么功能。

"物质文化"标志

许多阶级标志规则与刀、叉、匙、杯、碗、盘等物品的使用和放置有关。这里，就有了"物质文化"。我记得在剑桥的第一个星期，在考古学与人类学图书馆咖啡室里，与一位相当热情而又自视很高的研究生有过一次对话。他告诉我，他正在写关于"物质文化"题材的论文。"你所说的'物质文化'是什么意思？"我就问他。他深吸一口气，"好吧，那就让我来解释一下。"然后他做出一副准备长篇演讲而且需要许多术语的样子。我认真仔细地听着，听他说了大约二十分钟。他结束演讲时，我说："哦，我明白了。你的意思就是'物品'。罐子、刀子、衣服等物品。"他被惊呆了，尽管他也不情愿地承认，是的，简单地说，确实也可以称之为物品。所以，我在这里也使用了一个辉煌术语"物质文化"，不过，不管怎样，我的实际意思确实只是"物品"。

持刀规则

好管闲事的《德布雷特礼仪指南》，总想努力编造出一些英国的繁琐餐桌礼仪的合理原因，比如说照顾他人等理由。但是，我觉得这很牵强。为什么你的手指精确地放在刀上的某个位置，就能给你的用餐同伴以愉快感呢？为什么让刀柄放在手掌以下就是正确的，而像抓铅笔一样放在大拇指和食指之间就是错误的呢？可是，《德布雷特礼仪指南》仍然不遗余力地认为，无论如何，你都不能像抓铅笔一样拿餐刀。这种抓握方式唯一可能影响你的用餐同伴之处，就在于它会立即奏响身上的阶级警报器，把你打入较低阶级。所以，人们有理由认为，只有对于阶级充分敏感的英国人而言，才会有足够的理由不使用这种方式持刀。

叉和吃豌豆规则

同样的规则也适用于叉。当餐叉拿在左手并与刀并用时，叉尖必须永远向下，而不能向上。所以，"有教养"的英国人必须用刀来使豌豆静止，同时用叉尖向下的方式刺上两三颗豌豆，然后再用刀将几颗豌豆略微挤扁推到叉背上，而将前面刺上的两三颗豌豆挡住叉背上的豌豆不至于下滑。这说出来复杂，做起来其实也不难。只不过，详细描述这种吃法的整个过程非常可笑，完全可以与任何关于英国人吃豌豆的笑话相媲美。较低阶级则会将叉子翻转，用刀将数量较多的豌豆放入叉子略凹的地方，甚至干脆不用刀，直接用右手持叉，像用勺一样把豌豆盛上来。这种吃法显然更合理，至少更符合人类需要，因为每叉能够运送更多的豌豆到嘴里。根据我的计算，那种上等阶级所用的叉取法，每次至多只能吃到 8 颗豌豆，而叉尖朝上盛取法每次至少能吃到 13 颗豌豆。实际多少则取决于餐叉的大小以及豌豆的大小。请原谅，我的本能让我又一次计较细枝末节，而不知享受生活。

所以，这样看来，《德布雷特礼仪指南》以及其他礼仪书坚持叉尖向下的豌豆吃法，确实没什么实际理由。而且，即使使用了叉尖向上的较低阶级吃法，也很难看出对于进餐同伴有什么负面影响，所以用照顾他人来做理由显然不成立。我们只能再次得出结论，就像持刀规则一样，所谓有吃豌豆规则除了用作阶级划分之外，一无是处。

最近几年，叉尖向上的不雅式吃豌豆法似乎顺着社会阶层之梯向上蔓延，尤其在年轻人中盛行。也许是受了美国人的影响，现在人们确实能看到中产阶级下层和中产阶级中层的英国人用这种方式吃豌豆。这也无意间泄露天机，由于这种吃法来源于工人阶级，所以这类钟爱这种吃法的英国人估计出身于工人阶级。而大多数中产阶级上层和上层阶级，则仍然固守着叉尖向下叉取法。

"小/慢就是美"规则

不仅仅是豌豆。我用豌豆做例子，是因为人们不断地拿英国人吃豌豆开涮。因为豌豆多少要比其他食物更逗趣一些。但是，我们的叉尖向下叉取法其实适用于一切使用刀叉的场合。而由于几乎所有用餐场合都要用到刀叉，所以几乎所有食物都需要放在叉背上。只有少量的特定食品,比如冷盘和沙拉、意大利面或是土豆泥夹肉派,可以只用叉而不用刀,那么则允许右手持叉且叉尖朝上。

使用刀叉时,只有较低阶级会用美国方式,先把所有的食物都切好,然后放下刀用叉子盛着或叉着吃。正确的吃法,或者说是较高阶级的吃法,应该是一边切一边吃,一次吃切下的一小块,每次都只挤压并在叉尖或叉背上只放少量食物。

同样的"小就是美"和"慢就是美"原则似乎是许多阶级标志规则的根源,或者说,大部分这类规则的设计目标,似乎就是为了一次只让一小部分食物从盘到嘴,每口的咀嚼间隙则必须有明确的切割、叉取之类动作区分。所以说,切割、叉取和挤压食物法,最常见于豌豆、肉以及置于餐盘中的其他食物,但这些原则对非盘中食物也适用。

拿面包来说,凡是与面包相关的食物,比如面包卷加奶油、馅饼加面包片、早餐烤面包加橘子酱,正确的高雅吃法是用手从面包或面包片上掰下一小块,注意,不是切下,而是掰下,而且这一小块必须是正好放入口中的大小,再在上面抹上奶油、肉酱或橘子酱,然后一口吃下。然后再掰一小块,依此类推。那种把酱抹满整片面包或面包卷,然后拿起来整个咬着吃,就像在制作野餐三明治一样的吃法,被英国人认为不雅。抹过奶酪的饼干,吃法也是一样,必须以一口能够吃下为原则,一次只掰下一小块,抹好奶酪后再放到嘴里。

至于带刺的鱼,根据"小╱慢就是美"规则,需要我们一次只切下一小片鱼肉,每片以一口吃下的分量为好,吃完再切下一块。吃葡萄时要先拔下一小串,一次只吃一颗,而不是抓起一把塞进嘴里。苹果等水果端上餐桌前要先去皮切块,一次吃一小块,不能整个拿起来啃。吃香蕉不能像猴子一样,而是要去皮切成一个个小段,一次吃一小段。依此类推。

在这里,你是不是一次又一次地发现小而慢的模式?阶级标志与吃的舒适感、速度、效率以及实用目的全都无关。恰恰相反,阶级标志要求我们吃慢一点儿,吃复杂点儿,每一口吃少点儿,吃得非常刻意、非常费力、非常浪费时间。现在,我们已经找到了这种做法背后的规则与模式,那么该规则的目标也就一清二楚了。其真实目的是要显得不那么贪婪，特别是不能显得太看重食物。任何形式的贪婪，都是对无所不在的公平原则的违背。让一个人对食物的欲望占上风，却不重视与同伴的谈话，这就会给人以偏爱物质享受和感官刺激，而不重视交流与友情的印象。在文明社会中，人们认为这种方式很不英国化，也非常让人尴尬。对某样事物过度热情本身就令人羞耻，而如果这样事物恰巧是食物，那几乎要令人作呕，甚至让人觉得下流了。小口地吃，中间有足够的停顿，能够显示出一种典型的英国式的更加克制、感情色彩更弱的对待食物的态度。

餐巾环和其他可怕之处

餐巾环是非常有用的阶级标志，而且有多种用途。我们已经知道，如果将餐巾称为 serviette 是很严重的失礼，是指向低等阶级的"七宗罪"之一。但除此之外，餐巾仍然能以其他方式启动英国人身上的阶级雷达，按照就餐的程度，我罗列如下：

- 摆放餐具时，将餐巾叠成过于复杂的像折纸一样的形状。高雅的人只是简单折一下。
- 将折好的餐巾竖起放在玻璃杯里。其实，只要把它放盘子上或旁边即可。
- 将餐巾塞进腰带或衣领里，其实只要松松地放在膝上就好。
- 一餐结束时将餐巾小心叠好，其实只要随便窝在桌上即可。
- 最糟的是，将餐巾卷起放入餐巾环中，只有那些使用 serviette 一词的人才会这样做。

前两种做法的错误，是因为它们过分繁琐复杂，故作高雅，这反而是中低阶级的特点。像塞住餐巾或用力擦嘴的做法，则是不优雅的工人阶级做法。最后两种做法酿成大错，因为它们造成不经过清洗再次使用餐巾的可能性。高雅人士宁愿使用纸质餐巾，而不愿使用棉质或尼龙制品。中产阶级上层有一种特指——"使用餐巾环的人"，其实是在开玩笑，意思是指那些中产阶级下层或中产阶级中层，自以为高雅绅士，其实相当粗野。

这些规则确实有些道理，至少我就觉得，反对重复使用餐巾完全合理。但是，吃鱼的时候反对用刀则没什么道理可言。曾几何时，许多中产阶级以及一些上层阶级的英国人还使用特制的刀和叉吃鱼。有些人可能觉得这实在是虚伪得可以，但是更夸张的禁忌自古就有。约翰·贝杰曼（John Betjeman）出版的《如何出人头地》的诗中，他大肆调侃了中产阶级下层家庭主妇准备晚餐时的虚荣与做作。这诗的开头这样写道：

> 诺曼，电话订吃鱼用的餐刀，
> 烹饪，让我心烦意乱团团转。
> 你们小孩竟然弄皱serviettes，
> 天啊，我必须做出优雅晚餐。

或许有点难以置信，但是，从这诗发表的那一刻起，"吃鱼用的餐刀"就不可避免地成了那些说"pardon"、"serviette"、"toilet"以及使用餐巾环的人的标志了。现在，吃鱼用的餐刀仍然见于，也只用于老派的上了年纪的中产阶级中层或中产阶级下层。牛排餐刀、垫在盘子上面放蛋糕和三明治的小餐巾、吃酥饼时用的叉子、任何金质餐具、放盐和胡椒的调味瓶、杯垫，女主人用的带轮子有加热板、放在餐厅里供食物保温用的餐车，都被同样列入土里土气的行列。

你可能以为餐桌上盛着温水供用手进食后清洗手指头的小碗，也属于这种矫揉造作过度精细讲究的东西吧。可是，鬼使神差，洗指碗的使用却得到了认可，仍然见于中产阶级上层和上层阶级的餐桌，这完全没有逻辑可言。人们或许经常听到较低阶级做客时闹出的笑话，他们会把洗指碗当成水杯拿起来就喝。而体贴入微的女主人，为了避免让客人尴尬，不得不故意同样喝一点碗里的水。正确使用洗指碗的方法，是将手指在碗里轻轻蘸一下，然后用餐巾轻轻拍干手指上的水。它可不是浴室里的洗脸池，千万别把整个手放进去洗，否则你一定会触犯主人的阶级雷达系统。

红葡萄酒传递规则

递送红葡萄酒的方式不对，也会引发英国人的阶级雷达系统。红葡萄酒在用餐结束时才端上来。在上层阶级，往往只有男人能够留下来喝酒互通情谊，女人则遵循老规矩，引退到另一间房间喝咖啡，聊聊女人的话题。餐桌上递送红葡萄酒时，一律采用顺时针方向，所以，只能将酒瓶或盛酒的器皿递给左手边的人。如果你用逆时针方向，所有的人都会为你瞠目。

即使轮到你时，你不巧错过了，你也绝对不可以要求重新往反方向递回酒瓶，否则就会引发一场礼仪灾难。不过，你可以等待下一轮传递时再倒酒，或者将酒杯递给左手边正拿着酒瓶的人，请他帮你倒酒，再把酒杯递回来。这样仍然是符合礼仪的，因为红葡萄酒的顺时针传递规则，只适用于酒瓶或盛在器皿里的酒，不适用于酒杯。

红葡萄酒为什么非得顺时针传递，理由无从知晓。这项规则除了让不知者难堪而知晓者自满以外，我看不出来有什么用途。

薯条的含义

社会问题研究中心的"薯条含义"研究报告，是一项探讨全民所看重的食物的重要议题。90%的英国人吃薯条，大部分人每周至少吃一次，薯条是英国传统的重要一环。但是，我们与薯条的关系，薯条在我们人际交往中所扮演的角色以及它在文化层面和时尚中的地位，却很少有人提及，而这正是该报告的研究内容。

薯条、爱国主义和英式经验主义

薯条源于比利时，在全世界许多地方都广受欢迎。它在世界上有着不同的称呼，比如French-fry，frites，patate frite，patatas fritas等等。不过，我发现，英国人认为薯条是英国的食物，或者更具体地说，它是英格兰的食物。"炸鱼加薯条"至今仍被视作英国特色。英国人一般而言不喜欢在食物中灌注爱国主义，也不太注重吃，但对于这种微不足道的薯条，却表现出令人惊奇的爱国心与热情。

"薯条实实在在，"在接受我访谈的重点成员中有一位这样说，"它很基本很简单很有好处，我们喜欢薯条的原因就在于此。我们自己就有这种特质，有薯条的优点……我们就是薯条一样的民族，从不无事生非。"我非常感谢他的这种创见，在听他这番高论之前，我从来没有意识到，一小条炸土豆，竟能如此完美地表达出英国人典型的务实的经验主义和毫无虚张的现实主义特质。

分享薯条规则以及社交性

薯条也是重要的社交辅助工具。这是唯一一种适合分享并且其分享不违背不成文规则的英国食物。英国人吃薯条时，常常会变得亲切随和，一反平日作风。大家你一把我一把往同一个盘子或袋子里拿薯条，有时去拿别人的薯条，有时互相喂薯条吃。一般而言，即使是习惯上需要共享的食物，比如印度菜、中国菜，英国人也会固守各点各的原则。但是，薯条在许多人眼中，却能增进人际关系，这也许是因为我们比其他民族更需要能够促进分享的道具和辅助工具，这也正是薯条的魅力之一。

饮食规则和英国性格

吃的规则已经揭示出英国人的社交拘泥症的更多症状。许多非理性、明显毫无章法的英国人举止，包括沉默式抱怨、道歉式抱怨以及令人讨厌的抱怨，其实最终都能归结于社交拘泥症。

仔细研究与吃有关的行为，有助于我们更深入地分析"一向如此"规则，并懂得这一规则如何诠释英国人的性格特征。这种规则不只是"敢怒不敢言"，它反映了我们愤世嫉俗，对于世事不抱过高期望的心态，以及我们根深蒂固地认为世事总难尽如人意的悲观看法。或许更重要的是，我发现，英国人在看到自己的悲观预测终于实现时，反倒有一种阿Q似的满足感，甚至是油然而生的快乐情绪。我觉得，这种独特的抱怨心态最终必将有助于我们揭秘英国人的性格地图。值得注意的是，英国人的经验主义作风再度出现，而且出现在看似无关的我们与薯条的关系上。

这一章谈的阶级规则，揭露了英国人阶级体制中叫人完全难以置信的愚蠢之处，也许揭露的程度比前几章都更深。真的，我真的这样以为。叉背上到底放几颗豌豆？我写到这里都觉得羞愧，就连了解这种规矩，都让人觉得害羞。然而，观察、描述并了解它，是我的责任所在。是的，我知道每一个人类社会都会有一套"社会地位体制和界定社会地位的方式"，但英国在这方面似乎是走入极端而变得滑稽可笑了。

比起其他与阶级有关的规则，"小/慢就是美"规则就显得没那么愚蠢了。它也有阶级标志作用，但同时也体现了谦恭有礼、公平等英国人一向就看重的美德，表明我们对于尊重自我克制、讨厌贪婪和自私的心态。确实需要有一种规则，引导人们把愉快的交谈看得比一味猛塞食物更重要。

"薯条的含义"规则表明，我们表面上不讲究吃，其实主要是为了符合"不要过分热情"规则，而并非像世人所认为的，天生不擅此道。我们在爱国主义领域里表现出的冷淡，可能也是出于同样的理由。我们也会对外在的物品流露出情绪，有时甚至表现出狂热。至少我们对薯条就是如此。只不过，我们平时常常压抑这种冲动，努力克制自己别过度热情。世人普遍认为，英国人对于性缺乏热情，我们也因此而饱受嘲笑。那么，对性的冷淡，是否基于同样理由呢？英国人的幽默规则是否会过度压抑性冲动呢？下一章，我会努力寻找答案。

第十三章
性规则

"关于英国人性格的那本书写得怎么样啦？现在写到哪一章啦？"
"有关性的那一章。"
"哦？那你得写二十页空白了吧，嗯？"

本能反应式幽默规则

上述反应或其他类似反应，我听到过无数次。还有"哦，这一章一定很短！""噢，不会花很长时间，对不？""啊，好写！一句话'性，免谈，因为我们是英国人。'""不过，我们没有性生活，只有暖被子用的热水袋！""你是说，什么也不干，就想着英国这回事？""啊，你会解释英国人繁衍后代的秘密？"这些回应都来自于我的英国朋友和受访者。外国人偶尔也会开开类似玩笑，但英国人几乎全都会开这种玩笑。很明显，世人都认为英国人没什么性生活，或者英国人的性欲非常之低，甚至连英国人自己都这样认为。

果真如此吗？我们真的相信那种国际上对我们的流行看法，真的认为自己是无情无趣、刻板保守、性幼稚、低情商的英国人吗？英国男人真的更钟情于观看球赛，而英国女人真的更钟情于一杯好茶？如果沿着阶级台阶往上走，真的只有行为笨拙、言语笨拙、性格怯懦的公校男孩，以及同样茫然无知只会咯咯傻笑的公校女生吗？这真的是我们自视的形象吗？这真的也是我们真实的形象吗？

从绝对事实和量化的角度来讲，我们的无性形象并不准确。英国人也是人，性生活对于我们，正如对于其他物种一样，具有天然的重要性。我们的性无能的名声并不是基于数字或事实，因为我们的性交与繁殖的数量绝对不亚于世界上其他任何一个国家。不仅如此，英国人的初次性交年龄更小。英国的青少年性交比例在工业国家中最高，85%的英国女孩在19岁之前有过频繁的婚前性交，美国位居第二，数字是75%，比例上差了许多。还有其他许多国家的人都比英国人更加谨慎克制，却仍然认为英国人要比他们更压抑。当然，我们的审查法律也要比许多其他欧洲国家严格得多，我们的政治家更有可能因为性丑闻而引咎辞职，而同样事件在法国不过是小事一桩。但是在很多方面，即使按照国际标准来看，英国却是相当自由。

国际舆论可不是空穴来风，被公认为无性的英国人形象，必须有其现实来源。性生活可能是一种自然的本能的全球化的人类行为，英国人也确实像其他人一样履行它，但是，它同时也是一项社会行为，涉及与其他人的感情因素，涉及身体接触与亲密感等等，在这方面，我们就没什么强项。而且，我们欣然接受这种国际形象的态度，本身就很古怪，需要加以研究和解释。说实话，英国人捍卫天气的热情都比捍卫自己性能力的热情更高一些。

我回顾一下自己的研究笔记，我发现，我想要与英国受访者进行有关性的敏感谈话，一直非常困难。我在笔记上抱怨说："英国人谈性的时候，总是开性的玩笑而不言其他。通常都是同一种玩笑：如果再多一个人主动要求'帮我研究'完成有关性的章节，我肯定会变疯的。"仅仅提及"性"这个字眼，都会自动引发调侃或警句，或者遇上不那么伶牙俐齿的人，会发出粗鲁的直白，或者会连声说一串"哦"并且脸会沉下来，或者至少会有一个窃笑的表情。这就不仅仅是一种规则了，这是一种不自觉的，不加思考的反应，一种本能反应。提到性，英国式的本能幽默反应就启动。而我们全都知道，自我调侃的笑话是最有效的最能被广泛接受的幽默形式。这样看来，对于我这一章的"二十页空白"的回应，就不仅仅是我们全盘接受性无能国际形象的标志，同时也是对待性话题时典型的英国式反应。

我们为什么会认为性如此可笑？其实，我们并不认为性本身可笑。

只不过，我们在遇到令人不安或尴尬话题时，总是习惯性地用幽默来打发。这当然是英国人的性格十诫之一：没有把握，讲笑话。是的，其他国家的人也会拿性开玩笑，但根据我的经验与知识，没有一个国家的人有着与英国人完全一样的本能反应式的可预测的幽默反应。其他国家可能会视性为罪恶之源、艺术之源，或者一种有益健康的休闲活动、一种商品、一项政治话题，或是一种需要年复一年的诊疗以及无数的两性关系书籍修复的病症。但在英国，性却是一个玩笑。

调情规则

一个民族的性格模式形成，总会有其根源，而英国人在性生活上受压抑的看法，我觉得，其实也是相当准确的。我们的床上功夫可能确实与其他国家的人一样热情而勇猛，但是，我们走向性关系的过程往往通常十分笨拙。

我们的拘谨克制并非源于缺乏性趣。我们也许会觉得这个话题让人尴尬，但英国人其实性欲旺盛。特别是由于英国人对于隐私的高度重视，反而使得我们对于他人的性生活有种病态而永远无法满足的痴迷。八卦小报上层出不穷的性丑闻和内幕消息，只不过是略微缓解一下我们在这方面的渴望。

我们对性生活的兴趣，使得我们会加倍努力去抵消外在的种种限制。如果说英国人不擅长调情，这并不是因为我们缺少实践经验。我曾经就英国人的调情行为展开大规模调查，最近一次在18岁至40岁之间人士的调查表明，只有1%的受访对象称自己"从未调过情"，称"今天"或在"过去一周内"调过情的人，超过三分之一。当然，在其他任何国家，结果也差不了多少，因为调情是一种"全球人类行为"，是基本的本能，没有它，人类早就绝种。如果进化论心理学家的说法可信的话，调情甚至可能是文明的基石。他们主张，我们人类复杂的语言、智力、文化，让人类区别于动物的一切之来源，人类智慧的大脑，其实功能不过相当于孔雀的尾屏，只是为了吸引和保有性伴侣而进化而成的求爱工具。这种理论被时人戏称为"调情进化论"。如果按照这种理论推演下去,那么从艺术到文学到火箭的种种人类成就,可能都只是这个求爱功能的副产品而已。

要说美国航空航天总署的创意以及《哈姆雷特》、《蒙娜丽莎》等作品全都是原始的调情行为的副产品,这种说法似乎过于牵强。但是调情是进化论的重要内容则是不争的事实。远古时代,最有魅力的人,就最有机会找到配偶并播下自己的魅力基因。我们自身就是一连串调情事件的产物,调情的本能就扎根在我们的大脑深处。现代人即使并不在意有没有配偶,但也仍然在调情。人类调情的方式不外乎两种,我简称为"图谋式调情"与"娱乐式调情"。前者意在寻找交配对象或者建立家庭,后者则纯粹出于爱好,出于其他社交理由,或者可能只是为了练习一下自己的调情本能。从本质上来讲,人类这种灵长类智人,天生地爱调情。

所以,英国人和其他任何人一样,天生就有调情倾向,而且我们的调情活动估计也和其他国家的人一样。差别在于,英国人的调情似乎欠熟练、欠自信、欠舒适度。更准确地说,有约半数的英国人在这方面明显逊色。如果更仔细地研究英国人不擅长性生活的国际形象,往往世人的矛头指向英国男人,把他们当做嘲讽对象。确实有一些经典的笑话和俏皮话也会影射英国女人性冷淡或性无知,但绝大部分都是讥笑英国男人的性无能、性无趣以及性笨拙。一般人将英国男人在性爱上让女人失望的情况,全部归咎于上述缺陷。19世纪初,一位瑞士评论家称英国女人"没有得到男人的足够关注与宠爱,英国男人只肯花一点儿时间在她们身上。事实上,大部分男人喜爱葡萄酒与打猎甚于爱女人。从这一点来看,男人更应该受责备。因为英国的女人可比英国葡萄酒好得多"①。许多接受访谈的外国人的评论,也与此大同小异,不过,他们常常把葡萄酒换成啤酒,而且没有评论过英国啤酒与女人孰优孰劣。

称英国男人性无能与性无趣,这其实是毫无理由而且十分不公平的。这两项指责没有事实依据,也没有直接观察的结论作支撑,可能主要是根据英国男人性笨拙的这个缺点而引申出来的缺陷。确实,英国男

---

① 见 B. L. de Muralt 所写的 *Lettres sur les Anglais*。

人不太懂得勾引之术。前面提到过的那位瑞士评论家说："英国男人似乎天生就不擅长于向女人献殷勤。他们对女人的态度，要么是极为放肆，要么就是心怀敬意而沉默。"一般英国男人或许性欲旺盛，但我们不得不说，他们的调情本事并不高明。用一位接受访问的英国男人的说法，一与"异性女子"面对面交往，平时的豪放与温文尔雅就全都消失了。要么开不得口说不出话浑身不自在；要么更糟糕，变得粗鲁、迟钝、愚蠢①。英国男人相信，喝酒有助于解除压抑，所以往往会灌下大量酒精，然而这只能使他们的局促不安或是拙嘴笨舌，演变成愚蠢而又笨拙的粗鲁举止。而在不幸的英国女人眼中，男人酒后的这种转变毫无建树。除非同样喝了黄汤判断力下降的女人，才会对此另眼相看。只有在相当数量的酒下肚之后，男人才会把"fancy a shag"之类的调情话，说得风趣而流利。

总而言之，这就是英国人如何繁殖的秘密。好吧，我有点夸大其词，不过，只是有一点儿而已。酒在英国DNA传承中的贡献，确实不可小觑。

SAS测试

当然，还有其他因素。我曾经根据广泛的实际调查结果，设计了一项测试来找出最佳"调情场合"，也就是在英国文化中最有助于促成愉快而成功的调情的社交情景。这项测试是一项公益活动的一部分，旨在帮助英国人提升勾引的艺术。我称之为SAS测试，这三个字母代表三个词。第一个是"Sociability"，指的是适应社交的程度，此处专指对与陌生人主动攀谈能够认可并感觉舒适的程度；第二个是"Alcohol"，指的是酒精，这是压抑的英国人不可或缺的调情辅助工具；第三个是"Shared-interest"，指的是共同兴趣以及彼此间拥有共同关注事物的环境，这种环境中可能出现有助于英国人克服社交拘泥症的道具和辅助工具。实际测

---

① 有些观察家感到很奇怪，为什么英国男性能够创作出世界上最优美的爱情诗。但我觉得这两者并不矛盾。好的爱情诗其实都是在你的心仪对象与你还有一定距离的时候写就的。而且，爱情诗中所反映的，更多的是对词句文字的热爱，更多于对女人的热爱，英国人舞文弄墨的热情，无疑很高。

试结果，使我更加深入地了解了英国人的调情习惯，以及英国文化中寻找调情对象的不成文规则。

宴会与酒吧

宴会与庆祝活动是再明显不过的调情场所，但是在"共同兴趣"这个要素上，它们的得分未必很高。乍看之下，酒吧、夜总会应该是最佳调情场所的首选，但其实它们只是通过这项测试的前两大要素，也就是适应社交的程度与酒精，却无法通过"共同兴趣"这一条。英国酒吧的不成文规则，允许人们向能够吸引他们的陌生人主动攀谈，当然仍会有些限制或条件。但是，缺乏明显的共同兴趣使得人们必须努力想出话题。通常根据英式礼仪，所有人都可以接受"天气"话题，可是，缺乏共同关注的事物，在初识阶段仍然需要费很大的心思。

尽管如此，有调查显示，有27%的英国人恰恰是在酒吧里认识了现在的伴侣，说明英国人显然愿意花这番心思来攀谈。但是，根据我自己的观察研究，以及对酒吧客人的访谈，我认为这些人之所以能成为伴侣，多半不是因为有一方在吧台贸然向素昧平生的另一方主动攀谈，而是经过朋友的非正式介绍。这种际遇之所以会在酒吧发生，是因为酒吧是英国人消磨大量时间的社交场合。

夜总会客人和"性免谈，我们超酷"规则

夜总会在"共同兴趣"上的得分，会比酒吧稍微高一些。因为夜总会的人通常都喜欢音乐。无论如何，现场的音乐声降低了主动攀谈的困扰，乐声让口语沟通简化为一些单音节叫喊式的交流，让上夜总会者可以主要通过非语言渠道进行调情。夜总会在"适应社交的程度"和"酒精"两项上得分都很高，理论上应该更能趋近于英国调情场所排行榜榜首。但是，这里却有一种奇怪而根深蒂固的不成文规则，而且大家都遵守。这条规则要求，人们在夜总会跳舞以及其他一般行为，都应当是无性行为。这些行为旨在促进群体友谊，以及由于音乐、聚集而产生的愉快体验。这听起来很像是人类学家特纳所谓的"同感（communitas）"的翻版，指的是一种无差别的强烈的、亲密的摆脱社会束缚的群体友情，只有在"阈限空间"的状态下才能实现。所以,他们都十分反对人们认为他们上夜总会只为"上床"。

举个例子,根据一项全国性调查,只有6%的夜总会常客认为,"结交潜在的性伙伴"是"夜总会跳舞"的重要内容。我觉得,这个例子正是所谓的"社会期望值偏差",指的是"由于受访者希望他们在问卷调查中的形象能够正面并符合社会期望值,从而导致的标准性误差",换句话说,就是撒谎。在这项针对夜总会客人的调查中,我们可以看出调查对象没有完全说实话,因为根据他们的回答,超过半数的人曾经与"在跳舞时认识"的人发生过性行为,这意味着,结交潜在的性伙伴,其实是在夜总会客人中的一个重要目标,至少比他们自我承认的地位要重要许多。

但是,"社会期望值偏差"有时也很有用,因为这种"迎合社会期望"的反应大同小异,体现出同一种模式,能够从中摸索出某个团体或亚域的不成文社交规则。所以,可以说,在前往夜总会的英国年轻人中间,有一条未曾公示的潜在规则,就是"性免谈,我们超酷"。在那些视自己的人品和音乐品位均为"非主流"的人物中间,尤其如此。如果真是为了是找人上床才来夜总会,那将被斥为"不酷"的表现,所以夜总会客人在问卷时罕有坦承这一目标的人。即使他们真的和夜总会里认识的人上了床,那也只是夜间娱乐时无心插柳的副产品,并非他们的出发点。人们大多只在口头上遵守"性免谈"规则,而在实践中破坏。英国人假装性无趣,但我们实际上却有不少的无意之中的一夜情。哈,这是多么可爱的英国式虚伪!

我发现,在夜总会客人中,同性恋者往往要比非同性恋者更能坦白承认自己的性目的。有些同性恋者的确奉行"性免谈,我们超酷"的规则,但大部分同性恋者都坦然承认,自己上夜总会的主要目的就是调情、挑选性伙伴和做爱。

工作场所

"图谋式调情"和"娱乐式调情",都会在多数英国办公室和其他工作场所频繁发生。调查显示,今天的英国人中,有高达四成是在工作场所结识的配偶或是目前的性伙伴。一些最近的研究结果也显示,调情有助于缓解职场焦虑和压力，戏谑所营造出的嬉戏氛围，有助于减少人际摩擦，而相互赞美则有助于提高自尊心。

当然，这些我们都知道。但我还需要说一句，工作场合的调情可能正受到美国式的清教徒主义的影响，因为在美国的许多办公室和其他工作场所，调情都是被正式禁止的，这是作为"政治正确运动"的一部分，我认为也是不能长久的，因为它企图阻止一种深藏于人类灵魂中的行为，这是注定要失败的。同时，工作场所仍然是英国较好的调情区域之一。从技术上讲，办公室调情只符合 SAS 测试的两个要素，办公室或工厂里都不允许饮酒，但实际上，工作中的同事总能找到机会一起喝酒，而且另外两大要素则完全符合。工作场所不仅高度适合社交，而且能够产生大量共同兴趣。

训练课程、销售会议、学术会议以及其他类似的工作性质的外出与聚会，则被我的重点受访人员列为特别适合调情的场合，它在大量的共同兴趣以及放松的社交性交流之外，又增添了酒会的润滑剂。

但是，在英国工作场所，通常只在特定区域，与特定的人，在特定的时间或场合调情，才能被接受。每个工作场所都有自身的调情行为不成文礼仪规则。我发现，在有些公司里，咖啡机前、复印机前或是咖啡厅里，都是非官方的"指定调情区域"。一来这些区域都可以吸烟，而吸烟者之间的交流要比非吸烟者之间更畅通，或者彼此之间有一种心照不宣的共同叛逆感。有一位女性就曾告诉我，她不抽烟，但她会假装抽烟，混入吸烟者行列，因为她觉得和这些人"待在一起更有趣"。

学习场所

几乎所有教育机构都是调情的温床。这主要是因为这些机构里充斥着跃跃欲试、想要进行配偶选择的单身青年，同时也符合 SAS 测试。学校、学院和大学在适合社交以及共同兴趣方面都排位很高，酒精虽然不在教室里提供，但学生们有大量的机会一起喝酒。

共同兴趣因素对于英国的青少年来讲特别重要。任何地方的青少年都比较敏感，而英国青少年则更胜一筹，他们笨拙，缺乏必要的社交技巧，无法在共同兴趣点缺失的情况下与人攀谈。学生们的共同生活方式和关注点，以及非正式的氛围，使得学生们相互间的谈话显得更容易一些。曾经做过同学的情侣，自然而然就会有大量的共同话题，不需要费劲再去寻找共同兴趣点。

参与性运动、俱乐部和爱好，以及蹩脚规则

几乎所有的参与性运动和爱好，都在适合社交以及共同兴趣方面排名较高。酒精因素则不属于这些活动本身，通常需要费点精力去寻找。

我发现，在英国非专业运动队或是爱好者俱乐部中，调情行为的多少与成员们取得的运动成绩和他们对运动的热情一般成反比。当然也有一些例外，但总的来讲，在打得不好的网球选手、体力不支的登山队员、二三流画家以及蹩脚的舞者之间，会有很多调情行为发生；而在具有职业精神、严肃而富有竞争性的成员之间，调情就比较少。不过，即使最臭名昭著的差劲选手，通常也会假装他们参与运动的目的仍然是为了运动本身。他们也很可能真的相信这一点，英国人本来就善于自我欺骗，但事实上，他们的网球拍、测绘地图和画笔的主要用途，是当做社交的辅助工具，通常在调情时也是十分好用的道具。

大型活动

大部分比赛以及戏剧或电影院之类的休闲活动，尽管能够提供共同的兴趣话题，有些也提供足够的社交环境，但并不特别适合于调情或寻找配偶，因为此类社交活动通常局限于短暂的间隙，否则社交会导致错过剧情。

这条规则的最大例外是赛马，所有的活动都只发生在几分钟之内，而比赛之间的半小时间歇则完全用于社交。陌生人之间的友好互动是受马场礼仪所鼓励的。马场聚会符合 SAS 测试的所有三大要素，而且你还可以在马场公开得体地使用"fancy"这个词。这个词既有"喜欢"的普遍含义，又有与异性做爱的潜在含义。而这句礼仪许可的主动攀谈的话，"你喜欢上 330 号哪一点"，就很可能含义微妙了。

单身活动，婚介机构和不约会规则

单身聚会、单身俱乐部以及由婚介机构安排的约会地点，都符合

SAS测试，但全都只是勉强符合。这些场合在共同兴趣点上得分不高。这听起来似乎有些怪异，因为参与者很明显都有寻找配偶的共同兴趣。不过，因为这一兴趣点，大多数人羞于承认，所以并不能作为一种谈资。即使在与性无关的场合，英国人也需要假装，他们为了其他目的而来，不是仅仅为了聚会本身。尤其在个人性、私密性的联姻场合，就越发需要一种表面理由。英国人即使约会，也不喜欢使用约会这个字眼。英国男人对此尤其神经质，认为这个字眼会让整件事情过于公开和官方化，让人尴尬不已。而且，这也显得过分热情。我们不喜欢被迫把寻求配偶的事情看得过于严肃，而且约会一词本身就违背了英国人的幽默规则的精神。

"有组织的婚介活动"总被人们认为不太光彩。单身交友活动和婚姻介绍所多少有点儿不自然、过于做作，缺少通常浪漫际遇中的那种偶然性与自发性。许多人都会羞于承认他们曾经去过婚介所或者有组织的单身者聚会，他们觉得这与承认失败无异，令人尊严丧尽。当然，其实这些有组织的婚介活动没什么不光彩不自然的。这种活动是贯穿人类历史的常态性活动，在全球大多数文化中都仍然延续。但英国人对于隐私的钟爱使得我们比其他西方国家更不愿意承认对于这种活动的内在需求。

网络空间，以及阈限效应

网络在适合社交要素上排名很高，在共同兴趣要素上排名也靠前，但网络无法通过SAS测试中的酒精要素，不过，网络却可以提供酒精相似物。网络空间与英国的其他实体公共场合不一样，网络上与陌生人主动攀谈是一项基本原则，而且受到强烈鼓励。通过适当的聊天室或从在线网上征婚简历中挑选出潜在配偶，可以找到拥有共同兴趣的人。网络空间的"阈限效应"，以及其解除枷锁的作用，使得原本患有社交拘泥症的英国人，更愿意在网络上调情。

礼仪调情规则

我的一位英国受访者认为："你可以与已婚或已有伴侣的人进行柏拉图式的调情。在某些场合，调情是必需的，而不调情则是不礼貌的。"

这条评论指向我所称的"礼仪调情",这是一种不成文的特殊形式的"安全性"、"娱乐性"调情规则。主要是由男人来发起调情,他们会将与女人的适当调情当做一种礼貌。女人也可以来发起,但必须程度适当,而且必须更谨慎,因为男人往往更倾向于误读调情讯号。礼仪调情在整个欧洲大陆都很普遍,在英国也是如此,但是两者颇有区别。英国男人更可能以开玩笑的挑逗方式来调情,而欧洲大陆的男人们则会以露骨的恭维来调情。两种形式都会让美国男人困惑不解,因为他们常常会把礼仪调情当做真正的调情来对待。

不确定规则

即使所有的英国男人都对某一个女人感兴趣,他们通常也不会以任何明确或直白的方式来表达这种兴趣。我们已经确立了英国男人的基本形象,他们并不擅长调情,他们总是拙嘴笨舌,局促不安,举止粗鲁,他们一提到"约会"这个词就会浑身起鸡皮疙瘩。如果将与一位女性的际遇描述为"约会",这会让他们觉得太直接、太正式、太简单,而缺乏模糊美感,好像大家都把牌摊在桌子上,意图过于明显,反而会让人觉得尴尬。对于天生谨小慎微、行事转弯抹角的英国男人而言,显然唯恐避之而不及。

即使当他们灌下几杯黄汤,鼓起满腹勇气的时候,他们也不太会使用"约会"这个词,而是更喜欢"想干"(shag)这样的粗陋之词,或者其他类似语言。这听起来很奇怪,因为"想干"听起来比约会要公开直接得多。但是,在醉醺醺的英国男人的逻辑词典里,邀请一个女人和他做爱,反倒要比邀请她出去吃晚饭更少点儿私人性、少点儿亲密感,从而也就不那么令人尴尬了。

理想状态下,英国男人宁愿不发出任何邀请,无论是社交性的邀请还是做爱邀请,都不发出,而是通过一系列微妙的暗示与模糊举止来达到目的。遗憾的是,这些暗示与举止往往过于不确定而令人难以察觉。这种"不确定规则"有许多好处。英国男人可以不必表现出感情;他可以避免让自己过深地陷入任何可能被称之为"性关系"的交往之中,虽然他更喜欢使用"性关系"而不愿使用"约会"。他不必做或者说任何肉麻的话，这样他就可以保持住他那喜怒不形于色的男性尊严。而且，由于一切都在非直接不明确的状态下进行，他还可以避免遭到直接而明确的拒绝时的受辱感。

尽管英国女人有时发现很难准确地读懂讯号，也可能会和女朋友们一起长时间探讨某些暗示或姿态的确切含义，但英国女人已经习惯于这种相当模糊、模棱两可的求爱形式。不确定规则对于英国女人而言也有一定好处。尽管女人不像男人那样感情不外露，但英国女人也同样容易遭遇尴尬，也同样更喜欢避开直接的情感表白。不确定原则允许我们在表达对某个男人的明确兴趣之前，有时间去揣摩他、了解他，测算两人的相配程度，我们也可以不动声色就能拒绝不感兴趣的人，而不必被迫大声将拒绝公之于众。

但是，外国女人则会倍感困惑，甚至被这种英国式的模糊难解的求爱方式激怒。我的外国女友们以及我的受访者们，都曾不断地向我抱怨英国男人，说他们行为变幻莫测，她们将这行为归咎于害羞、傲慢或是同性恋倾向受压抑，具体归咎于哪一种则视她们当时被激怒的程度。但她们不理解，英国式求爱的核心，恰恰是一场精致的面子游戏，游戏的主要目的似乎并不完全是为了寻找一位性伙伴，而是为了避免冒犯与尴尬。

这种游戏中的避免冒犯的成分，其实也是英国人"消极礼貌"的典型体现。这种礼貌很在意他人不被侵犯不被打扰的要求，与"积极礼貌"那种在意他被接纳被肯定的要求的礼貌，恰恰相对。英国男人求爱举止中的许多看似古怪的行为，许多外国女性所抱怨的那种谨慎、保守和明显的敬而远之的态度，都是"消极礼貌"的非常明显的特征。而我们求爱方式中避免尴尬的成分看起来似乎相当明显，但它在某种程度上也是一种礼仪。不确定原则规定，无论是勾引还是排斥都表达得太露骨，前进与后退都只能是微妙的暗示，而不是直接的邀请和拒绝，这样才能让双方都保有面子。求爱游戏就像其他运动一样，是由公平竞争原则主导的。

戏谑规则

在大多数其他文化中，调情和求爱的过程中都会有相互赞美。而在英国人中间，你在这些过程中听到的却可能大多数是相互羞辱。好吧，精确地讲，就算是假模假样的羞辱。我们称之为"戏谑"，这也是我们相互间的语言互动中，与抱怨一样最为普及的一种模式，是我们最主要的调情方式。戏谑的主要成分非常英国化，包括幽默，特别是指带讽刺意味的幽默，包括文字游戏，包括辩论，愤世嫉俗，伪装出来的攻击性，揶揄，拐弯抹角等等，全都是英国人的拿手好戏。戏谑特别排斥的东西，正是我们不喜欢或者会让我们不舒服的东西，包括感情、肉麻、过度热情和过度清晰。

戏谑规则允许求爱的双方互相沟通感触，但绝不说出真实的想法，因为那会让人尴尬。事实上，戏谑规则要求人们说出他们真实感受的反面，这正是英国人非常擅长做的事情。我下面举出一段典型的调情际遇，这是一小段对话节选，发生在公共汽车上，对话者是两名十几岁的青少年。他们身边有一群朋友都能听到这段对话，我摘录如下：

"谁让你穿那件衬衫的？打赌输了才穿出来的吧？"
"哈！瞧瞧谁在说话！我看到你的内裤了，你个人渣！"
"那是丁字裤，你个白痴！懂不懂啊？最多就给你看个裤边，再多，想都甭想。"
"谁说我想？你以为我想跟你上床？你个人渣！"
"那你呢？蠢货一个！"
"骚货！"
"蠢货！"
"人渣——哦，我到站了——你一会儿过来吗？"
"嗯，八点过来。"
"好。"
"回头见。"

从事后他们的朋友们的谈话中可以听出，这两人互相有好感已经有一段时间，但直到最近才开始"凑在一块儿"，用的正是英国人干这事时的那种模糊的不约会的方式，他们俩很有可能在不久的将来成为一对儿。即使我没有听到后面的谈话，我也会将这种互相羞辱当成一种典型

第十三章　性规则

的调情。这也许不是我遇到过的最智慧最清晰的调情，但却是一种普遍平凡的英国人每日调情行为。我将它记录在我的笔记本上，仅仅是因为我偶然听到它时，正在进行关于调情的研究，而且正在收集现实生活中的攀谈样本。

我也注意到，英国青少年有时会有一种特殊的"集体求爱"方式，几个男生与几个女生互相戏谑，语言中带有不少性羞辱字眼。这种集体求爱式的戏谑在工人阶级的年轻人中间最为盛行，特别是北方乡村里的年轻人，我曾经见到过青少年男女隔着街道大吼着调情式的羞辱话语。英国十几岁二十几岁的青少年在国外旅游度假时，也很沉醉于这种集体求爱方式，这一定会让外国人笑翻天，这些粗俗的嘲笑质问，怎么会是爱情和婚姻的前奏呢？尽管我能百分百确认，答案是肯定的，但我暗地里并不怎么赞同，反倒对西班牙和希腊的青年男子心生爱慕。他们很明智地猜想到，年轻的英国女子会更喜欢男人大献殷勤的老式求爱法，所以屡屡出击，屡战屡胜，逼得粗鲁的英国求爱者望而却步。

而我发现，年纪较长的成年人之间的戏谑，会比青少年少一些公开的羞辱，但那种讥讽、揶揄、模拟羞辱等基本原则完全适用。无论哪个年纪的英国女性，可能心里都更喜欢有骑士风度的、少一点弯弯绕儿的求爱方式；而戏谑规则，就像不确定规则一样，更适用于感情受到压抑又不擅交际的英国男人，女性则不太受到感情上的约束，社交上也更自如一些。但是，我们女性却习惯性地屈从于这一规则，通常不知不觉地也在执行它。我们知道争论是英国男性相互之间联络感情的主要方式，而戏谑也是一种男人比较熟悉并且感到舒适的亲密联络方式。我们知道当一个男人不断地嘲笑并揶揄一个女人时，他真实的意思应该是他很喜欢她。我们还知道，如果这个女人觉得应当有感情的回馈与互惠的话，反讽和揶揄则是表达感情回赠的最佳方式。

讲到不确定规则，是外国女性都不具有英国女人这种发自本能和内心的对英国男人的理解，所以才会感到困惑，有时还被戏谑规则所激怒。我发现，我自己就经常会对她们解释，"蠢母牛"之类的称呼有时真的可能是表达爱意的称谓，而"你不合我口味"之类的话，如果用适当的腔调，在戏谑的背景下说出来，其实是一种类似于求婚的提议。我并不是说，英国男人永远无法直截了当地赞美人，或是正式邀请女人外出约会。这些事情他们也做，他们也会正式提出求婚。只不过，只要存在拐弯抹角便能达致目的的可能性，他们就会优先选择后者。

男人增进友谊规则，以及观察女性仪式

英国男人可能不擅长调情，也不擅长用比较温柔的方式追求异性，但要说到如何增进男人之间的友情，英国男人却很在行。我指的不是同性恋。无论是公开的还是受压抑的同性恋，都不是我所谈论的范围，我说的是全球人类共有的男性间的交往，是男人与男人结成亲密朋友和联盟的活动。每一个已知的人类社会都有一些男性交友行为，通常包括俱乐部、组织或机构，比如英国伦敦著名的绅士俱乐部，或者即使没有组织，也至少有一些特殊的纯男性的仪式来联络彼此。

据说，男人间对彼此交往的需求就与他们对女人的性要求一样强烈。在一般的英国男人身上，这种男性交友欲望可能更强烈。英国男人对于女人的性冲动本能无可厚非，但他却似乎故意要显示自己拥有强烈的对男性同伴的渴求。这并不是说，英国男人都有隐蔽的同性恋倾向。其实，真正的同性恋英国男人在与女性相处时，反而更容易，更享受，更安之若素。许多英国男人的男性交友方式，似乎恰恰是为了证明他的异性恋本能和男性魅力。

首当其冲的就是"观察女性"方式。相互交换对于过往女性的身体特征的评论，似乎是普天下男人的古老共性，英国人也不例外。如果你对此很感兴趣，不妨随便找个酒吧、吧台、咖啡馆、夜总会或是街角仔细观察它的表现形式。你可能猜也能猜得出来，这种古老传统的英国方式，主要是以密码方式隐晦进行的。如果没有一些解释，这些暗语密码很少能够被外人识别。但是，这些密码其实也并不难破解，大多数此类暗语分成两类：一类是赞赏性的，这是在被评论的女性很迷人的时候用；一类是贬毁性的，这种在被评论的女性不迷人的时候用。

在这些评论女性的专业术语中，有一句最英国化，也最奥妙，是我之最爱。"别太迷你那个！"（Don't fancy yours much!）在两个女人并排

走过来，而其中一个被说话人认为不如另一个迷人时，这是一句经典评论。除了展示出他能分辨出两人的区别，而且拥有正常男人对美丽异性的冲动本能之外，说话人还故意通过将不那么吸引人的女人指定给同伴，从而达到对于更迷人的那个女人的意识上的"占有权"。尽管从技术上讲，这句话只是用于两个女人一起走来的情况，但也通常用于提醒同伴注意过往的任何一位不那么迷人的单个女人，无论她有没有一位更迷人的同伴。有一次，在伯明翰的一家酒吧里，我记录下一段对话：

男人甲，盯着四个一起进酒吧的女人："别太迷你那个！"

男人乙，转过身看着那些女人，然后迷惑地皱着眉头："嗯，哪个？"

男人甲，大笑："别在意，老伙计——你自己选，她们全是你的！"

男人乙，大笑，但多少有点儿勉强，好像斗败了一样，因为确实这一轮他输了一分。

另一个多少有点儿更加隐晦的英国人观察女人方式术语——"分量过磅的没几个！（Not many of those to the pound!）"这句话是赞赏性术语，指的是被观察的那位女性的乳房确实大得不同寻常。"磅"在这里指的是一磅的重量，而不是指英镑。所以这个术语字面上的意思就是，要是把乳房拿去像水果一样放在杂货店磅秤上去称重，没几个像眼前这个这样，会超过一磅。事实上，这是一种过分低估，因为大的乳房可能每个都不止一磅，但我们也不必太计较技术细节。无论如何，这是一条赞赏性评论。大胸被所有英国男人视作美事，即使那些私下里喜欢小乳房的男人，通常也不得不在公开场合表示对大胸的赞赏。"分量过磅的没几个！"这话通常伴随着一种好像手上托着很重的物体在比画的那种手势。这种手势，是把手恰到好处地伸到胸前，手掌向上手指略微向内弯曲，然后上下波动作弹跳状。下面是又一段我偶然听到的对话，这次是在伦敦的一家酒吧。听起来就像喜剧的片段，但我可以打赌这是真的：

男人甲，评论一个坐在旁边身材绝佳的女人："哇靠！分量过磅的没几个！"

男人乙："嘘！可不能再说这话，伙计，不让说这种话了！"

男人甲："什么？放你妈的女权主义狗屁！女人的奶子，老子爱说就说！"

男人乙："不是。不关女权主义者的事，是度量衡。我们不能用磅了，现在用公制了，你得说千克！"

从男人乙的自满表情中，我可以猜出，他挺喜欢充当喜剧角色，一直等着有机会使用一下这个小伎俩。他十分得意于这个小把戏和自己的智慧，他接下来哈哈大笑，还不厌其烦地加一句："嘿嘿，欧盟的新规定，对不？我们得说，'分量过一千克的可真不多！'知道了吗？是千克！"

"我愿意！"则是一句比较明显的表示赞赏的普遍用语，它传达的意思是说话人十分愿意与被观察的女人性交。"绝对是个十品脱！"则是一种贬毁性评论，意思是说话人宁愿喝下十品脱的啤酒，也不愿去考虑与这种女人性交。十品脱是一个很大的量，足以让人酩酊大醉。有时你也会听到两个或多个英国男人在盯着旁边或路过的女人时说"六品脱"、"四品脱"、"两品脱"、"七品脱"等等，他们可能不愿意给那个女人十品脱的最低分，但是评分也不高所以就用他们宁愿喝下的酒量来比喻不愿和这种女人性交的程度。事实上，没有任何一个女人会对这些个自封为选美裁判的男人看上一眼，不过这也无关紧要。观察女性方式是一种男性力量与勇气的展示，完全是为男性同伴而演绎。通过重复类似暗语密码，这种方式的参与者们都再次确认了自己的阳刚之气和积极的同性恋者身份。通过心照不宣的默契，他们所有人一起挑选和评论女人的地位和权利从未受到过质疑，形成一种共谋幻象，犹如一个从事某种事业的小集体。所以，在观察女人的这些男人中间，友谊就更增进了一步。

阶级规则

门当户对规则

与英国人生活的其他方面一样，性生活也要遵从阶级规则。我先介绍一种非正式的门当户对规则。根据这种规则，即使跨阶级的联姻并未被严格禁止，至少也不受鼓励，实践中更是罕见。当然也有例外，这样的跨阶级联姻的例子当然要比过去多，但对于来自于社会阶级最高或最低的人而言，仍然是非常罕见的。

与巴巴拉·卡特兰和伍德豪斯的小说情节正相反，公爵和伯爵的儿子不会违背家人的意愿，去娶出身卑微的女招待为妻。上流社会的男性可能会与工人阶级的女性有过一夜情甚至是迷恋，但他们一般不会娶那些名叫阿拉贝拉、露辛达，成长在格罗切斯特郡的大院里、养过拉布拉多犬或矮种马的女孩。反过来，阿拉贝拉和露辛达，也可能会有性格古怪反叛的名叫凯文或戴夫的年轻男友，但通常会听从她们的妈妈的说法，"回归现实"，嫁给一个"来自于同样阶级背景"的男人。

我前面说过，影响英国社会阶层流动性的两大主要因素，仍然是教育和婚姻。这两大因素通常相互关联，因为大学是很少的几个能够让不同阶级的年轻男女们平等共处的地方之一。但是，即使在大学里，跨阶级的通婚的可能性仍然不高，因为一项研究表明，大学里的英国人，拥有一种交朋友的法术，他们的朋友几乎无一例外来自于同一社会背景。

尽管有这些同类相聚的本能，不同阶级的人仍然发现他们在研讨会或导师辅导时共处一堂，或者会在运动场上或戏剧或音乐等课外学生活动中碰面。甚至正像一位勇敢的中上阶级女孩坦承的那样，有些学生有意避免总是与"来自于与我同一类的家庭或学校的人"相处。

高攀规则

工人阶级里受过一定教育的男性，通常很容易喜欢这类具有轻微叛逆性格的中上阶级女性，而且很可能会娶一位这样的太太。尽管也有不少例外，但这类婚姻大多不如女性高攀中上男性的婚姻来得稳固。这是因为一项不成文规则要求较低阶级的一方需要接受并融入较高阶级的品味与行为方式，或者至少要比来自于较高阶级的伴侣做出更多更大的调整和让步。女性通常比男性更愿意做出这样的妥协。

当工人阶级男性高攀了中上阶级的女性时，就面临阶级尊卑与性别尊卑之间的冲突，这也就是高攀规则与传统的要求女性做出更多调整和让步的男性主导规则之间的冲突。聪明的通过教育而"成为中产阶级"的工人阶级男性，特别是那些娶了一位大学里相识的中上阶级太太而在阶级序列上跳跃上升的男性，有时会对改变自己的日常习惯而感到憎恶与恼火。比如，他们会坚持称晚餐为"tea"，会在花园里种下蒲苇和万寿菊，会拒绝将豌豆放在叉背上，会故意在圣诞晚宴上说出"toilet"或"settee"之类的词来激怒他的岳母。那些在阶级序列上向上爬而且很愿意适应新阶级的男性则往往会与自己的父母发生矛盾，结果父母和儿子都会觉得对方讨厌并且令人尴尬。总之，往往顾此失彼，难以两全。

尽管也有许多例外，但那些高攀的女人通常更能妥协，更能努力适应新的阶级规则。她们有时甚至因为过分积极地去改变口音、词汇、品味、习惯和行为方式，以符合丈夫所在阶级的要求，反而忽略了一些至关重要的细节。她们可能穿对了衣服，但却弄错了搭配；说对了词，但却弄错了说话的环境；或者种对了花却弄错了花盆，最后反而形成一种尴尬的错位。这些细节错误明眼人一看即知，也会让夫家的人感到羞耻，更会令她的娘家人感到疏远。过犹不及，甚至可能比什么都不做还要糟糕，因为这种行为严重违反了不要过分热情的规则。

即使夫妻双方的阶级差别不是那么大，也会导致紧张与冲突。英国人往往会厌恶紧邻其下的那个阶级，甚至比对最低阶级的厌恶还深。比如说，中产阶级上层，通常都对中产阶级中层的品位和习惯极尽嘲笑之能事，甚至比他们对工人阶级的嘲笑还多。中产阶级中层与中产阶级上层的分界点上，布满了极难跨越的陷阱和雷区。

工人阶级"能干"之谜

有些中上阶级女性十分迷恋工人阶级男性，部分原因在于她们普遍相信工人阶级的男人更有男子气概，较之中产阶级和上层阶级男性，是更好的情人。这种信仰缺乏实践根据。工人阶级男性可能会比上层男性更早开始性生活，但总体而言，他们的性交并不会更多，也没有任何理由认为他们的性伴侣得到更多满足。那种认为无产阶级男性性能力更强更不受拘束的理念，其实是一个谜，一个被劳伦斯、奥斯本这样的作家固化的谜，一个被现代黄色产业强化的谜，似乎中产阶级女性都喜欢花时间与大块头的消防员、建筑工人或是擦窗户的男人做爱。随着"青年男子文化"（lad culture）的兴起，工人阶级"能干"之谜最近又有一种新的动力，因为这种新兴文化崇尚传统的主要是工人阶级的男性价值观和兴趣点，比如足球、汽车、乳房、啤酒等等。

我认为，这种信仰的经久不衰，主要基于一种错误的假设，认为那种多见于下层阶级的粗暴野蛮的调情态度，较之于中产阶级和上层阶级男性专利的沉默笨拙的调情方式，多少更具有性活力。事实却是，这两种调情方式，其实都是社交拘泥症和性压抑的外在症状，两者完全不是男性气概或者性能力的可靠表征。在任何环境下，英国男人如何调情不取决于他来自于哪个阶级，而取决于他灌下了多少杯黄汤。所有的英国男人都相信酒精的神奇解禁功效。较高阶级的男性尤其相信，酒精能够使他们变得无与伦比的粗鲁野蛮，从而制造出无产阶级般的性爱神话。

那么上床吧……

但真正的性交又如何呢？你们有些人可能有被骗的感觉。我这章的名字叫做"性规则"，可写了这么多，却是一大堆幽默、调情、门当户对等等，除了工人阶级"能干"之谜，没怎么谈到英国人在床上的真实表现。当然更没有涉及英国人的性爱功夫与其他国家的人的区别。

这里有两个原因。首先，我是一个英国人，我觉得性交整个过程太私密令人尴尬，所以我有点推诿拖延。如果你现在出现在我面前，那我也一定会先扯点天气，先去"烧一壶水沏点儿茶"……其次，嗯，有点儿，我怎么说呢？我遇到了数字问题。参与性观察方式确实有用，但观察部分没法包括直接的对他人性交的观察，而参与部分更不可能包括与所有挑选出的受访代表逐一性交，更何谈与外国受访者进行比对。好吧，人类学家总是能与受访对象打成一片，这一点众所周知，我父亲还曾幽默地告诉我，这种打成一片还被人戏称为"文化渗透"。但是，这种方法一直不太受人待见。我想，应当在我这样的研究本民族文化的情况下，这种方法还是允许的。当然，我有几位英国男友，也有几位外国男友，但是，这绝对无法构成所谓的科学样本。从个人直接经验这个角度，我根本不足以代表全英国女性来探讨这个话题。

但这些都是些相当牵强的理由。许多社会科学家写过大量研究他们本人并未经历过的性生活的文字。尽管我并没有与足够多的英国人直接性交，但我的研究必然牵涉到足够的关于性话题的讨论，我的样本包括了大量的英国和外国的受访者，至少能够对于英国人的性行为及其不成文规则有一定的了解。

谈性规则

与英国人谈性并不容易：尽管我们并不特别道貌岸然，但我发现这个话题很让人尴尬。英国人处理或掩盖谈性尴尬的方式，比如本能反应式幽默和礼貌的拖延，导致我的大量宝贵的研究时间被浪费在讲笑话、俏皮话、警句、双关语以及毫无关系的天气谈话和沏茶借口之中。最难以忍受的是，在不要过分热情规则的束缚下，要让英国人对于有关性的话题给出直接的、严肃的、不具讽刺性的答案，简直是一场战斗。

而英国男人往往认为，如果女人谈性，即使是非常隐蔽地谈，如果不是在主动勾引男人上床，也至少是表示她们不排斥与谈话的男人上床。这是一条不成文规则，给我的研究增加了致命的难度。我有一位美国朋友就栽在这条规则上。她无法理解为什么如此多的英国男人似乎都想"占她的便宜"，在她"丝毫没有做出任何鼓励"，甚至在她明确拒绝他们的进一步要求时，还会有小动作出现。我急于想帮助她，也急于想捕捉这个极好的样本采集机会，于是伏在她的周围，帮助她聆听她与男人们在当地酒吧的对话。我发现，她说了一些话，比如"可那是在我发现我的前夫是同性恋之后，所以我真对自己的性取向感到怀疑……"而这些话在她与谈话的男人认识不到十分钟就说出了口。我向她解释，这种亲密的暗示，虽然在美国没有什么，但却会被许多英国男人解读为一种性邀请，这种邀请的强烈程度仅次于向他们书面发出性交要求。后来，她多少有点儿不情愿地克制了自己天生的坦率性格，她发现那种令她烦恼的小动作消失了。

太好了，我想这是一个成功的规则测试案例，而且还有人不知不觉地充当了我的实验"老鼠"。但是，尽管这个测试证明了我已经成功侦测出一项不成文规则，我却发现，这项规则本身却是我企图窥探英国人性爱习惯的一项极大障碍。我用普通的模棱两可或是直接欺骗的方式，想要绕开这个拦路石。我会主要与女人谈起，而面对男人，只有在我确知对方不会误读我的意图时，才会小心翼翼地提起。女人，即使是英国女人，在私下场合面对女人时能够非常坦率而诚实地谈论她们男友的性怪癖与性特点，事实上还会谈到她们自己的性取向，所以我从她们那里获得很多。公平地说，我也从与男性朋友、男性受访者的谈话中拾取大量有用信息。其中有一个人不仅对英国女性的性行为有全面的了解，而且还很愿意用一种非常可贵的自我嘲讽的方式向我敞开心扉，说出他自己的性想法和性习惯。

无规则地带

那么，经过十年的辛苦而又小心翼翼的收集，我究竟发现了英国人私人性生活中的什么规则呢？事实上，我的研究结果确实令人振奋。床是我们抛弃几乎一切束缚的地方；在床上，英国人的社交拘泥症被魔术般地临时治愈了。拉上窗帘，调暗灯光，脱掉衣服，你会发现我们突然变得很像个人类。我们毕竟能够激情四溢地与其他人类缠绵悱恻。我们能够充满感情，能够坦率热情，能够冲动、激动、不顾一切，能够显露出一种我们通常只对宠物说话时才呈现出的状态。

这就是真正的解除束缚时刻，它与那种所谓星期六晚上或假日圣地的迷醉般的解禁完全不同。我们在后者的情形下，只是在行使特定的社会角色，一种要求我们放浪夸张的社会角色，而我们的性解禁却是真正的解放。

当然，有些英国人在床上会比其他人更自由更放荡。在床上，我们就是我们自己，每个人都有自己的性爱方式。有些人害羞而犹豫不决，有些人更自信；有些人说个不停，有些人很安静；有些人很笨拙，有些人很熟练；有些人很有创意甚至变态，有些人则更传统，有可能有点儿炫技。各种方式的选取，取决于我们的年龄、经验、个性，我们对性伙伴的感觉，以及我们的情绪等等。但核心在于这些影响我们的方式，都是很私人的，千姿百态的，与主导我们社会行为的"英国人性格规则"

无关。

走向性行为的每一步都是由英国人性格规则指导的。我们在何处遇见性伴侣,如何调情,我们在晚餐时吃什么,怎么吃,我们谈什么,开什么玩笑,我们喝什么,酒精对我们行为的效力,我们开回家的车,我们的开车方式,或者我们在公共汽车或出租车中的行为,我们带性伴侣回去的房子,我们对房子的感觉以及如何谈论它,门口的看家狗,我们放的音乐,我们戴的睡帽,我们卧室的装修,我们拉上的窗帘,我们脱下的衣服……每一桩,每一件,直到性交之前的每一步,无论我们是否喜欢,都至少部分地受到一项或另一项隐蔽的英国人性格规则的主导。我们在进行性行为的时候不也会停止展现英国特性。但是就在那短暂的性交瞬间,我们的行为确实不受任何特定的英国规则的影响。我们与其他人类有着同样的本能,有着同样多的私人性爱方式,展示着同样多的花样。床笫之间,至少我们真正性爱的瞬间,是一个无规则地带。

教科书性爱的男女失衡

我前面提到过,关于英国人的性生活,有一些概化的总结。比如说,作为一项规则,英国男人不像美国男人那样喜欢那些关于性技巧的自助书籍。英国女人尽管也不读这类书籍,但却从女性杂志中获得大量此类信息。直到最近,这都是两性间从阅读中获取性爱技巧方面的失衡。

但是,最近的"青年男子文化"似乎反其道而行之,杂志上有不少带图例的文章,比如"如何让女人疯狂","简易三步,高潮中的高潮",诸如此类。还有连文盲都能看懂的第4频道的午夜性爱教育节目,还有类似纪录片的第5频道性爱节目,这个节目意味深长地安排在每晚酒吧刚刚关门后的时间。所以,英国男人于是奋起直追。许多年轻男性,甚至一些时尚的年长男性,似乎都开始意识到,来点儿口交是一种时尚标志,以证明你不是什么落后的原始人。有些人甚至超越了证明时尚的阶段,而是真的喜欢上口交。

性交后的英国性格

性交后,如果是已经睡着,那就是第二天早晨,我们重新恢复到笨拙的英国人形象。我们会说：

"真的很抱歉，但我没听清你的名字……"

"借条毛巾行吗？"

"我去烧壶水沏点茶……"

"不！蒙蒂！把它放下！我们不会咬漂亮女人的胸罩！她会怎么想我们？放下！你这条坏狗！"

"抱歉，又烤焦了。烤面包机出毛病了，恐怕，它不喜欢星期一，或者出了其他问题……"

"哦，不，太好了。噢，是的——茶！很好喝，谢谢！"说这话时的语调会与前一晚的叫春声音的热度相同。

好吧，我确实有点夸张。不过，也没夸张多少，所有这些都是真实的性交后的语言记录。

英国式邪恶与可笑的屁股规则

杰里米·帕克斯曼在《英国人》一书中，将有关性那一章的前四页全都用来描述法国人所称的"英国式邪恶"，也就是用鞭子抽屁股、用手拍屁股、用藤条打屁股，以及其他有关屁股的行为。在他戏谑性逸闻性调查的结尾，他承认，"要说'英国式邪恶'在英国人中间普遍流行，是很愚蠢的。它并没有被广泛采用。而且，尽管其名字中含有英国二字，它也不是英国人的专利。"确实如此。他也许还应该加上一句，即使这个名字其实也未必就应该属于英国人，因为法国人经常漫不经心地将所有他们不赞成或是想拿来调侃的事物冠以"英国"之名。反过来，我们英国人也经常这样使用"法国"二字。我们把开溜或开小差叫做"法国式开溜"，法国人则称之为"英国式逃跑"，而我们把避孕套称为"法国信"，而法国人则称之为"英国长外套"。

但是，既然这种性怪癖并非英国人独有，在英国也不普遍，为什么帕克斯曼还要花数页篇幅进行探讨？他说，这种习惯的"主要暧昧之处"在于"惩罚即奖赏，痛苦即舒服，与英国人的虚伪性格正相吻合"。也许如此。但他之所以在有关性的那一章一开头就谈论这种性怪癖，我认为有个更简单的解释，那就是本能反应式幽默这个规则。一碰上谈性的场合，我们的幽默反应机制立刻自动开启，拿性来开玩笑。我们也认为屁股本身就很好笑，因此，如果不得不谈性，我们就会拿屁股开玩笑作为开场白。①

第三版和非色情乳房规则

那么接下来让我们来说说女人的乳房，这也是非常有意思的部位。帕克斯曼说，"英国男人迷恋乳房"，并且举出例子说，八卦小报每天都会在第三版刊出乳房图片。这种说法我倒不太以为然。乳房是女人的第二性征，世界上许多地方的男人都喜欢看女人的乳房，他们喜欢看真实的乳房，也喜欢杂志媒体上的图片乳房。我不认为英国男人对乳房的痴迷程度，会超过美国、澳大利亚、北欧、日本或是德国男人。但是《太阳报》等八卦报纸每天固定在第三版刊出女人乳房图片，确实是很有趣的英国现象，值得仔细探讨。

根据 MORI 机构所做的全国性民意调查，只有 20% 的英国人认为，八卦报第三版的女人乳房图片有伤风化。媒体上所有类似图片中，就只有第三版的裸露上身的女人图片受到的谴责最少，远远少于其他类似图片。即使是女性受访者，也只有 24% 的人会对第三版图片进行道德谴责。对于书报摊上的成人杂志，比如刊有类似图片的《花花公子》杂志，则有将近一倍的女人，大约有 46% 会反对。54% 的女人认为色情片有伤风化。当然这并不意味着其他 76% 的女人喜欢看第三版，但是，它传递出一种信息：尽管第三版与色情杂志的图片没什么两样，确实有许多女人并不认为那是一种"色情"，或许她们认为那比较无伤大雅。

看到这些数据，我觉得很有意思，于是开始拟定调查题目，想搞清楚为什么男人、女人似乎都认为第三版与其他色情图片有所不同。我的"取样数据"虽然比不上 MORI，但调查结果却相差不远。受访者中只有约五分之一的人反对第三版。让我吃惊的是，一些女权观念很强的女性受访者，对第三版似乎也不那么义愤填膺。为什么呢？有个女人说：

---

① 我希望我的意思很明确，我无意因为这些细节对杰里米·帕克斯曼不尊重。恰恰相反，正因为他的书太好了，所以我会去纠缠每一个细节。

"因为漂亮的第三版女郎，只不过是个笑话。绝不能当真。"另一个说："哦，我想我们就是习惯这东西了吧。第三版有点像很美的海滨风景明信片。"另一位观察比较敏锐的受访者说："第三版很蠢，附有充满双关语的可笑图解文字，怎么可能因为它而觉得受到冒犯！"有个少女同样不觉得这有什么大惊小怪的："与那些从网络上下载的，在电视上看到的那些东西比起来，第三版实在是单纯，可以说是古怪而又老派。"

拿第三版的问题做访谈时，几乎所有人，甚至是部分反对第三版的人，回答时往往大笑或者至少微笑。他们会转动眼珠或摇摇头，带着无可奈何却很宽容大度的神情，就好像是人们在谈到顽皮的小孩或是宠物闯了点小祸时的神情一样。第三版是一种传统，一种机制，一种让人安心的熟悉的玩意儿，就像《阿彻一家》和下雨天的银行假期一样。乔治·奥威尔描述英国工人阶级"热衷于淫秽玩笑"，还谈到一些粗俗搞笑的明信片那种"全方位的低级趣味"。第三版标题中那种可笑的暗语、文字游戏以及双关语，与裸露的乳房一样，都是这种粗俗传统的一部分，它提醒着我们性也是一种玩笑，别太当真。很难说第三版的这种"性与俏皮话"的安排是一种色情。如果说这是一种色情，那么海滨风景明信片上或是 Carry on 系列电影中的酥胸和俏皮话，就更是一种色情了。第三版甚至都不能算是真正的谈性。第三版只是有点过于笨拙，过于卡通，过于搞笑，过于英国特色，以至于不像是在谈性。

乔治·米凯什在 1977 年曾经说过："英国也许是个喜欢性交的国度，但不是一个色情国度。"这已经算是一种善意的修正，但也毫无褒扬之意。此前，在 1946 年，他还曾经说过更讥讽的话："欧洲大陆的人们拥有性生活，而英国人只有暖被窝儿用的暖水袋。"尽管他说的话有一定道理，也许正是第三版给予了他说这话的灵感。只有英国人才会想方设法将性感的半裸女人，弄成第三版这样的非色情图片。

性规则与英国性格

所有这些又向我们提示了哪些英国人性格特点呢？这些特征大多数重申了人们一贯认定的英国特点，包括幽默、社交拘泥症、虚伪、公平竞争、阶级意识、礼仪、谦虚等等。但对我而言，有一点日益明晰，那就是这些英国人性格特点不能被视为单个的毫无关联的一系列特质或原则的清单，而必须作为某种体系来解读。此前奥威尔、普利斯特里、贝杰曼、布赖森、帕克斯曼以及其他人都用的是列清单的做法，我在此请求他们原谅我的冒犯。

仔细地研究规则和行为模式，我发现，大部分规则和行为模式都是至少两种"典型特质"的结合或相互作用的产物。本能反应式幽默规则是幽默这种典型特质的一个表现形式，用来减轻英国人的社交拘泥症这种典型特质的症状。

SAS 测试所鉴定出来的调情范围也同样展现了典型特质的相互作用。我们始终对于单身交友活动和婚介所有隔阂，既要假装不是为了社交目的，又不愿承认"约会"概念，这就是社交拘泥症、虚伪以及作为幽默亚规则的反过分热情规则的混合。

夜总会常客的"性免谈，我们很酷"规则主要与虚伪有关，但是值得一提的是，它似乎也确证了某种我一直有所怀疑的论断，那就是，英国人的虚伪是一种特殊形式的虚伪，其实是大家心照不宣地共同欺骗自我，并不是想要欺骗别人。

礼仪调情规则是虚伪与礼仪两种特质的结合。这两种特质似乎经常结合。礼貌的平等主义，就是礼仪、虚伪与阶级意识的混合产物。

不确定原则并不是受压抑的同性恋倾向的外化标志，而是社交拘泥症、礼仪和公平竞争这三种特质的结合。戏谑规则是社交拘泥症与幽默规则的结合；观察女性规则涉及这两者，还有我们特有的集体自欺式虚伪。谈性规则与可笑的屁股规则，也同样是社交拘泥症加上幽默规则的结晶。

到目前为止，这些结论都还只是雏形，我相信最终得到的英国特性要比这些简单的相加更为复杂，不过，至少我们正在向着一个体系迈进，而不仅仅是一个清单。我还没有完全理清，但我希望能够在本书的结尾发现一些理清这些构成国民性格的要素间关系的简明数字描述法。

最后，第三版的俏皮话学问，则是英国人运用幽默来化解潜在尴尬或失礼的又一个例子。社交拘泥症与幽默、礼仪相结合，使得俏皮话的运用很好地化解了第三版图片的色情含义。有些文化对性与色情持褒扬态度；有些文化，主要是宗教文化，对于性采取了制度上压制的态度；还有些文化，像美国、斯堪的纳维亚部分地区的文化，则会以正统、严肃、过于认真的态度来化解过度的性欲。而说到英国人的性与色情，他们会靠幽默来抵消性欲。

第十四章
人生仪式

我称此章为人生仪式,而不是宗教,因为今天所谓的宗教已经离大多数英国人的生活十分遥远,但英国国教牧师戏称之为"hatchings, matchings and dispatchings"(这三个词分别隐晦地代指出生、结婚、死亡)的那些重大的仪式以及其他略微次要的纪念性转折点,却仍然非常重要。大多数诚实的英国牧师,都会很现实地承认,如今这些人生仪式(主要是婚礼和葬礼,还有数量较少的出生洗礼)是他们与教区内大部分民众接触的主要机会。我们有些人可能会在圣诞节参加一次弥撒,数量更少的人可能会在复活节再参加一次,但大多数人,他们去教堂的机会仅限于婚礼、葬礼,也许还要加上命名礼。

"默认"宗教规则

伊丽莎白女王的宠臣约翰·黎里(John Lyly)曾经宣称,英国人是上帝的"特殊选民"。好吧,如果真是这样,那上帝一定做出了一个怪异的选择,因为英国人可能是地球上最不具有宗教性的民族。调查显示,超过88%的英国人会打钩,认为他们自己属于这个或那个基督教教派,通常是英国国教,但这些人在实践中只有15%的人会定期去教堂。大部分人只参加前文所说的"人生仪式",还有许多人只在最后一项仪式即参加葬礼时才会与教堂发生联系。我们大多数人如今都不受洗,只有半数的人在教堂结婚,但几乎所有人都会有一场某种意义上的基督教葬礼。这不是因为死亡突然激发了英国人的宗教心,而是因为这是明显的"默认"选项。如果不进行基督教的葬礼，需要下很大的决心，还必须费很大的劲儿搞清楚要哪种形式的葬礼，而且这种努力会引来一系列令人尴尬的忙乱和非议。

无论如何，英国国教都是世界上最不具有宗教性的教会。它向来以其含糊不清、容忍过错、缺乏指导意义一团和气的教义而臭名昭著。我们习惯于将英国国教简称为"C of E"，这是 Church of England 的缩写。无论是书面填表还是口头演讲，只要能用缩写，我们就尽量用这缩写，因为教会一词的宗教气味过浓，而英国一词显得有点太爱国了。如果我们的人口普查或申请表上习惯性地填写"C of E"，这并不表明我们真的有什么宗教习惯或信仰，甚至未必表明我们相信上帝的存在。艾伦·贝内特（Alan Bennett）曾经在对祈祷书公会演讲说，在英国国教教会里，"信不信上帝的问题被搁置不谈。这并不很得体。有人说英国国教的组织体系足以让其成员相信一切，但是显然没有一个人真的这样想。"

我记得有一次在候诊室里偶然听到一段对话。一个大约十二三岁的小女生正在填医疗表格之类的东西，有些问题需要她妈妈的帮助。女儿就问"宗教？我信什么教？我们不信教，对不对？"她妈妈回答说，"是啊，我们不信教。就写个'C of E'得了。"女儿问："什么是'C of E'？""就是英国国教。""那是一种宗教吗？""是吧，算是吧。哦，不，也不能完全算是，嗨，你就这样写吧。"正像自动进行的基督教葬礼一样，英国国教也是一种缺少其他选项的默认选项。就有点像"既不会同意，也不会不同意"之类的答复，一种漠不关心的、无可无不可的、精神上保持独立与不偏不倚态度的中庸宗教。

很难找到任何严肃地信仰英国国教的人，即使在英国国教牧师中间也不多。1991年，当时的坎特伯雷大主教乔治·卡雷（George Carey）博士说："我把英国国教看作一名年长的贵妇，她躲在角落里自言自语，大部分时间里被人忽视。"这种典型的英国式抱怨是在他刚晋升为大主教不久的一次访谈中。如果坎特伯雷大主教自己都将他的教会比作毫不相干的老朽，那么其他英国人更是肆无忌惮地忽视它，也就不足为奇了。果然，在大约十年之后的一次布道中，他又抱怨说："无神论悄悄地四处蔓延。"好吧，这是事实，他又想怎么样呢？

善意冷漠规则

他的演讲中,"悄悄"两字是关键。英国人不是公开明确的无神论民族。我们也不是不可知论者。这两个倾向都暗示对上帝的存在产生某种程度的关切,而且这种关切浓烈到足以拒绝相信或是直接质疑上帝的程度。可是,大部分英国人却根本没空去理上帝这回事。

在民意调查中,大约60%的人会在问及是否信神时回答"是"①,但是卡雷博士说得很对,这种比例只是一个表面现象。当我向人们问及这个问题时,我发现大部分人回答"是"只不过是因为他们:

- "并没有什么宗教信仰,但觉得应该信点什么";
- 模模糊糊地认为,可能会有一个上帝存在,所以如果回答"不"未免有些武断;
- 努力想让自己相信上帝存在,其实明知根本不可能;
- 真的不知道这个问题的答案,要是有上帝不存在的证据,也很愿意知道;
- 坦白地讲,从没认真想过这个问题,不过就算有吧。

有位女士告诉我:"嗯,我在第一页'基督徒'的位置画了个钩,因为我觉得我不是穆斯林,也不是印度教徒或其他什么教徒,总该是个基督徒吧,所以,我想在信不信上帝的问题上,最好也画个钩。要不,我怎么自圆其说呢?"

MORI机构的聪明的研究者们最近开始采用一种新的方式来询问宗教问题,针对那些信仰模糊、心无所属的英国人,这个方式效果较好。他们提供的是如下的选项:

"我是某个有组织的宗教的固定成员":这个选项只有18%的人打钩,而且这18%里头包括遵守严格教规的穆斯林、印度教徒、锡克教徒等等。

"我是某个有组织的宗教的不固定成员":这就有点像英国国教的默认选项,于是,25%的人在这一项后面打钩。

---

① 巧合的是,相信民意测试结果准确度的人,也只是56%。

"我精神上有所属，但并没有真正皈依任何有组织的宗教"：这种描述真是模糊得可以！它吸引了24%的人打钩，这其中可能又有31%的人是相信星相学的，38%的人是相信有鬼存在的，42%的人是相信通灵术的，40%的人是相信守护神的，等等。

"我是一个不可知论者，意即不确定是否有上帝存在"：这句话需要动脑筋，只有14%的人打钩。

"我是一个无神论者，意即确信上帝不存在"：同样太伤脑筋，太坚定明确，只有12%的人打钩。

"以上都不是"：哦，这个选项涵盖了所有可能性，却只有7%的人打钩。

"不知道"：其实前面的选项已经非常模糊怪异了，如果再选这最后一项，就显得有点故意捣乱了。所以，只有1%的人打钩。

所以，尽管只有12%的人真正宣称自己是无神论者，但根据上面的数据，我认为坎特伯雷大主教的判断完全准确，无神论确实在英国中间"悄悄地"蔓延。如果我们是真正的无神论者，大主教和他的教会就一定会陷入某种论战之中。可是，我们只不过是没工夫想这问题，我们漠不关心。

我们不仅仅是漠不关心，更糟的是，从教会的角度来看，我们是有礼貌的漠不关心，宽容的漠不关心，善意的漠不关心。我们并没有真正地反对上帝。在被追问之下，我们甚至还会承认上帝可能真的存在，或者换种方式，承认某种力量的存在，而这种力量可能就是上帝，而这种回答往往只是被追问得不耐烦，只是想图个耳根清净不伤和气而已。上帝在他的地盘里，也就是教堂里生活得很好。而我们在婚礼或葬礼时，会到他的家里做客，就像我们到别人家做客时一样，我们会举止得体，不发出不该有的噪声，不过有时也会觉得这样过分严肃认真略微有点儿可笑，有点儿让人不舒服。除此之外，上帝对我们的生活几乎没有影响。有人愿意膜拜他，那么就让他们去膜拜，这是一个自由的国度。但信不信是件私人的事情，他们信仰他们的，别来烦我们，也没必要故意小题大做，徒生尴尬。英国人最讨厌无事生非、大惊小怪。

在许多其他国家里，比如说美国，政治家们和其他著名公众人物都觉得一有机会就必须表明他们的信仰忠贞不贰。而在英国，政治家们必须做相反的事情。甚至连提一下自己的信仰都非常不好。据称前首相布莱尔是一位虔诚的基督徒，我们很讨厌他的这种宗教联系，但以一种礼貌的方式勉强容忍，因为他至少比较明智，绝口不提他的宗教观，而且明显他有几位公关大师，教他严格控制，禁止谈论上帝。尽管他百般小心，仍然被《私家侦探》周刊漫画成一位自高自大、自以为是的乡村牧师，他的演讲和声明被放在显微镜下检查，企图找出信仰的蛛丝马迹。只要有一点儿此类发现，立即会被大做文章，引来嘲笑。值得注意的是，英国人非常喜欢讽刺挖苦，因为有了日常的英国式讽刺与挖苦来宣泄，便不会有突发的革命与起义。

我们善意的漠不关心之所以能够保持善意，是因为宗教安分守己，不去用冗长而令人尴尬的充满宗教热情的布道，去骚扰那些不参加宗教仪式、精神上中庸的大多数人。任何涉及上帝的词汇，都被视为布道之一种。当然，用在讽刺场合或是一般修辞手法中，比如 God forbid, God knows, Godforsaken 等等不属此类。过分热情让英国人反胃；过度的宗教热情则让我们深觉可疑并为之忧虑不安。

出生、结婚和死亡

宗教就谈到这里。但这些人生仪式仍然会在教堂举行，还涉及一些带有潜在宗教含义的其他仪式，如果仅仅是出于无奈，或者仅仅是图个方便，又如何解释得通？"人生仪式"（rites de passage）这个词始用于1908年，是由人类学家阿诺德·范格内普（Arnold van Gennep）创造的。他称之为"随着地点、状态、社会地位、年龄的每一种变化而举行的仪式"。范格内普注意到，所有的动物都有出生、成年、繁殖和死亡，但似乎只有人类才有为每一个生命周期，以及日历上的许多重要的值得纪念的日子，创造出歌舞仪式的需要[1]，而且还会精心举办此类仪式，将

---

[1] 维克多·特纳（Victor Turner），后来重新定义了"人生仪式"一词，他将日历仪式排除在外，只关注个人在社会转化相关的仪式。但是，由于是范格内普发明了这个词，我想他应该更清楚这个词的含义，所以我在这里采用了范格内普的相对宽泛的定义。

每一种生物变化与季节交替赋予社会学的深刻含义。其他动物也会为了地盘和地位在族群中相互争斗，也会与特定同类结成特殊纽带或同盟。但是，人类却频繁地乐于此事，为个人在社会或小团体中的地位升降举行大量的仪式和庆典。

在人生仪式这一点上，英国人也没什么特别的。每一个人类社会都有这样的仪式，尽管其细节与侧重点各有不同，按照格内普的说法，这类仪式总有着相同的基本构架，包括三个阶段或者说三个要素：一是分离（阈限前），二是边缘/过渡（阈限），三是重新结合（阈限后）。

即使在细节和重点上，大多数英国的人生仪式大致与其他现代西方文化相同。我们的婴儿穿着白衣接受洗礼，并为孩子选择教父教母；我们的新娘也穿着白衣，由伴娘陪伴，然后去度蜜月；我们在葬礼上穿着黑色；我们在圣诞节时交换礼物等等。一般的英国婚礼或葬礼，其基本活动常规和次序，对于美国、澳大利亚或是西欧的游客来讲，没有什么奇怪和陌生的东西。

模糊规则

那么，如果说有所区别的话，英国的人生仪式究竟与其他国家的此类仪式不同在什么地方呢？如果一位相邻的西方国家的游客来到英国，会有什么东西让他们感到奇怪或吃惊的呢？我于是就去询问几位外国客人。有一位颇有见地的美国受访者，曾经作为新娘和母亲，参加过大西洋两岸的婚礼。她对我说："英国的人生仪式与美国的大致相同，差别不在什么习俗或传统。更大的差别在于心态，一些对个人言行举止的态度。这很难形容，但英国人似乎就是不像我们那样完全投入到婚礼仪式中去。他们似乎总是有点儿，怎么说呢，有点儿冷淡，有点儿既愤世嫉俗又手足无措的样子。总之，不知怎么回事，就好像心不在焉。"另一位受访者告诉我："我总是以为英国人很擅长礼仪之事，你知道，就是盛大隆重的那种。确实也是如此，像皇室婚礼、国葬之类大型公众活动，真是办得无与伦比。可要是碰上普通的私人婚礼等活动，每个人好像都非常……不自在，而且僵硬、做作，要么人们就烂醉如泥，像头蠢猪。好像除了这两种极端行为之外，就没有第三种行为方式一般。"

问题在于，人生仪式在定义上是一种社交场合，需要长时间强制性地与其他人发生接触与互动。更糟的是，许多人生仪式使结婚、丧亲、成年等私人家庭事务，变成公开仪式。最让人难以忍受的是，人们还需要在仪式上来点儿感情表达。我承认，其实也并不需要表达太多的感情。英国人在葬礼上一般不会号啕大哭、死去活来；在婚礼上也不会得意忘形、欢呼雀跃；在洗礼上更不会过度过傻地流露感情。但即使是人生仪式中最小限度的象征性的感情流露，对于许多英国人而言，仍然是严峻的考验。大多数英国人甚至无法忍受"平安"仪式，这是一种由牧师好意引入日常教堂弥撒中的仪式，要求人们与坐在旁边的人互相握手并轻声说"祝你平安"。有一位受访者说："我遇到的每一个人都憎恨'平安'仪式。只要想一想这种仪式，我后背上都会发毛。"

当然，在其他国家，纪念生命周期的人生仪式当然也会让人紧张。人生仪式通常与重大的人生变化有关，这本身就会引起莫大的不安与恐惧。即使是一种积极的转变和值得庆祝的场合，比如说洗礼、成年礼、毕业庆典、订婚和结婚，也会让人高度紧张。从一种社会状态过渡到另一种社会状态是一件很困难的事情，所以，在大多数文化中，几乎这类仪式无一例外都会消耗大量酒精，也就不难理解了。

但似乎唯有英国人觉得这类仪式特别困难，我觉得我们的不安折射出我们对待这类仪式的有趣的两难心态。我们极度需要仪式中的规则与正统性，但同时我们发现这类仪式极度令人尴尬不安。比如穿着，我们在所有人都穿"制服"时，表现得最好。比如说，在盛大的皇室和官方仪式上，每个步骤都有既定程序，每句话都有既定稿子，完全没有不确定之处或即兴之举，也就没有不当之处。参加的人或许不喜欢这类场合，但至少他们知道该做什么，该说什么。在前面着装规则一章中，我曾经指出，英国人虽然不喜欢太正式，虽然受制于吹毛求疵的细节规定和僵硬的着装规则，但是，我们天生缺乏应对非正式场合的那种优雅与社交闲适感。

私人婚礼、葬礼和其他人生仪式，就是因为它既太过正式使我们感到愤恨僵硬，又太过不正式使我们感到拘泥不自在。正式的宗教虔诚和宗教套路，都会让人觉得人为做作、矫情而不自然。许多情况下，过浓的宗教味儿会让人难堪，会让英国人坐立不安，不时会去拉拉衣领，交叉晃荡二郎腿。但如果让我们在不拘泥于礼节的场合随便行事，那我们就更加笨手笨脚不知所措了。我们在婚礼和其他过渡性人生仪式上的两难，基本上就和"正常情况下"英国人在社交场合初次见面时所遇到的困难一样，那些痛苦的互相打招呼和介绍的过程，不知道该说什么以及手该放在哪里。由于仪式的重要性，我们的社交拘泥症就被相应放大了。我们感觉到必须努力去说点应景的话，应该对婚礼中的新娘、洗礼中自豪的父母、葬礼中的寡妇或是毕业礼中的毕业生们，多说点有针对性的得体的话，既不要过分得意，又不要过分悲伤，也不要去引用陈词滥调，我们应当尽量将我们的面部糅合成一种适当的、愉快的、低调的表情，但又不能过度愉快或过度悲伤。可是，我们仍然不知道怎样放置双手，不知道是否需要亲吻，是否需要拥抱，最终，我们的握手仍然笨拙而犹豫不决，我们的拥抱仍然僵硬而我行我素，我们的吻颊礼仍然尴尬得像蜻蜓点水，在有的婚礼或洗礼上，差点儿就演变成了碰帽檐儿礼了。

出生规则和加入礼仪

只有大约四分之一的英国人让孩子接受洗礼。这也许更多地说明英国对宗教的漠然，而不是对孩子的漠然。但有半数的英国人在教堂举行婚礼，而我们大多数人最终都会举行某种形式的基督教葬礼，所以，洗礼相对较低的比例恐怕也折射出一点英国文化中对孩子的冷淡情绪。那些不替孩子举办洗礼的人，似乎也没有用其他类似的重要仪式来补偿。英国人不像其他国家的人那样，对孩子的出生大肆庆贺。骄傲的新爸爸可能会到酒吧和朋友一起喝酒庆祝，这个习俗被称作"另类洗礼"，但庆祝的时候小孩子通常不在场。但这不能说明什么，英国人喜欢抓住任何理由就去酒吧喝一顿。甚至孩子在所谓"另类洗礼"中都不是谈话的主题，一旦父亲接受过了朋友们善意的取笑，抱怨过自由的丧失、睡眠的不足、性欲的减退以及与孩子有关的噪声和混乱之后，整个孩子话题就没有生机，于是这帮"另类洗礼"执行人就立即重拾他们在酒吧的老话题。

祖父母、外祖父母、其他亲戚以及母亲的朋友们，可能会真心喜爱婴儿，但这也主要体现在私下拜访中，而不是人生仪式中。为新妈妈举办的美国式"婴儿聚会"有时也会举行，但流行程度大不一样，通常会在婴儿降生之前，没有真正的婴儿参加。洗礼通常是比较小型的安静的仪式；即使在洗礼中，婴儿也只是短暂的注意焦点，英国人按照规则，不会为婴儿过度激动或是母性十足。在有些情形下，洗礼主要是想跻身更高阶层的人找到"高雅"、富有或是有影响力的人当自己小孩的教父教母的一种方式，这样的教父教母被称为"可攀龙附凤的教父教母"。

不过请不要误解我。我并不是说作为个体的英国父母不爱自己的孩子。他们当然爱，他们也与其他任何人类有着同样的父母本能。只不过，作为一种文化，我们似乎并不像其他文化中那样重视孩子。我们将孩子当做独特的个体来爱，但我们不会以同样的热情欢迎他们进入社交圈子。人们常说英国人关心宠物更甚于关心孩子，这话有点夸张。不过，英国防止虐待儿童协会比防止虐待动物协会约晚成立六十年，这一点可能有助于我们理解两者在英国文化中的轻重关系。

谈论孩子和低人一等规则

英国父母也和其他国家的父母一样为孩子而骄傲，但这一点你从他们的谈话中却永远体会不出来。谦虚规则不仅禁止父母吹嘘自己的孩子，而且也特别要求父母必须贬低自己的孩子。即使最感到骄傲和最溺爱孩子的英国父母，也必须转动眼珠，沉重地叹气，互相抱怨孩子们有多吵多烦多懒多么不可救药。在一次聚会中，我听见一位母亲赞扬另一位母亲："我听说你们家的彼得在攻读十门教育课程，他真是聪明过人啊……"这话被另一位母亲以一个嘲讽般的大笑和轻蔑的抱怨堵回来："哎，他不这样不行啊，他永远做不完功课。总是玩那些无聊的电脑游戏，听那些糟糕的音乐……"第一位母亲又说："哦，我家那位更是……萨姆这些都不行，唯一擅长的就是滑板。考试又不考这个，我一直告诉他，但他是一句话也听不进去……"这两个孩子可能成绩很好，而且两位母亲心知肚明。从她们语气中毫无焦虑就能听得出来，但是，如果她们真的把真实感受说出来，说对孩子很有信心，孩子一定会考得很好，那样就会很不得体。

正确的谈论孩子的语调，应该是超然、挑剔、无可奈何中带点儿幽默，表现出既相当喜欢孩子，又发现他们有点儿烦人有点儿讨厌的样子。也有违反这些不成文规则的父母，他们在人前炫耀或吹嘘自己孩子的品德或成就，或者露骨地表达自己对孩子的感情，这种行为往往被人不齿，被视作虚伪做作，其他父母常常会巧妙而不知不觉将这类父母排除在圈子之外。在家庭成员和亲密朋友之间，英国父母可能会表达他们的真实感情，有时充满爱意，有时流露出真正的焦虑与担忧，但在那种学校门口认识的朋友中间，或者在一般的社交谈话中，几乎所有人都会用同样的带着淡淡幽默的、批判性的漠然态度，在孩子们的坏毛病方面互相攀比，每况愈下。

但这种英国式的低人一等的谈话方式，所要表达的意思恰恰相反。正如我前面所说，英国人骨子里其实并不比其他国家的人更谦虚。所以，尽管他们遵守着不成文谦虚规则，但其实质内容却南辕北辙。许多自贬的言论事实上都是一种伪装的自吹自擂，或者至少是言不由衷。抱怨孩子的懒惰和不愿做家庭作业，其实是转弯抹角地表达他很聪明，不费力气就做得很好。抱怨孩子"不可救药"，老花时间打电话或是出去与朋友一起，"鬼知道做什么事"，其实是在夸奖他有多么好的人缘。一位母亲如果眼睛四处转着，假装非常担心女儿的过于沉迷时尚和化妆，可能是在暗示我们她的女儿真的很漂亮。我们有时自我贬低，大骂孩子过分迷恋某项运动不能自拔，其实是暗地里对孩子运动天赋的一种赞美。

如果你真的对孩子的习惯或行为感到忧虑，切记也要采用貌似绝望的口气。如果流露出真正的绝望，那只能是在亲密友人之间。那种在学校门口或者一般聚会上的聊天，即使你心底里非常失望，也要做出一种轻描淡写的样子。在此类对话中，我偶尔会发现某位母亲流露真情，真实的绝望情绪钻进了她的调子，她真的担忧她那"无望的"孩子。而随之而来的，是她的同伴们的表情和举止的变化。她们开始有点小小的不安，开始避免与她眼神接触，开始不安分地扭动，她们的脚尖开始离开她的方向，不自觉地发出一种逃离的讯号。通常，谈话人会感觉到这种不安，会重新恢复状态，转化成先前那种轻松幽默然而虚假的淡淡忧虑。唉，这真是英国人生命中不可承受之轻淡啊！

低人一等的游戏规则也包括一条严格的禁令，就是不得批评别人的孩子。你可以随心所欲地贬低自己的孩子，但你不得说任何谈话伙伴的孩子的坏话，至少不能当着他们的面说。在回应其他父母对自己孩子的逆行或错误时，可以表达同情，但绝对应当小心措辞，避免造成批评的印象。一句精心炮制的模棱两可的"哦，我知道"或者发出同情的啧啧声，加上一个不赞许的轻轻摇头，这些恐怕是仅有的几个安全回应，而且必须在这些回应之后立即遵守低人一等规则，加上几句自己孩子的不当行为。

这些听起来有些矫揉造作，刻意算计，其实不然。大部分英国父母都不假思考，自动自觉地遵守低人一等规则。他们本能地接受这种虚伪的假绝望的语调和适当的面部表情。他们就是知道这样做，就是知道不能吹嘘和感情用事，根本无须任何外在提醒。即使最终的效果是微妙而间接的吹嘘，即使用贬低的方式达到了炫耀的目的，也并非经过深思熟虑。英国父母从来不会对自己说："嗯，我不能吹嘘，所以让我想想，我怎样才能贬低我的孩子，又让人觉得他是个天才呢？"英国人的拐弯抹角成了一种本能。我们习惯于不说我们的真实意图，所有的讽刺、自我诋毁、轻描淡写、模模糊糊和礼貌的伪装，全都深深地烙在心底，成为英国性格的一部分。这种独特的思维模式在我们的童年就已经烙下，到了我们的孩子进入小学的时候，他们通常也熟练掌握了不直接吹嘘的艺术，能够用他们自己的方式做到寓褒于贬、欲扬先抑。

青春期隐形规则

我们的文化常将孩子视作烦人的累赘，出于同样的原因，也将青春期视作一种快乐的烦恼。青春期的少年被人认为又脆弱又危险，既需要大人操心，又具有潜在威胁性；既需要保护，又需要遏制。总而言之，就是很麻烦。所以，只有很少的人会以盛大的方式庆贺青春期的到来。生命中的这个笨拙尴尬的荷尔蒙多发期，不是什么庆祝的理由。英国人更喜欢在青春期到来时，把头埋在沙子里，假装不知道。英国国教其实也为 11 岁到 14 岁的少年安排了一场传统的礼仪坚信礼（Confirmation），

第十四章 人生仪式

但参加的人比参加洗礼的还少，而世俗礼仪方面也没有任何对青春期的纪念，所以，绝大部分的英国少年根本没有任何标志他们青春期到来的重大仪式。

尽管被剥夺了正式的仪式，但英国少年似乎喜欢自己创造非正式的青春期到来纪念仪式，通常都与非法饮酒、尝试非法的迷幻药，到商店小偷小摸，用喷漆在公共场所乱涂乱画或是飙车有关，或者以其他方式让人注意到他们在性方面已经不是小孩，比如，英国的少女怀孕率全世界最高。

但他们仍然不是社交中的正式成员，只有当他们熬过青春期，经历过18岁的正式成人礼，才算进入成年。有些人在17岁通过驾驶考试或拿到驾照时会有一场小型的人生仪式，但18岁是英国人可以投票、可以不需父母同意而结婚、可以性交、可以看限制级电影，以及最重要的，可以饮酒的年龄。多数人好几年前就已经非正式地喝过酒，有过性交，看过限制级电影；许多人会在16岁时离开学校，开始全天工作；甚至可能开始结婚或同居、怀孕，甚至有自己的孩子。但18岁生日仍然被视为一个里程碑，一个可以开喧闹酒会的借口，或者至少可以在星期六晚上比平常喝得更多一点儿。

空档年"考验"

在受教育的阶层中，18岁生日仪式之后，通常会有空档年。这指的是高中和大学之间的间隙，但是被人为延长了，一般年轻人会花上几个月到国外旅行，通常会参加一些慈善工作，比如帮助秘鲁的村民建一座学校，到罗马尼亚孤儿院工作一段，拯救雨林，挖一口井等等，大多会去见识一下真实的，通常是贫穷的世界，寻找一些有意义的有助于磨炼性格的经历。空档年旅行被视为一种成年考验，有点像部落里的青年男子被送到雨林或荒野中忍受磨难以证明他们能够正式加入成年社会一样。

英国的中产阶级上层和上层阶级，往往让自己的孩子发配到性格训练寄宿学校以度过整个青春期。直到最近，上层阶级和贵族阶级仍然十分坚定地反对知识，相当看不起中产阶级过于重视高等教育学历的想法，这一点正像喜欢运动和喜好赌博一样，是他们与工人阶级的相同之处。上层阶级和贵族阶级的男孩子可能会去上大学，但这并不重要，军队中或者农艺学院的经历或是其他类似经历，被认为可以代替大学。而学术成就对于上层阶级和贵族阶级的女孩子们，就更不重要了。已故王妃戴安娜就从来不觉得自己没有大学学历有什么可耻，而且还在公开演说中拿自己的成绩开玩笑，并说自己笨得可以。若是换了中产阶级的女孩，则会觉得很丢脸。这些态度目前有些微小的变化，特别是上层阶级的下层或是不太富有的上层阶级，也要求他们的孩子必须在大学里面与中产阶级的孩子们竞争并争取到最好的工作。上层阶级，甚至贵族阶级或皇室后代的青春期男孩女孩们，比如说威廉王子，已经在空档年冒险活动中与中产阶级的孩子们打成一片，一起交流、组团，互相数身上被蚊子叮了几个包。

各个阶级的人，都希望自己的孩子在经历空档年之后能够转化为一个成熟的、有社会意识的可信可靠的成年人，能够接受大学里集体生活的无穷无尽的挑战与责任，能够自己洗衣服，能够在从酒吧回来发现咖啡厅没有吃的卖的时候，会自己开罐头煮豆子吃。那些经历过空档年的大学第一年新生比直接从高中出来的新生更有优越感，自认为更成熟更了解现实世界，也更明智。他们总爱趾高气扬地说，自己比起那些未经历空档年的不成熟的愚蠢新生来，有多么年长。

在某些没什么特权的英国社会中，在监狱里或在少年教养所里的经历，往往也被视为具有类似的磨炼性格、促人成熟的功效。通过这种类似成人前考验的青少年，往往对那些幼稚、未经考验的同伴，表现与前文所述差不多的得意与傲慢。事实上，如果撇开语调、脏话等表面差异，你会发现坐过牢的人和经历过空档年洗礼的人，确实言行举止颇为相似。

学生仪式

新生周规则

特权阶级出身的大学新生，经过18岁生日的人生仪式、高考或者空档年的考验之后，还会有一个名叫"新生周"的重要人生仪式。这一仪式完全符合格内普的分离、过渡、重新结合的典型模式。首先，新生必须与家人、熟悉的环境以及高中社会身份完全脱离。一般新生到大学报到时，都会有一两位家长开车送来，车里装着他们以前用惯的生活用品，有书、CD、羽绒被、枕头、海报、照片、泰迪熊等等，还有为他们的新生活添置的物件，有茶壶、杯子、碗、盘、匙、毛巾等等。

但父母帮着运来这些东西，就会成为新生们尴尬的累赘。他们会不耐烦地催促父母赶紧离开，用随口而出的保证搪塞父母："好，好，放心，我会很好的，不要帮我打开，我自己来。别啰唆了，行不行？好，我明天一定打电话给你们。好，没问题，再见了，再见。"其实，这些新生与家人分离时，内心往往痛苦，还会噙着热泪，但他们当然知道，绝对不能哭，也不能流露情绪，要不然在别人面前可就丢脸了。

在阈限期开始之前，新生们忙得连用胶棒在墙上贴几张海报的时间都没有。他们开始参加各种各样的喧闹、疲惫、令人头晕目眩的聚会、活动与舞会，形形色色、让人眼花缭乱的学生社团，包括运动、社交、戏剧、艺术、政治各方面，全都向他们招手，时间都不够用。这些正式的活动中间，还穿插着酒吧狂欢、夜店比萨、熬夜聊天、三点钟的咖啡聚餐，还要为选课不停地排队，要去办学生证，还要填一堆表格。这长达一周的阈限期是一反常态的时期，新生们摆脱各种压抑和束缚，让感官饱受酒精和失眠的荼毒，人际交往毫无防范，广泛地和人交往而毫不拘泥，以前的身份受到挑战因而暂时中断。通过加入学生社团，他们得到新的社交圈子的承认。等到这个星期结束时，新生已经取得新的社会身份，以学生身份进入这个学生"亚文化团体"，终于可以稍事休息，平静下来开始上课，参与到正常的学生生活中来。

学生喜欢用"疯狂"或"无政府状态"来形容新生周，但是，就像大部分解除束缚的时期一样，这段时间实质上也有规则约束。虽然人们的行为举止偏离社会习俗，但本身又自成一套规则，行为举止可以预期。在这段狂欢作乐期间，某些平时的社会规则被搁置或被违反，比如你不仅可以与陌生人交谈，这段时间还特别鼓励你这样做。学生会为新生周所拟定的众多指南中，有一条就提醒新生说："这大概是你一生中唯

——一次机会",可以尽情和素昧平生的人接近和攀谈,学生会呼吁新生们把握住这个良机。这话的意思很明确,一旦新生周结束后,你就得回到英国人平日的规则中来,不能再这样无缘无故和人攀谈了。这一时期鼓励每一个新生与同学们多认识多交友,但同时也暗含着一个意思,这段时期的交友毫无"约束力",因为同学这个词往往是抛弃阶级偏见的委婉说法,过了这段时期的疯狂之后,你重拾阶级观念不与不同社会背景的"同学"往来,也无可指摘。许多类似《如何度过新生周》的小册子中,都会有一句话:"你会认识无数新朋友,喝无数啤酒。"这意思其实就是,你会认识无数新朋友,其中许多人两周以后你再也不会碰到;你会喝无数杯啤酒,其中许多宿醉的感觉,会影响你第二天的言行。

在新生周里,喝醉酒是必须的事,你会"喝无数啤酒",但英国人认为酒能够解除压抑的主观看法,在这段时期也起到重要作用。如果没有酒,那么不与陌生人交谈的老规矩就没法破除,大部分新生就仍然会害羞得没法接近其他人。新生周的所有聚会和活动,都有酒精类饮料提供,足以起到社交润滑剂作用,让人放松,抛开一切束缚。但是,解除束缚也有一定的限度,比如可以露出屁股,但不能够露出生殖器;你可以大声争论甚至打架,但绝对不能插队;你可以讲黄色笑话,但不能讲种族歧视的笑话。对英国人而言,酒后的解除禁忌,是一种有条理并受到严格规范的状态。每年10月份,全英新生都会在完全相同的时间段内,以同样的方式,抛弃同样的传统礼仪,演绎着同样的新生周。表面上看,它肆无忌惮、无法无天,实质上,它有自身的传统、习惯与仪式,按照自身的程序按部就班地进行着。

考试和毕业规则

接下来学生们的重大仪式,是毕业考试、考试后的庆祝活动和毕业典礼,标志他们由学生转变为真正的成年人。学生身份可以视作延长的阈限阶段,某种中间过渡状态,在这种状态中,他们既不是青春期的小孩,也不是名副其实的大人。大学实际上把真正大人资格的取得,往后推延了三年。这中间的过渡状态其实挺享受的,学生几乎享有社会上成年人拥有的所有特权,却只负担成年人所要负担的一小部分责任。英国学生常常互相抱怨自己课业繁重得"难以想象",还会遇上他们自己所称的"论文危机",意思是必须写一篇论文上交。可是,大部分学业课程比起成年人的全职工作来讲,其实并不繁重。

毕业考试的折磨让他们有了启动抱怨仪式的借口,这种仪式可以让他们发泄心中的不满,当然也有自身的规则。谦虚规则非常重要,即使对此次考试非常有信心,仍然不能如实说,而是必须装作很担忧,很没把握的样子,让人觉得你可能通不过考试,因为每个人都会一再强调自己准备不足。只有最傲慢、最不懂人情世故的学生,才会大大咧咧地自称对考试准备得非常充分。这样的人不多,因为会让人讨厌。

如果你确实非常努力,那也只能用一种自贬自嘲的方式另类承认:"我已经很认真了,可是遗传学我还是一窍不通。这门课我一定通不过了,而且有个地方我还没怎么复习,肯定会出问题。墨菲定律,倒霉的事想躲也躲不开,不是吗?"如果在某件事上表现得很自信,那么一定要找出另一件事表现出不自信,以达到平衡:"社会学论文我倒没问题,但我对于那些烦人的数据可一点儿不在行……"

考试前保持谦虚,或许是出于迷信,避免因为考砸了而出丑。即使如愿以偿考得很好,却仍然要保持谦虚。考得好的时候,即使私下里觉得理所当然,表面上仍要做出标准的吃惊表情,高呼:"天哪!真不敢相信!"欢呼雀跃是可以,但应该同时将好成绩归因于好运气,而不是天分或用功的结果:"运气真好,正好都是我会做的题目。"有一位拿到"全优"的牛津大学医学院学生,在一次午餐聚会受到亲朋好友祝贺的时候,却低下她的头,耸着肩,坚持认为:"在科学学科中,这没什么了不起。你不需要特别聪明或怎么样。考的都是事实,死记硬背下来,填出答案,就是这样,鹦鹉学舌罢了。"

考试之后的庆祝活动中,按照惯例,学生也不能表现得过于激动,而是要抱怨考完后的"反高潮"情绪。在每个聚会上,你都会听到学生们抱怨他们是多么疲惫。"我知道,我本应当非常快乐兴奋,可却觉得有点高潮中的那种扫兴。""每个人都很愉快,只我觉得,嗯,马马虎虎……"尽管每个学生似乎都相信自己是第一个体验这种情绪的人,但反高潮抱怨如此普遍,以至于真正体味到快乐和庆贺氛围的却是少数。

另一个不能过于激动的场合则是毕业典礼。学生们都说这种场合很无聊，没什么新鲜感；没有人会承认有丝毫骄傲，都会说：这真是个冗长的仪式，只是为了取悦父母，我才参加的。就像新生周仪式开始时的那样，父母又一次让学生们尴尬。许多学生想尽办法不让他们的父母和其他亲戚与同样出席典礼的朋友、导师和讲师接触。比如"不，爸爸！别去问他什么就业前景！这又不是什么家长会……""瞧你，妈，别肉麻了，好不？""哦，妈妈，看在上帝的分上，别哭了！不过是个学位——我又没拿诺贝尔奖！……"父母过分溺爱之下的学生，会摆出一副很不耐烦很恼火的样子，眼珠转来转去，故意叹气，尤其是在他们认识的人近在咫尺的时候，更会这样。

前面这几页，我们都偏重于探讨受过高等教育的中产阶级的人生仪式，包括空档年、新生周和毕业典礼，这是因为16岁就离校就业的人或者18岁之后不再接受学校教育的人，都没有类似的全国性的正式仪式。离开学校的青少年在转入职业培训，或者找到工作，或是失业的时候，可能也会和家人或朋友相聚，以某种方式来纪念这些日子，但却没有正式的社会仪式。有些中学也会特别举办颁奖演讲会之类的活动，但没有正式的中学毕业典礼。这与美国不同，美国高中毕业典礼经过精心策划，比英国大多数大学的毕业典礼的场面还要大。普通中学考试和高考的成绩，会在毕业几个月之后寄给离校就业者，因此，高中毕业生所能够庆祝的，只有求学生涯的结束，而不是好成绩或是与"毕业"相关的成就感。但是，这也是需要庆贺的，如果完成中学教育后转入成年职业生涯，却没有相应的仪式庆祝，未免会让人觉得有些丢脸。

结婚仪式

本章一开头我就指出，一般英国人的婚礼，对于来自于西方国家的游客们，不会有什么令人吃惊或陌生之处。结婚之前，准新郎、准新娘会举办公鹿会或母鸡会，也就是美国所谓的婚前单身汉或单身女庆祝会；在教堂结婚或公证结婚后，会举行婚宴；要有香槟，新娘要穿白色的婚纱，用白色的结婚蛋糕；要有伴娘，但也可以没有；要有伴郎、致辞、饮料；可能会跳舞，但也可能不跳；双方家庭之间会有紧张或不和。诸如此类。但从人类学家的观点来看，英国人的婚礼却与那些让西方人吃惊的原始部族婚礼有许多共通之处。表面上虽有差异，却都遵行格内普的人生仪式基本原则，也就是分离、过渡与重新结合三步。通过这个基本原则，人类在严肃的气氛下，实现由社会文化或生命周期的一个阶段向下一个阶段的转移。

英国人看待"订婚"，不如其他许多文化那么复杂。某些社会将订婚宴看得和婚礼本身一样重要。也许出于补偿的目的，英国人特别看重婚前为庆祝结束单身生活而举办的单身汉、单身女活动，这类活动往往比婚礼本身还要长，而且大家都会尽情狂欢。

《德布雷特指南》却以略有点悲观的语气提醒我们："订婚的重要功能之一，就是让双方家长互相熟悉，这样能够尽早地消除双方的差异与婚姻的障碍。"从中我们可以略知一点英国人对婚礼的态度。我们认为婚礼是快乐的，但我们延续一贯的抱怨作风，在现实中视婚礼为烦人折磨人的危险场合，或者，诚如一贯悲观的《德布雷特指南》所言，"对于缺乏社交的人而言，婚礼是个雷区，也是组织者的梦魇。"即使最好的情况，也会"制造双方家庭的紧张"。婚礼必然会出错，有人必然会被冒犯，加上我们对于酒精能够解除压抑的奇妙信仰，我们更加相信，婚礼上的彬彬有礼必然会碎裂，双方家庭的紧张必然会演变成让人难堪的眼泪和争吵。即使婚礼当天不露声色，在接下来的岁月中也必然会有埋怨和指责。即使这场婚礼看上去非常圆满，我们也必然会认为整个仪式尴尬恼人。

谈钱禁忌

如果紧张来源于钱，就会让人倍感尴尬。而这类紧张也经常发生，部分原因在于婚礼本身花费不小。与其他文化不同，英国人坚持认为爱情和婚姻与钱无关，而谈钱将会降低婚礼的格调。比如，有一项习俗，是让男方花一个月的工资买一只订婚戒指，要是在美国，起码得翻倍，甚至更多，因为订婚戒指是一种男方作为家庭支柱的地位的象征；钱是花了，不过，要是询问或谈论英国人的订婚戒指的价钱被认为是一种冒犯。当然，你可以私下里猜测，或者用拐弯抹角的方式询问钻石和底座等相关问题从而推算价钱，但是，至于确切的价钱，只有新郎以及了解新郎官账户的银行经理才会知道，而只有非常粗俗孤陋的新郎才会在人前吹嘘或抱怨买贵了或是买赚了。

婚礼传统上是由新娘父母出资，但最近的婚礼中，通常至少会由夫妻双方和祖父母或其他亲友与新娘父母共同承担。新郎会在婚礼上公开感谢女方父母带来"这个精彩的宴会"，或者有类似的说法，以示礼貌。不过，不能提到"钱"或"付钱"这样的字眼，如果新郎父母、祖父母或伯叔承担了香槟或蜜月旅行之类的花费，新郎可能会感谢他们的"提供"或"给予"，但不会说他们"付钱"，因为有谈钱禁忌。肯定要涉及钱，我们心知肚明，但如果点明，就是失礼，这又是英国人一贯的虚伪。这些委婉的礼貌用语的背后，可能隐藏着许多金钱口角，有的时候，为了谁该承担哪项开销的问题，或者整个婚礼过于豪华的问题，就埋下了怨恨的种子。英国人认为，没钱的时候，只要婚礼"真诚简朴"就好，没必要打肿脸充胖子，非要给女儿办一场豪华婚礼；其他文化可能觉得豪华点也应当，但都被英国人斥之为表面文章。

幽默规则

除了金钱或谈钱禁忌所引发的麻烦，现在，还可能因为双方家庭的组成而引发。当今社会，双方父母至少有一方离异的比例非常高，而且很可能再婚或与新伴侣同居，甚至可能已经与第二任甚至第三任配偶又生了孩子。

即使没有人发酒疯或出丑，即使没有人因为座位分配、人员接送或是伴郎的言谈而觉得受到冒犯，也仍然会有让人尴尬的人出现。我第一次参加英国人婚礼时，虽然只有5岁，就成了那个让人尴尬的人。我的父母当时觉得我们姐妹几个应当对于人生的重大仪式有所了解，于是在婚礼前，父亲跟我们谈了什么是结婚，介绍了不同文化的婚礼习俗，解释了近亲结婚的复杂问题。母亲则跟我们解释生命本源，也就是性和婴儿从哪里来的问题等等。我的两个3岁和4岁的妹妹，可能太小所以不感兴趣，我却听得津津有味。第二天在教堂，我发现这个婚礼同样有趣。就在现场一片静默的时候，大概就是牧师说"请马上提出，或永远保持缄默"的时候，我转向我妈妈，大声几乎刺耳地在她耳边来了一句："他现在就会播种吗？"

此后好几年，父母都没带我参加婚礼，这有点不公平。我其实早已清楚地掌握了所有的关键知识，只不过把顺序搞乱了一点而已，我再一次参加婚礼是在美国，在我父亲的第二次婚礼上。我当时八九岁，已经能够听懂二分合并型亲缘这种术语，也了解从夫而居与从妻而居两种婚后居住模式的区别，还能看懂复杂的图表。但是，我仍然会在婚礼最肃穆最安静的场合忍不住咯咯直笑。那一刻，我确实觉得自己很幼稚，我父亲也多次告诫我"别再孩子气了"，可我现在意识到，我的傻笑其实是一种非常典型的英国式反应。英国人会觉得严肃的场合很让人不安，至少有点儿搞笑；最严肃、最正统、最热情的重大场合，往往总会让我们想笑。这是一种不安惶恐之笑，类似于本能反应式的幽默。幽默确实是我们最喜欢的应对机制，而大笑则是我们对付社交拘泥症的标准方式。

在英国婚礼与其他大多数人生仪式上，都会充满笑声。每一个对话都带有或明或暗的幽默。但是，这并不一定表明每一个对话都很开心快乐。有些人可能真的感觉非常愉快，但即使他们也只不过是在遵守英国式的不成文幽默规则而已，这是一种深深铭刻于内心的规则，已经成为英国人不假思索不知不觉的一种冲动。

死亡仪式

仪式本身正是我们对于葬礼感到不安的原因之一。世界上大概没有几种人生仪式会像典型的英国葬礼这样，矫揉造作、愚蠢不安，简直到了让人难以忍受的程度[①]。

幽默—活体解剖规则

葬礼上，我们的主要社交应对机制有失灵活。我们一贯的幽默大

[①] 我指的是普通的英国葬礼，那种我们绝大多数人参加过的葬礼。我知道也会有其他各种葬礼，但这里没有篇幅一一涵盖，而且那些少数信仰指导下的葬礼也不能被称为典型的英国人葬礼。

笑，在这样的悲伤严肃的场合显然不合时宜。其他场合下，我们会经常拿死亡开玩笑，也会拿恐惧或困扰我们的任何事物开玩笑，但唯独在葬礼上，幽默变得十分不得体，或者至少可以说，除了能引起无可奈何的苦笑的特殊幽默之外，其他幽默在葬礼上都不合适。失去幽默保护，英国人的社交缺陷就完全暴露于阳光之下，犹如被剥夺了衣裳，变得毫无遮掩、全身赤裸。

这就有点像活体解剖的动物行为实验，听来有趣，却叫人触目惊心。观察葬礼上的英国人，就如同在观察一只正被剥壳的乌龟。幽默反应模式是一种本能，就好像身体内部一个重要社交器官，当它被残酷地剥离时，英国人会变得异常脆弱，整个葬礼的实质正是如此。幽默是英国人性格里根深蒂固的成分，禁止使用或者是严格限制使用幽默，对于英国人心理上的打击，不亚于砍掉脚趾对于英国人生理上的打击。没了幽默，我们在社交时就显得更加不知所措。根据《牛津英语辞典》对于"规则"一词的定义，英国人的幽默规则主要属于第四种："事物的正常或一般状态"。幽默如同脚趾，幽默如同呼吸。葬礼上，我们却被剥夺幽默，我们极度无助。禁止讽刺！禁止模仿！禁止揶揄！禁止戏谑！禁止自我贬低！禁止可笑的俏皮话或双关语！哦，这种状态下，英国人哪里能够交流？

热情禁忌的中止与眼泪配额

葬礼上，我们不能随便开玩笑，不能缓解紧张，不能破冰攀谈，不能自行医治社交拘泥症。不仅如此，我们还必须保持肃穆。不只幽默受到严格限制，别太认真这条禁忌，也要被打破。我们必须向失去亲人的人们说些严肃、认真、发自内心的话语，或者用一种如丧考妣的严肃、认真、发自内心的态度去应对整个过程。

但千万不要过于发自内心。别太认真、别太煽情这些平常的禁忌，只不过是在葬礼上暂时中止，是设定范围设定条件的中止。即使是真的觉得悲伤，亲友们也不应该毫无节制地放声大哭。默默地流泪可以，轻声啜泣也允许，但那种放声恸哭失声号叫的举止，虽然在许多文化中被视作正常，在英国却被视为失当不庄重。

即使是社会规则认可的默默流泪与轻声啜泣，如果长时间不停歇，也会让人难堪而不自在。英国人认为，在葬礼上从头到尾不流泪，也是完全正常可以接受的行为，这种心态在世界上恐怕是独一无二的。大部分英国成年男性不会在葬礼上当众哭泣。如果泪水已经噙满眼眶快要流出来，他们则会用赌气般的手势迅速擦掉，从而"恢复内心平静"。女性亲友比较有可能流泪，但即使不掉一滴眼泪，也不会被视为麻木不仁或毫无悲悯之心。不过，适当的悲伤表情必须是贯彻始终的，最多偶尔穿插几个"强颜欢笑"。

事实上，许多人会认为这种自我克制相当了不起。戴安娜王妃去世的时候，她的两个幼子在葬礼上只是似有似无地流了几滴泪，而且走在妈妈的灵柩后面，甚至整个葬礼过程中，都一直不动声色没有感情流露。也许会有人批评某些皇室成员过于"冷漠"，但是绝大多数英国民众都赞扬两个皇子勇敢庄重。他们还微笑着对来吊唁的群众表示谢意，这也广受赞扬。不知道什么原因，这样的举动就是比痛哭流涕更让人觉得于心不忍。英国人不用是否流泪来衡量悲伤程度。英国人认为痛哭是一种过于滥情，甚至有点自私的不得体行为。悲痛的亲人在葬礼上不哭或只是短暂哭泣，我们很可能认为这是谦恭有礼而体谅他人的表现，认为他们刻意装出坚毅的表情来让宾客宽心，而无意博取他人的关爱和安慰。在这里，我再次使用数叉子背上豌豆的方法，冒着被嘲笑的风险，精确地推算出英国人葬礼上最合适的眼泪配额如下：

- 成年男性，且是死者的近亲或非常亲密的朋友：葬礼中一两次短暂的眼眶"湿润"，被迅速地擦掉。勇敢者的微笑。
- 成年男性，不是至亲密友：什么也不表示。但须保持庄重同情的表情。悲伤的关切的微笑。
- 成年女性，且是死者的近亲或非常亲密的朋友：葬礼中一两次短暂的哭泣，允许有鼻子的抽泣；偶尔的眼眶湿润，在吊唁者面前可用手帕擦拭，并伴以歉意。勇敢者的微笑。
- 成年女性，不是至亲密友：什么也不表示，或者葬礼中有一次眼眶湿润。须保持悲伤同情的表情。悲伤的关切的微笑。
- 男孩，且是死者的至亲密友：如果年龄很小，比如说小于10

岁,就不受限制;大一点儿的男孩在葬礼中会哭一次。勇敢者的微笑。

- 男孩,不是至亲密友:与除至亲密友之外的成年男性一样。
- 女孩,且是死者的至亲密友:如果年龄很小,则不受限制;大一点儿的女孩大致会流成年女性两倍的眼泪。勇敢者的微笑。
- 女孩,不是至亲密友:没有任何要求,但在葬礼期间短暂地眼眶湿润或抽泣是允许的。

姑且不谈我们可能感受的发自心底的悲伤,幽默禁忌以及别太认真规则的暂时搁置以及眼泪配额,就已经使英国人对葬礼感到很不舒服了。本能反应式的幽默也不能用,还得表现出虚伪的感情,压制大部分真正的感受。除此之外,英国人认为死亡本身就是相当尴尬且不合时宜的概念。只要能够不碰死亡,我们就尽量不想不谈。我们对死亡的本能反应是强烈排斥,我们尽可能忽略,假装没有这回事,但在葬礼上,我们回避不了。

所以,我们在葬礼上往往会变得缄默,变得僵硬而不自然,这就不足为奇了。英国人普遍缺少通用的语汇或手势,英国的高等阶级则认为安慰同情的话属于陈词滥调,俗不可耐,所以我们往往不知道该和对方说些什么或是手该怎样放,只会笨拙地一再重复着很难过,真伤心或是我说不出来之类的场面话,伴以同样笨拙的拥抱和僵硬的轻拍手臂的动作。大多数葬礼在含义上带点儿"基督教仪式"的味道,但这并不表明死者信奉基督教,因此,除非确知死者的宗教信仰,否则不应提及上帝或死后如何如何。如果死者超过80岁,或者至少75岁以上,我们则可以低声咕哝几句"善终""寿终"之类的具有正面意义的话,葬礼后的聚会上,也可以说几句善意的幽默,但仅此而已,其他情况下,我们确实必须收敛,我们只能沉默悲伤作摇头状,同时发几声似乎意味深长的深沉叹息。

神职人员和其他在葬礼上致正式悼词的人则很幸运,他们有特定的语汇可以使用。用来形容死者的话犹如密码,因为大家都知道,不允许说死者的坏话。比如,"一向是聚会中的生命与灵魂",暗指此人经常大醉;"不会愉快地忍受愚蠢的人",是种礼貌说法,暗指此人心胸狭窄,是个坏脾气的糟老头;"在感情上十分慷慨",是在委婉说此人水性杨花；而"坚定的单身汉"的意思，一向是指同性恋。

"悲伤的公开发泄"规则

说到常用语汇，英国人对戴安娜王妃去世及其葬礼的反应，被所有的报纸、杂志、电台、电视台的记者称之为"悲伤的公开发泄"，"前所未有"。我确实指的是每一个记者，这个现象几乎让人发指，竟然真的是众口一词。我已经指出，所谓的非英国性的"感情发泄"，实质同样是一种有秩序的、安静的有尊严的排队。但是，在戴安娜事件之后，媒体却特别钟爱"悲伤的公开发泄"这样一个短语，只要一有机会，就会拿出来亮一下。

相对而言，对于皇太后的去世，公众的反应就沉默得多。尽管沉默，也主要是通过排除来表达哀思。但这种反应也同样被媒体称作"悲伤的公开发泄"。还有公众对前甲壳虫乐队成员哈里森的去世后的平淡反应，也被称作"悲伤的公开发泄"。每次有一个小孩或少年被谋杀，或是以某种不同于平常的方式死去，只要有一打左右的朋友或同情者在他们的家、学校或当地教堂门口放花，也会被即刻称之为"悲伤的公开发泄"。几乎每个在公众面前死去的人，只要不是极度令人讨厌，如今似乎都需要来上一次"悲伤的公开发泄"了。

纪念仪式和其他过渡仪式

纪念仪式包括重要的庆祝活动，比如圣诞前夜或新年前夜，以及其他每年在同一时间发生的庆祝日，比如复活节、五月节、丰收节、万圣节、盖伊·福克斯（Guy Fawkes）之夜以及母亲节、情人节和国立假日。我还把每年的暑假包括在内，虽然暑假的时间并不固定，但因为它是季节性的，所以仍然算是固定节日。有些较真的人可能会争辩说，暑假严格地讲不是一种仪式，或者至少可以说，不是像圣诞节或丰收节那样的仪式，但我认为它符合要求，一会儿我会加以阐释。我还把每日或每天工作向休闲转换的下班后酒吧喝酒，也算作纪念仪式之一，不过，因为在工作规则一章中已有详细分析，我这里就不赘述了。

我所说的"其他过渡性仪式"，指的是除上述仪式以外的生命周期中的人生仪式，包括退休庆典、重要的生日庆典，比如说10周岁等等，还有结婚纪念日，比如金婚、银婚等等，还有标志着其他社会、地点、地位、生命周期变化的仪式，比如乔迁宴、饯行宴等等。

这些叠床架屋的繁缛仪式，大部分都和其他西方国家的同类仪式大同小异。比如圣诞节送礼物、开派对，准备特殊的饮食、唱歌、装饰；复活节时送彩蛋；情人节时送卡片和花；几乎所有节日都要喝点酒，大部分节日都要享受美食等等。我不想事无巨细地介绍每一种仪式，只想将重点放在更具指导性的不成文社交规则上，也就是用来规范英国人在此类仪式上的行为模式的独特规则。

所有人类文化都有季节性和过渡性的庆祝仪式，动物则只是生理性地感知到季节转换的一些变化并调整行为，而人类却对任何一个微小的纪念日，都要煞费苦心，载歌载舞。所幸人类行为相当有可预测性，总是用相似的歌舞来庆祝，或者至少可以说，不同的文化的节庆总有许多共通之处，这样人类学家才有了研究的可能性。大部分此类庆祝与吃有关，而几乎所有庆祝都与酒精有关。

酒精的作用

酒精在庆祝活动中所扮演的角色，对于了解英国人性格特别重要，但这需要费点时间解释。在所有文化中，只要允许喝酒，酒都会成为庆祝活动的一大主角。这主要有两个原因，首先，狂欢活动和节日不只是寻欢作乐，在大部分文化中，这些活动都能在某种程度上"解除禁锢"，也就是说在符合社会习俗下放松对于行为的社会约束。平日不受欢迎甚至明文禁止的行为，比如淫荡的调情、喧闹的音乐、男扮女装或女扮男装、跳入喷泉、与陌生人交谈之类，在节庆期间反倒可能受到鼓励。这是阈限时期，与平常的生活隔离而且变得暧昧，处于意识边缘的空档，在这段时期内，我们可以短暂探索另类的生活方式。酒的本质与阈限状态十分相似，醉酒的体验犹如在仪式引导下进入阈限状态的体验。酒的化学效应恰好与节庆的文化性化学反应相似。

人类似乎天生就需要这些阈限，能够摆脱世俗的约束，但阈限状态同时也会令人害怕。我们压抑着心底里改变现状的集体追求，克制着将现实导向特定的阈限场景的欲望，这表明我们对于这种阈限状态的追求并非持久不变，它受到来自于追求稳定安全世俗生存的有力冲击而达到平衡。我们可能会被阈限状态的狂欢所迷惑，但我们同样也很害怕它；我们喜欢拜访另类世界，但我们并不想生活在那样的世界里。酒精扮演了节日庆典中的双重角色，或者说是"平衡"角色。酒精造成的人的意识状态的改变，使得我们能够探索欲望中想要但却有潜在危险性的另类现实，而喝酒的社会含义，也就是说酒后无一例外能够更活跃更善于社交的状态，则给我们提供了一种平衡。通过喝酒，我达到并强化了作为节日庆典核心的阈限体验，但那种熟悉的、日常的、令人安心的与酒有关的社交礼仪和人际交往，比如说分酒、灌酒、互相买酒，又多少能够帮助我们约束甚至是驯服这个阈限世界中的令人不安的因素。

所以，这就是全球共有的现象。但也有一些跨文化差异。尽管酒精和庆典在所有允许喝酒的社会中总是相辅相成的，但"模糊"饮酒文化社会的酒精与庆典的联系，要比"自如"饮酒文化的社会，似乎更强烈些。英国属于前者，社会对酒精有道德谴责，因而喝酒需要理由，而在有些社会，喝酒不过是个中性的概念，本身就是正常生活的一部分，不需要任何借口或理由。英国人与美国人、澳大利亚人以及大部分的斯堪的纳维亚人和冰岛人一样，都觉得必须找个借口才能喝酒，而庆祝就是最好的借口。而像法国、西班牙、意大利这样的"自如"饮酒文化，则没有什么对酒的斥责，所以也就不需要找借口去喝酒。在这样的文化中，庆典中必然少不了酒，但庆典并不是作为饮酒的理由而被启动的，也就是说，庆典毫无疑问需要喝酒，但喝酒却未必需要一场庆典。

庆典借口，以及神奇信仰

除了与社会问题研究所的同事们一起进行跨文化节日饮酒习惯研究之外，我还在几年前特别就英国庆典和英国对节庆的态度做过专题研究。这项研究主要通过观察、非正式访谈和全国调查的方式完成。

研究发现，英国人似乎骨子里就是"聚会狂"，不放过任何喝酒庆祝的借口。除了固定的节日之外，87%的受访者都提及，曾经以古怪或微不足道的理由当做聚会借口，比如"我的泰迪熊的生日"，"我的朋友吞了牙齿"，"我的邻居的蛇居然下了蛋，而以前我们以为是条公蛇"，"我的仓鼠死亡14周年"等等。

除了更为离奇古怪的理由之外，超过60％的人承认，像"朋友来访"等不那么重要的世俗小事，也是庆祝一场大醉而归的很好借口。超过半数的人为"星期六晚上"而饮酒，半数不到的人会为"星期五"而饮酒，将近40％的年轻受访者感到"一天工作的结束"也是一个饮酒的合理借口。

将饮酒称之为"庆祝"，不仅回避了我们对于酒的道德困境，为饮酒提供了合理的借口，而且"庆祝"使我们名正言顺地抛开社会限制。庆祝活动本质上是阈限阶段，在这个期间，平时的一些社会约束可以暂时抛开。所以，冠以"庆祝"之名的饮酒，相比单纯的饮酒，有更大的解除限制的神奇力量。"庆祝"是一个奇妙的理由：只要提及"庆祝"，普通的互相请酒就演变成了一场让人身心放松的派对，所有的人很奇妙地立即就进入了阈限状态。

这种奇妙的事在其他文化中也存在，喝酒就能主宰一场活动，甚至无须任何评议、魔力或其他。比如，喝某种特定的酒可能与特定的人或人际互动形式密不可分，因而奉上该酒，本身就已经表明了敬酒者的用意，甚至它可以指导接受者表现出特定回应。比如，在多数西方文化中，香槟就与庆祝同义，因此如果在一般场合奉上香槟，一定有人会问"庆祝什么？"香槟催发出节日的欢乐休闲氛围，所以不适用于葬礼。在奥地利，酒类既界定了活动本身，也界定了饮酒者之间的关系，比如说，香槟用于正式场合，烈酒则专供比较亲密欢乐的聚会饮用。端上一杯烈酒，就能让礼貌的"您"变成亲昵的"你"。选择哪一种酒，对于行为的支配程度之大，由此可见一斑。在英国，我们没有同样明确的"您"与"你"的语言差异。但是，英国人认为，比起葡萄酒，啤酒则是更加不拘小节随兴而发的酒。端上啤酒，添点下酒菜，表示希望客人不要拘束，客人肢体动作也更轻松，可以随意躺靠，而不必正襟危坐，头和手的动作可以幅度更大。

在这方面，英国人与其他民族没有什么大的区别。但是，比起其他大多数文化来，英国人或许更加相信酒精的解除压抑的神奇功效。由于英国人所受压抑更多，因而对这一功效的信仰也就更深。我们对酒的既爱又怕的态度，对酒的神奇功效的确信，都是英国人生仪式的典型特色。从最重要的生命周期过渡仪式，到故意想出来的泰迪熊生日庆祝仪式，莫不如此。

圣诞节规则与新年夜规则

英国有许多固定的全国性假日，其中有些在年初，有些是一年过半，而圣诞节与新年夜则是给一年画上句号。大部分纪念仪式最初是宗教活动，往往是原始的异教节日，后来被基督教占为己有。但是，具有讽刺意义的是，其中许多仪式的基督教含义目前已经不受重视，反倒回复到更类似原始异教根源的模样。我想，这大概是对基督教当年窃占这些仪式的一种报复吧。

圣诞节和新年夜是最重要的节日。圣诞节是公认的"家庭"仪式，新年夜则是与人共同欢乐更加喧嚣的公众庆祝活动。但英国人谈到圣诞节时，比如询问"圣诞节你怎么过？"或说"我讨厌圣诞节"时，往往指的是从12月23日或24日一直到新年元旦的整个圣诞假期。按照传统，一般包括以下活动：

- 平安夜。家庭，采购，慌张与摩擦，圣诞树彩灯，酒，太多的坚果和巧克力，有可能去教堂，参加傍晚欢乐颂或午夜弥撒。
- 圣诞节。家庭，圣诞树，送礼仪式，忙着烹饪，吃盛大的圣诞午餐，女王的电视／电台讲话——有人故意不听，有人一边看着《音乐之声》或《绿野仙踪》一边听。更多的食物和酒，晚上不舒服。
- 节礼日。宿醉，全家外出，至少是到旁边的小公园走走，长时间的乡野散步，拜访其他亲戚，逃离家庭到酒吧。
- 12月27日至30日。有点奇怪的迷糊状态，有些人回去工作，但通常效率极低；其他人购物，散步，逗小孩，更多的暴饮暴食，拜访亲友，电视，录像，酒吧。
- 新年夜。朋友，大型狂欢酒会，或酒吧宿醉，盛装或化装，喧闹的音乐，跳舞，零点喷香槟，敲锅，焰火，唱《友谊地久天长》，一年规划，找出租或大冷天走长路回家。

● 元旦。睡懒觉，宿醉。

许多人不按照上述模式过圣诞，但大多数会采用上述仪式元素中的一部分，绝大多数英国人至少会承认这种粗线条的圣诞一般过程。

通常"圣诞"一词不止这些。人们说"我讨厌圣诞节"或者抱怨"圣诞"更在日益成为梦魇或考验时，他们所泛指的"圣诞"包括所有为圣诞节所做的准备过程，这个过程很可能至少在一个月前就需启动，包括办公室圣诞聚会、圣诞大采购、圣诞童话剧，如果家里有上学的孩子，还可能包括学校里的圣诞音乐会或音乐剧，更别提每年都少不了的圣诞贺卡。英国人眼中的"圣诞节"，除了圣诞这一周的庆祝活动之外，上述习俗和活动少不了。

对许多人而言，学校的"圣诞剧"是圣诞节期间唯一会碰到的具有宗教意义的活动，但其宗教含义往往消失在这种场合的社交仪式与社交戏剧之中。在有幸扮演三个国王、酒吧店主、牧羊人之首、上帝的天使等重要角色的孩子的家长，与那些只能默默忍受扮演牧羊人、天使、牛、羊、驴子等背景角色的孩子的家长之间，免不了会生事端。或者学校可能会一时心血来潮，用某种更多元文化的东西，代替传统的耶稣诞生记。有一位亚洲教育工作者就对我说，"我们这里的文化非常多元"。这是在英国，由于角色和其他问题而引发的口角与争端，很少表面化，更多的是暗地里的钩心斗角、马基雅维里式的手段以及愤愤不平的私下抱怨。当晚，做父亲的往往会迟到，他会拿着摄像机拍下后半段。不过，不幸的是，拍出来的影像往往因为手在晃动而模糊，而且事后发现，拍的那只羊不是自己孩子扮演的。

圣诞童话剧是典型的英式古怪习俗。圣诞期间全国几乎每个剧院都会上演一场，主要是孩子们的童话或是民间传说，比如阿拉丁、灰姑娘、靴猫剑客、迪克·惠灵顿、鹅妈妈等等，总是有男扮女装的童话剧女主角，和一位女扮男装的童话剧男主角。根据传统，台下的大人需要参与其中，为孩子们高叫"他支持你！""哦，不，他不支持！""不，他支持！"之类的话。这种场面，台下的大人都非常投入非常喜欢。剧本中还

第十四章 人生仪式　　　　　　　　　　　　　　　　　　　　371

到处都是成年人的黄色双关语，可是孩子们会心大笑，然后还会耐心地向他们的父母讲解。

圣诞大抱怨和"呸，胡说"规则

许多人说讨厌圣诞节的时候，立即会想到"圣诞大采购"，要买圣诞节礼物、食品、贺卡以及装饰等等。英国人认为，表明自己讨厌任何形式的购物，都会很有男子气概，所以男人特别爱抱怨圣诞节有多么令人讨厌。抱怨圣诞节现在已经差不多成为全民习惯，男女都差不多在11月初就会开始抱怨。

每年到这个时候，就出现"呸，胡说"（Bah-humbug）的俗语（语出狄更斯小说《圣诞欢歌》，主人公艾柏纳泽·斯克鲁奇是个吝啬鬼，他的口头语即"呸，胡说！"他神经质般地讨厌圣诞节。）这种抱怨圣诞的仪式，有一条放之四海皆准的不成文规则。18岁以上的人，基本没人承认喜欢圣诞；但他们喜欢自己对圣诞节的抱怨，因为有抱怨，说明自己首先清醒地注意到"这一切变得多么商业化"，或者"每年怎么会这么早就开始，8月就有圣诞装饰卖"以及圣诞花费越来越高，街上店里挤满了人等等。

抱怨圣诞仪式，每年都会重复同样的陈词滥调。抱怨的人都喜欢把自己当做最早指出弊端有不满有见识的少数派。而那些喜欢圣诞采购以及相关活动的人，则对自己不合时宜的品味沉默不语。私下喜欢圣诞节的人，为了照顾礼貌和人际关系，甚至会加入一年一度的抱怨大会，这很像是喜欢下雨天，却会很有礼貌地附和天气很糟的说法。那种愤世嫉俗的"呸，胡说"态度才是原则，男人们尤其如此，许多男人觉得如果喜欢圣诞节，简直就是娘娘腔。每个人都喜欢圣诞大抱怨，那么，何必去破坏大多数人的乐趣呢？我们有些人确实非常喜欢圣诞节，但也总会对自己的立场表示歉意："哦，是的，不过，嗯，老实讲，我还真挺喜欢那些讨厌的装饰，也喜欢给人送礼……我真是不入流啊！"

并非所有的圣诞抱怨都是虚情假意、盲目遵从"呸，胡说"规则的结果。有两类人确实打心眼里憎恨圣诞节的到来，一类是收入菲薄仅够温饱的父母，要去买礼物讨好孩子，真是一笔不小的花费，让人头疼；第二类是职业母亲，即使她们没有金钱方面的忧虑，整个圣诞过程，带给她们的更多的是压力而不是快乐。我对这两种人深感同情。

圣诞礼物规则

一位刚进大学进修人类学的新生，可能会告诉你，礼物永远不会是免费的。在所有文化中，礼物总是与期待回报联系在一起的。这并不是什么坏事，互惠式的礼物交换是社会交往的重要形式。即使送礼给小孩子，明知他们不可能有期待中的回报，但其实也不违反这一规则。对收到礼物的孩子，人们总期待他们会用感激和良好的行为作为回报。虽然孩子们未必都如此，但那也无关紧要，毕竟规则并不因为有人不遵守就失效。有趣的是，对于不可能了解这一规则的小孩，我们并不"直接"送出圣诞礼物，而是编造出圣诞老人，由他来送礼。发现世界上并没有圣诞老人的痛心时刻，其实也正是发现礼尚往来真理，发现圣诞节礼物均是有因有果的这个事实的时刻。

英国人对于钱的古怪态度可能会带来麻烦，特别是中产阶级上层和上层阶级，对钱更是敏感有加。英国人认为，谈论人们花多少钱买圣诞礼物，是无与伦比的粗俗；而直接告知对方礼物的价值，甚至只是提一句"那挺贵的"，更是难以想象的粗俗。尽管泛泛的不特指的对圣诞礼物花费的抱怨是允许的，但在礼物的金钱细节上斤斤计较，则是不雅不体贴的表现，这样会使礼物的接收人非常难堪。

圣诞礼物的实际费用似乎与收入成反比。贫穷的工人阶级家庭会送出更慷慨的礼物，特别舍得给孩子花钱，常常会在买礼物的过程中严重负债。中产阶级，特别是他们中的好管闲事者，则是假清高，一边大吹自己如何勤俭持家，一边却大口咀嚼价格高得离谱的有机蔬菜，得意地欣赏着自家圣诞树上的有品位的维多利亚式小装饰。

新年夜和乱而有序规则

虽然仍会有一些"呸，胡说"一族仍然每年抱怨如前，但更多的英国人愿意承认新年前夜的乐趣，喜欢这种有着浓厚的狂欢气息的节日，喜欢阈限状态下的所有标准特质，可以摆脱规则文化的束缚，可以合理合法地疯狂嬉戏，欢呼雀跃地脱离常轨，可以颠覆现有意识状态，可以找到彼此共性等等。如今的新年夜更像冬季里一次露骨而直接的异教堕落庆典，不受基督教的种种圣洁仪式概念的束缚。

正如新生周、正式的圣诞聚会以及其他大多数英国狂欢场合一样，新年夜也是烂醉与混乱的结合体，但其醉与乱的程度却往往被人过度夸大了。夸大的动力有两种，一种来自于清教徒般的反对此类庆祝的人，另一种来自于想树立狂野逗趣的叛逆者形象的参与者自己。事实上，我们的新年夜之醉是一种乱而有序的场面，只有特定的禁忌能够被打破，只有指定的限制能够被搁置，以下是英国人标准的醉酒时礼仪规则，包括：露屁股但不露生殖器；打架但不能插队；讲淫秽笑话但不讲种族笑话；非法调情，甚至在某些圈子里允许拥吻，但不能有婚外性关系；乱交可以，但严格的性异恋者不得与同性交；同性恋者也不能犯与异性交的错误；醉酒呕吐可以，男人当街小便可以，但绝对不能大便等等。

不太重要的节日——年初和年中

新年夜被视为最能酒醉狂乱不受拘束的纪念仪式，其他节日，比如万圣节、盖伊·福克斯之夜、复活节、五月节、情人节等等，则相对温和一些，不过这些节日也同样有其更狂野的异教庆典起源。

五月节，通常是有庄严肃穆的莫里斯舞表演，舞者主要是中年人，有时，还有天真烂漫的儿童绕着五月节花柱跳舞。可是，这个节日却是古代异教徒的贝尔坦节的重演。在英国某些地区，反文化的"新时代"运动的成员会以鬼魅发型、串珠、身体穿刺的造型狂欢出现，与莫里斯舞者、邻里互助组织以及区议会委员会的成员相伴相随，两类人大体相安无事，构成一幅古怪的并行画面。万圣节的传统是穿戏谑服装和吃糖果，这也是古代与亡灵交流的万灵节的传统，源于异教并在世界各地以不同的方式演绎着。

11月初点篝火、烧画像的习俗，也源于异教欢迎冬季来临的火节，而画像即代表旧的一年。17世纪初，这一习俗改头换面，用来纪念盖伊·福克斯，他曾阴谋炸死英国国王和主要大臣，后来事情泄露而遭处死。今天这一节日又称"篝火之夜"或"烟火之夜"①。烟火的燃放不止这一个晚上，而是会至少持续两个星期。情人节以是送贺卡、花和巧克力为特色，源于古罗马的牧神节，后来经过基督教根据自身理念改造。牧神节本来在 2 月 15 日举行，意为"春的降临"，换句话说，是纪念"交配季节的开始"，旨在祈求人畜及田地的兴旺，所以原先的庆祝活动比今天的情人节要淫乱得多。

许多人认为复活节是一年中极少数的正宗基督教节日之一，但其实连这个节日的名字，都不是来自于基督教，而是萨克逊人的春天女神爱奥斯特（Eostre）的名字演变而来。除了复活节习俗中的彩蛋是来自于基督教之外，其他许多都与异教祈求人丁兴旺谷物繁盛的仪式有关。有些不那么严格的基督教徒，一年中只参加一次复活节周日礼拜；有些并不信教的人也会在复活节前的四旬斋期间"戒掉某种恶习"。人们在新年所做的全年计划，往往三周后就松弛下来，而四旬斋给了许多人重新开始全年节食计划的新动力。

如果用标点符号来比喻一年的纪念仪式，那么这些节日都只能算是逗号，复活节或许能算是个分号。复活节这一天人们会放一天假不工作，而且复活节会成为一个时间分水岭，人们会说"复活节前"、"复活节后"来划分工作的时间段，或者用"复活节前后"发生某某事作为时间参考点。情人节这天虽然不放假，但勉强也可以算是一个分号，因为它在我们的求偶、交配行为中扮演了重要角色，重要到甚至能让这一天的自杀率大幅升高。

除了解些"主流"的全国性纪念仪式之外，英国少数民族和宗教，也有自己的纪念仪式。我能够想到的，包括印度教的万灯节和克里希纳显身节，锡克教的光明节和丰收节，穆斯林的斋月、开斋节和新年，犹太教的光明节、赎罪日和犹太新年。英国每个亚文化都有自己的纪念仪

---

① 我们似乎有一种在有关节日的重大事件发生后更改节日名称的习惯，不太愿意按照节日所纪念的事件来称呼其本名。比如说，"二战"将士阵亡纪念日，又被称作罂粟节，因为人们常常佩戴用纸做的红色罂粟花去纪念亡灵。喜剧休闲组织则很会利用这一习惯，他们将该组织的全国募款日定名为"红鼻子日"，而不叫"喜剧休闲日"，因为这一天鼓励大家去买个红鼻子戴着玩。

第十四章 人生仪式

式，一般是指一年一度的团体聚会和节日。其中有上流社会热衷的"体育比赛季"，皇家阿斯科特赛马会、皇家亨利赛舟会、温布尔登网球赛是其中重要的活动。赛马爱好者除了可欣赏阿斯科特赛马会之外，还有全国赛马、切尔滕纳姆赛马、德比赛马。哥特族有一年一度在约克郡怀特比举办的大会。"新时代"运动和其他反文化团体、年轻音乐爱好者们，则有他们每年在格拉斯顿伯里举行的音乐节。"现代德鲁伊特"有在巨石阵遗址举行的"夏至"聚会。知识分子有在海伊小镇举办的读书节。歌剧迷有格林德堡和盖辛顿的歌剧艺术节。爱狗者有克鲁夫茨狗展。飞车一族有彼得伯勒的摩托车展。爱马人士则有在巴德明顿、希克斯特德的大赛马会。诸如此类，这种亚文化团体的纪念活动数以千计，无法一一列举，但每场盛事，在其粉丝眼中，都可能比圣诞节还要重要得多。我在此提及的只是亚文化团体中，差不多相当于圣诞节重要性的活动，事实上，每个亚文化团体也有自己的不太重要的其他纪念仪式，犹如逗号、分号与句号的区别。

但是，即使是次要的标点符号，也有其必要性。我们需要这些特殊的日子和小型节日，这样才能摆脱一成不变的生活，让一年变得与一日三餐一样更有规划和条理。当然，这是人类共通的现象，而不是我们英国人所特有。但是，英国人不时"暂停"一下摆脱严格社会束缚的欲望，却似乎特别强烈。

假期……

谈到"暂停"，我直接就想假期，特别是夏日假期。严格地讲，假期不能算是"纪念仪式"，但是我仍然将其纳入"纪念仪式"的范围，因为假期年年都有，其文化意义甚至可能比圣诞节更重大。本书中，假期属于"阈限"式仪式，是在一年中的特定时期进行，而且对当事人有重大意义的活动，在许多重要方面都符合格内普所谓人生仪式的模式特点。所以，既然我是书的作者，我就拥有将假期纳入"仪式"的权利。

如果再次用标点符号来比喻，夏日假期相当于省略号，那几个点表示时间的流逝，或者没有说出来的东西，表示意味深长的停顿或中断，而且往往暗示其中更有曲折。我一直觉得这几个点带有绝对"阈限"的特质。夏日假期无疑非常具有"阈限"特征。这两三个星期的停顿，是脱离日常生活规律的时期，是将日常约束、例行作息和限制搁置不顾的时期，是从生活中解脱出来的特殊时期，是摆脱工作、课业或日常家务束缚的游乐时间，是"我们能够完全自主"的"自由"时间。所以，在假日当中，我们说"时间都是自己的"。

夏日假期是一种另类现实。只要有可能，我们会出国，做不同寻常的打扮，吃不同于平常的食物，更恣意享受口腹之欲，"来吧，再来一杯冰淇淋，你是在度假！"此外言行也与日常有别。英国人在夏日假期里，会更加放松、更乐于与人交往、言行也更自然，不再那么拘谨。根据社会问题研究中心的全国调查，在被问及夏日假期里最能让他们联想到什么时，最普遍的答案是，"更乐于与人交往"，另外两个选得较多的答案是"露天酒吧"和"烤肉"，基本上也和乐于与人交往有关。我们认为，假期是"让我们无拘无束"、"享乐"、"缓解紧张情绪"、"放松休闲"以及"疯狂"的时刻。假期里，我们甚至会主动与人攀谈。英国人从假期中得到极大的"阈限"满足与体验，远非其他活动能比。

英国人的假期，特别是夏日假期，与狂欢聚会、节日庆典一样，都会受到同样的解除限制后的特定规则约束。"假期"与"庆祝"一样，虽然是富有魔力的字眼，但并不意味着天马行空、我行我素，而是在特定规范约束下的喧闹，是有特定条件限制下的自由，是以一种特定的新鲜方式代替日常限制。

英国人不是一进入假期就突然转变性情，一下子把平日习性全部抛开。我们最典型的特质并未消失，我们的行为仍然受到幽默、虚伪、谦虚、阶级意识、公平以及社交拘泥症等本质规则的支配，但是，我们确实放松很多。假期所带来的限制解除，虽然不能完全根治社交拘泥症，但的确能够让某些症状得到缓和。

当然，我们绝非奇迹般地变成善于社交的人种，只不过是变得更加愿意社交，更开朗，更健谈。然而，这却未必是件好事，尤其不是某些人乐见之事。度假胜地的当地居民，也许就能证明我的说法。坦率地讲，有些英国人确实在规则约束下表现得比较好，他们穿着长裤，戴着胸罩，克制食量，保有尊严的时候，似乎比较招人喜爱。正如我前面所言,英国人的拘谨有礼,举世闻名,而英国人的粗鲁讨厌,也是臭名昭著,这其实是一枚硬币的两面。而"假期"这个词正是能够翻转硬币的那只手。

无论是好是坏,狂欢与假期带来的"阈限"规则,也适用于法定假日等不太重要的纪念仪式,甚至也适用于平常周末。比如,一些非主流亚文化团体的成员,可能只会在这种"阈限"时期做出另类装扮,展示另类的生活方式与性格。这样的人被那些全职成员不屑一顾地称之为"周末哥特族"或是"周末飞车族"。夜晚和午餐时间也是短暂的解除约束时间,甚至工作间隙的喝茶或喝咖啡的时间也是,只是更加一掠而过。这些都是职场沙漠中的小小绿洲,是给英国人开出的小剂量"阈限"解药。

我们经常说起,在假期之后"回到现实"或者"返回真实世界",所以假期的另外一项功能,就是从反面明确定义"现实世界"。假期以及短暂的解除限制时间,并没有挑战或颠覆在这个时期被搁置一旁的日常规则,反倒是凸显并强化了这些规则。我们将"假期"冠以"与平常不一样的"、"特别的"、"不真实的"等字眼,实际上是在时刻提醒自己何谓"真实"与"正常"。通过刻意违背这些规则,我们更明确地界定了这些规则,确保我们回到"现实"世界的时候不会迷路,而是乖乖回归。每年,英国人在假期结束时,总是互相地"回到现实"扼腕叹息,然后又用如下箴言互相安慰:"不过,话说回来,如果平时的生活都像这样,我们就不会这么珍惜假期了。"说得很对,或者可以换一个角度来理解:假期帮助我们理解"正常"生活与日常作息中的稳定结构,更加理解限制的由来。英国人的"阈限"体验,只能到此为止了。因为他们尝够了放纵的滋味,现在又渴望被限制了。

其他人生仪式——至亲好友仪式和不规则动词

逢十年的生日庆祝、结婚纪念日,乔迁之喜,饯行宴会,退休庆典,这些比起前面所说的大型的生命周期人生转换仪式,重要性显然小得多,也不那么正式,但对于当事人而言,有些却非常重要。

这些人生仪式一般是找些亲友私下庆祝,比婚礼、葬礼等大型人生仪式要亲切灵活许多，不会有太多的矫揉造作。英国人与熟人们在私下场合中，会显得比较热情、开朗、亲切，表现出友情、亲情等各种人类感情。有些英国人比其他英国人更热情更开朗，但那只是个人性格差异，而不属于国民性格。

退休庆典与离职时的"饯行宴"是两个例外。参加这两项活动的人，与当事人未必会有很深的交情。所以，在这两项活动中，可能英国人的特质仍能显现。人们仍然会用幽默和酒精来医治社交拘泥症，用礼貌的人人平等来掩饰阶级意识，用貌似谦虚自贬的言谈转弯抹角地吹嘘自己，仍然会有合乎礼仪的抱怨，仍然会有送礼时的刻意搞笑，仍然有酒后装疯卖傻，仍然会有笨拙的握手、别扭的拍背和不自然的拥抱。

完全属于私人性质的人生礼仪，只有至亲好友参加，比如生日宴会、结婚纪念日、乔迁宴席、退休庆典等等是没有什么固定的规则可循的。或许会有一些共性的习俗和惯例，比如蛋糕、气球、唱歌、特别的食物、饮料、互相敬酒等等，但参与者的行为和看法，除了与年龄、阶级会有一些关系外，更主要的与个人性格、喜好、经历、当时的心情以及动机有很大的关系。这已经属于临床心理学和精神病学的领域，不是我们社会学家所能涉及的。

比较正式而且不那么私人性质的人生仪式，在某种程度上与此相同，但也有不同。在这些场合，我们当然按照自己的个性行事，而不是按照民族思维惯性行事。但是，我认为，在这些较大型较拘谨的聚会上，我们的行为大体上可以预测，仍然遵守着文化中主要和基本的规则指导下的模式。我无意否定每个人的个性，但事实就是如此。

我并不是说，英国人在至亲好友参加的私人庆祝聚会中的行为就很难预测，就不合文法。我是说，这类活动有点儿像是不规则动词，它有自己的规则，允许我们在特定规则下更放松，更开朗，更坦率。在这些亲密场合，在我们熟识和信任的人中间，英国性格要点允许我们变得更像正常人类。

阶级规则

不过，我可不想在这种令人感动而亢奋的气氛中结束这一章，我现在要开始谈谈阶级。我想，读者也不会希望这一章只是蜻蜓点水般地触及阶级体系吧？

很可能你自己也可以总结出来。来吧，不妨一试。工人阶级葬礼和中产阶级葬礼之间究竟有什么不同？或者中产阶级中层和中产阶级上层的婚礼的标准有何差异？着重讨论一下物质文化的阶级标志、着装标志和阶级焦虑感的讯号。哦，好吧，让我来做这些，但不要以为会有什么新鲜论点出现，你能看得出来，按照简·奥斯汀的说法，我们已经接近"故事的尾声"。如果到了本章，你还没能找到英国阶级标志精髓，那么我们就永远不可能找到。

你可以也能猜到，英国的人生仪式都有其阶级性。婚礼、圣诞、乔迁和葬礼，每一处细节，从用语到参加者的服装，再到叉子背上的豌豆数量，都是完全或者至少在一定程度上，是由社会阶级性质决定的。

工人阶级仪式

一般来讲，工人阶级的人生仪式最为奢侈铺张，这里的奢侈铺张是相对于其收入而言。工人阶级的婚礼一般场面都很大，在餐厅、酒吧"宴会厅"或是饭店里大宴宾朋，一辆高大的花车载着新娘来到教堂，伴娘一个比一个漂亮，都穿着紧绷的显出身条儿的衣服；硕大的三层蛋糕；客人们都穿着全新的、亮闪闪的、星期天才穿的最好的礼服，配上相应的首饰；有一位专职婚礼照相师，还聘了个专职婚礼庆典公司来摄像；然后是喧闹的大型晚宴，大伙儿尽情跳舞尽情饮酒，还要找一个热门的地方度蜜月。一点儿钱都省不下来，"把最好的献给公主"。

工人阶级葬礼大多会用精致的大花圈和顶级棺木；圣诞节会送昂贵的礼物，大吃大喝一场；到了孩子的生日，会去买最新的高科技玩具，最高价的彩条球衣，最顶级的品牌运动鞋。工人阶级的其他纪念仪式，也会大致如此。即使手头拮据，也得让人觉得花钱玩得转。去加莱玩一天，买许多廉价啤酒，这种被称为"买醉之旅"的旅行，往往是工人阶级充面子的最爱。

中产阶级下层和中产阶级中层仪式

中产阶级下层和中产阶级中层的人生仪式，规模往往较小，也比较节约。就拿婚礼来说，中产阶级下层和中产阶级中层的父母都认为，与其将"所有的钱花在盛大的婚礼排场上"，不如替子女付房子的首付。但是，他们仍然十分注重婚礼，要办得"体面"而又"格调高雅"。所谓的婚礼礼仪正是为这些阶层的人设计的。婚礼上，他们会十分担心亲友喝醉出丑，既让他们丢脸，又让婚礼格调粗俗。

如果工人阶级的理想是办个像贝克汉姆这样的风风光光的名人婚礼，那么中产阶级下层和中层的理想就是皇家婚礼。在皇家婚礼上，一切都"谨遵传统"，每个细节都精益求精，优雅得体。这些中产阶级，或者一心想跻身中产阶级的人，会在细节上精雕细刻，使得婚礼显得有些造作。他们会用"serviettes"搭配鲜花，鲜花搭配座位卡，而座位卡要与新娘的母亲那件淡雅套装的颜色相匹配。但是，除非新娘的母亲亲自提醒，否则没人会注意到这些细节。食物要求健康安全，清淡无味，无非是"奶油土豆泥"之类饭店套餐。尽管菜盘比较干净整洁，配有雕花的红萝卜和欧芹，但菜量可比不上工人阶级婚礼那么豪爽。葡萄酒很快就喝完了，预估的人均酒量总是不够。不过，伴郎似乎总有办法喝醉，忘记自己的承诺，兴之所至来几句下流话。新娘总会被激怒，新娘的母亲总会愤愤不平。不过，她们并不会当众斥责，并不想用意料之外的争吵来破坏气氛，但她们总会义愤填膺地相互之间或向几位姑婆大婶们诉苦，整个下午都用冷若冰霜绷着嘴的表情对待那位伴郎。

中产阶级上层仪式

中产阶级上层的人生仪式通常不那么矫揉造作，也不会做得过于精细，至少那些对自己的阶级地位比较自信的人不会这么做。即使对阶级地位不那么自信的中产阶级上层，也力求将婚礼办得优雅但不露修饰痕迹，这会与那些一心想让你注意到他们用心良苦的中产阶级矛盾中层的婚礼大不相同。中产阶级上层的婚礼，有一种随心所欲不拘小节的高雅，就像极其自然的淡妆，让你看不出化妆的痕迹。这种境界往往需要花更多的心思更多的钱，才能做到。

至于缺少阶级自信的中产阶级上层，特别是城市里受过高等教育的"爱管是非"的人，则更会专注于如何与众不同，而不是如何做得正确。他们急切地想要与中产阶级中层区别开来，他们不仅要努力避免造作与忙乱，而且要逃离"传统"。他们不愿意与仿都铎式的，或是住在连体别墅中的说"pardon"的中产阶级中层，拥有同样的"老式传统婚庆进行曲"或是"令人厌烦的老式赞美诗"。他们会为新婚的入场选择没人知晓的无名音乐，这样在新娘已经进入并沿着走道行进时，宾客还浑然不知兀自聊天。他们还会选择没有人能够跟着哼唱的艰涩的赞美诗。在吃的方面往往遵循同样的原则，要弄点儿"不同的"、有想象力的食品，但却不一定简单，也不一定好吃。至于着装，可能也是最新潮的古怪前卫的时尚，但却未必穿得舒服，也不一定看得舒服。

年纪大一些的新婚夫妇，或者宁愿选择晚婚的中产阶级上层，通常会去婚姻登记处，这可能是因为他们有一种误解，认为只有信仰上帝的人才会去教堂结婚。他们有时还用代替教堂婚礼的世俗仪式，也就是互相交换誓词的方式完成婚礼。有趣的是，这些誓词通常与传统的教堂婚礼誓词内容大同小异，只不过更加冗长，更加拗口。

上层阶级仪式

上层阶级婚礼往往更加传统，不过不是中产阶级下层和中产阶级中层那种精雕细刻的教科书式的传统。上层阶级更习惯于大型宴会、慈善舞会、打猎舞会、大型私人聚会以及"比赛季"的运动盛会，都是他们日常的社会活动。所以他们不用像我们其他人那样会对婚礼和其他人生仪式感到拘束。上层阶级婚礼通常比较静默，比较简单。他们不会急急忙忙跑出去买崭新的外套，因为他们已经有许多可穿的礼服。男人穿上婚宴礼服（燕尾服、条纹长裤和大礼帽），而女人嘛，出席阿斯科特赛马会或许才需要特别的装扮，但正如一位非常高贵的妇人告诉我的那样："那么多的婚礼要参加，总不能每次都有所不同吧。"

酸葡萄规则

如果办不起豪华婚礼或是葬礼、圣诞节、生日派对或结婚周年庆等等，中产阶级上层或是上层阶级往往会有酸葡萄心态，说他们"不想办奢华的聚会，只想和一些要好的朋友办个简单的小型家庭聚会"。他们不想像工人阶级那样举债办婚礼，也不想像中产阶级下层和中产阶级中层那样精打细算不肯花钱。英国人的谦虚规则以及由此而产生的对摆阔行为的厌恶，让较高阶级中的贫穷者受惠无穷。凡是他们无力承担的东西，就是被斥之为爱钱或低俗。豪华气派的婚礼，在他们眼中是绝对的低俗，一如奥斯汀笔下的艾玛·伍德豪斯的婚礼一样，主人公艾玛明确地表示，这是场谈不上隆重的小型婚礼，"当事双方都不喜欢豪华或是炫耀"；奥斯汀还安排可憎、虚假、自大的艾尔顿夫人，展露中产阶级的典型低俗品位，因为她在婚礼上抱怨说："没有缎子，没有蕾丝面纱，一场最可怜的婚礼！"

中产阶级下层和中产阶级中层也懂得巧妙运用谦虚规则，方法就是把自己私下里很羡慕的奢华庆祝场面称之为浪费和荒唐，语带不屑地将这些奢华主人公称之为"富而无礼"。"可敬"的工人阶级上层人士有时也用这一招，强调自己节俭的高尚品德，让自己的品位更像中产阶级，对一般工人阶级"华丽"做法与自大炫耀嗤之以鼻。有一位受访者，与我一起坐在当地人常去的酒吧里，评论邻居的银婚庆祝宴时说："要办豪华宴席，何不到大酒店去？何必在这儿？自以为是的蠢女人！"

人生仪式与英国性格

我想着本章的诸多规则，竭力想从每一条规则中摸索出英国人性格特征。当我在页面旁边草草写下我的评断，赫然发现我竟频繁地写下"中庸"一词。这一特色在本书从头至尾都占了很大分量，但是，在专门探讨英国人的"节日和假期"、狂欢、庆典、宴会和其他庆祝活动的这一章，"中庸"一词的凸显，却未免让我有些吃惊。也许不该吃惊，毕竟我们谈论的是英国人。我所谓的"中庸"，并不只意味着英国人避免极端和过度，不喜欢强度太高，还表示英国人需要平衡感。我们需要"中庸"，这与我们关注公平的特质有关。比如，我们善于妥协的倾向、冷淡、模糊、保守等特性，就都是公平与适度的结晶。

我们对宗教的那种善意的冷漠、中立和容忍态度，正是一盘适度与公平的菜，再加上少量谦虚有礼的调味料、一大匙幽默，可能还有几粒经验主义香料。哦，不好，我不由自主地从"等式"转到"食谱"，这可为我后面用图表解读添了点障碍。

本章所凸显出的其他特质和历来所猜测的特质大同小异，但这时我们可以更清楚地看出，规范我们行为的许多不成文规则都是由两种或两种以上英国性格特征结合而成。比如谈论孩子时的低人一等规则，显然是谦虚、虚伪与大量的幽默糅合而成。谦虚与虚伪常常结合在一起，事实上，没有虚伪几乎就构不成谦虚。

青春期隐形规则是英国式社交拘泥症的更明显的症状。这个时期的青少年，容易突发社交拘泥症，这是由于荷尔蒙激发或者加重了症状。作为一个社会，我们不愿意承认青春期的来临，这是一种对现实的"否认"，一种鸵鸟行为，本质上是自身社交拘泥症的症状折射。社交拘泥症在某种程度上能够被仪式所缓和，但我们的青少年却被剥夺了青春期人生仪式的权利，所以他们就去创造自己的人生仪式。空档年考验提供了某种仪式性缓解，表达了某个时期的正式开始，但是太迟了一些，而且只是能上大学的少数人能够参与。

新生周规则是社交拘泥症与典型英国式乱而有序的结合体，是我们对适度与中庸的需求的折射。考试和毕业规则包括谦虚、同等数量的虚伪，以及大量的英式抱怨，还有幽默和一点中庸作调味料。

我们的婚姻仪式似乎引发了社交拘泥症大爆发。谈钱禁忌是社交拘泥症加上谦虚和虚伪，还带点阶级差异。婚礼上，我们再次发现，幽默能够减轻社交拘泥症症状。痛苦的葬礼"自然试验"法则向我们展示出，在缺乏中庸适度的情况下，我们的社交拘泥症症状多么糟糕。这项葬礼试验凸显了我们对于中庸适度原则的需求。眼泪配额是中庸、礼节和公平竞争原则的体现。

庆祝借口以及相关的神奇信仰，是又一个由酒精和仪式来缓解社交拘泥症症状的例子。圣诞节大抱怨和"呸，胡说"规则中，既有英国式抱怨，又有礼节和虚伪，而圣诞节礼物规则再次将礼节和虚伪结合在一起。新年夜乱而有序规则又与中庸有关，与公平竞争的关系也很紧密，而且又出现熟悉的主题，用酒精和仪式来控制社交拘泥症，这在大多数不太重要的纪念仪式上也有明显体现。假期也是一样，突出展示了我们对于限制过度与放纵的需求，也就是我们对中庸的迫切需求。

主宰我们人生仪式的阶级规则，当然与阶级意识有关，同时也牵涉到与阶级意识有紧密联系的虚伪特质。而那种英国式的将谦虚与虚伪结合的方式，似乎英国的所有阶层都有同样的展现。

亲朋好友参加的私人过渡性仪式，让我们从社交拘泥症的无能状态中短暂解脱出来，而另一种解脱时刻是性交时刻，同样也是私人场合。我们对于隐私的狂热迷恋，可能也是社交拘泥症症状之一，但我们同时十分珍视隐私，因为恰恰是隐私，使我们能够摆脱社交拘泥症的困扰。在家中，在亲人、朋友、情人中间，我们感到温暖，感到坦率，感到真的是个完整的人。这正是许多外国游客永远无法见到，或是只能略为管窥的英国人的另一面。你必须有等待熊猫交配时的那种耐心，才能等到这昙花一现的真性情。

结论：定义英国性格

当初我开始这项"探求英国性格"的研究之时，是想通过观察英国人行为中的独特的规律性，从而找到指导这些行为的潜在的特定规则，然后再将这些规则加以总结从而发现英国的国民性格。我想，这算是一种半科学的研究吧。不过，至少它自成体系，能够自圆其说。但是，尽管我在前言部分写得自信满满，我其实并不确信这种方法是否能够成功，因为用这种方式去理解国民性格的方法，以前从来没有人尝试过。

它似乎确实成功了。或者说，我自以为它成功了。我的意思是，这种研究方式确实让我更好地理解了英国性格的要点，或者说是英国性格的"气质"、"理念"、"精髓"或者是"文化基因"。现在，当我再次目睹一些古怪或可笑的英国行为时，我就能够对自己说："啊，是的，这正是社交拘泥症的典型病症，酒精和节日阈限效应能够缓解这种状态，如果加点幽默和中庸，那就更好。"在我写下这篇总结时，恰逢圣诞气氛正浓之时，各种行为总爆发。但我通常不会大声说出我的判断，否则人们会认为我是个疯子。

但英国性格计划的要点并不是让我自己能够静静地感受洞察一切的得意与自负，而是要让所有其他人也都同样觉得有所助益。诚如你所知，我一路走来，不断琢磨，一章又一章地写下来，所以这本书的过程，有点儿像小时候的数学考试，老师不仅要求你写下最终的答案，而且要求你写下"推算过程"。这就是说，如果你觉得我把"什么是英国性格"的问题答案搞错了，至少你能够精确地找到，我是在哪个过程中算错了。至少，你能知道我在这个过程曾经不懈地努力过，最终才达到结论这一章。我没有任何隐瞒，我尽我所能，现在我开始写下结论。如果读者愿意，也完全可以根据前面的过程推算自己的结论。

清　单

但我曾经承诺，最少会有一份关于英国性格的定义清单，如果更理想的话，还应当有某种模型或是图表，或者展示其内在成分如何搭配的配方表。所以，让我们就从清单开始。在我"推算"的过程中，我似乎已经发明了不少这类性格的简化称谓，每次只需要用一个简单的词代指，而无须说出一连串名词，比如社交拘泥症、中庸、英式抱怨等等。事实上，我还会根据新发现的证据将简化词的意义加以拓展、修改和润色。我喜欢创造新词，喜欢为旧词另辟蹊径。但我意识到，世上已经有许多含混不清的新学科词汇，比如英国研究或类似的空洞学科，大多以其昏昏使人昭昭。所以，为了避免陷入同样的误区，也为了免去读者不但往回翻去寻找我所说的"经验主义"或"公平竞争"或是其他词汇的含义，我将在下面给出每一种英国性格的定义。共有十种性格特征，包括一个"核心"特征，三个分别被我称为本能、观点和价值观的"特征群"。

核心特征：社交拘泥症

这是英国性格的最主要的"核心"。社交拘泥症泛指英国人难以消除的一切社会限制和社交障碍。英国人的社交拘泥症是一种与生俱来的混乱状态，具有某些自闭症或旷野恐惧症的症状，或者你可以用正确的说法，叫做"不善社交"。我们在社会互动的雷区里，感到不自然、不舒服、感到无能为力。我们尴尬、孤独、笨拙、固执的转弯抹角，感情压抑，害怕亲密接触；我们总体上无法与其他人进行正常直率的交往。我们在大部分社会环境中都会感到不自在，这时我们要么变得过度礼貌，沉默不语，拘谨笨拙；要么变得大嗓门、俗气、粗野、暴力、令人讨厌。我们闻名世界的"英式克制"与我们臭名昭著的"英国足球流氓"，还有我们对于隐私的挚爱，其实都是这种社交拘泥症的症状，我们有些人的病症会比另一些人更重一些。社交拘泥症是可以治愈的。利用游戏、酒吧、俱乐部、天气谈话、网络空间、宠物，或者仪式、酒精、神奇词汇以及其他缓解方式，都可以令社交拘泥症症状得到暂时的减轻或缓解。我们很享受私下里以及与亲朋好友在一起时那种"自然的"放松状态，但这种社交拘泥症永远没法治愈。英国人的许多古怪行为都可以直接或间接地追溯到社交拘泥症这个源头。主要相关语句包括："英国人的家就是他的城堡。""好天气，不是吗？""哦，你在看什么？""别管闲事。""我并不想窥探什么，不过……""别哗众取宠。""别树大招风。""走你自己的路。""这就开始！这就开始！""英国！英国！机器人国家！"

本能式反应

本能，指的是我们与生俱来的冲动。我们自动的不假思索的做事情方式。我们的本能反应。我们的别无可选的模式。本能反应对于文化的重要性，相当于地球引力规则。

幽默

也许三种基本的本能反应中最重要的就是幽默本能。幽默是我们应付社交拘泥症最有效的解药。当上帝或是老天爷赐予我们社交拘泥症的时候，又周到地给予我们英式幽默加以弱化。英国人并没有幽默专利，但幽默在英国日常生活和英国文化中的极端重要性与高度普及性，却是英国人与众不同之处。在其他文化中，幽默有"特定的时间和场合"，而在英国文化中，它是一种长期的与生俱来的特质。几乎所有的英国谈话和社会交往都至少包括某种程度的幽默：戏谑、揶揄、讽刺、机智、模仿、文字游戏、挖苦、轻描淡写、幽默自贬、嘲笑、刺破自大狂或者就是纯粹的愚蠢。幽默不是一种特定的独特的谈话方式，它是我们的必选项，我们没有其他选择。就像呼吸一样，我们每时每刻都需要。英式幽默是一种反应，一种本能反应，特别是当我们感到不舒服或不自在时，我们犹豫不决时，那就开开玩笑吧。反对过分热情的禁忌深深地烙在英国思维之中。我们对于过分热情的反应，通常都是英国式自闭式愤世嫉俗心态、超脱般的讽刺挖苦、对感情流露的憎恶、对花言巧语诱骗的严厉拒绝、刺破自大狂和自以为是者时的暗自欢喜等种种因素的独特混合。英式幽默不应与"好心情"或是快乐相混淆,恰恰相反,我们是用讽刺与挖苦来代替革命和起义的冲动。主要相关语句包括:"得了,别吹了!"这是全民族口头禅,还有"一向如此!"其他的英式幽默根本无法列举,因为英式幽默总是在特定的情境下产生,比如根据轻描淡写规则,"不坏"意思是极其优秀;"有点烦人"意思是灾难、创伤、可怕;"不太友好"意思是令人发指的残酷;"我随时都会离开"意思是"我快要死了!"说这话的人很可能本意并不是想搞笑。

中庸

另一种与生俱来的、无意识的本能反应,或者说是"别无可选的选项",就是中庸。我用"中庸"这个词代指整个相关状态。我们避免任何形式的极端、过度和激烈。我们害怕改变。我们害怕大惊小怪。我们不喜欢沉迷,所以需要限制过度的迷恋。我们谨慎,重视家居生活,重视安全。我们模棱两可,冷漠,糊里糊涂,骑墙派,调和派,保守主义,加上某种程度的容忍,这种容忍至少部分出于善意的冷漠。我们适度地勤劳、适度地享乐,尽管我们经常把"努力工作,尽情享乐"挂在嘴上,但实际信奉的却是"适度工作、适度玩乐"原则。我们追求秩序,能够做到"乱而有序"。我们追求妥协,我们完全不起眼。除了一些著名的例外,甚至连我们自以为很怪异之处,其实大多数也是集体主义和妥协主义的产物。我们做任何事情都强调中庸,甚至有些滑稽可笑。我们做任何事情都不极端,但是把中庸概念发挥到极致。今天的"英国青年"一点也不狂野,一点也不鲁莽,他们甚至比父母那一代更加中庸、更加谨慎、更加缺乏冒险精神。只有14%的人不受过度中庸的风潮影响,这些人才是英国未来创新和进步的动力。主要相关语句包括:"别惹是生非。""别走极端。""别做得过火。""为了和平安宁。""别麻烦了。""很好,中庸最好。""安然无恙。""秩序!秩序!""真是一杯好茶。""如果天天如此,我们就不会珍惜。""小题大做。""福无双至。""快乐中庸。""我们要什么?逐渐地改变。什么时候要?适当的时间。"

虚伪

另一种不假思索的"别无可选的模式"就是虚伪。我曾经深入地研究过这种模式。英国人以虚伪而著称,这一点名副其实。虚伪无处不在,悄无声息地侵蚀着英国人所有的行为,甚至我们心目中的理想境界,比如谦虚有礼和公平竞争也都带有虚伪的成分。但是,如果把这种英式虚伪放在特殊的社会显微镜下看,它并不像我们乍看上去那么令人讨厌。这取决于你如何看待它。你可以说我们大多数的虚伪都是礼貌的一种表现形式,将真实观点和感受隐藏起来,避免引发尴尬或冒犯别人。英式虚伪似乎主要是一种集体的无意识的自我欺骗,仿佛相互是有一种不可言说的共谋,要去欺骗我们自己,而不是一种刻意的、愤世嫉俗般的、精心算计的对他人的欺骗。我们"礼貌的平等主义"也许是最好的例子,这是谦虚有礼和公平原则组成的精致字谜,精神病学家可能会将其称为对尖锐的阶级意识的一种严重"否定状态"。虚伪张口即来,不是因为我们本质上很邪恶、很伪善,至少不比其他文化中的人更邪恶更伪善,而是因为我们的社交拘泥症使我们天生谨慎、模棱两可、转弯抹角、不愿意说出我们的真实意思,或者不愿意相信语言表象,所以,我们十分易于陷入礼貌的伪装,而不是诚实的标榜。我们的虚伪也揭示出我们的价值观。我们并不比其他文化更加天生谦虚有礼或者更公平,但我们有更多的不成文规则指导这些重要特质的表现形式。主要相关语句实在太多了,这里无法一一列举。只说一句,英国聊天中处处都是礼貌的赞语和其他伪装、欺骗和否定。一般来说,至少每两声"请"、"谢谢"、"对不起"、"好"或"非常可爱"中,就有一声是虚伪的。

观点

我们对世界的看法。我们看待、思考、组织以及理解事物的方式。我们的社会文化"小宇宙"。

经验主义

这是"观点"症候群中最基本的一点。我将大量的英式态度纳入经验主义概念中。严格地讲，经验主义是一个哲学概念，意思是所有的知识都从感官经验而来，它与"现实主义"有着密切的关系。从技术上讲，它的意思比较狭窄，只是指物质独立于人类认知之外这个事实。但我在这里使用这个词的范围更广，更加非正式，包括英国哲学传统中反理论、反抽象、反教条的种种元素，特别是指代我们对于欧洲大陆那种蒙昧主义、空谈主义和虚无主义的理论与辞藻的深刻怀疑，还指代我们对于事实性、数据性、常识性知识的严苛而又固执的偏爱。"经验主义"是英国人务实态度的缩写，是我们实事求是的精神，是我们对于虚假造作的厌恶，当然，我也知道，我前面一直在谈论英国人的虚伪和礼貌的假装赞美等等特质，这中间似乎有点矛盾。不过要知道，我可从来没有说英国性格是一以贯之毫无矛盾的呀！主要相关语句包括："得了，别吹了"。这与英国人的幽默特质的语句重合，恰恰因为英式幽默是十分经验主义的幽默。其他语句还有"最终"、"事实上"、"简而言之"、"眼见为实"、"一向如此！"最后这一句又与英式抱怨语句重合，这也是因为英式抱怨是很经验主义的抱怨。

英式抱怨

英式抱怨不仅仅表示我们的抱怨没完没了。除了数量惊人之外，英式抱怨在质量上也有其独特之处。这些抱怨完全是无效的抱怨，因为我们从来不向正确的人抱怨，也不去直面令我们难以忍受的事物的源头，我们只是没完没了地互相抱怨诉苦。而且根据这种抱怨的规则，实实在在的解决方式反而不准提出。但这种抱怨的好处在于，它能治疗社交病症，它是社交互动和联络的高度有效的道具。抱怨诉苦的过程也相当令人享受，也是一次展示智慧的良机。世界上好像没有什么比一场抱怨更让英国人享受的了。而且，我觉得，观察英国人的抱怨也同样是一种享受。几乎所有"社交"都是一场假装诉苦的幽默剧。除了在至亲密友之间，这种抱怨是不允许有真实的眼泪和绝望的。即使你感到确实非常绝望，你也必须加以掩饰或修补，好像你的这种绝望其实是装出来的一样，这就是英国人生命中不可承受之轻。我所称的"英式抱怨"这个词，指代的是一种固定思路与看法。我们的国民口头禅"一向如此"，我们与生俱来的悲观主义，我们认定事物会向坏的和令人失望的方向发展的假设，都加剧了这种思路与看法。更有甚者，我们还十分乐见悲观的预测变成现实，从中感受到一种阿Q式的满足，这种满足的心态中，既含有达人知命的无奈退缩，又含有自以为先知先觉的得意。这便是我们特有的一种宿命论，阳光下的趣味悲观主义。主要相关语句包括："哈，一向如此！""这个国家完蛋了。""你还能指望什么？""我早就想告诉你。""总会发生这种事。""没什么好抱怨的。""将就点儿就行了。""总会如此，没什么。""期望越少，失望越小。"

阶级意识

所有人类社会都有社会阶层划分，都有象征不同阶层的标志体系。英国阶级体系的独特之处在于：（1）阶级以及阶级焦虑感决定我们的品位、行为、判断和互动的程度；（2）阶级并不完全由财富决定，与职业的关系也不大，而是与更纯粹的演讲、行为、品位和生活方式的选择有关；（3）我们拥有极度敏感的阶级雷达探测系统；（4）我们对所有的阶级概念否认，而且一遇到阶级这个词就惶恐不安，体现出英国阶级意识的间接隐蔽、不可言说、自欺欺人的虚伪特质，这种特点中产阶级尤甚。我们有着"礼貌的平等主义"；我们残存着对于"贸易"的偏见。我们的阶级标志和阶级焦虑感，都过于细碎，纯粹是一种思维混乱的愚蠢。而且，有趣的是，我们的幽默感，令我们能够拿上述所有特点开玩笑。主要相关语句包括："英国男人一张嘴，总会有人恨他或讨厌他。""那种出身。""别说'serviette'，我们要说'napkin'。""蒙迪欧人。""有点低俗/普通/新潮/太闪/粗俗/不明智/不雅/沙龙和翠西之流/郊外半连体别墅/小资/仿都铎……""愚蠢的高等妓女（有钱的傲慢小伙/上流社会白痴/老派领带/势利鬼/公校花哨小伙/郊野人士/卡米拉之流……），自以为高人一等？""原先是杂货店老板的女儿，你能指望她怎么样？""那个小男人不错，以前是经营小卖部的。"

价值观

价值观就是我们的理想。我们最基本的指导原则。我们最希望达到的道德标准,虽然我们总是不能达到。

公平竞争

所有英国人都对这一原则有种近乎宗教般的迷恋。违反公平竞争规则,要比违反其他规则,引发更多的义愤填膺。英国人的"公平竞争"并不是一种僵化的不现实的平等主义,我们认为,总会有输赢胜败,但我们觉得,只要他遵守规则不偷不抢没有逃避责任,那么就应当拥有同等的机会。公平竞争不仅仅存在于人们所知的游戏和运动规则中,它还是大部分不成文礼仪的潜在主题。排队就是一种公平竞争,互相请酒、餐桌礼仪,礼貌的平等主义等等,全都受到公平竞争的影响。礼貌的平等主义是一种有着公平外表的虚伪,将令人尴尬的不平等不公平问题遮掩起来,但至少说明一点,我们对于这种不平等和不公平非常关注,而且会感到尴尬。我们擅长妥协,我们喜欢平衡,在"一方面"与"另一方面"之间进行比较考量,这些看上去都有点儿思维混乱,或许更温和的说法,是能够容忍。这些都是公平竞争和中庸的结合体。我们支持落后者,我们对于过多的成功有所警觉,这些也都含有公平竞争之义。我们对公平的敏锐直觉通常被误读,有的时候被人解读为社会主义或保守主义,甚至是基督教精神。其实,大部分英国道德标准,都与公平竞争有关。主要相关语句包括:"好吧,公平地讲……""从公平的角度来看……""如果有公平的机会……""得了吧,只是为了公平。""公平才行。""可以说公平,但是……""坚定但是公平。""光明正大。""轮流来。""一个个来。""要公正。""抓得好。""那不叫板球/那样行不通/那简直是混乱!""公平竞争。""别太贪了。""每个人都要有一份。""另一方面。""事物总有两面。""为了平衡。""求同存异,怎么样?"

礼节

礼节是一项强有力的规则。我们的有些礼貌如此根深蒂固,几乎每天都在不知不觉地执行。比如说,许多人在被人撞后立即会说"对不起",犹如一种本能反应。不过,大部分的礼节仍然需要清醒的意识,或者事实上,更需要清醒的自律。人们通常赞扬英国人的礼节,但又贬斥英国人的"保守"和看上去的傲慢、冷漠、不友好。尽管我们的保守本身其实只是社交拘泥症的症状，但是，从形式上看，它却像是一种礼节，一种被社会语言学家称之为"消极礼貌"的礼节，意思是既不想去打扰其他人，也不想被其他人打搅，这正与包容其他人利益需要社会认同的"积极礼貌"相对应。我们以己度人，认为每个人都与我们一样过度地钟爱隐私，所以我们不管闲事，并礼貌地忽视它们。但我们充满礼貌地"对不起"、"请"或"谢谢"其实并非发自真心，也并非真诚之语，这中间并没有什么特别温情或友好的成分。礼貌在定义上是一定程度的做作与虚伪，但英式礼貌似乎是一种完全的形式主义，更多的是一种对规则的遵守，而不是出于真正的关心或感激。所以，当我们冲破礼貌规则时，我们就会变得比其他"不礼貌"的民族，更让人讨厌憎恶。我们并不是天生的社交动物，我们需要这些规则保护自己。主要相关语句包括："对不起。""请。""谢谢。"（每种文化都有好几种"谢谢"的表达方式，但英国文化的表达方式尤其多）"恐怕……""抱歉，但是……""你不介意……""你能否……""我不认为……""你好！""好天气，不是吗？""没错，不是吗？""抱歉，打扰，能否麻烦你递一点儿橘子酱吗？""抱歉，我真是不好意思，但你似乎踩到我的脚了。""恕我直言，这位正直可敬的绅士的话中，事实的成分实在有点单薄。"

谦虚

英国人并不是天生就比其他国家更善于自我诋毁，但是就像礼节一样，我们对于表面的礼貌有着严格的规则，包括不准吹嘘，不准有任何形式的自高自大，还有专门规范自我贬低和自我嘲弄的规则。我们高度评价谦虚，我们也渴望达到谦虚。我们日常所展示的那种谦虚通常只是一种错误的谦虚，或者更宽容地说，是一种嘲讽性的谦虚。我们大名鼎鼎的自我贬低，就是一种嘲讽，说的恰恰是我们明明希望别人领会的意思，有时还会精心设置轻描淡写的假象。这是一套密码，每个英国人都知道，自我嘲讽的背后，真正的意思指向恰恰相反，而轻描淡写的叙述恰恰是为了引人重视。这样一来，我们都能够既被说话人的成就所打动，又被其说话时那种不愿吹嘘的态度所打动。只是在英国人与外国人玩这套愚蠢的把戏时，问题却出现了。外国人不理解这种嘲讽密码，就会把我们表面上的自我贬低当做真实来看。

谦虚也要求我们努力减少或否定阶级、财富和地位的差异，这种礼貌的平等主义主要是礼节、谦虚和公平竞争规则的结合，再加上不少虚伪的助力。英国式谦虚通常都带有竞争性，你敬我一尺，我让你一丈。只是，这种低人一等的谈话背后，却是大量的转弯抹角的吹嘘。英国人的谦虚表现中，无论是竞争性的，虚伪性的，还是真正发自内心的，都会有相当程度的幽默掺杂其间。就如同我们的礼节保护自己不受他人侵犯一样，我们的谦虚规则就如同我们天生的傲慢性格的调和剂，最终达到平衡的目的。主要相关语句包括："别吹了！""可别炫耀了。""有什么好吹的？""别自作聪明。""别自以为是。""我只是做了点运动（这话的意思是，我刚刚赢了块奥林匹克奖牌）。""好吧，我想我知道一点儿（意思是我承认自己是这方面的专家）。""哦，恐怕这有点儿太难了（这话意思同上，也是指自己是个专家）。""不像它看上去那么难／我不过是运气好（这是取得成就后受到表扬时的标准反应）。"

图　　表

好了。这就是英国人最典型的性格特质。从中似乎可以看出，它们的关系并不是一种简单的清单，而是一种结构。我们有一个"核心"特征，我们已经找到三种独特的类群——本能、观点和价值观，每一个症候群都有三种特征。我并不擅长制作图表，当然，我这也是英国式的轻描淡写，而且在我而言，更是一种极大的轻描淡写手法。但是，现在，我想我应当兑现我在本书开头许下的诺言，用清晰可见的方式来说明全书内容。①

---

① 如果看起来我并不太情愿做这件事，那主要是因为我知道人类会期望从图表中看到很多东西，可能会视图表为一种读书的捷径。我知道这一点，因为我自己也常常这样做这样想。而且从图表中挑刺找碴儿要比从数百页书的字里行间找碴儿更容易得多。所以，图表最易成为吹毛求疵者的靶子。

要想将所有性格特点之间的联系与互动全部反映在图表中，是不可能的。我花了好几天尝试这样做，但最终总会使图表看上去像一盘乱七八糟的意大利面，让人倒胃口。无论如何，我意识到，这些性格特点之间的联系，只有在与英国人行为特定方面、特点或规则有关之处，这些最典型的英国性格特质才会浮现出来并表现出其含义。比如，谈钱禁忌是社交拘泥症，加上谦虚、虚伪、阶级意识，也就是说由"核心"特征，加上每个"症候群"里的其中一项特质。圣诞大抱怨和"呸，胡说"规则，则是英式抱怨，加上礼节和虚伪，同样又是每个"症候群"里各有一项特质出现，而且都和"核心"特质有关。如果按照这种模式来看，要说明这些关系，我等于必须将我们的行为模式和准则的所有细枝末节全部纳入这个图表中，但这实质上就等于将全书再来一遍。

所以，我想，我们不得不采取简洁点的办法。撇开显微镜，后退几步，看一看宏观的画面。这个图表中的所有内容，都已经在前面的清单中列出了。它只是显示出这些症候群如何分类，与核心特质有何联系。但这个图表至少表达出了一个理念，那就是英国性格特点是一个动态体系，而不是静止的列表。它把所有的内容压缩在一页里。嗯，这样一目了然。一眼就看穿英国性格。看上去，真的感觉不错，而且还有种令人愉悦的对称感。

恐怕我的图表看上去不像是什么"文化基因"之类的东西，那些指望图表能够更复杂、更艰涩、更有科学感的人，恐怕未免感到失望。但是，这些"基因"的说法，只是我信手拈来、活学活用的一种科学比喻。英国性格是无法被容纳到任何现有的科学模式中去的。所以，我只能构造我自己的相当原始淳朴简单的架构，但它看上去有点儿像分子结构图，是不是？对我而言，这已经足够科学了。无论如何，我的目标不是弄一个让人惊讶的图表，只要能够有助于我们理解普通英国行为的独特之处即可。

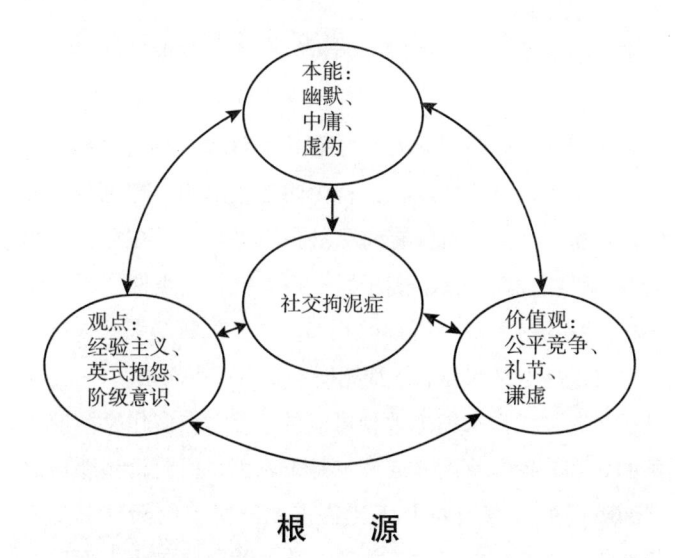

```
        本能：
        幽默、
        中庸、
        虚伪

观点：              社交拘泥症           价值观：
经验主义、                              公平竞争、
英式抱怨、                              礼节、
阶级意识                                谦虚
```

根　源

在找出什么是英国性格特点之后，仍然有个问题悬而未决。如果我们不幸的社交拘泥症真的是英国性格的"重中之重"，那么我们就不得不问，这种病症的来源又是什么呢？

贯穿全书，我已经很像一个临床精神病理学家，仔细地检视一名我们称之为"英国人"的病人：他向我们展现出复杂的、明显不连贯的、相互间缺乏关联的古怪行为，他还有怪异的信仰和奇怪的下意识的本能习惯。在经过长时间的近距离观察和大量令病人尴尬的考问之后，我能看出一种反复出现的模式和主题，于是做出了最终的诊断，病人符合我称之为英国社交拘泥症的所有症状。这种病症不会让人出现残疾或紊乱；病人能够用多种有效方式自我缓解症状，并且自己发明了许多应对机制，设法让自己过上相对正常的生活，并视自己的行为完全合理合法，通常还会声称世界上的其他人颇为古怪不可理喻。但其他人则会发现病人十分怪异，有的时候他会魅力四射，可是却经常出现反社会行为，令人相当讨厌。尽管我不能提供一种解药，但我的诊断本身可能会有些许帮助，至少能够帮助理解这种状况及其解决思路。

但是，这种社交拘泥症的病理学来源仍然裹着一层神秘的面纱。正如许多精神疾病一样，没有人知道社交拘泥症的来源。并不是没有人去探寻过，我也不是第一个。尽管我确信本书第一次适当地定义了这样一

种病症，至少为一系列困扰英国人的古怪集合症状取了个恰当的名字，但在我之前，已经有人开始注意并评论这一病症。历来描述英国性格的尝试，都无一例外会提到"英国人的保守"，许多人会对这种保守与英国式粗俗、足球流氓以及其他反社会行为间形成的明显悖论与反差感到惊奇。所以，我在这个领域的仅有的贡献在于提出以下主张，认为这些看似矛盾的双重性格倾向，其实属于同一症候群，有点像今天所谓抑郁症那种时而极度狂躁时而极端压抑的状态。这项诊断结果也许有助于了解英国人，但仅仅是定义和命名，却无助于我们探查病因。

此前已经有多位作家提出数种可能的原因。许多作家倾向于将此归咎于英国的天气。我们的天气或许也是个原因，但我仍然要对这种说法存疑。因为英国的天气一点儿不比许多北欧国家的天气更加怪异。况且，生活在相似天气状况下的苏格兰、爱尔兰和威尔士人似乎并未表现出多少反社会的倾向。

有些作家将矛头指向我们的"历史"，但在哪一段历史真正促成了今天的社交拘泥症上，却无法达成共识。我们确实缔造过强大的帝国，然后又失去了这个帝国。但是，古代罗马人、奥地利人、葡萄牙人以及其他许多民族都有相似的经历，却没有变得和我们一样。有些人认为，我书中所关注的那些倾向，是在稍晚时期形成的。比如，《英国人算是人类吗？》一书的作者，就将英国人可笑的保守与拘谨，归咎于公学制度。而人类学家杰弗里·戈尔（Geoffrey Gorer）就将英国国民性格中的某些方面，特别是我们的自我克制和秩序井然，归因于英国警察部门的设置。有些人似乎甚至相信，所有英国式粗鲁和反社会的特点，还有英国人的性爱，都始于1963年，而在此之前的青年人行为与现在不同，而且知道什么才算得体。但是，其他人引用早在17世纪的评论英国人保守和粗俗的文字，我也提到过中世纪就已经有足球暴力。我不是历史学家，但至少从我阅读和收集的相关证据中，我得出结论，我们染上这种社交拘泥症已经颇有时日，从前可能是以不同的形式表现出来，其开始与起源不能只归因于某一件历史事件或进程。

如果天气、历史都无法完整解释我们为何染上这种社交拘泥症，那么地理因素是否能够解释呢？英国人属于岛民这一事实，曾经被不时提出，作为一种国民性格的渊源解释，因为岛国引申出一种隔绝心态。也许这有道理，但我不认为居住在岛上就自然会隔绝。毕竟，还有其他许许多多的岛民，尽管也有相似之处，却也各自都有不同的国民性格。不过，如果我们想得更具体一点，考虑到岛的大小以及人口密度，那么地理论可能真的很有意思。这不仅是一个岛，而且是一个相对较小过度拥挤的岛，这样的环境下制造出保守、受限、迷恋隐私、注重私人地盘、社交上警觉、不安，有时令人讨厌、反社会的英国人，似乎不足为奇。由此而衍生出一种在礼节上避免侵扰或干涉他人的消极礼貌文化，一种有着尖锐阶级意识、地位、界限和阶级划分无处不在的文化；以及一个笨拙、尴尬、模棱两可、害怕亲密关系与感情、讨厌大惊小怪、在过度客气的矜持与好斗挑衅之间徘徊游荡的社会……尽管我们在许多方面各不相同，但我注意到在英国人与日本人之间有着大量的相似之处，我觉得过分拥挤的小岛国理论很可能真的是个重要原因。

但这种粗糙的地理因素决定论，比起气候或历史论点并没有更强的说服力。如果地理塑造民族的作用如此之强，为什么丹麦人与其他斯堪的纳维亚民族之间的差异如此之大？为什么法国与德国只隔一条人为划定的疆界，两国性格却如此不同？为什么同为阿尔卑斯山区的瑞士和意大利，国民性格如此悬殊？类似例子不胜枚举。因此，地理很可能是重要因素，但显然不是决定性的因素。或许我们的社交拘泥症是我们的气候、历史、地理因素整合之后的结果。因为，三个因素整合在一起，确实可以说在世界上独一无二。

不过，我仍然要很抱歉地说，我不能同意这样的简单答案。说实话，我真的不知道英国人为什么会表现出今天的这种性格。如果你去问其他英国人，除非他在撒谎，也一定给出同样的答案。但这并不表示我的诊断结论无效。我可以宣称英国人有点儿自闭症或抑郁症，或者两者兼而有之，或者仅仅只是不擅长社交，但我无须知道原因。精神病理学家总是这样做的，所以我作为一名自命的国民性格病理学家，想必也能享受同等的特权。而如果你提出异议，你大可质疑我的诊断结果，或是做出另一番论调。

但在我结束本书之前，或者因为滥用比喻而被人大卸八块之前，我想应当至少发出一点儿健康警告。英国性格的传染性很强。有些人又会比另一些更容易受感染，但如果你在英国人身边待久了，你会发现自己也会用"一向如此"的论调来庆贺各种不幸，小到火车晚点，大到国际灾难，都做此下意识的反应；也会用"得了，别吹了"来对待任何过度热情或自高自大的苗头，也会用尴尬和手忙脚乱对待新来的人。你可能会发现自己开始相信，大量酒精会助你摆脱这些束缚；在这一信仰下，你居然会用"哦，你看什么？"或是"想干？"之类的话来打招呼。不过，你也可能会是众多幸运的外国游客和移民之一，你身上强大的文化免疫系统保护着你免受英国人这种社交拘泥症的传染。如果你仍然想融入，或者只是想扮个英国人寻个开心，我想这本书可能帮助你假装染病。

最重要的一点，我希望此时已经昭然若揭，英国性格与出生、种族、肤色或信仰无关。它是一种思维模式、一种民族理念、一种行为"语法"、一套可能看上去像一个谜，但任何人都能解读和应用的不成文规则。现在，我们有了钥匙。

后　记

　　我再次回到了帕丁顿火车站，已经是三年之后了。没有白兰地，因为这一次，我不需要再去做故意撞人或者是插队的实验。只有一杯清茶和一块饼干，两者都很适度很低调，恰好符合我现在给这本书写后记时需要的语境。

　　即使我现在"结束工作"了，只是与普通人一样等着去牛津的火车，但我发现，我自己自动地选择了咖啡店里最好的观察角度，一个特别适合观察排队人群的柜台前座位。我想，这只是职业习惯而已。参与式观察的研究方式，其精髓就在于，它会占领你的整个生活。每一次日常的火车旅行，酒吧里的每一杯酒，去商店的每一步，你经过的每一座房子，你遇到的每一个转瞬即逝的人，都是一个收集数据和测试假设的机会。你已经无法简单地只是看着电视或听着收音机，你自动地拿个笔记本不停地记着英国性格笔记。

　　书已经完成了。我把笔记本扔在了家中，所以我是在一张餐巾纸上写的这篇后记。但是，瞧瞧，先前搭出租时，我忍不住又在自己手背上速记下司机说的几句话,现在它们已经有些模糊。我瞥了一眼,上面写着:"总在下雨,可现在他们居然发布明年夏天旱情预警。唉,一向如此!"哦,太好了,这大概算是我记录下的第 70 万个英国抱怨天气的例子了。我对自己说,凯特,真的是很有用的信息啊!你这个资料收集狂!你已经破解了密码,你已经为解决英国人的身份危机做了一点儿事情。现在,就让它过去吧。停止这些过分的看排队、数豌豆和记录无意的天气谈话吧。重新回到生活中来!

是的,说得对。绝对正确。一切都够了。

哦,不过再等一秒钟。那是什么?一位推着婴儿车的妇女从错误的角度接近咖啡店,有三个人已经在排队等候了。她是想插队吗?还是只想先看一眼面包圈和三明治,再决定是否排队?目前还不清楚。不过,一次插队企图确实太唐突了,对不?在这种情况下不够清晰。三位排队的人正在演出情景哑剧,疑惑地旁顾左右,有意地清清嗓子,往前轻轻移动……啊!其中两个人已经互相抬一下眉毛,但他俩是相互认识一起排队吗?还是陌生人?为什么我之前没有注意到?其中一个人粗声叹了口气,那位推婴儿车的妇女会注意到吗?是的!她听懂了这个信息,她向队伍的后方移动,但看上去有一点被冒犯的表情,她并没有想插队,她只是想看看有哪些三明治。排队的人眼光下垂或是旁顾,避免与她眼神接触。啊哈!她一直都是无辜的,我早知道!现在,我在想,这两位互相抬眉毛的人,究竟是朋友,还是陌生人?这个问题非常重要,涉及下一个问题,陌生人是否会在明显的插队威胁下交换眼神?让我看看他们是否一起点餐——哦,见鬼,我的车已经到站了!哼,这车就这一次准点,可恰好此刻有一幕极其有趣的排队情景剧!唉,一向如此!也许我能搭下一班车……

致　谢

按照传统，致谢部分总会将作者的家庭放在"最后但不是感谢最少"的位置，但我要打破一下传统，首先感谢的，是我的未婚夫亨利·马什，以及他的孩子威廉、莎拉和凯瑟琳。他们不得不忍受我为此书长达三年的紧张研究。我要感谢我的母亲丽兹（Liz Fox），还有她的姐姐安妮，她们阅读并评论了每一章的内容。我的姐姐艾丽两次邀请我去黎巴嫩度假，不过我很惭愧地说，两次我都把时间奉献给跨文化研究。我要感谢我的父亲罗宾·福克斯，我的所有参与式观察的技巧都来源于他。他们全都非常宽容地帮助我和鼓励我。我的社会问题研究所的所长彼得·马什，在我 17 岁的时候交付我第一项实地研究工作，自那以后，他一直是我的导师和伟大的朋友。他给予我莫大帮助，他允许我半休假式地工作，以完成这本书。我也很感谢莫里斯的帮助、建设和洞察力。本书基于十年多的研究，在这里，我不可能一一谢过每一位帮助我的人，但在三年紧锣密鼓的研究过程中，对于那些以各种方式帮助我的人，我要特别感谢 Ranjit and Sara Banerji, Annalisa Barbieri, Don Barton, Krystina Belinska, Simon and Prisca Bradley, Angela Burdick, Brian Cathcart, Roger Chapman, Peter Collett, Karol Colonna-Czosnowski, Joe Connaire, James Cumes, Paul Dornan, Allana Fawcett, Vernon and Anne Gibberd, William Glaser, Susan Greenfield, Janet Hodgson, Selwyn and Lisa Jones, Jean-Louis and Voikitza Juery, Paull and Lorraine Khan, Eli Khater, Mathew Kneale, Sam Knowles, Slava and Masha Kopiev, Meg Kozera, Hester Lacey, Laurence Marsh, Tania Mathias, Roger Miles, Paula Milne, Tony Muller, Simon Nye, Geoffrey Smith, Lindsey Smith, Richard Stevens, Jamie Stevenson, Lionel Tiger, Patsy Toh and Roman Zoltowski。我要感谢出版社的每一个人，特别是 Rupert Lancaster，他是世界上最和善最有耐心的编辑。还要谢谢 Hazel Orme，安静然而富有才华的编辑，感谢 Julian Alexander，最勤奋而有见地的代理人。还要再次感谢我的母亲丽兹，她是这本书最有智慧的索引编撰人。

参考书目

Aslet, Clive: *Anyone for England? A Search for British Identity*, London, Little, Brown, 1997

Bennett, Alan: *The Old Country*, London, Faber & Faber, 1978

Bryson, Bill: *Notes from a Small Island*, London, Doubleday, 1995

Brown, P. and Levinson, S. C.: *Politeness: Some Universals in Language Usage*, Cambridge, Cambridge University Press, 2000

Collett, P. and Furnham, A. (eds): *Social Psychology at Work*, London, Routledge, 1995

Collyer, Peter: *Rain Later, Good*, Bradford on Avon, Thomas Reed, 2002

Cooper, Jilly: *Class: A View from Middle England*, London, Methuen, 1979

Daudy, Philippe: *Les Anglais: Portrait of a People*, London, Headline, 1992

De Muralt, B. L.: *Lettres sur les Anglais*, Zurich, 1725

De Toqueville, Alexis: *Journeys to England and Ireland*, London, Faber & Faber, 1958

Dunbar, Robin: *Grooming, Gossip and the Evolution of Language*, London, Faber & Faber, 1996

Fox, Kate: *Passport to the Pub: The Tourist's Guide to Pub Etiquette*, London, DoNot Press, 1996

Fox, Kate: *The Racing Tribe: Watching the Horsewatchers*, London, Metro, 1999

Fox, Robin: *The Red Lamp of Incest*, New York, Penguin, 1980

Gorer, Geoffrey: *Exploring English Character*, London, Cresset Press, 1955

Hodkinson, Paul: *Goth: Identity, Style and Subculture*, Oxford, Berg, 2002

Jacobs, Eric and Worcester, Robert: *We British*, London, Weidenfeld and Nicholson, 1990

Marsh, Peter et al: *The Rules of Disorder*, London, Routledge, 1978

Marshall Thomas, Elizabeth: *The Harmless People*, London, Secker & Warburg, 1960

Mikes, George: *How to be a Brit*, London, Penguin, 1984

Miller, Daniel: *A Theory of Shopping*, Polity Press, Blackwell, Cambridge, 1998

Miller, Geoffrey: *The Mating Mind*, London, Heinemann, 2000

Mitford, Nancy (ed): *Noblesse Oblige*, London, Hamish Hamilton, 1956

Morgan, John: *Debrett's Guide to Etiquette & Modern Manners*, London, Headline, 1996

Noon, M. & Delbridge, R.: News from behind my hand: Gossip in organizations. *Organization Studies*, 14, 1993

Orwell, George: *Collected Essays, Journalism and Letters* 2, London, Penguin, 1970

Paxman, Jeremy: *The English: A Portrait of a People*, London, Michael Joseph, 1998

Pevsner, Nikolaus: *The Englishness of English Art*, London, Architectural Press, 1956

Priestley, J. B.: *English Humour*, London, William Heinemann, 1976

Quest-Ritson, Charles: *The English Garden: A Social History*, London, Penguin, 2001

Renier, G. J.: *The English: Are They Human?*, London, Williams & Norgate, 1931

Richardson, Paul: *Cornucopia: A Gastronomic Tour of Britain*, London, Abacus, 2001

Storry, Mike and Childs, Peter (eds): *British Cultural Identities*, London, Routledge, 1997

Scruton, Roger: *England: An Elegy*, London, Chatto & Windus, 2000

Van Gennep, Arnold, *Rites of Passage*, London, Routledge, 1960

新知文库

01　《证据：历史上最具争议的法医学案例》［美］科林·埃文斯 著　毕小青 译
02　《香料传奇：一部由诱惑衍生的历史》［澳］杰克·特纳 著　周子平 译
03　《查理曼大帝的桌布：一部开胃的宴会史》［英］尼科拉·弗莱彻 著　李响 译
04　《改变西方世界的26个字母》［英］约翰·曼 著　江正文 译
05　《破解古埃及：一场激烈的智力竞争》［英］莱斯利·亚京斯 著　黄中宪 译
06　《狗智慧：它们在想什么》［加］斯坦利·科伦 著　江天帆、马云霏 译
07　《狗故事：人类历史上狗的爪印》［加］斯坦利·科伦 著　江天帆 译
08　《血液的故事》［美］比尔·海斯 著　郎可华 译
09　《君主制的历史》［美］布伦达·拉尔夫·刘易斯 著　荣予、方力维 译
10　《人类基因的历史地图》［美］史蒂夫·奥尔森 著　霍达文 译
11　《隐疾：名人与人格障碍》［德］博尔温·班德洛 著　麦湛雄 译
12　《逼近的瘟疫》［美］劳里·加勒特 著　杨岐鸣、杨宁 译
13　《颜色的故事》［英］维多利亚·芬利 著　姚芸竹 译
14　《我不是杀人犯》［法］弗雷德里克·肖索依 著　孟晖 译
15　《说谎：揭穿商业、政治与婚姻中的骗局》［美］保罗·埃克曼 著　邓伯宸 译　徐国强 校
16　《蛛丝马迹：犯罪现场专家讲述的故事》［美］康妮·弗莱彻 著　毕小青 译
17　《战争的果实：军事冲突如何加速科技创新》［美］迈克尔·怀特 著　卢欣渝 译
18　《口述：最早发现北美洲的中国移民》［加］保罗·夏亚松 著　暴永宁 译
19　《私密的神话：梦之解析》［英］安东尼·史蒂文斯 著　薛绚 译
20　《生物武器：从国家赞助的研制计划到当代生物恐怖活动》［美］珍妮·吉耶曼 著　周子平 译
21　《疯狂实验史》［瑞士］雷托·U·施奈德 著　许阳 译
22　《智商测试：一段闪光的历史，一个失色的点子》［美］斯蒂芬·默多克 著　卢欣渝 译
23　《第三帝国的艺术博物馆：希特勒与"林茨特别任务"》［德］哈恩斯—克里斯蒂安·罗尔 著　孙书柱、刘英兰 译
24　《茶：嗜好、开拓与帝国》［英］罗伊·莫克塞姆 著　毕小青 译
25　《路西法效应：好人是如何变成恶魔的》［美］菲利普·津巴多 著　孙佩妏、陈雅馨 译
26　《阿司匹林传奇》［英］迪尔米德·杰弗里斯 著　暴永宁 译
27　《美味欺诈：食品造假与打假的历史》［英］比·威尔逊 著　周继岚 译
28　《英国人的言行潜规则》［英］凯特·福克斯 著　姚芸竹 译
29　《战争的文化》［美］马丁·范克勒韦尔德 著　李阳 译
30　《大背叛：科学中的欺诈》［美］霍勒斯·弗里兰·贾德森 著　张铁梅、徐国强 译

31　《多重宇宙：一个世界太少了？》[德] 托比阿斯·胡阿特、马克斯·劳讷 著　车云 译
32　《现代医学的偶然发现》[美] 默顿·迈耶斯 著　周子平 译
33　《咖啡机中的间谍：个人隐私的终结》[英] 奥哈拉、沙德博尔特 著　毕小青 译
34　《洞穴奇案》[美] 彼得·萨伯 著　陈福勇、张世泰 译
35　《权力的餐桌：从古希腊宴会到爱丽舍宫》[法] 让—马克·阿尔贝 著　刘可有、刘惠杰 译
36　《致命元素：毒药的历史》[英] 约翰·埃姆斯利 著　毕小青 译
37　《神祇、陵墓与学者：考古学传奇》[德] C. W. 策拉姆 著　张芸、孟薇 译
38　《谋杀手段：用刑侦科学破解致命罪案》[德] 马克·贝内克 著　李响 译
39　《为什么不杀光？种族大屠杀的反思》[法] 丹尼尔·希罗、克拉克·麦考利 著　薛绚 译
40　《伊索尔德的魔汤：春药的文化史》[德] 克劳迪娅·米勒—埃贝林、克里斯蒂安·拉奇 著　王泰智、沈惠珠 译
41　《错引耶稣：〈圣经〉传抄、更改的内幕》[美] 巴特·埃尔曼 著　黄恩邻 译
42　《百变小红帽：一则童话中的性、道德及演变》[美] 凯瑟琳·奥兰丝汀 著　杨淑智 译
43　《穆斯林发现欧洲：天下大国的视野转换》[美] 伯纳德·刘易斯 著　李中文 译
44　《烟火撩人：香烟的历史》[法] 迪迪埃·努里松 著　陈睿、李欣 译
45　《菜单中的秘密：爱丽舍宫的飨宴》[日] 西川惠 著　尤可欣 译
46　《气候创造历史》[瑞士] 许靖华 著　甘锡安 译
47　《特权：哈佛与统治阶层的教育》[美] 罗斯·格雷戈里·多塞特 著　珍栎 译
48　《死亡晚餐派对：真实医学探案故事集》[美] 乔纳森·埃德罗 著　江孟蓉 译
49　《重返人类演化现场》[美] 奇普·沃尔特 著　蔡承志 译
50　《破窗效应：失序世界的关键影响力》[美] 乔治·凯林、凯瑟琳·科尔斯 著　陈智文 译
51　《违童之愿：冷战时期美国儿童医学实验秘史》[美] 艾伦·M·霍恩布鲁姆、朱迪斯·L·纽曼、格雷戈里·J·多贝尔 著　丁立松 译
52　《活着有多久：关于死亡的科学和哲学》[加] 理查德·贝利沃、丹尼斯·金格拉斯 著　白紫阳 译
53　《疯狂实验史Ⅱ》[瑞士] 雷托·U·施奈德 著　郭鑫、姚敏多 译
54　《猿形毕露：从猩猩看人类的权力、暴力、爱与性》[美] 弗朗斯·德瓦尔 著　陈信宏 译
55　《正常的另一面：美貌、信任与养育的生物学》[美] 乔丹·斯莫勒 著　郑嬿 译
56　《奇妙的尘埃》[美] 汉娜·霍姆斯 著　陈芝仪 译
57　《卡路里与束身衣：跨越两千年的节食史》[英] 路易丝·福克斯克罗夫特 著　王以勤 译
58　《哈希的故事：世界上最具暴利的毒品业内幕》[英] 温斯利·克拉克森 著　珍栎 译
59　《黑色盛宴：嗜血动物的奇异生活》[美] 比尔·舒特 著　帕特里曼·J·温 绘图　赵越 译
60　《城市的故事》[美] 约翰·里斯 著　郝笑丛 译